GOLDMANN

Buch

Was tut eine Frau, die vier Berufe bzw. Berufungen miteinander verbinden muß, nämlich Mutter von fünf Kindern, Soziologieprofessorin, Sozialtherapeutin und außerdem noch Journalistin? Sie schreibt ein Buch – über Frauen, die unter der Mehrfachbelastung durch Familie, Karriere, Ehe und Kinder leiden.

»Unser tägliches Chaos gib uns heute« – welche Frau kennt ihn nicht, den spöttischen Wunsch, der allzu oft in Erfüllung geht. Doch die Schuldige ist meist die Frau selbst. Allen, die viel zu vieles viel zu gut und obendrein im Eiltempo erledigen möchten, hat Jo Ann Larsen dieses Buch gewidmet. In Hunderten von Gesprächen hat sie die weiblichen Achillesfersen aufgespürt, vom Drang nach Perfektion bis zur totalen Selbstaufopferung. Jo Ann Larsen will mit diesem Ratgeber der gestreßten Frau Mut machen, ihren Ausstieg aus dem täglichen Hamsterrad names Mehrfachbelastung gezielt zu planen. Clever und humorvoll geschrieben, steht dieses Buch den Frauen der 90er Jahre mit Rat und Tat zur Seite.

Autorin

Jo Ann Larsen bewährt sich selbst seit vielen Jahren als Akrobatin im täglichen Balanceakt zwischen ihren fünf Kindern, den Studenten der Soziologie an der Universität von Utah, den Patienten, die sie als engagierte Sozialtherapeutin betreut, und den Lesern ihrer populären Zeitungskolumne.

JO ANN LARSEN

Alle wollen was von mir – na und?

Ein Wegweiser durch den täglichen Wahnsinn im Leben einer Frau

Aus dem Amerikanischen
von Susanne Kahn-Ackermann

GOLDMANN VERLAG

Die Originalausgabe erschien unter dem Titel
»I'm a Day Late and a Dollar Short... and It's Okay!
A Woman's Survival Guide for the '90s«
beim Verlag Desert Book Company Salt Lake City, Utah

Umwelthinweis:
Alle bedruckten Materialien dieses Taschenbuches
sind chlorfrei und umweltschonend.

Der Goldmann Verlag
ist ein Unternehmen der Verlagsgruppe Bertelsmann

Vollständige Taschenbuchausgabe Dezember 1994
Wilhelm Goldmann Verlag, München

Umschlaggestaltung: Design Team München
Umschlagillustration: Pat Bagley
Druck: Presse-Druck Augsburg
Verlagsnummer: 13812
ss · Herstellung: Sebastian Strohmaier
Made in Germany
ISBN 3-442-12912-4

1 3 5 7 9 10 8 6 4 2

Inhalt

Vorwort

Wenn Sie sich das Cover genauer anschauen, sollten Sie wissen, daß Ihnen hier eine typische Frau der 90er Jahre entgegenblickt. Ich konnte mich mit diesem Bild oftmals sehr gut identifizieren. Denn als ich an diesem Buch schrieb und dabei mit meinen diversen Rollen als Ehefrau, Mutter, Schriftstellerin und »Therapeutin« herumjonglierte, waren meine (des öfteren abgebrochenen) Fingernägel zuweilen das einzige, woran ich noch Halt fand. Doch jetzt, in der Rückschau auf diese Erfahrung, weiß ich, daß ich mich insgesamt relativ gut gehalten habe. Denn bei genauerer Betrachtung des Drucks, dem wir Frauen der 90er Jahre ausgesetzt sind, und unter dem zusätzlichen Streß der Arbeit an diesem Buch wurde ich mir auch immer mehr der Notwendigkeit bewußt, mich an mein persönliches Motto zu halten: »Alle wollen was von mir – na und?« Und da ich in jener Zeit ein nicht gerade sehr geordnetes Leben führte, hatte es einfach okay zu sein. Denn sonst hätte es mich schlicht zerbröselt.

Allerdings wäre ich auch ohne Buchprojekt unweigerlich zur Schlußfolgerung gelangt, daß es heutzutage weder mir noch irgendeiner anderen Frau möglich ist, immer alles Wesentliche abzudecken. Und dies ist auch die Kernbotschaft meines Buches. Wir Frauen der 90er Jahre leben in einer Übergangszeit, die uns mit einem gewaltigen Angebot verblüffender Möglichkeiten konfrontiert und, damit verbunden, einem starken Druck aussetzt. Zu keiner anderen Zeit wurde uns Frauen eine solche Fülle an Aussichten geboten, wurden uns derart verwirrende Botschaften übermittelt, wurden wir einer derart immensen Belastung ausgesetzt. Unter solchen Bedingungen ist es unmöglich, »alles zu haben« oder »alles zu tun«. Und wollen wir auch nur den Anschein einer gewissen emotionellen Balance aufrechterhalten, dann *hat* das eben okay zu sein.

Als Frauen der 90er Jahre wandern wir bei der Entdeckung unserer Themen und auf der Suche nach kreativen Lösungsmöglichkeiten für unsere Probleme auf gleichen Wegen. Dieses Buch gibt wieder, was ich über mich und andere Frauen herausgefunden habe. Fünf Jahre lang war ich bemüht, die Auswirkungen zu ergründen, die eine sich in den letzten Jahrzehnten rasend schnell verändernde Kultur auf unser Leben hat, eine Kultur, in der sich die herkömmlichen Rollen von Mann und Frau verwischt haben und sich, vor allem für Frauen, geradezu ausufernde Optionen ergeben. Diese fünf Jahre markieren den Beginn eines aufschimmernden und wachsenden Bewußtseins über mich als eine von meiner Kultur geprägten Frau, die oft durch – ihr kaum verständliche – kollidierende Konflikte hin- und hergerissen wurde.

Mein neues »Bewußtsein« brachte mir die Erkenntnis, daß ich als Frau über sehr viel mehr Wahlmöglichkeiten im Denken und Fühlen verfüge, als mir je begreiflich gewesen war. Auch wurde mir klar, daß ich selbst sehr viel zu meiner Überbelastung, meinem Streß und meinen Schuldgefühlen beitrug.

Als ich den Frauen in meinem Umfeld zuhörte, vernahm ich einen Stimmenchor, der immer wieder von den gleichen, mir vertrauten Problemen sprach: Zu viel zu tun, zu wenig Zeit, und das Gefühl persönlichen Versagens, weil sie ihr Leben nicht in den Griff bekamen. Ironischerweise schien jede Frau zu meinen, sich ganz allein auf diesem Schlachtfeld zu tummeln, ohne sich der Masse anderer Frauen bewußt zu sein, die sich mit der gleichen Frustration und Erschöpfung herumquälten.

Ich brachte meine Einsichten über unsere heutigen Probleme in Frauengruppen zur Sprache und spürte die Erleichterung über die Erkenntnis, daß wir es mit kulturellen und nicht ausschließlich persönlichen Schwachpunkten zu tun haben. Da wurde mir klar, daß es eines Buches bedurfte, das dieser Realität Ausdruck gab.

Bei seiner Konzipierung beschloß ich, auf die Themen einzugehen, die die Frauen von sich aus zur Sprache brachten. Und so finden Sie hier Hunderte von Aussagen, in denen die Frauen sehr persönlich von ihren Belastungen berichten. Damit verbinden sich Bekenntnisse vieler weiblicher Autoren, die anschaulich und humorvoll ihr eigenes Dilemma schildern. Dazwischen sind einige, die Situation beleuchtende Karikaturen eingestreut, die in überregionalen Zeitschriften veröffentlicht wurden. Sie illustrieren das alte Sprichwort, wonach ein Bild mehr wert ist als tausend Worte, und fangen das schreckliche und oft zermürbende Dilemma der in der Achterbahn unserer heutigen Gesellschaft dahinschlingernden Frau ein.

Diesem Chor von Frauenstimmen habe ich auch meine eigene Stimme beigemengt – und eine hart erworbene persönliche Kenntnis von den Konflikten einer Frau, gewonnen in meinen Fronterfahrungen als Ehefrau und reichlich beschäftigte Mutter von fünf Kindern. Dazu kommt noch meine berufliche Erfahrung: 25 Jahre intensive Beratung von Frauen und parallel dazu 14 Jahre des Unterrichtens an der Graduate School für Sozialarbeit an der Universität von Utah, eine Erfahrung, die meine Perspektive von Frauenproblemen um einiges erweiterte.

Schließlich habe ich noch thematisch relevante Auszüge aus Artikeln in diesem Buch aufgenommen, die ich als wöchentliche Kolumnistin für die *Desert News* in Salt Lake City und die *Times News* in Twin Falls, Idaho, verfaßt habe.

Ohne die Frauen, die mich so vertrauensvoll an ihrem Innenleben teilhaben ließen, wäre dieses Buch nicht möglich gewesen. Dies schließt meine Klientinnen ein, mit denen ich Interviews machte, wie auch die Frauen in den Gemeinwesengruppen, mit denen ich sprach. Mein ganz besonderer Dank gilt den Frauen – durchdringende, unisono erklingende Stimmen –, die mir halfen, meine Kenntnisse über die Frauen und ihre Probleme sowie auch mein persönliches Selbstverständnis zu vertiefen.

Meinen Dank auch an Eleanor Knowles, Vizepräsidentin und leitende Redakteurin von *Desert Books*, die mir maximale Freiheit bei der Entwicklung und Konzeption dieses Buches einräumte. Ich habe zwar den Charakter dieses Buches geschaffen, aber Eleanor erweckte es zum Leben.

Ebenso möchte ich meiner tiefen Dankbarkeit für fünf Frauen Ausdruck geben, die einen besonderen Platz in meinem Leben einnehmen.

Barbara Sandberg, meine designierte Wunderwirkerin, die mir im Hintergrund Unterstützung gab, meine Seminare organisierte und mitschnitt und den größten Teil des hier verwendeten schriftlichen Materials über Frauen sammelte und strukturierte. Barbara ist auch der Originaltitel dieses Buches zu verdanken, denn eines Tages sagte sie zu mir: »Ich habe eine glänzende Idee. Nimm doch als Titel für das Buch dein eigenes Motto – ›Alle wollen was von mir – na und?‹.« Ich merkte schnell, daß es ein guter Gedanke war. Barbara hat tatsächlich hervorragende Einfälle.

Kim Turner, die die Tonbandkassetten meiner Seminare abschrieb, mir wertvolle redaktionelle Hilfestellung gab und sich meines Telefons annahm, so daß ich den Kopf für meine Arbeit am Manuskript einigermaßen frei hatte. Kim hat sich auf das in Kapitel Eins beschriebene Unternehmen »bewußte Fürsorglichkeit« eingelassen und war ein bereitwilliges und faszinierendes Forschungsobjekt, dessen persönliche Erfolgserlebnisse sie in diesem Buch immer mal wieder geschildert finden. Und mehr als einmal lieferte sie das passende Zitat für einen weißen Fleck.

Colleen Burt und Joy Morse, die wöchentlich mein Haus säuberten, den Dreck wegschaufelten und uns alle vor dem totalen Ruin retteten. Trotz allem, was ich weiß und in Kapitel Sieben über die Notwendigkeit geschrieben habe, daß Frauen ihr Heim und Selbstwertgefühl auseinanderhalten müssen, fühle ich mich in einem sauberen Haus doch wohler. Colleen war zudem eine bereitwillige Kinderchauffeuse und rettender Engel in Krisensituation zwischen mir und meinen süßen Kleinen.

Alice E. Jackson – meine Mutter, Freundin, Vertraute, Erzieherin, Ratgeberin, Korrekturleserin, Kritikerin, Chefin, Krankenschwester, Vorbild, Ernährungs- und Gesundheitsexpertin, Vorratsbeschafferin und amtierende Organisatorin in Sachen ungewöhnlicher Ansprüche – ihr gilt meine tiefe Liebe und Dankbarkeit. Sie ist die Fürsorgerin aller Fürsorgerinnen und verfügt in diesem Sinne über ganz außergewöhnliche Fähigkeiten. Durch ihre Großzügigkeit, Sensibilität, Empathie, Intelligenz und schriftstellerische Fähigkeiten habe ich viel gelernt. Der Austausch unserer Lebenserfahrungen als Fürsorgerinnen bei der Arbeit an diesem Buch hat unser gegenseitiges Verständnis vertieft und uns als Frauen und Freundinnen noch nähergebracht.

Fügen Sie diesem unschlagbaren Unterstützungsteam noch meinen Vater hinzu, Ivin M. Jackson, jetzt pensionierter Tierarzt. Ich habe oft über mein Glück gestaunt, zwei so fürsorgliche Menschen als Eltern zu haben. Ab und zu reiste ich von Salt Lake City nach Kimberly in Idaho, um für eine Woche Zuflucht bei meinen Eltern zu suchen und dort mit meinem Manuskript zu kämpfen. Mein Vater war immer da, sorgte sich still um mich, gab mir seine Liebe, munterte mich auf, brachte mir Drinks und Snacks, bot mir seinen guten Rat in Sachen Gesundheit und Wohlbefinden an – ein eleganter Fürsorger auf seine Weise.

Und schließlich möchte ich mich bei meiner Familie bedanken:

Bei meinem Mann Larry für seine Liebe, Unterstützung und sein Verständnis; dafür, daß er die Betten machte und den Abwasch besorgte; für die Geduld, mit der er viele lange Abende allein verbrachte; und für seine häufigen Trips zum Laden an der Ecke, um mir rechtzeitig irgendeine Erfrischung zu besorgen, die mich durch eine nervtötende Episode bei der Arbeit bugsierte.

Und bei meinen Kindern – Shelly, Jared, Brian, Rani und Erin –, die kollektiv zu meiner Laborforschung für das Kapitel über das Überleben mit Kindern beitrugen und die mich einzeln viele Male aufmunterten und ermutigten. Vielen Dank für ihre Geduld, mit der sie meine Ausfallzeiten hinnahmen; meine sporadischen »Gehirnkrämpfe«, geistigen »Absencen« und Ozontrips; und die häufigen Pizzaessen.

Ich liebe euch alle.

EINLEITUNG

Die Frauen der 90er Jahre

»Ab und zu habe ich das flüchtige Gefühl, ich könnte das alles hinkriegen, aber dann passiert irgendwas, und mir wird klar, daß ich einer Illusion erlegen bin.«[1]

Diese Worte stammen von einer Frau – von Natur aus ein fürsorgliches Wesen –, deren Arbeit darin besteht, ihre und die Welt all ihrer Lieben sauber und ordentlich zu halten. Und es sind die Worte einer Frau, die zu der Erkenntnis gelangt, daß sie es nicht schafft.

Klingen Ihnen diese Worte irgendwie vertraut? Jonglieren auch Sie mit einer Unmenge an Aufgaben und Verpflichtungen herum, stets bemüht, Ihr Bestes zu tun, ohne je das Gefühl zu haben, »das alles hinzukriegen«? Wenn ja, dann ist dieses Buch etwas für Sie. Es ist den vielen Frauen gewidmet, die glauben, daß nur sie allein sich mit Schuldgefühlen und Frustrationen herumquälen, weil sie nicht imstande sind, allen ihrem Zuständigkeitsbereich unterstehenden Menschen und Dingen die angemessene Aufmerksamkeit und Fürsorge zukommen zu lassen. Natürlich ist hier auch klar, wessen Schuld das ist!

Der akute Streß, dem heutzutage so viele Frauen ausgesetzt sind, hat seinen tieferen Grund. Er ist weitgehend das Resultat eines Lebens in einer sich rasch wandelnden Kultur, einer Kultur, die ständig durch Kräfte wie neue wissenschaftliche Erkenntnisse und Technologie sowie veränderte ökonomische und soziale Bedingungen umgestaltet wird.

Kräfte dieser Art haben die Rolle der Frau entscheidend verändert und sie mit Tausenden von neuen Optionen konfrontiert, ihr jedoch wenige Kriterien an die Hand gegeben, die ihr als Maßstab für ihre Kompetenz dienen können. So hat Nicholas von Hoffman festgestellt: »Die Geschichte der amerikanischen Frau von der Gründungszeit der Republik bis heute ist die des Übergangs von einer gesellschaftlichen Rolle zum Rollenvorbild. Zu Zeiten der Präsidentengattin Martha Washington wurde die Frau in eine gesellschaftliche Rolle hineingeboren. Ihre Möglichkeiten waren gering, ihre traditionell bestimmten Verpflichtungen unzählige.« Heute ist von dieser traditionellen gesellschaftlichen Rolle nur noch wenig übrig. Sie wurde vielmehr ersetzt durch eine überwältigende Ansammlung von Rollenvorbildern, unter denen sich die Frau eins heraussuchen kann. Als Folge davon sind die ihrer Rolle betreffenden Botschaften oft widersprüchlich, verwirrend und bestürzend. »Wir suchen nach Lebensregeln, an die wir uns halten können«, so Hoffman, »aber der Boden schwankt. Kaum denkt sie, jetzt sieht sie klar, da wird schon wieder eine neue Norm, eine neue Wahrheit verkündet.«[2]

Die vielen Optionen, vor die sich Frauen heute, vor allem in bezug auf Ehe, Familie und Karriere, gestellt sehen, sollen hier durch eine Analogie verdeutlicht werden: »Für viele läßt sich das Leben zu Beginn dieser 90er Jahre mit einem Essen in einem Fünf-Sterne-Restaurant vergleichen. Alles auf der Speisekarte ist verführerisch, und praktisch jede Kombination ist möglich. Aber die Wahl des Hauptgangs wirkt sich auf die Entscheidung über das Dessert aus; es empfiehlt sich daher, sich bei der Wahl Zeit zu lassen.«[3]

Jede Frau hat die Wahl, leidet aber gleichzeitig unter einem damit verknüpften, massiven Schuldgefühl. »Wie eine Klette hängt sich das Schuldgefühl an das Leben der berufstätigen Mütter und macht es ihnen unmöglich, aus *irgendeiner* ihrer Entscheidungen oder Handlungen Befriedigung zu ziehen«, schreibt Barbara J. Berg. Ihrer Ansicht nach entsteht dieses Schuldgefühl vor allem aus dem Empfinden der Frau, ihre persönliche Vergangenheit verraten zu haben. Die Frauen von heute wurden von traditionell denkenden Müttern erzogen, Mütter, die ihr Leben dem familiären Heim und der Kindererziehung widmeten. Ihr Vorbild nistet noch immer im Unterbewußtsein der Frau, die sich sagt: »Gleich wie weit wir uns von unserer Mutter entfernt haben – gesellschaftlich, intellektuell, beruflich oder geographisch –, sie bleibt doch unser wichtigstes und beständigstes Rollenvorbild. Und wenn wir meinen, diesem Vorbild in keiner Weise gerecht zu werden, in unserem Verhalten aber auch nicht davon abweichen – etwa einen Job annehmen, statt zu Hause zu bleiben –, dann ist die sofortige und automatische Reaktion Schuldgefühl.«[4]

Ironischerweise ist aber auch die heutige Mutter, die »zu Hause bleibt« (dem Vorbild ihrer Mutter folgt und somit aus dem Schneider sein sollte), von starken Schuldgefühlen geplagt, weil sie sich in unserer heutigen leistungsorientierten Gesellschaft mit sehr viel höheren Leistungserwartungen (und stärkeren Leistungsängsten) konfrontiert sieht als ihre Mutter zu ihrer Zeit. Die heutige Hausfrau inhaliert unterschiedslos und unablässig von den Medien verbreitete, detaillierte Botschaften, was sie zur Steigerung des Wohlbefindens ihrer Familie unternehmen sollte, womit gleichzeitig die Beschreibung ihrer Rolle und ihres »Jobs« ins Uferlose ausgedehnt wird.

Dazu kommt, daß die zu Hause bleibende Frau gewöhnlich glaubt, eine ideale Hausfrau sein zu müssen – und ebenso gewöhnlich meint, es nicht zu sein. Diese Schuldgefühle produzierende Schlußfolgerung rührt teilweise daher, daß die Verantwortlichkeiten einer Hausfrau nicht definiert sind, anders als etwa bei einer bezahlten Berufstätigkeit, was für sie die Einschätzung ihres Tuns schwierig macht. Und so neigt sie konsequenterweise dazu, ihre Leistung als nicht herausragend zu beurteilen. Janet Murphy, die 1984 eine vergleichende Untersuchung über die Schuldgefühle von berufstätigen und nicht berufstätigen Hausfrauen veröffentlichte, kam zu einer entsprechenden Schlußfolgerung: »Durch meine Interviews habe ich den Eindruck gewonnen, daß Frauen jeden ihrer Schritte kritisieren. Ganz gleich, welche Entscheidung sie treffen, es ist immer die falsche.«[5]

Die bisher angesprochenen Themen berühren aber kaum nur die Oberfläche all dessen, was in Frauen Schuldgefühle auslösen kann. Die Frau von heute erleidet typischerweise wegen fast allem und geradezu ständig Schuldanfälle von epidemischen Ausmaßen. Man kann sie tatsächlich als *Schuldabsorbiererin* bezeichnen. Wie Susan Jacoby bemerkt: »Die Umstände, die den Verteidigungsmechanismus einer Frau in Gang setzen können, reichen vom lächerlich Banalen bis zu überwältigend wichtigen Angelegenheiten. Ein schlampiges Haus. Zehn Pfund zu viel. Ungewaschene Haare. Arbeiten. Nicht arbeiten. Die Heirat mit einem jüngeren Mann. Die Heirat mit einem älteren Mann. Gar keine Heirat. Zu viele Kinder. Zu wenige Kinder. Überhaupt keine Kinder.«[6]

Die Frau von heute ist normalerweise auch eine *Jongleurin*. Sie absorbiert, ohne groß zu überprüfen, die unentwegt propagierten Botschaften einer überhitzten Kultur über all die Dinge, die sie tun sollte, und legt sich ins Zeug, um sie alle zu bewältigen. Die Belastung wird vor allem häufig dann zu groß, wenn sie sowohl zu Hause als auch an ihrem Arbeitsplatz mit ihren Verantwortlichkeiten herumjonglieren muß. »Es ist unmöglich, an zwei Orten zugleich zu sein«, schreibt Magge Strong, »aber genau das ist es, was von einer berufstätigen Mutter verlangt wird. Sie soll im Büro sein, aber das Baby ist krank. Oder sie steckt auf dem Weg zum Kindergarten, der gleich seine Pforten schließt, in der überfüllten U-Bahn fest. Solche Situationen lassen sie dann in Panik geraten.«[7]

Die Frau von heute ist auch oft eine *Gefällige*. Ein guter Teil ihres »Selbst« ist damit befaßt, andere zu besänftigen, und dieses Selbst schrumpft, wenn die Anerkennung ausbleibt. Eine Frau, die ihr Leben um das Bemühen, anderen gefällig zu sein, organisiert hat, erklärt dazu: »Ich merke nun, daß ich mein persönliches Wachstum behindert habe, weil ich anderen Macht über mich gab. Ich habe ständig versucht, ihnen ihre Wünsche von den Augen abzulesen und sie zu erfüllen. Ich dachte, wenn ich nur gut und ausdauernd genug wäre, bekäme ich die Anerkennung, die ich mir immer von anderen wünschte.«

Fügen Sie den oben erwähnten Merkmalen noch die Tendenz zur *Perfektionistin* hinzu. Viele Frauen verknüpfen ihre Leistungen mit ihrem Selbstwertgefühl und gehen somit stillschweigend davon aus, daß das Niveau ihrer Leistungen und ihres Jobs auch über ihr Selbstwertgefühl bestimmt. Doch ihr Perfektionismus treibt sie dazu, sich ihre Ziele so hoch zu stecken, daß sie sie niemals erreichen wird. Sie kann sich deswegen nicht mit sich eins fühlen. Es gibt immer etwas Unerledigtes, irgendeinen ungetanen Schritt, einen Zufall, mit dem sie nicht gerechnet, etwas, das sie nicht gut genug gemacht hat, das sie verunsichert und ihren Wert in Frage stellt.

Schließlich ist die Frau von heute gewöhnlich eine *erschöpfte Frau*. Viele können sich mit jener überarbeiteten Frau identifizieren, die an einem Friedhof vorbeikommt und zu ihrem Erstaunen eine innere Stimme flüstern hört: »Na, das ist aber mal ein leichter Job – einfach so herumliegen.«[8] Die erschöpfte Frau kümmert sich um alle, nur nicht um sich selbst. Ist der Druck da, dann gibt sie alle Aktivitäten auf, die ihr »Selbst« gut halten könnten – Schlaf, Sport, vernünftige Mahlzeiten, ja sogar Entspannung.

Wir haben somit fünf typische Merkmale der Frau von heute angesprochen. Sie ist eine Jongleurin, eine Schuldabsorbiererin, eine Gefällige, eine Perfektionistin und eine erschöpfte Frau. Fügen Sie dem noch ihr grundlegendstes Merkmal hinzu – das der *Fürsorgerin*. Diese Merkmale, auf die wir in den folgenden Kapiteln eingehen werden, sind Manifestationen einer traditionell gesellschaftlichen Konditionierung, die das Wahrnehmungsvermögen und die Einstellung der Frauen, oft zu ihrem Nachteil, unabwendbar geprägt haben, und das in einer Zeit, die ein flexibleres Reaktionsvermögen verlangt. Diese Merkmale sind vor allem auch auf die Vorstellungen der 50er Jahre von einer intakten Familie im traditionellen Sinn zurückzuführen, »eine Konzeption, die den Mann als Ernährer der Familie in die Arbeitswelt stellt und die Frau an den häuslichen Herd zum Kuchen backen«[9].

Seit in den 40er Jahren des letzten Jahrhunderts immer mehr Männer die Höfe verließen, sich anderswo regelmäßig Arbeit suchten, und die Frauen die Oberaufsicht über das Heim übernahmen, haben sich die Geschlechter traditionellerweise in zwei Kategorien aufgespalten: Er, der Geldverdiener und Ernährer, sie, die sich der Bedürfnisse der Menschen und des familiären Heims annimmt. Während die Männer dazu erzogen wurden, dominant, aggressiv, konkurrent und auf die Arbeit fixiert zu sein, wurden Frauen dazu erzogen, vierundzwanzig Stunden am Tag allen in ihrem Wirkungskreis befindlichen Wesen emotionale Unterstützung und Fürsorge zukommen zu lassen. Während der Mann somit seine Identität aus der Arbeit bezog, bezog die Frau die ihre daraus, daß sie anderen gefällig war, sie erfreute und glücklich machte.

Diese traditionellen Rollen wurden in den letzten Jahrzehnten unterminiert und verwandelt, was immense gesellschaftliche Veränderungen in vielerlei Hinsicht bedeutete: neue Technologien; Inflation; Wohnungsprobleme; steigende Kosten im medizinischen Bereich und im Erziehungswesen; ein verändertes Bewußtsein in bezug auf die Themen der Gleichberechtigung; Ausbildung für Frauen; geschiedene und alleinerziehende Mütter als Haushaltsvorstand; Frauen, die auf den Arbeitsmarkt drängen; Anerkennung des Beitrags der Frauen in der Industrie; neue Karrieremöglichkeiten, die sich für Frauen eröffnen.

Durch diese dramatischen gesellschaftlichen Umwälzungen finden sich Frauen wie Männer in der Ausagierung ihrer Geschlechterrollen ungeheuer stark beeinflußt. Viele taumeln unter der Wucht emotionaler Zusammenstöße, die Ehen sind bis ins Mark erschüttert, die herkömmlichen Reaktionsmuster sind unter den veränderten familiären Umständen untauglich geworden. Es fehlen kreative, neue Lösungen und Antworten, um das grundsätzliche Überleben der Familie als Einheit sicherzustellen.

Ein weitgehend unerkannter Faktor im Rahmen dieses kulturellen Wandels der Geschlechterrollen ist die Veränderung, die in den Männern und Frauen selbst vorgeht, allerdings in unterschiedlicher Geschwindigkeit. Arlie Hochschild nennt dies die »festsitzende Revolution«. »In der ökonomischen Entwicklung der Vereinigten Staaten gibt es ein ›seins‹ und ein ›ihrs‹ «, erklärt sie. »In der zweiten Hälfte des neunzehnten Jahrhunderts waren es vor allem die Männer, die es von der Farm weg zur Lohnarbeit in den

Fabriken zog und die ihren Lebensstil und ihr Selbstverständnis änderten. Zu diesem historischen Zeitpunkt unterschieden sich die Männer allmählich stärker von ihren Vätern als die Frauen von ihren Müttern. Heute weist der ökonomische Pfeil auf die Frauen. Die Frauen zieht es zur Lohnarbeit, und sie sind es, die ihren Lebensstil und ihr Selbstverständnis ändern. Frauen nehmen größeren Abstand von der Lebensart ihrer Mütter und Großmütter, Männer tun das weniger.«[10]

Der kulturelle Wandel in der Rolle der Frauen bedeutet für Männer wie Frauen erheblichen Streß, und es fehlt an einem begleitenden neuen gesellschaftlichen Verständnis von Ehe und Arbeit, das den Übergang erleichtern könnte. »Jede Ehe weist die Prägung ökonomischer Trends auf, die ihren Ursprung weit außerhalb der Ehe haben«, stellt Arlie Hochschild fest. »Probleme zwischen Mann und Frau, Probleme, die ›persönlicher‹ und ›ehelicher‹ Natur zu sein scheinen, sind oft die Auswirkungen mächtiger ökonomischer und kultureller Stoßwellen im privaten Bereich.

Viele der heutigen ehelichen Konflikte spiegeln umfassendere gesellschaftliche Spannungen wider, Spannungen zwischen den sich rascher verändernden Frauen und den sich langsamer verändernden Männern. Die ›weibliche Kultur‹ hat sich schneller gewandelt als die ›männliche Kultur‹. Das Bild der sich heutzutage aggressiv ihren Weg bahnenden Frau hat noch kein gleichwertiges Gegenbild des Mannes gefunden, der da sagt: ›Komm, wir nehmen uns der Kinder gemeinsam an.‹ Wichtiger noch, in der Grundbestimmtheit des Mannes hinsichtlich einer Übernahme von häuslicher Verantwortung hat sich in den letzten dreißig Jahren weit weniger bewegt, als Frauen sich nun ihrerseits bereitfinden, ihre Identität in ihrer beruflichen Arbeit zu suchen.«[11]

Und was geschieht nun mit den sich in unterschiedlichem Tempo wandelnden Männern und Frauen, vor allem, wenn sie wenig von den dramatischen Veränderungen der letzten zwei Jahrzehnte und deren Auswirkungen auf den privaten Bereich und das geschlechtsspezifische Rollenverhalten begreifen?

Sie kämpfen. Sie streiten. Sie werden wütend und schmeißen

sich Dinge an den Kopf, wer was wem antut. Sie entfremden sich emotional. Und manchmal lassen sie sich scheiden, oft weil sie Probleme persönlich nehmen, die von gesellschaftlichen Kräften verursacht sind und still und leise ihre Ehe umformen.

Der gesellschaftliche Einfluß auf die Ehe und die Rolle der Männer wird in diesem Buch angesprochen. Sein Hauptanliegen allerdings ist die Darstellung der Auswirkungen dieses kulturellen Wandels auf die Rolle der Frauen und ihr Wohlbefinden. Trotz der gesellschaftlichen Neudefinierung der Rollen sind Frauen in erster Linie und tief im Innern noch immer Fürsorgerinnen. Und sie sitzen in der Falle einer »unbewußten Fürsorglichkeit« – fühlen sich aufgrund einer traditionell ausgerichteten, gesellschaftlichen und unbewußt ablaufenden Konditionierung dazu getrieben, Übermenschliches zu leisten. Diese heimliche Programmierung erzeugt in den Frauen von heute allgemeinen Streß, Depression und ein sehr schwaches Selbstwertgefühl.

Die gesellschaftliche Programmierung – eine mit den gesell-

»Würde es dir etwas ausmachen, mich statt dessen Jura studieren zu lassen?«
© 1985, Artemas Cole in *New Woman Magazine*

schaftlichen Bedingungen der 50er Jahre verzahnte Programmierung –, der Frauen noch immer unterliegen, funktioniert nicht so ohne weiteres in den 90er Jahren. Und doch beurteilen die meisten Frauen ihre Leistung nach den überholten Normen einer früheren Zeit. Und obgleich sie sich hundertprozentig der Verrichtung ihrer »Pflichten« widmen, betrachten sie sich selbst als Versagerinnen.

Warum stürzt eine Frau, die alles gibt, was sie hat, in ihrem Selbstbewußtsein ab, wenn sie den Kühlschrank öffnet und darin neue Lebensformen erblickt? Oder wenn ein Fremder ihr Heim ausgerechnet in dem Moment betritt, in dem es nicht in perfektem Glanz erstrahlt? Oder wenn ihre Kinder schmuddlig aussehen und Nachbars Kinder nicht? Oder wenn…

Diese »wenns« sind eine wahre Plage. Es gibt nur wenige Ereignisse im Leben einer Frau, die sie nicht unter Anklage stellen, die in ihr keine Zweifel an ihrem Wert aufkommen lassen.

Dieses Buch befaßt sich, Seite für Seite, mit dem Selbstwertgefühl der Frau. Es wird Ihnen, liebe Leserin, helfen, sich durch die Hunderte von Begebenheiten zu manövrieren, die Ihnen täglich zustoßen und die Ihnen ihr Wertgefühl rauben. Bis dann hoffentlich der Tag kommt, an dem Sie gelassen diese erstaunlichen Lebensformen in Ihrem Kühlschrank betrachten können oder jemanden in Ihr nicht ganz perfektes Heim einladen oder die Tatsache, daß Ihre Kinder schmuddlig aussehen, ganz unemotional ertragen können, ohne daß Ihr Selbstbewußtsein knittert!

Weiter wird Ihnen das Buch dabei behilflich sein, von unbewußter Fürsorglichkeit zu bewußter Fürsorge zu kommen. Sie werden lernen, bewußt darüber zu entscheiden, wie Sie Ihre begrenzte Zeit, Energie und Ressourcen verteilen wollen. Es wird Ihnen helfen, um Hilfe zu bitten, nein zu sagen oder gar ohne Wimpernzukken ein Nein einzustecken, und sich darüber klar zu werden, daß Sie Grenzen haben und es durchaus in Ordnung ist, wenn Sie nicht jederzeit für alle Menschen alles sein können.

Des weiteren möchte Sie dieses Buch dazu ermuntern, Ihr Tempo herunterzuschrauben – um Ihretwillen. Falls Sie so sind wie die meisten anderen Frauen, dann rasen Sie mit hundert Sachen durch die Gegend – und wissen unter Umständen nicht mal, wohin und warum. Die Frau von heute tendiert dazu, auf Automatik zu schalten – ein Wirbel hektischer Bewegung, Aktivität um der Aktivität willen. Und sie neigt auch dazu, ihr Leben nicht zu überprüfen, ihre ganze Energie und ihr »Selbst« zu verausgaben, ohne darauf zu achten, in welchem Verhältnis ihre Bemühungen zu ihren grundlegenden Prioritäten stehen.

Dieser ständige Leistungsdruck, dem sie sich unterwirft, treibt sie in einen gefährlichen Erschöpfungszustand, ja noch weiter bis hin zum völligen Ausgebranntsein und in zermürbende Depressionen. So möchte Ihnen dieses Buch auch bei der Beurteilung behilflich sein, ob Sie zu diesen Frauen gehören, die sich völlig verausgaben und keinerlei Rücksicht auf sich selbst nehmen. Und sollte dem so sein, dann werden Sie dazu ermuntert, sofortige Schritte zur Einführung eines Selbstförderungs-, Wiederherstellungs- und Selbsterhaltungsprogramms einzuleiten. Das kann niemand anders für Sie tun! Sie sind auch die, die die Quittung dafür bekommt, wenn Sie sich emotional und physisch völlig aufreiben.

Außerdem möchte das Buch Sie darin unterstützen, daß Sie sich Ihres Selbstwertgefühls annehmen. Die meisten Frauen sammeln Informationen über ihren Wert, indem sie aufmerksamst die diesbezüglichen Hinweise anderer studieren. Nehmen sie eine positive Reaktion ihrer Umwelt wahr, steigt das Selbstwertgefühl – kurzfristig. Bemerken Sie eine negative Reaktion, sinkt das Selbstwertgefühl mehr oder weniger ins Bodenlose – wo es dann gewöhnlich für einige Zeit bleibt. Das heißt, das Selbstwertgefühl der Frau hängt von den Launen anderer ab, statt von ihrer Hände Arbeit und ihrem Denken.

Sie werden dazu ermutigt, in sich selbst zu investieren. Sie sind die Hüterin Ihrer Person. Und Sie sind alles, was Sie haben. Dies ist Ihr einzigartiges irdisches Leben. Sie und alle Ihre Lieben profitieren von dem, was Sie in sich investieren.

Schließlich möchte Sie dieses Buch dazu ermuntern, das Vergängliche zu feiern: Sich heute Zeit zu nehmen, um zu fühlen, erleben, glücklich zu sein und Ihre Ihnen wichtigen Beziehungen mit anderen zu genießen – heute! Frauen gleichen sooft »dem Gärtner, der wässert und Unkraut jätet, aber vergißt, an der Rose zu riechen. Das Riechen an der Rose paßt so schwer in unsern Zeitplan.«[12]

Nach dieser Einleitung sind Sie nun bereit, allmählich bewußte und überlegte Entscheidungen über Ihr Selbstwertgefühl, Ihre Verpflichtungen und Ihre Prioritäten zu treffen. Ihr Weg wird Sie zu folgenden Inhalten führen:

In Kapitel Eins bis Sechs werden typische, kulturell bestimmte Reaktionen und Verhaltensweisen von Frauen beschrieben, die zur Erschöpfung ihrer Energie und Ressourcen führen.

Kapitel Sieben geht auf ein weiteres charakteristisches Merkmal von Frauen ein, nämlich die Tendenz, ihren eigenen Wert mit ihrem Heim zu verbinden. So signalisiert ein chaotisches Heim oft eine chaotische Frau.

Kapitel Acht befaßt sich mit dem, was passiert, wenn eine Frau, deren Selbstachtung vom Maß der Ordnung in ihrem Haus abhängt, es mit Kindern und einem Ehemann zu tun hat, die dieser Tatsache keine Beachtung schenken.

Kapitel Neun und Zehn handeln von der Wachstumsentwicklung, der Aufrechterhaltung und Wiederherstellung von Frauen und der Festigung des Selbst. Viele Frauen, die daran gewöhnt sind, alle Bedürfnisse außer den eigenen zu befriedigen, haben Mühe, in ihre eigene Entwicklung zu investieren – und die Möglichkeit in Betracht zu ziehen, daß sie die Mühe, Energie und den Aufwand einer solchen Investition wert sind.

Kapitel Elf schließlich befaßt sich mit der Arbeit, ein Thema, das alle Frauen betrifft, da es, wie Sie alle sehr gut wissen, so etwas wie eine »arbeitslose« Frau nicht gibt.

KAPITEL 1

Die Fürsorgerin

Die herausragendste und nobelste aller Eigenschaften einer Frau ist die, daß sie zur Fürsorgerin »geboren« wurde – ein sprudelnder Quell emotionaler Unterstützung in jeder Hinsicht –, pflichtbewußt bemüht, stets und unentwegt alle Personen in ihrem Umkreis zu hegen und zu pflegen. Sollte Fürsorglichkeit tatsächlich die größte Stärke einer Frau sein, dann kann sie auch sehr gut zu ihrer Achillesferse werden, und sie, sollte dieses Umsorgen ausufern, endlosem Streß aussetzen. Erschöpft sie durch ihre unentwegte Fürsorglichkeit ihre Mittel und überfordert sie ihre geberische Kapazität, so kann sie ihr »Selbst« total verbrauchen und ausgebrannt oder depressiv zusammenbrechen.

Eine Frau, die sich immer wieder bis zur Erschöpfung treibt, wird von *unbewußter* Fürsorglichkeit getrieben. Sie reagiert ganz einfach auf eine kulturelle Programmierung. Weder denkt sie darüber nach, was sie tut, noch trifft sie durchdachte Entscheidungen. Auch überblickt sie nicht die Konsequenzen ihres eskapistischen Verhaltens. Sie steckt in einer sich immer geschwinder drehenden Tretmühle, bis sie früher oder später zusammenbricht. Und sie wird zusammenbrechen, wenn sie nicht aufpaßt. Eine Frau, die es wissen muß, formulierte dies einmal so: »Wenn du dich nicht auf elegante Weise um dich selber kümmerst, dann wirst du es auf sehr unelegante Weise tun.«

Sie sind eine Fürsorgerin. Dieses Kapitel befaßt sich mit der unbewußten und bewußten Fürsorglichkeit. *Unbewußte Fürsorglichkeit* heißt, daß Sie einfach und gedankenlos auf innere und äußere Signale reagieren. *Bewußte Fürsorglichkeit* bedeutet, daß Sie die Kontrolle über Ihr Leben und Ihre Entscheidungen übernehmen. Sie werden sich dieser inneren Programmierung bewußt, indem Sie sich aufmerksam beobachten, wie sie sich ständig dazu getrieben fühlen, zu geben und nochmals zu geben – jedoch nur schlecht annehmen können. Sie lernen zu agieren, statt zu reagieren. Ihnen wird klar, daß Ihre geberische Kapazität nicht unerschöpflich ist und treffen deshalb – ohne schlechtes Gewissen – Entscheidungen, wie Sie Ihre begrenzte Zeit, Energie und Hilfsmittel einsetzen wollen. Sie geben großzügig anderen, aber nehmen sich auch Zeit für Ihre eigenen Belange. Ihnen ist klar, daß Sie genug haben, um sich um *andere* zu kümmern, wenn Sie auch für *sich selbst* sorgen.

Woher ich das weiß? Ich bin selbst eine Fürsorgerin – und auf dem Weg von unbewußter zu bewußter Fürsorglichkeit. Wir sitzen im selben Boot!

Ich möchte als Einstieg in die Diskussion über die Implikationen von Fürsorglichkeit ein, ein paar Jahre zurückliegendes, persönliches Beispiel aus meinem Leben einbringen. Es ist zwar ein Beispiel, das zu meiner Mutterrolle gehört, aber ich stand damals unter starkem und zunehmendem Streß, weil ich mit einer Anzahl verschiedener Rollen herumjonglieren mußte, die Ganztagsbeschäftigung als Therapeutin und als wöchentliche Kolumnistin für eine Zeitung inbegriffen. Ich wähle dieses Beispiel, weil ich glaube, daß es ganz allgemein die widersprüchlichen und überwältigenden Gefühle der meisten Frauen beschreibt, die, ob nun verheiratet oder alleinstehend, jung oder alt, mit Kindern oder kinderlos, darum kämpfen, in allen ihren Lebensbereichen tadellos zu funktionieren. Die Frauen der 90er Jahre jonglieren mit einer Unmenge an Rollen. Ganz gleich, welche Position sie einnehmen, sie laden sich heute im Normalfall zuviel auf, und der Streß, dem sie sich unterwerfen, fordert einen schrecklich hohen Preis. Die alleinerziehende Mutter leidet am stärksten, denn sie jongliert mit dieser Unzahl von Rollen und tut noch den Job für zwei.

Um nun auf meine Geschichte zurückzukommen: Es war Montagabend, und die wöchentliche Zeitungskolumne war früh am nächsten Morgen fällig. Ich war den ganzen Tag zu Hause gewesen und hatte mich intensiv um vier meiner fünf Kinder gekümmert, und in meinem Hirn tat sich absolut nichts mehr. Von mir war nichts mehr übrig, das sich noch hätte ein Thema einfallen lassen oder die Vorarbeiten machen können, um den Termin einzuhalten. *Ich schaffe es nicht*, dachte ich. *Ich bin zu gestreßt*. Und da kam mir ein Geistesblitz. Ich würde über meinen Streß schreiben. Ich würde die nervenaufreibende Szene einer halben Stunde mit meinen Kindern schildern. Hier ist ein Auszug aus diesem Artikel:

»Nein, Jill, du kannst nicht hier in der Küche auf den Boden ›Himmel-und-Hölle‹ malen. Es ist mir im Weg.«

»Aber Mammmmmmi, ich mach es ganz bald wieder weg, und ich nehm Kreppband – es macht nichts kaputt.«

»Nein – du wirst dein ›Himmel-und-Hölle‹ draußen machen müssen. Ich versuche, das Haus sauberzumachen.«

»Aber Mammmmmmi, draußen ist es kalt. Und ich muß jetzt irgendwo spielen können.«

»Nein, Jill! Jamie, paß auf! Du verschüttest gleich die Milch. Stell es wieder hin... na gut, hol einen Lappen und wisch es auf. Nein, laß es. Ich wisch es auf.«

»Mami, kann ich ›Himmel-und-Hölle‹ in der...«

»Nein! Nein habe ich gesagt! Hier hast du noch ein Glas Milch, Jamie.«

»Mami, kann ich vier Dollar haben?«

»Wozu brauchst du vier Dollar, Debbie?«

»Ich muß Cary das geliehene Geld zurückzahlen.«

»Ich bin mir nicht sicher, ob das meine Frage beantwortet, aber na gut. Wo ist mein Geldbeutel? Ich weiß nicht, wo mein Geldbeutel ist.«

»Wo ist mein Erlaubnisschein, Mami? Mein Erlaubnisschein muß unterschrieben werden, sonst kann ich morgen nicht mit zur Müllhalde gehen.«

»Ich weiß nicht, Michael. Du hast Müll gesagt – schau im Müll nach. Vielleicht habe ich ihn weggeworfen.«

»Mami, ich *muß* meine vier Dollar jetzt gleich haben. Cary wartet draußen.«

»Ich such immer noch nach meinem Geldbeutel, Debbie. Vielleicht hab ich ihn im Wagen gelassen. Schau mal im Wagen nach.«

»Mammmmmmmi, wo *kann* ich denn ›Himmel-und-Hölle‹ spielen?«

»Ich weiß nicht, Jill – laß mich mal 'ne Minute nachdenken... Jamie, du verschüttest gleich die... wo ist der Lappen? Hat jemand den Lappen gesehen?!!!«

»Mammi, hier ist mein Erlaubnisschein – er *war* im Müll und jetzt ist Ketchup drauf. Was soll ich tuuuuun?«

»Na komm, wein nicht, Michael – das kriegen wir schon wieder hin. Gib ihn mir!«

»Mami, ich brauch noch mehr Milch.«

An diesem Punkt ist die Mutter völlig benebelt – bombardiert von vier unschuldigen Kindern, die nichts anderes im Sinn haben als die Erfüllung ihrer Bedürfnisse – auf der Stelle. Sie wischt das Ketchup mit ihrem Kleid ab, unterzeichnet den Erlaubnisschein, findet den Geldbeutel im Wagen (wo sie ihn schon vermutet hatte und Debbie ihn suchen sollte), rückt ihre letzten vier Dollar heraus, wischt die dritte Milchverschüttung auf und geht dann in Jills Zimmer, wo sie Jill mit zwei Freundinnen beim ›Himmel-und-Hölle-Spiel‹ entdeckt.

Mit glasigem Blick wendet sich die Mutter ab und wankt davon – zu erschöpft, um noch einen Kommentar zum ›Himmel-und-Hölle-Spiel‹ abzugeben. »Meine Mutter hat mir nie gesagt, daß es so werden würde«, denkt sie und stolpert auf einen Stuhl zu.

Die Mutter hat allen Bedürfnissen Rechnung getragen und somit die Situation zeitweilig beruhigt, aber die nächste Attacke ist schon in Vorbereitung. Debbie wird bald zurückkommen, um das Kleid anzusprechen, das sie für die Tanzerei am Wochenende braucht, Jill wird ihrer Mutter die

Stoffetzen zeigen, die *sofort* an ihre Patchworkbluse genäht werden müssen, Michael wird melden, daß er irgend etwas braucht, das er zur Klassenparty morgen mitbringen kann, und Jamie wird schreiend hereinstürzen, weil der Hund sein Lieblingstier zernagt hat – alles lebensbedrohliche Notsituationen, was die Kinder angeht.

Streß – das ist es, worunter die Mutter leidet. Und nachdem sie im Laufe des Tages eine Anzahl solcher Offensiven durchlebt hat (zuweilen mit vier oder fünf Anforderungen pro Minute), weist sie vermutlich eindeutige Symptome von Kampfmüdigkeit auf: Kopfschmerzen, Erschöpfung, Rückzug, Tränen und Konzentrationsschwierigkeiten.

Was geht in dieser völlig ermatteten Fürsorgerin gefühlsmäßig vor, während sie ihrem Stuhl zustolpert? Als ich diese Frage mehreren Frauen in den unterschiedlichsten Lebenslagen stellte, bekam ich zur Antwort:

- erschöpft. Sie denkt: »Wie soll ich je die Stärke aufbringen, all das zu schaffen?«
- fix und fertig, frustriert und nicht mehr Herrin der Lage. Sie glaubt, sie kann nicht mal, wie doch sonst alle auf der Welt, einen so einfachen Tag bewältigen.
- desillusioniert. Sie fragt sich: »Ist das alles, was es gibt?«
- schuldig. Sie schafft das alles nicht. Oder sie hat ihre Kinder im Moment einfach satt. Das macht eine Mutter fertig, denn Mütter sollten ihre Kinder doch *immer* lieben, oder?
- möchte aufgeben. Ihren Mutterpaß zurückgeben. Aber niemand will ihn haben. Das hat sie schon früher mal versucht.
- zornig. Sie scheint ganz allein in der Abwehrreihe zu spielen. Alle anderen spielen im Sturm.
- unzulänglich. Sie fragt sich: »Was stimmt mit mir nicht? Ich sollte imstande sein, das hinzukriegen.«
- das Gefühl, versagt zu haben. Sie ist sauer auf sich, weil sie es nicht schafft, Ordnung in ihr Leben zu bringen und es richtig zu organisieren.

- Einsamkeitsgefühl. Manchmal hat sie das Gefühl, sie sei die einzige, die das alles durchmacht.
- in der Falle. Sie fragt sich: »Wie bin ich da bloß reingeraten?« Und: »Wer hat mir eigentlich diesen Job zugewiesen? Die Person möchte ich mir mal vorknöpfen.«

Abgesehen von ihrer Unmenge negativer Gefühle in bezug auf sich selbst wird sich unsere Fürsorgerin vermutlich auch alle ihre »Auslassungssünden« vorhalten. Ich könnte mein Leben in Griff kriegen, so folgert sie, wenn ich nur

- härter arbeiten
- weniger schlafen
- besser organisieren
- meine Zeit besser nutzen
- mehr kochen und saubermachen
- mehr Körperübungen machen
- mehr qualitative Zeit mit meinen Kindern verbringen
- mehr Geld verdienen (und weniger ausgeben)
- geduldiger sein... freundlicher... fröhlicher
- meine Kinder besser erziehen
- zehn Pfund abnehmen (vor allem zehn Pfund abnehmen!) würde.

Die unbarmherzigen Selbstvorwürfe sind schmerzlich und bedrückend – die Wut auf sich selbst wegen ihres Versagens ist unerträglich. Bei unserer Fürsorgerin meldet sich nun der Selbsterhaltungstrieb, und sie sinnt: »Wie kann denn das alles nur *meine* Schuld sein?« Sie weiß, daß sie unmöglich immer für alles die Verantwortung tragen kann. Sie arbeitet doch so hart, sie gibt sich doch solche Mühe – nonstop. Sie fühlt sich überlastet, nicht gewertschätzt und überarbeitet. Das alles ist nicht fair.

Sie schaut sich um. Wenn es nicht allein ihre Schuld ist, dann gibt es eigentlich nur noch zwei Kategorien von Menschen, die sich als Sündenbockkandidaten anbieten – Ehemann (sofern sie einen hat!) und Kinder (wenn sie welche hat).

Jetzt ist sie wütend auf *sie*. Sie nimmt ihren unseligen Ehemann aufs Korn. »Es ist deine Schuld. (Schau, was du aus mir gemacht hast!) (Wenn dir wirklich was dran liegen würde, dann würdest du mehr helfen!) (Du weißt mich überhaupt nicht zu schätzen!) (Deine Socken liegen ewig auf dem Boden herum!) (Du bist nie zu Hause, um auch mal was zu tun!).«

Und die Kinder (die natürlich dauernd was wollen) kriegen auch ihr Fett ab. Sie schimpft und schreit sie an. Es ist ihre Schuld, weil sie (undankbar sind) (verzogen sind) (nicht den nötigen Respekt zeigen) (sie nicht lieben).

Eine Frau sagt über ihre Wut: »Mir ist erst jetzt klar geworden, wie wütend ich auf die Leute war, weil sie dauernd was von mir erwarteten. Aber ich habe nie was gesagt. Ich habe nur vor mich hingemurrt und gegrummelt. Ironischerweise war ich es, die ihnen beigebracht hat, all das von mir zu erwarten, was ich für sie tat. Es war nicht ihre Schuld.«

Und eine andere Frau: »Ich hab all diese Menschen auf meinem Buckel herumgeschleppt wie ein Opossum, und diese Bindungen waren dauernd da. Meine Wut entstand aus dem Gefühl, nie Zeit für mich zu haben.«

Diese Aussagen stammen von überlasteten Frauen, die auf dem Weg zu *bewußter* Fürsorglichkeit sind – die sich ihre Wut eingestehen und sich allmählich damit auseinandersetzen. Viele *unbewußt* fürsorgliche Frauen aber empfinden einfach Wut ohne irgendwelche Einsichten – und haben deshalb ein schrecklich schlechtes Gewissen. Sie sind aufgebracht über dieses ständige Bombardement mit Wünschen und Forderungen, tun aber alles, um ihre Wut zu zügeln. Doch das klappt nicht lange!

Die in dieser Zwickmühle steckende Fürsorgerin weiß, daß sie nett sein, ein Lächeln im Gesicht und Geduld haben soll mit den Menschen, die sie am meisten liebt, während diese offensichtlich mit den unsäglichsten Forderungen an sie daherkommen. Aber sie schafft es nicht, und das ist *ihre* Schuld. Irgendwas stimmt ganz und gar nicht mit ihr, denn das Monster in ihrem Innern bricht immer wieder hervor.

Kommt Ihnen diese Beschreibung der Fürsorgerin unangenehm vertraut vor? Sind Sie in unbewußte Fürsorglichkeit verstrickt?

Und wenn ja, sind Sie bereit, etwas zu ändern? Sie sitzen fest, wenn Sie immer wieder Ihr altes Programm abspulen. Es kommt nur noch immer mehr Erschöpfung, Streß und Ärger nach. Wir sprechen von einem Zusammenbruch größeren Kalibers!

Wenn Sie sich auf den Weg zu bewußter Fürsorglichkeit machen wollen, den auch andere schon genommen haben, dann müssen Sie ein paar tief eingewurzelte – doch irrige – Überzeugungen in Frage stellen, die Sie ständig dazu bringen, sich und andere für die Tatsache anzuklagen, daß Sie Ihr Leben nicht im Griff haben.

Eine dieser falschen Überzeugungen besagt, daß es Ihre Schuld ist, wenn Sie nicht alles schaffen. Es sei Ihr Fehler, Ihre Unzulänglichkeit. Der Fehler liegt vielmehr bei einer Gesellschaft, die eine Fürsorgerin auf vielschichtigen Ebenen mit einer Unmasse an Botschaften überflutet, was sie alles tun muß, um zulänglich zu sein. »Blinkt alles Glas in Ihrem Haus blitzsauber?« »Haben Sie die Zähne Ihrer Kinder heute mit Seidenfäden gereinigt?« »Hat der Hemdkragen Ihres Mannes Schmutzränder?« Es nimmt kein Ende, was Sie alles tun sollten.

Eine weitere falsche Überzeugung ist die, daß es *irgend jemands* Fehler oder Schuld ist. Wie Sie noch in diesem Buch sehen werden, hat das Thema Fürsorglichkeit nichts mit Schuld zu tun. Hier sind ganz einfach stille gesellschaftliche Kräfte am Werk, die Sie verstehen müssen. Und mit diesem Wissen können Sie bewußte Entscheidungen treffen, um Ihr Leben in den Griff zu kriegen (und andere von Ihrem Zorn zu befreien).

Und da ist noch eine falsche Überzeugung, nämlich die, daß die Lösungen für Ihre Probleme außerhalb Ihrer Person zu finden sind, vielleicht in der Veränderung der Verhaltens- oder Handlungsweise von jemand anders. *Sie* sind verantwortlich für Ihre Entscheidungen. Sie sind verantwortlich, wenn Ihre Fürsorglichkeit überhandnimmt, Sie zu viel zu tun haben, Ihr Arbeitspensum oder Ihre Zeit nicht in den Griff kriegen. Sie selbst weisen sich Ihre Aufgaben zu. Die schlechte Nachricht ist, daß Sie sich vielleicht ändern müssen. Die gute Nachricht ist, daß Sie es können.

Auf dem Weg zu bewußter Fürsorglichkeit

Vielleicht haben Sie schon einmal die Erfahrung gemacht, daß Sie den Teig zu dünn ausgerollt haben und er Löcher bekam. Und wenn Sie dann versuchen, ein Loch zu stopfen, reißt irgendwo ein anderes auf.

So ergeht es gewöhnlich der Fürsorgerin. Sie dehnt sich zu weit, zu oft, in zu viele Richtungen, und kriegt Löcher.

Und Fürsorgerinnen werden weiterhin »Löcher« kriegen, bis sie begreifen, daß ihnen definitiv Grenzen gesetzt sind und sie anderen nur soundsoviel von sich geben können.

Schauen Sie sich die »Schachtel der Grenzen« (Grafik 1) an und stecken Sie in diese Schachtel alle Zeit, Energie und Mittel, über die Sie verfügen. Außerhalb von dieser Schachtel ist nichts mehr von Ihnen übrig. Beachten Sie aber, daß die Schachtel mit gestrichelten und nicht durchgehenden Linien umrandet ist, da Ihre Grenzen vermutlich äußerst unklar definiert sind.

Und obwohl Sie Ihre Grenzen haben und Ihre Kapazität beschränkt ist, agieren Sie unter Umständen jenseits Ihrer Grenzen. Sie strecken sich, um sich »nur noch dieser einen Kleinigkeit« anzunehmen. Sie schaffen das, das wissen Sie. Das haben Sie auch früher schon geschafft. Kein Problem.

Sie betrachten sich, ohne darüber nachzudenken, als unüberwindlich. Sie *können* diese Angelegenheit erledigen, ganz gleich, wie weit Sie Ihre Grenzen schon überschritten haben oder wie viele Löcher Sie bekommen.

Hier sind so ein paar Möglichkeiten der Überschreitung realistischer Grenzen.

- Jemand ruft Sie von Ihrer Arbeitsstelle an und bittet Sie, noch eine zusätzliche Schicht zu übernehmen, und Sie willigen ein, obwohl Sie schon völlig überlastet sind.
- Jemand vom Schulkomitee bittet Sie, sich um den Vorsitz der Eltern-Lehrer-Vereinigung zu bewerben, und Sie haben schon beim Herz-Fond, dem Krebs-Fond und der Blutspendeaktion ja gesagt. Sie nicken wieder.

- Sie treffen eine alte Freundin, die Sie schon fünf Jahre lang nicht mehr gesehen haben, und erfahren, daß ihr Mann kürzlich an Krebs gestorben ist. Sie sagen sich: »Ach, ich sollte ihr was zu essen rüberbringen.« Uneingedenk der Tatsache, daß Sie in Ihrer Erschöpfung wünschten, jemand brächte Ihnen eine Mahlzeit ins Haus.
- Eine Freundin ruft sie an, weil sie mit jemand reden muß. Aber sie mußte schon gestern und vorgestern und in der letzten Woche auch ein paarmal mit jemand reden. Die ewigen Gespräche mit ihr nehmen Ihnen die Zeit, die Sie üblicherweise abends mit Ihren Kindern verbringen. Aber Sie stehen ihr weiterhin zur Verfügung, weil Sie Ihnen so leid tut.
- Es sind nur noch zwei Tage bis Fasching. Sie haben schon das Material für die Kostüme der Kinder gekauft, die zu nähen Sie fest entschlossen sind, aber das bedeutet jetzt, daß Sie mindestens eine Nacht durcharbeiten müssen.
- Ihre erwachsene Tochter ruft Sie an und bittet Sie, zwei Tage vor Rosenmontag, Kostüme zu basteln, weil sie keine Zeit dazu hat – und Sie sagen ja.
- Ihre Nachbarin ruft Sie an, um Ihnen mitzuteilen, daß ihre erwachsene Tochter sie gebeten hat, die Faschings-Kostüme zu nähen, weil sie keine Zeit dazu hätte, und sie (die Nachbarin)

Grafik 1

hätte zwar zugesagt, aber nun auch keine Zeit. Und ob Sie sich nicht darum kümmern könnten, denn Sie seien ja alleinstehend und hätten wahrscheinlich Zeit – und Sie, Sie Gute, Sie sagen ja.

Für sich genommen mag für Sie keine dieser Begebenheiten ein Problem darstellen. Das wirkliche Problem entsteht dann, wenn Sie ständig ja sagen und auf Dinge eingehen, die Ihre geberische Kapazität überschreiten und Sie ständig am Rande Ihrer Grenzen agieren lassen. Sehen Sie sich die Auswirkungen Ihrer ständigen Zusagen an, wie sie nun in der »Schachtel der Grenzen« (Grafik 2) dargestellt sind.

Jede Verpflichtung, in die eine Fürsorgerin einwilligt, bringt sie der völligen Überlastung noch näher. Sie ist in ihrem Zeitplan (die Schachtel) schon komplett ausgelastet – da paßt nichts mehr hinein. Wenn Ihnen dieses Muster vertraut vorkommen sollte, dann möchten Sie vielleicht zur Beurteilung Ihrer eigenen Situation ein Auge auf folgende typischen Merkmale einer »überdehnten« Fürsorgerin werfen.

- Sie sind gut organisiert, effizient, etwas zwanghaft und planen ständig voraus und jede mögliche Eventualität ein, damit alles perfekt abläuft.
- Ihr Geist rotiert nonstop, Sie wälzen alle Dinge im Kopf, die Sie zu tun haben.
- Sie sind ewig in Eile und kommen notorisch zu spät.
- Sie fühlen sich ständig unter Druck – zu viel zu tun und zu wenig Zeit.
- Sie fühlen sich meist angespannt, zermürbt oder unruhig.
- Sie sind wütend auf die Personen, die Sie um etwas bitten (aber Sie schlucken Ihre Emotionen stillschweigend und sagen ja).
- Zuweilen haben Sie nicht mehr die Energie, noch irgend etwas zu geben (aber Sie halten Ihre müden Knochen weiter in Bewegung, um sich um andere zu kümmern).
- Sie sind ständig überreizt und fauchen die Kinder an.
- Sie können sich nur schwer entspannen. Selbst wenn Sie langsamer treten, fühlen Sie sich dazu gezwungen, mehrere Dinge auf einmal zu tun.

- Sie haben zuweilen Schwierigkeiten, sich auf die Dinge, die erledigt werden müssen, zu konzentrieren.
- Sie haben das Gefühl, daß die Tatsache, daß Sie nicht alles bewältigen, irgendwie mit Ihrer Unzulänglichkeit zu tun hat.

Sollten Sie auf die Mehrheit dieser Punkte mit einem tief empfundenen Ja reagieren, dann sind Sie vermutlich eine Kandidatin für eine »Löcher-Reparatur«. Und sollte eine solche Reparatur angesagt sein, dann erwägen Sie, sich folgende Richtlinien zu eigen zu machen, die dann den Beginn Ihres Weges zu bewußter Fürsorglichkeit markieren werden.

1. Die Festsetzung und Stabilität Ihrer Grenzen ist Ihre Sache – niemand kann das für Sie übernehmen. Kein Mensch trägt die Schuld, wenn Sie sich bis zur Durchsichtigkeit ausdehnen.
2. Sie haben das Recht, ja sogar die Verpflichtung, Ihre begrenzte Zeit, Energie und Ressourcen zu schützen. Wie es eine Autorin so treffend formulierte, »können Sie nicht auf jeden öffentlichen, privaten und beruflichen Hilferuf reagieren«[1]. Das heißt, daß Ihnen nicht unbehaglich zumute wird, wenn Sie ablehnen.
3. Sie haben auch das Recht, Ihre Zeit, Energie und Ressourcen

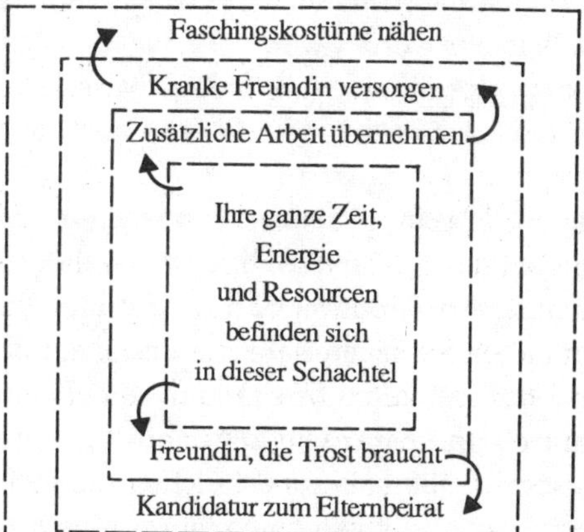

Grafik 2

nach Ihrem Gutdünken zu verteilen, ohne irgend jemand Rechenschaft ablegen zu müssen. Es ist ausgesprochen wichtig, daß Sie Ihrem Urteilsvermögen über das, was für Sie und Ihre Angelegenheiten am besten ist, vertrauen.

4. Sie haben die Verpflichtung sich selbst gegenüber, Ihre Prioritäten festzulegen und aus Ihrem Stundenplan all die Zeitvampire zu streichen, die Ihnen Stärke absaugen.
   Wollen Sie Ihre »Löcher« loswerden, dann heißt das, daß Sie es entweder aufgeben, derart viele Dinge zu tun oder sie perfekt zu tun. Sie können nicht alles haben oder tun, ohne verheerende Personalkosten aufbringen zu müssen.
5. Ebenso haben Sie die Verpflichtung, in der »Schachtel der Grenzen« Raum für sich zu schaffen und sich genauso sorgsam um sich zu kümmern, wie Sie anderen Ihre Fürsorge angedeihen lassen.

Sind Sie bereit, sich Ihrer selbst anzunehmen? Holen Sie tief Atem. Das ist Ihr erster größerer Test: Gehen Sie daran, in der Schachtel der Grenzen Raum für *sich selbst* zu schaffen.

Hört eine Fürsorgerin, daß sie sich um sich selbst kümmern sollte, dann betrachtet sie das oft als Aufforderung zum Egoismus. »Wer, ich? Egoistisch? Niemals!« entrüstet sich die Frau, der es weniger ausmachen würde, wenn ein zusätzliches Unterhöschen aus einem ihrer Hosenbeine hervorlugen würde, als sich der Vermutung ausgesetzt zu sehen, sie könnte auch nur einen egoistischen Knochen im Leib haben.

Warum kann sich eine Fürsorgerin nur schwer mit dem Gedanken anfreunden, daß *sie* auch wichtig ist? Weil sie darauf getrimmt ist, sich auf andere zu konzentrieren – Schuldgefühle zu entwikkeln, wenn sie sich *nicht* um andere kümmert, und ein schlechtes Gewissen zu haben, wenn sie sich um sich selbst kümmert.

Meist bedarf es einiger Überredungskünste, um Fürsorgerinnen dazu zu bringen, sich folgendes anzuhören, aber so ist es nun mal: *Sie sind nicht egoistisch, wenn Sie sich Ihrer selbst annehmen. Sie sind auch nicht egozentrisch. Sie sind vielmehr im-Selbst-zentriert!*

Zwischen einem egoistischen oder egozentrischen (sich ausschließlich um sich selbst kümmern) und einem im-Selbst-zentrierten (im Kontext der Beziehungen auf das Selbst achten) Verhalten besteht ein erheblicher Unterschied.

Im Selbst zentriert zu sein besagt: »Du zählst und ich zähle. Ich muß mich um mich kümmern, damit von mir genug da ist, das sich um dich kümmern kann.« Es bedeutet auch, daß Ihnen ganz einfach an Ihrer persönlichen Entwicklung liegt, denn eine der vordringlichsten Aufgaben des *Seins* ist das *Werden*. Sie existieren, wie Martin Buber sagt, weil Sie Ihre einzigartigen, einmaligen und doch immer wieder auftauchenden Potentiale verwirklichen sollen. Und diese Aufgabe bedarf keiner Verteidigung, keiner Entschuldigung. Sie haben das Recht, sich in Ihrer Einzigartigkeit zu entfalten, ganz einfach weil Sie sind.

Sie sind, um es anders auszudrücken, letztlich die Hüterin Ihrer selbst, für Ihr Leben und was daraus wird, verantwortlich. Niemand kann diese Aufgabe für Sie übernehmen.

Wenn Sie chronisch Ihre Ressourcen erschöpfen, betreiben Sie Raubbau mit sich selbst, bis vielleicht kein Selbst mehr übrig ist. In mehreren Untersuchungen über das Selbstwertgefühl von Frauen beschreiben sich viele Frauen als »voller Löcher«, »voller Risse«, eine »große Leere«. Und wenn sie ihren Blick nach innen richten und darüber nachdenken, wer und was sie sind, gleichen sich die Aussagen oft: »Von einem Selbst ist da nicht viel zu sehen.«[2]

Was also, wenn Sie zur Überzeugung gelangt sind, daß Sie in sich investieren müssen, daß auch Sie wichtig sind? Was heißt es, sich Raum zu schaffen? Eine praktisch veranlagte Frau, die Bescheid weiß, formulierte es so: »Wenn ich nicht auf der Liste der Dinge stehe, die ich jeden Tag tun muß, dann schreibe ich mich drauf, weil mir klar ist, daß ich mich auch um mich selber kümmern muß.« Diese Frau hat sich einen Plan geschaffen, wie sie sich systematisch und jeden Tag wieder aufbaut. Sie zählt. Sie steht auf ihrer Liste. Sie akzeptiert, daß sie die gleiche gütige, fürsorgliche Behandlung verdient, die sie allen anderen zukommen läßt.

Was können Sie also tun? Es gibt unzählige Möglichkeiten, aber treiben wir die Diskussion noch ein bißchen weiter und beleben wir sie mit einem etwas radikalen Gedanken. Was, wenn Sie sich einen Tag frei nähmen? Irgendwo höre ich »keuch, keuch« und Protest: »Das kann ich nicht tun!« Ich habe diesen freien Tag nur vorgeschlagen, um Ihre Toleranzschwelle zu testen. Ich weiß, daß *Sie* sich keinen Tag frei nehmen können, oder glauben, Sie könnten es nicht, aber hören Sie einer Frau zu, die das tatsächlich tat. Sie, zufällig eine Hausfrau, berichtet:

»Der Dienstag wurde mein freier Tag. Das bedeutete für mich, daß ich an diesem Tag tun konnte, was ich wollte. Gleich, was es war. Hatte ich Lust, den Boden zu schrubben, dann konnte ich das tun. Wollte ich aber lange schlafen oder einkaufen gehen, dann konnte ich das auch.

Am Anfang war es mir irgendwie peinlich, mir ›meinen Tag‹ zu nehmen, und auch meinem Mann war unbehaglich zumute. Folgendes Gespräch entspann sich: (Er) ›Was tust du?‹ (Ich) ›Es ist mein freier Tag.‹ (Er) ›Was soll das heißen, dein freier Tag?‹ (Ich) ›Nun, ich hab beschlossen, mir einen freien Tag zu nehmen, denn sonst gibt ihn mir ja keiner. Ich bin sieben Tage in der Woche, 24 Stunden am Tag im Dienst, und ich brauche einen freien Tag.‹

James Estes in *Good Housekeeping*

Zunächst bekam ich dann ein paar sarkastische Bemerkungen zu hören, wenn ich lange schlief oder irgendwohin ging: ›Ach richtig! Ist ja dein freier Tag.‹ Aber nach ein paar Wochen fragte er mich: ›Was willst du heute unternehmen?‹ Wir machten uns einen Spaß daraus. Er merkte, daß ich glücklicher war, und das gefiel ihm. Er mußte sich einfach nur an den Gedanken gewöhnen. Niemand mag Veränderungen.«

Wie diese Geschichte zeigt, heißt »sich Raum schaffen«, daß Sie Verantwortung für das, was Sie wollen, übernehmen. Es heißt auch, daß Sie sich wieder mit sich selbst vertraut machen. Ganz offen gesagt, weichen Sie mit der geschäftigen Fürsorglichkeit oft nur der Verantwortung für Ihre eigene Person und Ihre Bedürfnisse aus. Sie brauchen nicht nachzudenken; oder irgendwie aufzufallen; oder Ihre Bedürfnisse und Gefühle irgend jemandem darzulegen; oder Ihren Lebensinhalt zu überprüfen; oder die Verantwortung für Ihr Selbstgefühl zu übernehmen, ein Thema, dem wir uns in diesem Buch immer wieder widmen werden.

Werfen Sie nun einen Blick auf die Schachtel der Grenzen. Diese Schachtel sollte feste Grenzen und einen fest umrissenen Raum für Sie selbst aufweisen (siehe Grafik 3).

Grafik 3

Ihr kleiner persönlicher Anteil an der Schachtel nimmt sich fair aus, oder? Sagen Sie ja. Nicken Sie mit dem Kopf. Recht so. Es ist nicht nur fair, es ist auch intelligent. Wie schon mehrmals betont, wird, wenn Sie sich um sich selbst kümmern, genug von Ihnen vorhanden sein, das sich um die *anderen* kümmern kann!

KAPITEL 2

Die Jongleurin

Sie haben alle schon die mit einer unmöglichen Anzahl von Tellern herumhantierenden Jongleure im Fernsehen gesehen. »Das kann kein Mensch«, sagen Sie sich. Und doch versuchen viele Fürsorgerinnen Ähnliches, wenn sie mit zahlreichen Details herumjonglieren – sehr viel mehr, als sie effektiv bewältigen können. Und im Sinne, wie sie intensivst und konzentriert mit ihrem eigenen Balanceakt der Koordinierung und Bewältigung all dieser Details beschäftigt sind, kann man sie durchaus als Jongleure betrachten.

So berichtet eine Frau über ihre Jonglierfähigkeit: »Ich versuche ganz bewußt, fünf Dinge auf einmal am Laufen zu halten. Ich kümmere mich zum Beispiel um die Wäsche, das Essen, behalte das Kind im Auge, das den Tisch deckt, wische Flecken von der Wand und mache Pläne für die kommende Geburtstagsparty – alles gleichzeitig. Ich versuche ständig, die Menschen und Begebenheiten in meinem Leben in Übereinstimmung zu bringen. Das größte Geschenk für mich war dieses drahtlose Telefon. Jetzt bin ich nicht mehr so angebunden. Ich kann überall hin – rauf und runter – und mich um die Wäsche kümmern, das Essen kochen, die Kinder im Auge behalten und noch meine Kontakte pflegen, ohne ein schlechtes Gewissen zu haben.«

Eine andere Frau berichtet: »Ich mache mir Listen, auf denen ich die Reihenfolge aller Dinge, die ich tun muß, festlege. Ich muß die Einladungskarten für die Geburtstagsparty besorgen. Den Clown anrufen. Die Torte bestellen. Die Teppiche müssen gereinigt werden. Der Versicherungsmensch und der Dachdecker müssen angerufen werden. Der Hund muß zum Tierarzt. Ich muß noch die Schulklamotten für die Kinder kaufen. Ach ja, und morgen muß ich beim Gefängnis anrufen, wo ich wegen einer TV-Reportage am Samstag hin muß. Also, der Anruf beim Gefängnis kommt zwischen die Einladungskarten für die Geburtstagsparty und die Schulklamotten für die Kinder!«

Der Hauptgrund für diese Jongliererei ist möglicherweise darin zu finden, daß Tausende von zu bewerkstelligenden Dingen ins Hirn der Frau eingebrannt sind, implizit übernommene Botschaften der als Rollenvorbild fungierenden Mutter sowie einer jahrelangen stillschweigenden sozialen Konditionierung, die ihr die »Rolle der Frau« vordiktieren. Wie Schwämme saugen Frauen die immer länger werdende Liste von neuen Dingen, die zu tun sind, aus den Medien und von anderen Frauen auf. (»Oh, wunderbar, das muß ich ausprobieren.«) Mit der sich erweiternden Familie und der Zunahme von Verantwortlichkeiten und Aufgaben erweitert sich auch ihre Vorstellung von dem, was sie tun müßte. Dieses »müßte« wird wenig gesiebt, es werden kaum Prioritäten gesetzt, über diese unausgesprochenen, unerledigten und oft unnötigen Dinge, die sie umtreiben, wird wenig nachgedacht.

Ein weiterer Grund für diese Jonglierereien liegt in der Tendenz der Frau, sich jeder ihr obliegenden und unerledigten Einzelheiten sehr bewußt zu sein und sich dafür verantwortlich zu fühlen. Egal, wie belanglos die Angelegenheit ist, sie nagt an ihr, klagt sie an, hält ihr vor, daß sie eine Schlampe ist. Für unerledigte Dinge gibt es keine Vergebung. Sie muß sich beeilen. Mehr tun. Sie muß ihren »Job« machen, und es spielt keine Rolle, daß nicht mal drei Frauen das schaffen würden, was sie sich auferlegt hat.

Dazu kommt die Neigung vieler Frauen, ihre Aktivitäten und ihren Produktivitätslevel mit ihrem Selbstwertgefühl zu verknüpfen. Je mehr sie leisten, desto besser fühlen sie sich; je weniger sie schaffen, desto wahrscheinlicher fühlen sie sich untauglich und als Versagerin. Eine Pause oder ein Ausruhen setzen viele gleich mit »ich mache meinen Job nicht«, was wiederum persönliche Unzulänglichkeit bedeutet, da *Job* und *Eigenwert* untrennbar miteinander verbunden sind. Aus all diesen Gründen plus der Tatsache, daß eine gute Hausfrau der Definition nach stets die Bedürfnisse anderer erfüllt – die kein Ende nehmen –, haben solche Frauen extreme Schwierigkeiten, einfach zu *sein*.

Die Hausfrau ist sowohl von ihrem Wesen wie von ihrer Konditionierung her darauf programmiert, außerordentlich intuitiv zu sein und die Bedürfnisse anderer Menschen zu erfüllen – und zwar auf der Stelle. Sie trägt vierundzwanzig Stunden am Tag einen Peeper mit sich herum, der sie unentwegt auf die Bedürfnisse jedweder Person (auch Fremde), die in ihre Sphäre gerät, aufmerksam macht. Sie ist ständig auf Abruf. Sie reagiert – eilfertig! Sie ist sogar darauf getrimmt, Bedürfnisse im voraus zu erahnen, und oft wird sie sie erfüllen, bevor noch die Betreffenden gemerkt haben, daß sie sie überhaupt haben. »Ach, dieses Hemd brauchst du wohl morgen. Es ist schon gewaschen, gebügelt und hängt im Schrank.« »Hier, ich hab dir schon die Kartoffel geschält.« Das ungeachtet der Tatsache, daß sich die Leute manchmal gerne selbst um ihre Bedürfnisse kümmern würden!

Weil ständig neue Bedürfnisse und Eventualitäten auftauchen, lassen sich Hausfrauen leicht von einer Aufgabe ablenken, um sich einer anderen zuzuwenden. Eine Erfahrung der Fragmentierung, die eine Frau folgendermaßen schildert: »Am Dienstag hatte ich nur drei Dinge zu erledigen, aber sie waren wichtig – doch ich weiß nicht, was mit diesem Tag passiert ist. Gestern stand ich auf, strich den Dienstag durch und schrieb Mittwoch auf meine Liste. Der Dienstag hat sich einfach irgendwie aufgelöst.«

Die Jongleurin und der Arbeitsplatz

Stellen Sie sich eine Hausfrau vor, die unbewußt darauf programmiert ist, sich um Tausende von Einzelheiten zu kümmern – eine Frau, die, ohne es zu merken, ihrer ohnehin schon ausufernden Liste wahllos neue Dinge hinzufügt und sich dann Vorwürfe macht, daß sie sie nicht erledigt hat; eine Frau, die ganz darauf konzentriert ist, jeglichem Bedürfnis sofort Rechnung zu tragen. Fügen Sie dem noch eine Halb- oder Ganztagsarbeit hinzu, ohne wirkliche Entbindung von den ganztägigen häuslichen Verpflichtungen, dann haben Sie eine wirklich hektische Frau. Eine von diesen Frauen berichtet: »Ich mache mir Listen. Überall liegen diese Listen herum. Eine stecke ich in meine Handtasche, und wenn ich sie herausziehe, finde ich immer noch unerledigte Dinge von vor zwei Monaten drauf, und ich mache eine neue Liste. Schließlich kommt es soweit, daß ich mir Listen von meinen Listen machen muß.«

Eine andere Frau erzählt: »Ich leb nur noch von Tag zu Tag und habe ständig das Gefühl, ich müßte zu Atem kommen. Ich versuche, eine perfekte Mutter und perfekte Arbeitskraft zu sein, und habe immer was zu tun, und die Hälfte der Zeit habe ich sogar schon den Überblick über das verloren, was ich noch nicht erledigt habe.«[1]

Eine dieser Jongleurinnen beschreibt das stark konkurrente Verhältnis zwischen ihren häuslichen und beruflichen Verpflichtungen: »Neulich rief ich an meinem freien Tag die Einwanderungsbehörde wegen dieses sowjetischen Tänzers an, der sich abgesetzt hat, gleichzeitig erledigte ich den Abwasch, half Julie beim Anziehen und Dan mit seinem Computerspiel. Dieses Jonglieren kann dich in geradezu peinliche Situationen bringen. Ich kann mich noch erinnern, wie Dukakis in die Stadt kam. Meine Familie fuhr zum Flughafen, während ich schon dort war, um eine Reportage zu machen. Meine Tochter sah mich, kam angerannt und fing zu weinen an. Da sitze ich also mit meiner Vierjährigen auf dem Schoß und stelle dem möglichen künftigen Präsidenten der Vereinigten Staaten Fragen. Es war unglaublich.«

Für die Jongleurin am Arbeitsplatz wird die Zeit zu einer Sache von Sekunden und Minuten. »Ich bin jede Minute am Machen und Tun«, berichtet die oben zitierte Frau. »Die Uhr zeigt 8 Uhr 25 oder 26, und ich hab vier Minuten, um mir die Lippen zu malen, meine Sachen zusammenzupacken, die Kinder abzufertigen und das Haus zu verlassen. Ich schau auf die Uhr und sag mir: ›Okay, ich hab vier Minuten. Schaffe ich das alles in vier Minuten?‹ Verliere ich hier oder dort auch nur ein oder zwei Minuten, dann komm ich zu spät zur Arbeit. Gewöhnlich komme ich zu spät, bin aber doch im Rahmen meiner Unpünktlichkeit ziemlich zuverlässig.«

Die alleinerziehende Mutter – die berufstätige Frau, die zwei Jobs hat – steht unter ungeheurem Leistungsdruck. Eine dieser Frauen berichtet: »Ich hab ein schlechtes Gewissen, weil ich geschieden bin, und will daher sichergehen, daß es meinen Kindern an nichts fehlt. Ich nähe meinen Kindern die Faschingskostüme, weil all diese Mütter, die zu Hause bleiben, das tun. Ich lasse mich von der Arbeit beurlauben, um an Schulveranstaltungen teilzunehmen, damit die Leute nicht sagen können: ›Jills Mutter konnte nicht kommen, weil sie arbeitet.‹ Und bei der Arbeit schufte ich schwer, weil ich als Mutter keine Vorzugsbehandlung will. Ich will nicht, daß die Leute sagen: ›Sie *könnte* den Job ja übernehmen, aber sie hat Kinder.‹«

Keine Zeit zur Entspannung

Kein Wunder, daß sich die Hausfrau, so, wie sie strukturiert ist, nicht entspannen kann. Die meisten Frauen berichten, daß sie sich nur entspannen können, wenn sie nebenbei noch etwas anderes tun – irgend etwas, das sie sich einfallen lassen und ihnen »erlaubt«, einen Moment Pause zu machen.

»Ich mache das, was ich multiples Entspannen nenne«, berichtet eine. »Auch wenn ich mich entspanne, muß ich zwei oder drei Dinge zugleich tun – zum Beispiel eine Gesichtsmaske auftragen, meine Fingernägel bemalen oder eine Notiz schreiben – und das verursacht eine Menge Streß!«

Und was passiert mit einer Hausfrau, die einen Moment Pause macht – ohne irgend etwas in der Hand? »Es ist entnervend«, gesteht eine Frau. »Habe ich zufällig ein bißchen Zeit, dann weiß ich nicht, was ich mit mir anfangen soll. Ich kriege ein schlechtes Gewissen.« Und eine andere Frau: »Ich habe das Gefühl, ich hätte nicht das Recht, mich zu entspannen. Ich bin mit der Arbeit noch nicht fertig.«

Dieser Leistungsdruck fordert seinen Preis. Diese Unzahl an Dingen, die ihr im Kopf herumgehen, der ständige Drang, jede Minute irgend etwas zu erledigen, läßt sie unter Umständen etwas verblöden. »Es kann ja an meinem Alter liegen«, meint eine Jongleurin, »aber manchmal weiß ich nicht mehr, was ich gerade tu. Ich sause herum, erledige drei oder vier Dinge auf einmal, und plötzlich merke ich, daß ich dasitze und Zeitung lese, ohne mich daran erinnern zu können, wie ich hierher gekommen bin.«

Ein Betäubungszustand, in dem die Jongleurin dann vielleicht Fehler macht. »Ich kann nicht glauben, was ich da getan habe«, beichtet eine Frau. »Meine Tante rief mich aus Kalifornien an, um sich zu verabschieden – das heißt, sie gab mir zu verstehen, daß sie

»Ach, ist das nett, sich mal hinzusetzen und auszuruhn und nicht dran zu denken, daß ich in fünf Minuten aufstehn, den Abwasch machen, die Wäsche besorgen, die Kinder ins Bett bringen, den Saustall hier aufräumen und für morgen die Kleider rauslegen muß.«
© 1991, P. C. Vey in *Redbook Magazine*

sich umbringen wollte. Und während sie mir von ihren Problemen erzählte, habe ich die ganze Zeit den Abwasch gemacht! Schließlich fragte sie mich in völlig ungläubigem Ton: ›Wäschst du eigentlich ab, während ich mit dir rede?‹ Ich fühlte mich so unglaublich mies, aber so war's. Während sie mir ihr Herz ausschüttete, habe ich meinen Abwasch erledigt.«

Dieser immense Druck kann die Jongleurin bis zur totalen Erschöpfung und zum Haß auf ihre Situation bringen. »Manchmal hasse ich den Gedanken, daß ich zur Arbeit muß«, berichtet eine Frau. »Und nach der Arbeit hasse ich den Gedanken, daß ich nach Hause muß. Ich weiß, an jedem dieser Orte fängt der Alptraum von neuem an. Jeder Ort bedeutet jede Menge Arbeit, und ich habe keinen Platz, wo ich mich dazwischen ausruhen kann.«

Soweit paßt die Beschreibung der typischen Hausfrau auf die Beschreibung einer verdeckten Arbeitssüchtigen. Es wurden zahlreiche Untersuchungen über Arbeitssucht am Arbeitsplatz, vor allem bei Männern, durchgeführt, aber noch nie hat sich jemand im trauten Heim umgesehen. Die Arbeitssucht einer Hausfrau ist verschleiert, doch sie hat gute Chancen, sollte sie sich an einem Katalog von Arbeitssuchtssymptomen messen, in die absolute Spitzenklasse vorzudringen. Sie ist zwanghaft. Sie ist getrieben. Sie ist von ihrem »Job« besessen. Sie arbeitet täglich sechzehn bis achtzehn Stunden. Und sie hört nicht auf – bis sie zusammenklappt.

Keine künstliche Trennlinie signalisiert ihr, daß sie nach diesem Schritt eine Pause einlegen kann, nichts sagt ihr, daß es reicht, wenn sie den Abwasch morgen erledigt. In keinem Leitfaden steht: »Um halb drei kannst du eine Pause einlegen.« So nimmt sie sich, um ein schlechtes Gewissen zu umgehen, keine freie Minute. Sie macht und tut. Es stehen noch ein Dutzend oder mehr Dinge auf ihrer Liste – aber es ist eine Endlosliste, immer Neues kommt hinzu, und so ist ihr Blick ständig auf die Zukunft gerichtet. Morgen ist sie mit allem fertig. Oder übermorgen. Oder überübermorgen. Doch die Wahrheit ist, daß die Hausfrau, so, wie sie strukturiert ist, nie fertig sein wird. Sie steuert auf die totale Erschöpfung ihrer Batterien zu, und alle Ampeln stehen auf Grün!

Es ist die »traditionelle Programmierung«, von der die Hausfrau gepeinigt wird, eine Programmierung, die für ihre Großmutter und Urgroßmutter noch tauglich gewesen sein mag. Doch sie versucht, mit einer einprogrammierten Struktur auf die drastisch veränderten Bedingungen unserer heutigen Gesellschaft zu reagieren, die einfach nicht mehr paßt. Tatsache ist, daß vor noch fünfundzwanzig Jahren eine Hausfrau mehr oder weniger alles selbst bewältigen konnte. Ihr Job war hart, aber er hatte seine Grenzen und war klar definiert. Sie wurde nicht buchstäblich Tag für Tag mit Dutzenden von Botschaften aus allen Richtungen belagert, was sie, wollte sie dem Standard genügen, zu tun hatte. Sie wußte es. Die Frau von heute hingegen weiß es nicht. Sie ist eine Pionierin. Ihre Rolle verändert sich im Kern, und das unter völlig neuen Umständen.

Zu den außergewöhnlichen Bedingungen, mit denen sich die Jongleurin heute konfrontiert sieht, gehört der gnadenlose Zeitdruck, dem sie ausgesetzt ist, will sie in der Gesellschaft bestehen.

Sollten Sie das Gefühl haben, daß sich das Tempo Ihres Lebens beschleunigt, daß alles noch hektischer wird, so ist das keine Wahnvorstellung. Sie leben im vorderen Grenzgebiet gewaltiger gesellschaftlicher Umwälzungen, die unser Leben in die Höchstgeschwindigkeit und uns alle in den Overdrive treiben. »Wir bewegen uns alle auf der Schnellspur«, sagt eine Frau. »Das Leben rotiert zu schnell, und kein Mensch scheint zu wissen, wie man den Knopf für Pause drückt.«

Als Jongleurin können Sie nicht mit einer sich so rasend schnell verändernden Gesellschaft mithalten. Um nicht viele Ihrer Probleme mit Ihrem Zeitplan, Ihrer Routine und dem Alltagsbetrieb allzu persönlich zu nehmen, müssen Sie unbedingt verstehen, daß die massiven gesellschaftlichen Umwälzungen der letzten Jahrzehnte Kräfte geschaffen haben, von denen Sie gedrängt und gedrückt werden. Diese Veränderungen mit ihren tiefgreifenden Auswirkungen auf Ihr persönliches Leben führen zu einem hektischen Lebensstil, der Zeit »möglicherweise zum kostbarsten Gut im Land machte«[2].

Ihnen ist wahrscheinlich dieser Zeitnotstand vertraut. Ständig sagen Sie sich: »Ich hab nicht genug Zeit, um das alles zu schaffen.« Dieses ewige Gefühl, »keine Zeit zu haben«, trägt möglicherweise zu Ihrer Überreizung und Übermüdung bei, zum Gefühl, ständig in Eile zu sein. Das Leben *rast* dahin. Aber Sie müssen nicht mitrasen und -wirbeln, und wenn Ihnen das klar wird, können Sie aus der Tretmühle aussteigen und Ihr Leben besser in den Griff kriegen.

Die große Frage ist: Wie die Geschwindigkeit drosseln? Wie das Leben auf die langsamere Fahrspur lenken? Den Knopf für Pause finden? Ja sogar ein gemächliches Leben führen? Sie entnervt wahrscheinlich schon der bloße Gedanke an ein langsameres Tempo. Das wäre ja noch etwas, das Sie schaffen müßten. Aber es lohnt sich vielleicht. Und während Sie nun einen tiefen Seufzer ausstoßen, gehen wir mit Vorschlägen zur Zeitplanung und zu Strategien einen Schritt weiter und helfen Ihnen, Ihr rasendes Tempo in den Griff zu kriegen.

1. Legen Sie eine Liste von »Nervtötern« an. Schreiben Sie alle Dinge auf, die Ihnen den Nerv rauben, ordnen Sie sie nach Dringlichkeit, und suchen Sie einige heraus, die Sie entweder delegieren oder ganz bleiben lassen.
2. Kleben Sie einen roten Punkt auf Ihr Telefon, Ihre Uhr oder Hand – irgend etwas, das sich für Sie mit Dringlichkeit verbindet – als Mahnung, Ihr Tempo zu drosseln.
3. Schöpfen Sie Kraft. Unterbrechen Sie Ihre stressigsten Tage mit einigen Momenten der absoluten körperlichen Entspannung. Schließen Sie die Augen, entspannen Sie sich, während Sie rückwärts von zehn bis null zählen, seien Sie völlig entspannt, wenn Sie bei Null angelangt sind.
4. Stehen Sie morgens 15 Minuten früher auf, und nutzen Sie diese Zeit, um sich zu verwöhnen. Lesen Sie die Zeitung oder vermeiden Sie es ganz einfach, sich zur Einhaltung des morgendlichen Zeitplans unter Druck setzen zu lassen.
5. Ignorieren Sie Ratschläge, die Sie dazu drängen, jede Minute zu nutzen. Ein Zeitschriftenartikel empfiehlt: »Gehen Sie nie

mit leeren Händen die Treppe hinauf. Nehmen Sie etwas mit, das Sie wegräumen müssen.« Es mag ja ganz schön sein, ab und zu oder größtenteils effizient zu sein, aber doch nicht immer – nicht bis zu dem Punkt, wo Sie sich überhaupt nicht mehr entspannen können, weil Sie immer noch irgend etwas erledigen könnten, wenn Sie etwa noch härter arbeiten, weniger schlafen oder besser organisieren.

6. Nehmen Sie die Arbeit leichter, organisieren Sie weniger und schlafen Sie mehr, um Ihre chronische Erschöpfung und diese abendliche Gehirnverstopfung zu reduzieren, die die Folge endlosen Jonglierens sind.
7. Seien Sie darauf vorbereitet, Wartezeiten elegant zu überstehen. Planen Sie allerorten lange Wartezeiten ein – Friseur, Verabredungen, Warteschlangen an der Kasse –, indem Sie ein Buch mitnehmen oder sich Gedanken über ein Projekt machen, das Sie gerne in Angriff nehmen würden. Betrachten Sie diese Wartezeiten als Geschenk, das Ihnen unversehens in den Schoß fällt. Sie könnten gar nichts Besseres tun als diese freien Minuten genießen.
8. Beschränken Sie Ihre Zeiten bei der Hausarbeit. Beschließen Sie, etwa dreißig Minuten auf eine bestimmte Säuberungsaktion zu verwenden, und lassen Sie es dann gut sein.
9. Machen Sie, wenn Sie merken, daß Sie nervös und hektisch sind, tiefe Atemzüge in den und aus dem Unterbauch, und geben Sie sich Entspannungsanweisungen.
10. Üben Sie sich in einer langsameren Gangart. Machen Sie nicht immer zwei oder drei Dinge zugleich. Geben Sie sich die Möglichkeit, sich auf eine Sache zu konzentrieren, und entspannen Sie sich dann völlig.
11. Lassen Sie sich Freiraum in Ihrer Zeitplanung. Verplanen Sie nicht jede Minute mit Aktivitäten und Terminen. Lassen Sie sich einen gewissen Spielraum und sagen Sie zum Beispiel: »Ich komme zwischen 12 und 1 Uhr«, statt »Punkt 12 Uhr bin ich da.«
12. Bauen Sie in Ihre Planung Zeit für Spaß und Entspannung ein.

13. Schaffen Sie sich ungestörte Zeit für wichtige Aufgaben. Legen Sie den Hörer neben das Telefon, oder verziehen Sie sich an einen Ort, wo Sie unerreichbar sind.
14. Legen Sie zwischen dem Arbeitstag und Abend eine Unterbrechung ein (ob Sie nun von der Arbeit heimkommen oder nicht). Gehen Sie im Park spazieren, bleiben Sie in Ihrem Auto sitzen und meditieren Sie, nehmen Sie ein heißes Bad, ziehen Sie sich 15 Minuten ins Schlafzimmer zurück, um zu lesen, an die Decke zu starren, oder sich in der einen oder anderen Form kurzfristig mental auszuklinken.
15. Bauen Sie im Büro immer mal wieder die Spannung ab. Nehmen Sie sich ab und zu Zeit, auch wenn Sie unter Termindruck stehen, um aus dem Fenster zu schauen, mit einer Kollegin zu schwatzen oder die Füße auf den Schreibtisch zu legen.
16. Ziehen Sie in Erwägung, mit etwas weniger zu leben. Der Erwerb von Besitztümern bringt oft zusätzlichen Streß mit sich, das Instandhalten der Dinge eingeschlossen.
17. Geben Sie es auf, zuviel tun zu wollen.

Dieser ewige Versuch, zuviel tun zu wollen, ist ein Leiden, das von einer langen Reihe unterschiedlicher und unspezifischer Symptome begleitet wird, Symptome wie Müdigkeit, Irritiertheit, Schlaflosigkeit, Gleichgültigkeit, Erschöpfung, Kopfschmerzen, Unentschlossenheit und Depression, erklärt der Arzt Dr. A. Hamer Reiser. Personen mit diesem Leiden haben meist zu viele Verpflichtungen und sind überbeansprucht. Die Therapie besteht darin, den Patienten zu helfen, Prioritäten zu setzen, die Grenzen zu erkennen, innerhalb derer sie etwas in Ruhe und effizient tun können, und zu begreifen, daß alles seinen Preis hat. Kein Medikament hilft gegen dieses Leiden, nur ein Mittel hat sich als wirksam erwiesen – »nein sagen!« Dr. Reiser empfiehlt, dieses Rezept in der Brief- oder Handtasche aufzubewahren und es hervorzuziehen, wenn sich Symptome dieses Leidens zeigen.[3]

Die Jongleurin, Kinder und Zeit

Die Jongleurin – dieser Wirbelwind von Frau, die hetzt und eilt, um in Erledigung aller Dinge die Uhr zu schlagen – hat oft Kinder, auf die die Zeit auch ihre Auswirkungen hat.

Wie das? Zum einen sind Kinder heutzutage dem gleichen Zeitstreß ausgesetzt wie ihre Eltern. Das kommt nach Meinung der Experten daher, daß sich dieser »Mit-Volldampf-voraus«-Lebensstil der Eltern nunmehr auf die Kinder niederschlägt. In ihren ehrgeizigen Bestrebungen überlasten sie die Kinder mit Terminen, Unterricht und Aktivitäten. Folge davon ist, daß die Kinder das Leben der Kindheit zu schnell verlassen.[4]

Abgesehen von dieser gelegentlichen Überbelastung wachsen die Kinder in einer Atmosphäre von Streß, Hektik und Besorgnis auf, die an ihrem physischen und emotionalen Wohlbefinden ungeheuer zehrt. Die Selbstmordrate unter Kindern in noch sehr jungen Jahren steigt alarmierend, und immer mehr Kinder leiden unter physischen Problemen wie Geschwüre und Migräne, und immer mehr werden zu Fällen für den Psychiater. Zunehmend mehr Kinder legen sich schon sehr früh ein Streberverhalten zu, sie strengen sich ungeheuer an, sind extrem konkurrent, stehen unter ständigem Druck, ihre Termine einzuhalten, sind chronisch ungeduldig und organisationsbesessen. Schließlich werden diese Kinder, in dieser vorwärtsstürmenden Zeit, von Eltern erzogen, die selbst unter extremem Druck stehen und folglich außerordentlich beschäftigt sind.

Carolyn Jabs, die sich mit den Auswirkungen dieses hohen Tempos der Eltern auf die Kinder befaßt hat, sagt dazu: »Viele von uns haben über einen langen Zeitraum hindurch so viele Termine, daß wir uns fast in den Zeitplaner schreiben müssen: ›Tommy kitzeln, wenn er ins Bett geht‹ und ›mit Jennifer beim Sockenanziehen *Dies kleine Schweinchen* spielen‹.« Unter diesem Druck sind Eltern reizbar. Und Jabs weiter: »Du stehst unter Hochdruck wegen eines Abgabetermins bei der Arbeit, dein Mann hat vergessen, die Milch zu besorgen, du hast gerade festgestellt, daß der TÜV fällig ist, und das Telefon klingelt unentwegt. In dieser Situation ist gelassenes Reagieren fast unmöglich, wenn dich dann dein Drittklässler noch um Hilfe bei den Hausaufgaben bittet oder dein Jüngster eine Schachtel Crackers auf den Boden entleert.«[5]

Wie reduzieren Sie diesen grauenhaften Zeitstreß, dem das Kind ausgesetzt ist? Überdenken Sie folgende Möglichkeiten:

1. Überlassen Sie die Kinder einige Zeit sich selbst. Kinder brauchen Zeit, um ihre Erfahrungen zu machen, die Welt in aller Ruhe zu erforschen und das Gefühl von innerem Frieden oder innerer Gelassenheit zu erleben. Sie müssen ihr eigenes Tempo entwikkeln können. Erlauben Sie ihnen, ihre jungen Jahre zu genießen, und entwickeln Sie die Fähigkeit, *mit* ihnen zusammenzusein, statt ständig *über* sie herzufallen.

2. Schaffen Sie »Gipfelerlebnisse« – einmalige Erlebnisse im Leben, die sich jeden Tag ereignen können. Lassen Sie sich am Bett Ihres Kindes nieder, um mit ihm zu sprechen, bringen Sie ihm etwas mit, wenn Sie von der Arbeit nach Hause kommen, oder veranstalten Sie ein spontanes Picknick. All das kann im Rahmen der Beziehung und des Selbstbildes gravierende Eindrücke hinterlassen.[6]

3. Schwingen Sie sich auf Ihr Kind ein. Dieses Sich-Einschwingen meint jene besonderen Zeiten, in denen Sie und Ihr Kind sich in elegantem Zusammenspiel momentan verbinden. Wenn Sie sich einklinken, fließen gute Gefühle – und Sie erfahren eine Liebe und Wärme, die zu anderen Zeiten einfach nicht auftaucht.

Wie schwingen Sie sich auf Kinder ein? Vor allem, indem Sie sich in ihre Welt begeben und das Leben zeitweilig mit ihren Augen betrachten. Sherod Miller und andere Autorinnen erklären dazu: »Teilen Sie die Wut Ihrer Kinder über ein verlorenes Spiel, ihre Freude über das Kompliment eines Lehrers, ihren Konflikt, ob sie nun die grünen Hosen oder Jeans bei einer Schulfete tragen sollen, ihre Hysterie wegen eines Pickels auf der Nase, oder weil ihre gegenwärtige Flamme nicht angerufen hat, ihren Wunsch, in Ruhe gelassen zu werden, ihre Zweifel, ob Gott ihre Gebete erhört.« Lassen Sie sich auf Ihre Kinder ein, wo immer Sie auch gerade stehen, und genießen Sie den Moment mit ihnen. Wenn Sie das tun, dann vermittelt Ihr Verhalten und Handeln: Ich als Erwachsene nehme dich ernst. Was du tust oder sagst, ist mir wichtig. Ich hab dich gern und will mit dir zusammensein. Kinder blühen im Licht solcher Botschaften auf, die zudem sehr wahrscheinlich ihr Selbstwertgefühl und ihre Selbstachtung bestärken.[7]

Die Verbindung aller Dinge

Wenn Sie eine dieser hektischen Frauen mit einer aus den Fugen geratenen Fürsorglichkeit sind, dann geben Sie es zu! Die meisten Frauen sind bestürzt, wenn sie das Ausmaß ihres an sich selbst betriebenen Raubbaus realisieren. »Mir war nicht klar, daß ich eine von *denen* war, bis mir mein Chef eine Tasse schenkte mit der Aufschrift: ›Bitte, ich kann nur zwölf Dinge auf einmal tun‹«, erzählt eine Frau.

Sind Sie eine Jongleurin der unbewußt fürsorglichen Art, dann müssen Sie gegen Ihre Programmierung ankämpfen. Sie werden wahrscheinlich von Ihrer Tretmühle abspringen – tief Atem holen – und sofort wieder aufspringen wollen. Um permanente Veränderungen Ihres Lebensstils zu bewirken, müssen Sie wirklich glauben, daß Sie für Ihren Streßlevel verantwortlich (nicht aber dafür schuldig) sind und ihn in den Griff bekommen können. Und Sie müssen wirklich glauben, daß andere Menschen nicht für Ihren Streßlevel verantwortlich sind und ihn auch nicht in den Griff bekommen können.

Sie müssen auf Ihrer Reise zu bewußter Fürsorglichkeit nett zu sich sein. Manche Fürsorgerinnen werden sich, wenn sie erst einmal davon überzeugt sind, daß es so etwas wie eine hilfreiche »Verhaltensänderung« gibt, beschimpfen, weil sie diese Veränderung noch nicht geschafft und seit gestern unter Kontrolle haben. Jetzt, wo sie wissen, daß sie nötig ist, haben sie Schuldgefühle, weil sie sie noch nicht vorgenommen haben! Sie werden sich zuweilen weiterhin einer Überbelastung aussetzen – und das ist in Ordnung. Manchmal werden Sie sich einfach keinen Raum für sich schaffen oder an bestimmten Tagen Ihren Streß nicht reduzieren können. Aber längerfristig gesehen können Sie Entscheidungen treffen, die weniger Krisen produzieren und Ihnen mehr Freizeit und Manövrierfähigkeit verschaffen.

Werfen Sie einen realistischen Blick auf die wöchentliche Verteilung Ihrer Zeit, wenn Sie sich um die Etablierung klarer Grenzen bemühen. Und da Sie ganz offensichtlich Grenzen haben und von Ihrer Person nur soundsoviel einsetzen können, können Sie nicht alles haben oder tun. Das heißt, daß Sie in bezug auf Ihre Zeit Entscheidungen treffen müssen. Sie haben 168 Stunden in der Woche zu Ihrer Verfügung. Wie wollen Sie diese Zeit nun nutzen?

Um diese Frage zu beantworten, borgen wir uns ein paar Ideen von Carol Osborn[8]. Carol versteht Frauen wie Sie und mich. Sie sagt, daß sie, ganz einfach gesprochen, weiß, daß wir »Schwierigkeiten haben mit solchen Theorien, wie daß der Tag nur vierundzwanzig Stunden hat, wir nicht an zwei Orten zugleich sein können und das Auto nicht mehr fährt, wenn der Benzintank leer ist«.

Schnappen Sie sich Schmierpapier, und beginnen Sie mit 168 Stunden (24 Stunden pro Tag sind 168 Stunden die Woche). Ziehen Sie davon die Stunden Schlaf ab, die Sie nächtlich brauchen, und multiplizieren Sie sie mit sieben; dazu die Stunden (mal sieben), die Sie täglich für die Arbeit brauchen oder zur Verfügung stellen; die Zeit für den Hin- und Rückweg zur und von der Arbeit; dann die Zeit, die Sie wöchentlich Ihrem Ermessen oder Wunsch nach mit Ihren Kindern oder Haustieren verbringen oder gerne verbringen würden; die Zeit für Unterhaltungen oder romantische Begegnungen mit Ihrem Gefährten. Wenn Sie alleinstehend sind, dann berechnen Sie die Zeit, die Sie brauchen, »um zur rechten Zeit am rechten Ort zu sein«. Ziehen Sie weiterhin Stunden ab, Zeit für Freunde, für körperliche Bewegung, für die Instandhaltung Ihres Heims, für Ihr tägliches großartiges Aussehen (Trips zum Friseur eingeschlossen), fürs Lesen, Kirchgänge, das Chauffieren der Kinder zum Unterricht, für Urlaub und Geburtstage (addieren Sie die Stundenzahl, die Sie jährlich auf diese Aktivitäten verwenden, und teilen Sie sie durch 52).

Carol wettet, daß Sie nun im Minus sind. Sollten Sie es geschafft haben, bei Null rauszukommen, dann bezeichnet sie das als »klarkommen«. Und wenn Sie in den roten Zahlen sind, sagt sie, dann sind Sie zumindest momentan in Kontakt mit der Realität. Was Sie mit dieser Realität anfangen, das ist Ihre Entscheidung.

Heutzutage muß mit der Zeit genauso planmäßig und haushälterisch umgegangen werden wie mit Geld. Vielleicht möchten Sie bei der Aufstellung Ihres Zeitplans verschiedenen Aktivitätskategorien Priorität einräumen und dann darüber entscheiden, wie Sie die restliche verbleibende Zeit in der Woche verteilen wollen. Zu den wichtigen Kategorien könnte zum Beispiel »intensive Zeit mit den Kindern«, »intensive Zeit mit dem Gefährten« (oder »Zeit für gesellschaftliche Aktivitäten und fürs Ausgehen«, falls Sie alleinstehend sind), »Zeit für Sie selbst« und ähnliches gehören.

»Für mich ist die ›ehrenamtliche Tätigkeit in der Gemeinde‹ ein wesentliches Anliegen«, erzählt eine Frau. Sie mag dann eine gewisse Stundenanzahl pro Woche dieser Kategorie zumessen, und ist diese erfüllt, so lehnt sie zusätzliche Anforderungen für diesen Zeitraum ab.

Denken Sie daran, daß das Ziehen und Einhalten von Grenzen nicht gerade leicht ist. Sie ändern sich von Tag zu Tag, abhängig davon, wie viele Stunden Sie geschlafen haben, wie viele Kinder krank sind und wie groß das Leck in Ihrem Wasserbett ist (wenn Sie Gummistiefel brauchen, dann haben Sie ein Problem). Am besten messen Sie häufig den Hitzegrad Ihres Streßlevels (viele tiefe Seufzer bedeuten, daß Sie sich der Problemzone nähern!) und gestatten sich, Ihren Produktivitätslevel zu senken – ohne schlechtes Gewissen. »Wenn ich unter zu großen Streß gerate«, berichtet eine Frau, »dann mache ich mir meine Liste für den Tag und kreise zehn Dinge ein, die ich an diesem Tag absolut nicht tun werde.«

Machen Sie die Bedürfnisse – Ihre Bedürfnisse und die Ihrer Familie – zur Grundlage Ihrer Entscheidung darüber, was Sie in Angriff nehmen wollen. »Man könnte meinen, daß zehn Stunden am Bügelbrett die Bedürfnisse deiner Familie erfüllen«, bemerkt eine Frau, »aber wenn du sie fragst, dann hätten sie lieber, daß du die

Wäsche zum Bügeln weggibst und dafür am Ende des Tages fünf Minuten Zeit für sie hast.«

Um das, was draußen in der Welt vor sich geht, in die richtige Perspektive zu rücken, sollten Sie bedenken, daß es, wenn überhaupt, nur sehr wenige Fürsorgerinnen gibt, die ihre Dinge auf die Reihe kriegen. Jede Frau kämpft die gleiche frustrierende Schlacht und hat es mit zwei tiefen Wahrheiten zu tun: »Wenn etwas schiefgehen kann, dann geht es schief« (Murphys Gesetz), und »Nichts bleibt unverändert« (Larsens Gesetz).

Tief im Innern glaubt jede Fürsorgerin, daß sie (wie alle andern auch) die Dinge geregelt und geordnet halten kann, aber dieses Glück ist ihr nicht beschieden. Sie kann unmöglich alles unter Kontrolle haben und fühlt sich dafür verantwortlich. Und dann beginnt sie unter ihren »unerfüllten Träumen« zu leiden.

»Als ich jung war, träumte ich davon, wie es wäre, eine Mutter und Ehefrau zu sein, aber es ist nicht so gekommen, wie ich erwartet habe. Und das macht mir zu schaffen«, erzählt eine Frau. »Meine Kinder sitzen nicht am Tisch und sagen ›Mmmmm‹, wenn ich ihnen das Essen vorsetze. Ich krieg immer nur zu hören: ›Das mag ich nicht!‹ Nie frühstücken wir gemeinsam. Nie unternehmen wir gemeinsam etwas. Ich fühle mich immer so unzulänglich, weil ich das alles nicht zustande gebracht habe.«

»Ich wollte, ich wäre nicht mit all diesen Fernsehprogrammen aufgewachsen, diesen Familienserien, in denen alle immer glücklich sind«, berichtet eine andere Fürsorgerin. »Sie redeten nie über Rechnungen oder Hypotheken oder das Geld fürs Gemüse. Sie fütterten ihre Kinder mit Hafergrütze, und niemand hat morgens gebrüllt und geweint. Ich glaube, wir alle dachten: ›So wird's sein.‹«

Die Wahrheit ist, daß Sie und ich und alle anderen zu kämpfen haben. Hinter der Fassade sind wir alle gestreßt und genervt – kommen sozusagen auf dem Zahnfleisch daher –, und anders kann es in dieser heutigen Hochdruck- und Hochleistungsgesellschaft auch gar nicht sein. Wir sind herausgefordert, diese Realität und die Tatsache zu akzeptieren, daß in unserm Leben weiterhin vieles

»unerledigt« bleiben wird. Machen Sie sich von dem Gedanken frei, daß in einer ungeordneten Welt bei Ihnen alles in Ordnung sein muß. Denken Sie daran, daß immer wieder Krisen eintreten werden. Sie gehen vorüber. Und Sie werden überleben. Wie immer.

Und geraten Sie nicht über Kleinigkeiten in Wallung. Wenn Sie davon ausgehen, daß es in Ihrem Leben immer Unerledigtes geben wird, dann wäre es weise, sich zur Bewältigung der kleinen Belastungen eine neue Philosophie zuzulegen. Überlegen Sie einen Moment. Wie reagieren Sie in folgenden Situationen:

- Sie müssen auf eine Person warten, die sich verspätet.
- Sie entdecken, daß jemand Ihre (Zange) (Schere) (Taschenlampe) (Ihr Make-up) genommen und nicht wieder an seinen Platz gelegt hat.
- Der Fahrer vor Ihnen bewegt sich im Schneckentempo, und Sie können ihn im Moment nicht überholen.
- Sie müssen feststellen, daß Ihre Kinder, die Sie gerade für die Party zurechtgemacht haben, mit Hingabe draußen eine Schlammschlacht veranstalten.
- Die Katze hat sich Ihre Büchertasche als geeigneten Platz ausgesucht, um ihre Jungen zu werfen.

Regen Sie sich, Jongleurin, die Sie sind und mit Tempo hundertfünfzig durch die Gegend rasen, bei solchen Gelegenheiten auf oder werden Sie wütend? Schreien Sie andere an oder kanzeln Sie sie ab? Tun Sie etwas Unüberlegtes? Brechen Sie zusammen? Oder versinken Sie in Depressionen oder finsteres Schweigen?

Der Alltag ist voll mit Dutzenden von Frustrationen und Enttäuschungen. Vielleicht reagieren Sie, wie viele andere auch, sehr stark darauf – sind verletzt, wütend oder aus der Fassung gebracht. Plötzlich richtet sich Ihre ganze Aufmerksamkeit auf irgendeine irritierende Angelegenheit, die dann zur wichtigsten Sache der Welt wird. In diesem Moment zählt nichts anderes mehr. Und – zack – Ihr Wohlbefinden ist dahin.

Wenn Sie Frustrationen so an sich heranlassen und leiden, dann leiden auch die Menschen darunter, die Ihnen ihre Liebe entgegenbringen. Wenn Sie gequält und unglücklich sind, sind Sie für andere emotional unzugänglich. Schlimmer noch, vielleicht lassen Sie Ihre Wut und Enttäuschung an ihnen aus, auch wenn sie gar nichts dafür können. Sie brauchen ein Ventil und eine Zielscheibe für all Ihre aufgestauten Emotionen, und das könnten die Menschen sein, die Sie an sich gern haben und um nichts in der Welt verletzen möchten. Ihre Zielscheibe sind dann vielleicht Ihre Kinder – die verletzlichsten von allen –, die dann auch am stärksten darunter leiden.

Wesentlich ist die Frage: Ist es wirklich so wichtig? Einige Dinge im Leben sind wirklich wichtig – Ihre Werte, Ihre Ehre, die Sicherheit Ihrer Familie. Doch oft ist es schwer, die wesentlichen von den unwesentlichen Dingen zu unterscheiden. Hier können Sie sich die Frage stellen: »Hat diese Sache in fünf Minuten (oder längerfristig gesehen) noch irgendeine Bedeutung?« Meistens wird die Antwort ein eindeutiges Nein sein. In ein paar Minuten haben Sie die Kinder gesäubert, den langsamen Fahrer überholt, Ihre Zange gefunden (oder sind ohne sie zurechtgekommen), die Katze abtransportiert oder sind Ihren Anflug von Frustration auf andere Weise losgeworden. Warum also sollte Sie die Angelegenheit so erschüttern oder den ganzen Tag ruinieren? Es lohnt sich einfach nicht.

Legen Sie sich eine neue Philosophie zu: Keine Aufregung wegen Kleinigkeiten. Und dem können Sie dann gleich noch einen Zusatz hinzufügen: Alles sind Kleinigkeiten.

Und gestatten Sie sich, den Augenblick zu genießen. Denken Sie jetzt, da Sie sich entspannen und das Leben gelassener nehmen, über die Möglichkeit nach, mehr im Jetzt zu leben. Stellen Sie sich zur Einstimmung in dieses Thema vor, daß Sie Ihren Wagen vor der Garage stoppen, noch ein paar Minuten verweilen, um ein Musikstück im Radio zu Ende zu hören. Was geschieht dabei mit Ihnen?

Wenn Sie wie die meisten Frauen sind, dann beschleicht Sie sofort ein vages unbehagliches Gefühl. »Ich habe das Gefühl, ich sollte ins Haus gehn und was tun«, sagt eine Frau.

»Ich frage mich, was die Nachbarn wohl denken«, ist eine andere Antwort. Folglich werden Sie wahrscheinlich das Radio ausschalten und ins Haus stürzen, obwohl Sie eigentlich die Musik noch zu Ende hören wollten.

Als Jongleurinnen sind wir völlig mit unserer Vergangenheit und Zukunft und mit dem, was andere denken, beschäftigt. Wir hetzen durch unser Heute, ohne auf den gegenwärtigen Moment zu achten. Wir werden leicht zu Sklavinnen eines sich automatisch abspulenden Lebens, verweigern uns die Fülle der momentanen Erfahrungen, diese unsere einzige Zeit, die wir wirklich genießen könnten.

Wir müssen unserm Jetzt Aufmerksamkeit schenken – intensiver in unseren gegenwärtigen Erfahrungen leben, mahnt die Autorin Clyde Reid. Und das bedeutet für sie:

- im Dunkeln auf dem Fußboden liegen und einer wunderschönen Musik zuhören, wirklich zuhören;
- barfuß in einem Fluß waten und wirklich das kalte Wasser über die Zehen rinnen spüren;
- im warmen Sand wandern und auf den Ozean lauschen;
- auf einen Baum klettern und die Welt von oben betrachten;
- nach dem Aufwachen ein paar Minuten im Bett liegen, sehen, wie die Sonne durchs Fenster flutet, die Lichtreflexe an der Decke beobachten, die Farben im Zimmer, und Gott für das Leben danken;
- sich wirklich Zeit nehmen, um das Brot zu kosten, ihm für ein paar Minuten die volle Aufmerksamkeit schenken, es riechen, betasten, langsam zu kauen, bis es sich im Mund auflöst, über das Brot nachdenken, das Leben, das es bringt, die Stärke, die es gibt;
- ein Kind auf den Schultern tragen, statt gesetzt zum Wagen zu schreiten, mit den Kindern im Gras herumtollen und sie in die Luft werfen, die Kinder feiern, die ja auch der Vergänglichkeit unterworfen sind;
- sich selbst feiern. Sie sind es wert. Sie sind alles wert. Sie sind einzigartig. In der ganzen Welt gibt es Sie nur einmal, nur eine

Person mit Ihren Talenten, Ihren Erfahrungen, Ihren Gaben. Im Wesentlichen rät Reid folgendes: Leben Sie im Heute. Gestatten Sie sich, freier zu sein, die Dinge geschehen zu lassen, sich vom Leben Überraschungen und Herausforderungen und Freude schenken zu lassen. Machen Sie sich von einigen Ihrer Kontrollmechanismen frei, die Sie fesseln, lassen Sie das Leben fließen, statt es schon im voraus in bestimmte Kanäle zu lenken und es damit einzuschränken.[9] Hervorragender Rat für die Jongleurin!

Sagen Sie nicht ja, wenn Sie nein sagen wollen

Gehen wir nun zur Fähigkeit des Nein-Sagens über, der Lösung für das chronische Leiden »zuviel tun zu wollen«. Sind Sie eine Jongleurin, dann können Sie Ihren Zeitplan und Ihr Leben am besten in den Griff kriegen, wenn Sie lernen, nein zu sagen – in aller Gemütsruhe! Und das könnte, wenn Sie eine Jongleurin sind, hart für Sie werden. Die meisten Frauen bestätigen, daß sie Schwierigkeiten haben, eine Bitte abzuschlagen. Hier ein Fallbeispiel.

»Ich ging zum Arzt wegen meiner Streßsymptome«, berichtet eine geplagte Fürsorgerin. »Ich regte mich dauernd über dumme Kleinigkeiten auf, die es gar nicht wert sind. Der Arzt sagte: ›Sie müssen nein sagen.‹

Das Hauptproblem war meine Nachbarin. Sie bittet mich ständig, auf ihr Kind aufzupassen, und ich willige immer ein. Der Arzt sagte auch: ›Sagen Sie ihr, daß Sie nicht mehr können.‹

Was mache ich also, als ich nach Hause komme? Meine Nachbarin erwartet mich auf meiner Veranda. ›Kannst du nächste Woche mein Kind hüten?‹ fragt sie. Kann ich nein sagen? Nein! Hier komme ich gerade vom Arzt, hab fünfzig Dollar ausgegeben – und sage schon wieder ja. Sie tat mir so leid, als sie sagte: ›Ich bin so erschöpft, ich arbeite drei Tage in der Woche, ich brauch Urlaub.‹ Da konnte ich nicht anders und habe ja gesagt. Aber dann wurde mir klar: Hier bin ich – der Arzt sagt *mir*, daß ich Urlaub brauche und ihr sagen soll: ›Nein, ich kann nicht auf das Kind aufpassen‹ – und jetzt macht *sie* Urlaub, während ich Nachtschicht arbeite, mich um meine drei Kinder kümmern und jetzt noch die ganze nächste Woche für dieses zusätzliche Kind sorgen muß.«

Warum fällt es Frauen so schwer, nein zu sagen? Hier sind einige Begründungen:

- »Nein sagen bedeutet eine persönliche Ablehnung. Sage ich nein, könnte ich die andere Person verletzen.« (Fürsorgerinnen weisen Menschen nicht zurück.)
- »Ich hab den Ruf zu verteidigen, daß ich ›alles kann‹. Andere Frauen sind ständig überrascht, was ich alles schaffe, und den Ruf will ich mir nicht ruinieren.«
- »Sie denken, daß ich meinen Job nicht mache, wenn ich ablehne.«
- »Es ist schrecklich, wenn mir jemand etwas abschlägt, also sage ich ja, weil ich nicht will, daß andere durchmachen, was ich dann durchmache.«
- »Ich erwidere ihr einen Gefallen. Sie hat nicht nein zu mir gesagt, also kann ich auch nicht nein zu ihr sagen.«
- »Wenn ich nein sage, dann helfen sie mir vielleicht nicht, wenn ich Hilfe brauche.«
- »Die Leute fragen, ›warum nicht?‹, wenn ich ablehne, und ich fühle mich nicht wohl mit meiner Begründung.«
- »Wenn mich jemand um was bittet, dann frag ich mich, wer es sonst wohl tut, wenn ich ablehne.«
- »Die Menschen würden mich nicht mehr für wunderbar halten. Und ich möchte, daß sie sagen: ›Sie ist ein guter Mensch!‹ Es würde mich völlig fertigmachen, wenn sie schlecht von mir denken würden.«
- »Wenn ich ablehne, dann fürchte ich, daß sie sich fragen: ›Was, zum Teufel, *macht* sie eigentlich den ganzen Tag?‹ «
- »Ich sage nicht nein, weil ich die stets einsatzbereite Mami sein muß, die in allem perfekt ist.«
- »Ich schäme mich, wenn ich zugeben muß, daß ich nicht alles machen kann.«
- »Das sieht so aus, als wäre ich nicht sehr gut organisiert.«

Sie sehen, die meisten Begründungen haben ein gemeinsames Thema. Es geht um andere Menschen, darum, sie nicht zu verletzen oder nicht von ihnen kritisch beurteilt zu werden.

Eine Fürsorgerin, die die Menschen nicht bei Laune halten oder nicht dafür sorgen kann, daß sie deren Gunst nicht verliert, macht ihren Job schlecht, denkt sie. Wenn sie jemanden verletzt, taugt sie nichts. Wenn sie von jemandem zurückgewiesen wird, ist sie nichts wert. Ihr Selbstwertgefühl hängt absolut davon ab, wie sie ihre Beziehungen in Ordnung hält.

Wenn Sie der typischen Fürsorgerin entsprechen, dann ist das Nein-Sagen eine emotionale Angelegenheit, die mit Ihrem liebenswerten Wesen verknüpft ist. Jedesmal, wenn jemand etwas von Ihnen will, steht Ihr ganzer Wert auf dem Spiel. Kein Wunder, daß sich so viele Frauen schwertun, nein zu sagen.

Männer reagieren hier im allgemeinen anders. Für die meisten Männer ist ein Nein nichts weiter als eine Antwort, derer sie sich bedienen, wenn sie etwas nicht tun wollen. Und wenn ihnen jemand etwas abschlägt, dann fragen sie eben jemand anders. Ein solches Nein ist nichts Persönliches – es hat nichts mit ihnen zu tun. Es geht einfach um die Erledigung eines Jobs.

»Warum kann eine Frau nicht eher so sein wie ein Mann?« lamentiert Henry Higgins im Musical *My fair Lady*. In diesem Fall ist es genau das, was Frauen tun müssen – eher so sein wie ein Mann. Sie müssen das Nein, das sie aussprechen, und auch das Nein, das sie zu hören bekommen, entpersönlichen.

Sehen Sie es mal so: *Sie müssen anderen Menschen das Recht einräumen, die Prioritäten in ihrem Leben so zu setzen, wie es für sie Sinn ergibt. Gleichermaßen müssen Sie sich das Recht vorbehalten, in Ihrem Leben die Prioritäten so zu setzen, daß es für Sie Sinn ergibt.*

Das klingt doch ziemlich vernünftig, oder? Das heißt, daß andere Menschen das Recht haben, Ihnen etwas abzuschlagen, und Sie das Recht, ihnen etwas abzuschlagen, was nichts anderes bedeutet, als daß eine Bitte nicht in die jeweiligen Prioritäten paßt. Denken Sie daran, daß Ihre Zeit, Energie und Ressourcen begrenzt sind. Sie können nicht alles gleichermaßen allen Menschen geben, die etwas von Ihnen wollen oder erwarten. Wenn Sie keine Grenzen setzen, dann verausgaben Sie sich und vernachlässigen die Menschen und Aktivitäten, die Ihnen wirklich wichtig sind.

Und hier ist etwas, worüber nachzudenken sich lohnt: Wenn Sie nicht, wo es nötig ist, nein sagen können, dann heißt das, daß Ihr Leben von den Prioritäten anderer Menschen dirigiert wird – nicht von Ihren eigenen!

Wie können Sie also nein sagen und aus der Sache unbeschadet und ohne Lackkratzer herauskommen? Hier sind ein paar beherzigenswerte Vorschläge.

1. Willigen Sie nicht sofort ein. Haben Sie irgendwelche Zweifel, dann sagen Sie nur: »Ich muß erst mal in meinem Terminkalender nachsehen. Ich melde mich wieder.« Das verschafft Ihnen genügend Zeit zur Abwägung Ihrer Prioritäten und sich, falls Sie ablehnen wollen, eine elegante Absage einfallen zu lassen. »So, wie ich erst bis zehn zähle, bevor ich ausraste, versuche ich auch erst bis zehn zu zählen, bevor ich ja oder nein sage«, berichtet eine Frau. »Ich merke, daß mich die Leute respektieren, wenn ich sie direkt ansehe und sage: ›Ich kann es im Moment noch nicht sagen. Ich muß es mir überlegen und melde mich wieder bei dir. Bis wann mußt du Bescheid wissen?‹ «

2. Geben Sie eine Erklärung, aber entschuldigen Sie sich nicht. Eine kurze Erklärung kann eine Absage etwas mildern, aber Sie brauchen anderen Menschen nicht Ihre Lebensgeschichte zu erzählen oder um Vergebung zu heischen. Eine Erklärung kann so kurz und allgemein gehalten sein wie: »Es tut mir leid, aber ich bin im Moment mehr als ausgelastet«, oder »Mein Terminkalender ist einfach überfüllt«, oder »In Anbetracht meiner gegenwärtigen Verpflichtungen könnte ich nicht mein Bestes für Sie tun.« Oder Sie können sich, wie eine Autorin vorschlägt, in vagen und kosmisch anmutenden Andeutungen ergehen, daß höhere Mächte oder die Hand des Schicksals Ihnen im Wege stehen: »Ich würde ja gerne, aber es wird nicht funktionieren«, oder »Es tut mir leid, aber die Dinge liegen nicht mehr in meiner Hand.«[10] Der Punkt ist,

daß Sie ein Recht haben, nein zu sagen, einfach weil Sie etwas nicht tun wollen. Sie brauchen keinen guten Grund dafür!

3. Benutzen Sie notfalls eine Krücke, während Sie lernen, nein zu sagen. »Ich habe mein ganzes Leben darunter gelitten, daß ich nicht nein sagen konnte«, erzählt eine Frau. »Schließlich hat mir jemand vorgeschlagen, jeden Tag in meinem Terminkalender rot zu markieren. Wenn ich dann ablehnen mußte, konnte ich einfach sagen: ›An dem Tag hab ich etwas.‹ Diese Markierungen lieferten mir die nötige Entschuldigung, bis ich soweit war, in aller Ruhe nein sagen zu können.«

4. Übernehmen Sie die Verantwortung für Ihr Nein. Vermeiden Sie eine Erklärung wie: »Ich kann nicht, weil mein (Mann) (meine Eltern) (mein Chef) (Freund) (Hund) es nicht zulassen.« Wenn Sie die Schuld für Ihre Absage anderen zuschieben, mindert das Ihre Glaubwürdigkeit in den Augen anderer und läßt auf Unselbständigkeit schließen. Übernehmen Sie hingegen die Verantwortung für Ihr Nein, dann fordert das anderen Respekt ab. Und da Sie sich

»Ich kann heute abend keine Überstunden für Sie machen, Mr. Dunlap – mein Computer ist abgestürzt!«
© 1988, Artemas Cole

selbst gegenüber ehrlich sind, werden Sie auch sich selbst mehr achten.

5. Sagen Sie nur ja, wenn Sie sich ohne Widerwillen darauf einlassen können. Es passiert sehr leicht, daß Sie ja sagen, obwohl Sie nein sagen wollten, und dann wütend auf die Person sind, die Sie um etwas gebeten hat. Sie finden vielleicht, Sie hätten Ihre Gedanken lesen können: »Merkt sie nicht, daß ich zu gestreßt bin?« Aber andere Menschen können im Normalfall Ihre Gedanken nicht lesen! Sie halten sich an Ihr Wort und gehen davon aus, daß Sie Ihre Einwilligung ohne Wenn und Aber gegeben haben. Es ist also nur gerecht, wenn Sie sie mit Ihrer unfairen Verärgerung verschonen und Ihr Ja und Nein mit Entschiedenheit abgeben.

6. Machen Sie sich klar, daß Sie nicht unentbehrlich sind. »Vor einigen Jahren lag ich während meiner Schwangerschaft mindestens fünf Monate im Bett und ich kann mich noch daran erinnern, wie schön es war, daß niemand irgend etwas von mir verlangt hat!« erzählt eine Frau. »Ich dachte, ohne mich würde alles zusammenbrechen, aber keineswegs! Die Welt ging doch tatsächlich ohne mich weiter!« Die Welt wird also auch ohne Sie weitergehen, wenn Sie nein sagen müssen.

7. Haben Sie Mitgefühl. Zeigen Sie Anteilnahme, wenn Sie der Bitte einer anderen Person nicht entsprechen können: »Ich verstehe, daß Sie in einer schwierigen Situation sind. Ich wünschte, ich könnte Ihnen helfen – aber ich kann heute abend nicht auf Ihre zehn Kinder aufpassen.«

8. Signalisieren Sie »gemischte Gefühle«, um Ihrem Konflikt Ausdruck zu geben: »Ich bin wirklich hin- und hergerissen. Ich würde gern mit dir ins Kino gehen, aber ich habe einfach so viel zu tun, daß ich zu Hause bleiben muß.«

9. Sprechen Sie nicht ungeduldig oder ärgerlich. Die meisten Menschen nehmen eine Absage gar nicht so übel. Sie haben nur etwas gegen eine barsche Weigerung: »Nein, ich gehe nicht für dich in den Laden!«

10. Betrachten Sie Bitten als verhandlungsfähig. Wenn Ihnen eine Bitte nicht behagt oder Sie ihr ganz einfach nicht entsprechen

können, dann möchten Sie vielleicht einen kreativen Gegenvorschlag machen. Zum Beispiel: »Ein ganzes Dinner schaffe ich nicht, aber ich kann das Gemüse schneiden.« »Samstag abend kann ich nicht mit dir kommen, aber wie wäre es mit einem Mittagessen nächsten Mittwoch?« Verhandeln Sie, bis Sie zu einer für beide zufriedenstellenden Lösung gekommen sind.

11. Teilen Sie sich die Arbeit dieser Welt mit anderen Menschen. Eine Frau erzählt: »Vor ein paar Jahren bat man mich, den regionalen Vorsitz für eine Spendenaktion zu übernehmen, was ich auch tat. Ich überlegte mir, wie viele Leute in der Nachbarschaft leben und rechnete mir grob aus, daß ich, wenn jede Person mal an die Reihe kam, den Vorsitz nur alle 20 oder 30 Jahre übernehmen müßte. Wenn ich jetzt wieder wegen derselben Kampagne gebeten werde, sage ich: ›Nein. Ich habe das vor ein paar Jahren gemacht und bin noch nicht wieder an der Reihe.‹«

12. Seien Sie standfest bei unter Hochdruck stehenden Vertretern. Sie können eine halbe Stunde lang versuchen, die Gefühle eines anderen nicht zu verletzen, oder Sie können beschließen, Ihrer beider Zeit nicht zu vergeuden. Möglicherweise brauchen Sie das Beharrungsvermögen einer Schallplatte mit Kratzer, um höflich, aber entschieden nein zu sagen. Zum Beispiel: »Hallo, Mrs. Jones. Ich würde Ihnen gerne dieses Produkt vorführen.« »Es tut mir leid, aber ich bin nicht interessiert.« »Wie können Sie nicht interessiert sein, wenn Sie noch gar nichts darüber wissen?« »Es tut mir leid, aber ich bin nicht interessiert. Ich muß jetzt gehen.« Es kommt darauf an, daß Sie Ihre Position klarstellen – ein Satz, mehrere Male wiederholt (die Schallplatte mit Kratzer) – und sich dann verabschieden. Wichtig ist, daß Sie nicht plötzlich abschweifen. Vertreter wollen Gründe, mit denen sie umgehen können.

13. Machen Sie es anderen Frauen nicht schwer, nein zu sagen. Wie eine Frau bemerkt: »Wir setzen uns gegenseitig unter Druck: ›Oh, es dauert nicht lange‹ oder ›Ich stell dir ein Komitee an die Seite.‹ Wir dürfen andere nicht so unter Druck setzen und müssen *ihre* Bedürfnisse respektieren.«

KAPITEL 3

Die Schuldabsorbiererin

Haben Sie Schuldgefühle, wenn

- sich Ihr Kind in der Öffentlichkeit aufführt, ins Bett macht, am Daumen lutscht, pupst, ohne sich zu entschuldigen, schlechte Noten bekommt, Gemüse verabscheut oder dem Nachbarmädchen eins über die Rübe gibt?
- Sie zu Hause bleiben und keinen finanziellen Beitrag zum Familienunterhalt leisten? Oder arbeiten und nicht genügend intensive Zeit mit Ihren Kindern verbringen?
- Sie sich im Supermarkt mit zwölf Dingen im Einkaufswagen bei der Expreßkasse anstellen, obwohl nur zehn Dinge erlaubt sind?
- Ihr Mann Übergewicht hat und sich nicht genügend körperliche Bewegung verschafft?
- Ihre Geranie eingeht (die, die Sie zum Muttertag bekommen haben)?
- Ihr Chef seine Beförderung nicht bekommt?
- Sie eins Ihrer Kinder in die Schule schicken, obwohl es am Rande einer Grippe steht?
- Es an dem Tag, für den Sie ein Familienpicknick geplant haben, regnet?

Wenn Sie die Mehrheit der Fragen mit einem Ja beantworten, dann sind Sie möglicherweise eine Schuldabsorbiererin – eine Frau, die die Schuld für alles, was in ihrem Leben schiefgeht, in sich aufsaugt, die ständig in ihrem Innern diese kleine Stimme flüstern hört: »Du hättest es besser wissen müssen. Du hättest es besser machen müssen. Du hättest besser *sein* müssen.«

Sollte diese Beschreibung auf Sie passen, dann sind Sie nicht die einzige. Schuldgefühle nehmen unter Frauen heutzutage epidemische Ausmaße an.

Schuldgefühle bei Frauen haben zwar Tradition, aber die Frauen der 90er Jahre sind mit vermehrten Erwartungen und Verantwortlichkeiten konfrontiert, mit mehr Dingen, die sie tun müssen und wegen derer sie sich schuldig fühlen, weil sie sie nicht getan oder nicht perfekt erledigt haben. Warum haben Sie so erbarmungslose Schuldgefühle, falls Sie zu den Schuldabsorbiererinnen gehören? Die Antwort liegt zum Teil in der traditionellen Rolle der Frau, die beinhaltet, daß sie sich um andere kümmert und sorgt.

Historisch gesehen, haben Frauen gelernt, andere zu pflegen und zu hegen und selbstlos zu geben. So sind Sie vermutlich damit aufgewachsen, daß Sie sich für das Glück anderer verantwortlich fühlen. Wenn jemand Trauer, Bedrücktheit oder Wut ausstrahlt, denken Sie wahrscheinlich automatisch, daß Sie diese Person wieder »in Ordnung bringen« müssen. Aber was, wenn Sie sie nicht auf der Stelle glücklich machen können? Dann heult Ihre Alarmsirene auf. »Du hast deine Aufgabe nicht erledigt oder nicht dein Bestes gegeben!«

Jetzt setzen die Schuldgefühle ein – und blühen und gedeihen –, weil es so viele Dinge gibt, die Sie nicht »in Ordnung bringen« können. Außerdem ist da noch so endlos Vieles, was Sie tun sollten oder könnten, um das Leben der Menschen, für die Sie verantwortlich sind, erfüllter oder glücklicher zu gestalten. Jeder Tag wird ein einziges langes, ausuferndes Schuldfestival.

Sind Sie wie die meisten Frauen, dann haben Sie leider nicht nur wegen ein paar Dingen, die sich während des Tages ereignen, ein schlechtes Gewissen. Vielmehr haben Sie wahrscheinlich wegen fast allem Schuldgefühle. Geht irgend etwas schief, dann muß es wohl an Ihnen liegen. Mit Ihnen stimmt irgendwas nicht ganz, vielleicht sind Sie etwas unterbelichtet. Sie hätten die Ereignisse unter Kontrolle haben müssen, hatten Sie aber nicht, also liegt der Fehler bei Ihnen.

Hören Sie diese nagende Stimme im Innern, die Sie ständig niedermacht und Ihnen unentwegt Schuldgefühl einjagt – und wollen Sie diese Stimme in den Griff kriegen –, dann müssen Sie einige der Schuldgefühlsmuster verstehen, wie sie sich auf die meisten Frauen auswirken. Sehen Sie sich die Dinge an, die Sie tun »sollten« und sie somit tyrannisieren können.

Die Tyrannei des Wörtchens »Sollte«

Es sind oft Hunderte von Dingen, die die Frau tun »sollte«. Sie erwecken Schuldgefühle in ihr, gehen ihr wie ein Mühlrad im Kopf herum, zerren sie hierhin und dorthin, verwirren sie und halten sie davon ab, sich mit sich selbst wohl zu fühlen. Hier sind ein paar solcher »Sollte«-Beispiele, die erbarmungslos an ihr ziehen und sie manchmal aus dem Gleichgewicht geraten lassen.

Ich sollte ·

- mein Haus makellos in Ordnung halten,
- jung und schlank und schön aussehen,
- jeden Tag meine Körperübungen machen,
- abnehmen (mit meiner Diät heute anfangen),
- nicht so schüchtern sein,
- den Bedürfnissen anderer Leute Priorität einräumen,
- immer für alle dasein,
- meiner Familie täglich drei herrliche Mahlzeiten servieren,
- fröhlich den Abwasch machen und mich nicht beklagen,
- den Kindern mehr Stunden geben lassen,
- ein Klavier für Klavierstunden anschaffen!
- für alle Probleme der Familie eine Lösung parat haben,
- früher aufstehen,
- vom Telefon wegbleiben,
- dafür sorgen, daß im Haus eine freundliche Atmosphäre herrscht,
- eine »Liebesgöttin« sein, wenn er den Wunsch hat, ein »Liebesgott« zu sein.

Das, was da an »sollte« die Frau becirct, schert sich nicht darum, wieviel sie tut, wie sehr sie sich bemüht oder was sie schon alles geleistet hat. »Ich befinde mich ständig in emotionalem Aufruhr«, erzählt eine Frau. »Wenn ich mir Zeit für die Kinder nehme, habe ich ein schlechtes Gewissen, weil ich das Haus nicht putze. Und putze ich das Haus, dann habe ich ein schlechtes Gewissen, weil ich mit den Kindern nichts unternehme. Kümmere ich mich um das Haus und die Kinder, dann habe ich ein schlechtes Gewissen, weil ich nichts für andere Leute tu (zum Beispiel einer kranken Person Essen bringen). Und tu ich das, dann habe ich mich noch nicht an die Erwiderung der Weihnachtsgrüße gemacht. Immer gibt es irgend etwas, das ich noch nicht erledigt habe.«
Was diese »sollte« angehen, die so schonungslos das Hirn der Frauen martern, unterscheiden sich hier Männer quantitativ von Frauen, erklärt die Autorin Barbara Holland. »Männer scheinen immer das Gefühl zu haben, das Richtige zur rechten Zeit zu tun,

»Ich? Ich hab versucht, im Supermarkt mit 12 Dingen durch eine von den Expreß-Kassen zu kommen, wo nur höchstens 10 erlaubt sind.«
© Martin Bucella

ob sie nun die Fensterläden reparieren oder die vierteljährlichen Verkaufszahlen überprüfen. Nichts flüstert ihnen zu: ›Solltest du nicht statt dessen die Garage tünchen?‹ Sie machen den Job, der für sie gerade ansteht, und wenn sie fertig sind, wenden sie sich etwas anderem zu oder schalten das Footballspiel im Fernsehen ein. Aber wir Frauen haben immer das Gefühl, daß wir, ganz gleich was wir tun, es sei denn, wir retten gerade Kinder aus einem brennenden Haus, was anderes tun sollten.«[1]

Anders als beim Mann scheint im Kopf der Frau ständig ein völlig undiszipliniertes Komitee zu tagen – wobei jedes Mitglied eine andere dogmatische Meinung vertritt –, das sie völlig konfus macht und an ihren Emotionen zerrt. Viele dieser »sollte« stammen bei genauerer Betrachtung von den »Sies« dieser Welt. Wenn Sie eine Liste von allen Dingen anfertigen wollten, die Sie tun oder unterlassen »sollten«, und nachforschten, woher sie eigentlich kommen –, dann werden Sie feststellen, daß sich viele davon weder mit einem Namen noch einem Gesicht verbinden. Sie entstammen einer anonymen »Station der Heinzelmännchen« irgendwo da draußen im Raum, bevölkert von den »Sies« dieser Welt, die den Frauen ihrer eigenen Aussage nach so doktrinäre Dinge mitteilen wie:

- »Sie« sagen, du mußt jung und schön sein, dein Haus sauber halten, selbst gebackenes Brot und eigenhändig eingekochte Marmelade auf den Tisch bringen, deine Jogginganzüge selber nähen und morgens die Straße entlangjoggen – das ist es, was »sie« sagen.
- »Sie« sagen, du solltest in der Lage sein, die Hausfrauentätigkeit und den Job gleichzeitig und problemlos zu meistern.
- »Sie« sagen, du solltest niemals auch nur einen einzigen mörderischen Gedanken gegen deine Kinder oder deinen Mann hegen.
- »Sie« sagen, du solltest täglich eine halbe Stunde jedem deiner Kinder etwas vorlesen, egal, wie viele Kinder du hast.
- »Sie« sagen, du mußt können, können, können, den ganzen langen Winter.

- »Sie« sagen, du mußt warmes, selbst gebackenes Brot den neu eingezogenen Nachbarn bringen.
- »Sie« sagen, Mami muß aufstehen, wenn die Kinder nachts wach werden.
- »Sie« sagen, du lernst aus deinen Fehlern, aber »sie« sagen auch, wehe wenn du einen Fehler machst.
- »Sie« sagen, du sollst Stillen (und es genießen), und wenn du das nicht tust, behinderst du das Wachstum deines Kindes.
- »Sie« sagen, wenn du als Mutter zu Hause bleibst, dann wird dein Gehirn zu Matsch, und du kannst nur noch über Kinder, Windeln, Brei und Gemüse reden.
- »Sie« sagen, du mußt verheiratet sein, bevor du 30 Jahre alt bist; und bist du das nicht, dann stimmt mit dir was nicht.
- »Sie« sagen, du kannst nicht nur ein Kind haben, denn dann wächst es nicht normal auf.

Die »Sies« dieser Welt haben die Macht, die Frau zu drangsalieren und sie unversehens in ihren Schuldgefühlen versinken zu lassen. Und da »Sie« so dogmatisch und mächtig sind, sollten wir wenigstens die Frage stellen: »Wer sind ›Sie‹ überhaupt?«

Sind sie, so fragt die Autorin Mary Z. Gray, »irgendeine geheime Quelle der Insiderinformation? Ein majestätisches Tribunal, das sein Urteil über alles abgibt, Edikte erläßt über Dinge, von denen »Sie« keine Ahnung haben, ein selbsternanntes Schiedsrichtergremium, das über Moral, Sitte und Grammatik wacht?« Gray gesteht, daß sie der Autorität der »Sies« viele Jahre lang vertraut hatte, bis ihre junge Tochter, eine Freidenkerin, die Allmacht derer (wer immer sie auch sind) in Frage stellte, die die Regeln von Grammatik und Sprachgebrauch festlegen. »Ich und Roger...«, hatte ihre Tochter den Satz begonnen, und Gray unterbrach und korrigierte sie: »Roger und ich.« Daraufhin entspann sich folgende Unterhaltung.

»Wer sagt, daß ich ›Roger und ich‹ sagen muß? Warum kann ich nicht ›Ich und Roger‹ sagen?«

»Weil es sich nicht gehört. Es gibt Regeln für den richtigen Sprachgebrauch.«

»Wer erfindet die? Wer sind diese Leute? Die möchte ich mal kennenlernen.«

»Das ist der Geist, den wir alle kultivieren sollten«, sagt Gray. »Er würde uns davor bewahren, von den »Sies« und ihren dummen Sprüchen oder ihren willkürlichen Regeln von richtig oder falsch, ›in‹ oder ›out‹, eingemacht zu werden.«[2]

Gray spricht hier eine wesentliche Frage an. Was geschieht, wenn Sie unterschiedslos vieles von dem, was »Sie« sagen, aufnehmen und akzeptieren? Im wesentlichen unterwerfen Sie sich dann den vagen Edikten anderer, berauben sich Ihres Selbstgefühls und erlauben den »Sies«, tiefgreifenden Einfluß auf Ihr Verhalten zu nehmen. Zum Beispiel:

Vielleicht tun Sie dann so, als gäbe es nur eine akzeptable Art, sich zu kleiden, und folgen dem Diktat der jeweiligen Mode (was »Sie« sagen), damit Sie »dazugehören«.

Fühlen Sie sich unbehaglich, wenn Unordnung herrscht (»Sie« sagen: »Jedes Ding an seinem Platz, jedes Ding hat seinen Ort«).

Beschränken Sie sich in Ihren vorrangigen Beziehungen auf die herkömmliche Geschlechterrolle, da »Sie« sagen, daß der Mann den Abfall wegbringt und die Frau kocht.

Betreten Sie einen Raum und sorgen sich, was »Sie« über Sie denken.

Folgen Sie gewissen Traditionen und Regeln, die »Sie« aufgestellt haben, statt darüber nachzudenken, ob sie Ihrem Leben entsprechen oder für Sie Sinn ergeben.

Verweigern Sie sich die guten Dinge des Lebens – Blumen, eine Gesichtsmassage, die Freude an einem guten Buch, Zeit, um Talente zu fördern –, weil »Sie« sagen, daß Sie egoistisch sind, wenn Sie etwas für sich tun.

Entschuldigen Sie sich unentwegt für fast alles oder glauben ständig, sich erklären zu müssen, weil »Sie« denken könnten, Sie haben etwas falsch gemacht.

Zur Befolgung der vagen Edikte der »Sies« dieser Welt kommt es, wenn Sie kein gutes Gefühl für das haben, was Sie wollen, sich wünschen und brauchen. Wenn Sie nicht glauben, daß Sie reif genug sind, um selber nachzudenken. Und wenn Sie nicht glauben, daß Sie das Recht haben, selbst Entscheidungen zu treffen. Sie brauchen keine Hunderte von vagen Autoritäten, die Ihnen sagen, was Sie zu tun haben. Sie haben die Verantwortung und bestimmen. Sie müssen Ihrem eigenen Urteil vertrauen und Ihre eigenen Entscheidungen treffen. Wie also werden Sie mit diesen »Sies« fertig?

- Versuchen Sie, wenn Sie »Sie« denken, Namen und Gesichter mit diesen Menschen zu verbinden. Fragen Sie sich: »Wem versuche ich zu gefallen?« »Wem räume ich Macht über mich ein?« »Wessen Edikt folge ich, ohne selber nachzudenken?«
- Testen Sie Ihr eigenes Gefühl, indem Sie »Sie« durch »ich« ersetzen. »Ich (fühle) (denke) (will) (wünsche) (schätze) (wähle)...« Passen die Ansicht anderer und Ihr wahres inneres Gefühl zusammen, dann spüren Sie das und können diese Ansicht als Ihre eigene annehmen. Wenn nicht, dann scheren Sie sich nicht um die Meinung anderer, sondern streben Sie nach einer eigenen Definierung Ihrer Position.
- Wenn Sie sich schon der »Sies« bedienen, dann zu Ihrem Vorteil. Wie es eine Frau formulierte: »Wenn du dich gut umsiehst, kannst du immer ein ›sie sagen‹ finden, das sich genau mit dem deckt, was *du* tun möchtest!«

Befreiung vom ewigen Schuldgefühl

Jetzt haben Sie also die »Sies« dieser Welt im Griff. Wie können Sie nun aufhören, eine Schuldabsorbiererin zu sein? Wie können Sie mit Ihren Ideen, Meinungen, Ansichten, Vorlieben oder Überzeugungen, die nicht mit denen anderer übereinstimmen, in Ihrer »Mitte« bleiben? Hier sind ein paar Vorschläge.

1. Überprüfen Sie für den Anfang das Ausmaß, in dem Sie von Schuldgefühlen beherrscht werden. Zählen Sie alle »sollte« und »müßte«, die Sie sich im Laufe des Tages vorbeten, zusammen. Schreiben Sie 20 oder 30 davon auf.

2. Stellen Sie fest, ob so ein »sollte« einen echten Wert für Sie darstellt. Testen Sie es, indem Sie Ihr Gefühl befragen, wenn Sie in Verbindung damit sagen: »Das ist es, was ich will« oder »Das ist es, wozu ich mich entscheide.« Hier kommt es darauf an, daß Sie herausfinden, welche Verhaltensweise, Ethik, Wertvorstellung, Meinung oder Präferenz *Sie* vertreten. Was ist *Ihrer* Ansicht nach fair, richtig oder anständig? Was paßt in *Ihr* Leben? Entwickeln Sie einen Bezugsrahmen und ein reifes Bewußtsein über Einstellungen, Werte und Stilformen, die Sie sich ganz bewußt zu eigen machen, die Sie gewählt haben und Ihnen nicht übergestülpt wurden.

3. Unterscheiden Sie zwischen berechtigtem und unberechtigtem Schuldgefühl. Sind Sie tatsächlich, sagen wir, verantwortungslos, unehrlich oder unfreundlich gewesen, dann übernehmen Sie die Verantwortung für Ihr berechtigtes Schuldgefühl, seien Sie reumütig und leisten Sie Wiedergutmachung. Und lassen Sie dann wieder von Ihrem Schuldgefühl. Haben Sie aber unberechtigte Schuldgefühle, dann werfen Sie diese Last ab. Es ist diese Fülle an unberechtigten Schuldgefühlen, vage, immer gegenwärtig, hinterhältig, die die Frau dazu bringt, sich für praktisch alles zu entschuldigen, sogar für ihre Existenz. Dieses unberechtigte Schuldgefühl bewirkt auch eine zutiefst beeinträchtigende Scham – sie *benimmt* sich nicht nur schlecht, sie *ist von Grund auf* schlecht.

4. Unterscheiden Sie zwischen Schuldgefühl und einem Lernen aus der Vergangenheit. Es ist ungesund, wenn Sie sich wegen irgendeines vergangenen Ereignisses verletzt, verstört und deprimiert fühlen und dann vor Schuldgefühlen erstarren. Wenn Sie aus Ihrem Fehler lernen, ihn gegebenenfalls korrigieren und dann zu anderen Dingen übergehen, so ist das eine gesunde Einstellung.

5. Wenn Sie schon darauf bestehen, wegen eines Fehlers zu leiden, dann setzen Sie wenigstens Ihrer Leidenszeit ein Limit. Wie lange müssen Sie unbedingt leiden? Eine Stunde? Einen Tag? Ein Jahr? Am Ende des Lebens werden für Langzeitleidende keine Medaillen vergeben.

6. Denken Sie daran, daß viele »hätte-ich-nicht-sollen« die Folge unzulänglicher Informationen oder mangelnder Hellsichtig-

keit sind. Hätten Sie gewußt, daß Ihr Kind heute über einen Schlauch stolpern und sich den Arm brechen wird, dann hätten sie ihm nie erlaubt, das Haus zu verlassen. Hätten Sie gewußt, daß der Gegenstand, den Sie letzte Woche zum vollen Preis erworben haben, diese Woche zum halben Preis angeboten wird, dann hätten Sie gewartet. Es ist nicht fair, wenn Sie sich dann sagen: »Das hätte ich nicht tun sollen!« Sie haben ein Recht, menschlich und in Ihrem Wissen begrenzt zu sein.

7. Bedenken Sie auch, daß viele Ihrer »hätte-ich-nicht-tun-sollen«, mit denen Sie sich kasteien, ursprünglich vernünftige Entscheidungen waren. Nehmen Sie zum Beispiel an, Sie hätten an einem Abend die Einladung in einen literarischen Club abgelehnt, weil Sie andere dringliche Verpflichtungen hatten. Am nächsten Morgen stoßen Sie auf die Clubpräsidentin, die zu Ihnen sagt: »Du hättest gestern kommen sollen. Der Vortrag war wundervoll!«

Und was denken Sie sofort? Die meisten Frauen antworten auf diese Frage: »Oh, ich hätte gehen sollen!« Und es spielt keine Rolle, daß sie sich gestern dazu entschieden hatten, nicht zu kommen, weil sie andere Pflichten hatten. Oder daß sie alle Faktoren gegeneinander abgewogen und eine ganz bewußte Entscheidung getroffen hatten. Den meisten Frauen ist gar nicht bewußt, daß sie tatsächlich eine Wahl trafen. Vielmehr lassen sie sich aus dem Gleichgewicht bringen und zweifeln jedesmal an sich selbst, wenn jemand ihr Urteil in Frage stellt. Und sollten sie sich daran erinnern, daß sie eine bewußte Entscheidung getroffen haben, dann erwidern sie womöglich, wie eine Frau es formulierte: »Ich glaube, meine Entscheidung war blöde.«

8. Und schließlich sollten Sie sich daran erinnern, daß viele Ihrer »sollte« ihren Ursprung in dem haben, was andere Ihrer Meinung nach über Sie denken. Wenn Sie sich darüber Sorgen machen, was andere vielleicht über Sie denken oder wie sie Sie beurteilen könnten, dann ist das im Grund selbstauferlegte Tyrannei. Machen Sie sich frei davon. Hier ein Fallbeispiel:

»Ich mußte meinen Sohn in die Vorschule bringen. Wir waren schon spät dran, also hab ich mir meinen Mantel über den Pyjama gezogen, schlüpfte in die riesigen Lederslipper meines Mannes, setzte mir die Brille auf die Nase und stürzte aus dem Haus. ›Wenn ich einen Platten habe, dann fall ich tot um‹, dachte ich noch. Mein Sohn sitzt hinten und schlüpft normalerweise aus der Schiebetür des Combi (was mir Anonymität garantiert hätte), aber diesmal kletterte er, als wir bei der Vorschule angekommen waren, auf den Vordersitz und öffnete die Tür. In diesem Moment kommt eine Frau in ihrem Auto angefahren und sieht mich in meiner ganzen Pracht da sitzen. Wir sahen uns an und sofort ging das »sollte« los. ›Ich hätte mich anziehen sollen.‹ ›Ich sollte besser organisiert sein.‹ ›Ich hätte früher aufstehn sollen.‹ Ich hätte meinen Sohn umbringen können, weil er mich all dem ausgesetzt hatte. Aber plötzlich ließ ich mich selber vom Haken. Mir wurde klar, daß ich nichts tun konnte, also lächelte ich die Frau an und sagte mir: ›Ach was! Ich bin trotzdem eine gute Seele.‹ Mein Sohn hüpfte aus dem Wagen und ich fuhr in meinen riesigen Slippers davon.«

Betrachten Sie das »sollte« einer anderen Person einfach als deren Anschauung von der Welt. Denken Sie an die Geschichte von dem kleinen Jungen, der mit einer schlechten Beurteilung von der Schule nach Hause kam. Und als der Vater stirnrunzelnd den Bericht las, bemerkte der Junge: »Denk dran, Papa, das ist bloß die Meinung von einem.« Aus dieser Perspektive gesehen, haben Sie das Recht auf Ihre eigene Meinung, Ihre eigenen persönlichen Präferenzen und die von Ihnen selbst entwickelten »sollte«. Was Ihrer Ansicht nach für Sie taugt, wird sich von dem unterscheiden, was anderen Leuten taugt – und das ist okay!

»In meiner ersten Ehe lernte ich eine wichtige Lektion«, erzählt eine Frau. »Meine Nachbarin kam rüber, während ich gerade Zimtsterne buk. ›Oh, Sie verwenden gebleichtes Mehl!‹ sagte sie, und: ›Sei glasieren ja die Sterne!‹ Sie sagte, ich sei keine gute Mutter, weil ich meinen Kindern keine Dinge mit Nährwert vorsetzte. Ich war am Boden zerstört.

Als sie mal krank wurde, ging ich rüber, um ihr zu helfen, und entdeckte, daß sie die nassen Windeln ihres Babys nicht auswusch – sie legte sie einfach zum Trocknen auf die Heizung. Da wurde mir klar, daß wir zwei grundverschiedene Menschen mit zwei verschiedenen Weltanschauungen waren, und daß es *meine* Entscheidung war, ob ich meinen Kindern Glasiertes zu essen gab oder nicht.«

Befreien Sie andere vom »Sollte«, das sie Ihnen auferlegen

Allzu oft sind wir schnell dabei, andere nach unseren persönlichen Maßstäben zu beurteilen und nach einem »sollte«, das unserer Ansicht nach der Bibel der Wahrheit entspringt und keineswegs unserer eigenen exzentrischen Weltanschauung. Aber unser Standard bemißt sich nicht an der Wahrheit oder der tatsächlichen Realität. Er spiegelt nur das wider, was wir wissen, erfahren haben und womit wir uns wohl fühlen. Wenn andere nicht unseren Maßstäben entsprechen, dann neigen wir zu Urteilen wie diesen:

- Du redest zu laut (oder zu viel), oder du bist zu ruhig.
- Du bist chaotisch (oder zu zwanghaft).
- Du bist zu empfindlich (oder zu unsensibel).
- Du bist zu dogmatisch (oder hast nie eine Meinung zu irgendwas).
- Du bist (krank) (verrückt) (faul) (ungehobelt) (taktlos) (dumm).

Was ist unsere Botschaft? Wir wissen besser als die andere Person, wie sie sein, handeln, ja sogar denken oder fühlen sollte. Das Verhalten des anderen Menschen ist unangemessen oder unzulänglich, wohingegen unser eigenes dem seinen überlegen ist.

Dieses »sollte« ist ein schleichendes Gift in Beziehungen und ruft stets, wenn es auf andere gerichtet ist, eine Verteidigungshaltung hervor. Wie können Sie diese Neigung, andere nach Ihrer Norm zu beurteilen, abschaffen? Versuchen Sie es mit folgenden Strategien:

1. Hören Sie auf, andere in negativer Weise zu überwachen. Aufgrund unserer Struktur nehmen wir meist nur das wahr, was an anderen anders ist als bei uns. Dann beklagen wir uns, manch-

mal Dutzende Male am Tag, über ihr Verhalten – bei ihnen oder bei anderen.

2. Lassen Sie andere ganz einfach anders sein als Sie. Zelebrieren Sie, wenn möglich, diese Unterschiede, statt sie schlecht oder bedrohlich zu finden. Befreien Sie andere davon, so sein zu müssen wie Sie.

3. Geben Sie das »Denken in Absolutheiten« auf. Wenn Sie die Welt in Extreme wie schwarz/weiß, gut/schlecht und richtig/falsch spalten oder unterteilen, stecken Sie Menschen oder Ereignisse in Schubladen, stempeln sie ab. Menschen, die in Extremen denken, gebrauchen gerne Worte wie »einwandfrei«, »korrekt«, »genau«, »richtig« oder »falsch«. Doch wenige Dinge passen nahtlos in diese Kategorien. Die Menschen zum Beispiel sind weder schwarz noch weiß, sie sind schattiert. Sie brauchen einen »schattierten« Bezugsrahmen, der Ihnen die Berücksichtigung einer Vielzahl von Faktoren erlaubt und Sie andere verstehen läßt. Wenn Sie zum Beispiel erklären, daß jemand »chaotisch« oder »unsensibel« oder »egoistisch« ist, also einen schwarz/weiß-Rahmen anlegen, dann stellt das ein ernsthaftes Hindernis für Ihr Verständnis dieser Person dar.

4. Lassen Sie durch Ihre Wortwahl erkennen, daß es sich um Ihre persönliche Meinung handelt und daß Sie sich bewußt sind, daß wir alle aus unterschiedlichen Perspektiven heraus handeln. Sagen Sie nicht: »Du solltest...«, sondern vielleicht: »So sehe ich die Dinge aus meiner (Perspektive) (Sicht) (meinem Blickwinkel) (meiner Ecke der Welt).«

5. Denken Sie daran, daß es, wenn Sie sich vom Urteil anderer freimachen, auch für Sie leichter sein wird, andere von Ihrem Urteil zu befreien. Wie eine Frau bemerkt: »Ich habe entdeckt, daß ich, wenn ich mich mit mir wohl fühle, auch alle anderen okay finde. Aber wenn ich mich mies fühle, dann hacke ich auch auf anderen Leuten herum. Meine Meinungen über andere haben nichts mit ihnen, sondern mit mir und meinem Selbstwertgefühl zu tun.«

Befreiung von mütterlichen Schuldgefühlen

Vor allem *Mütter* sind hart getroffen, wenn es darum geht, die Verantwortung für Dinge zu übernehmen, die sie gar nicht unter Kontrolle haben, was das folgende Erlebnis dieser Mutter verdeutlicht: »Meine Nachbarin und ich saßen auf der Veranda und sahen ihrer kleinen Tochter zu, die mit dem Fahrrad meines Sohnes herumfuhr. ›Schau, Mama, ich hab auch so ein Fahrrad wie das hier!‹ sagte das kleine Mädchen zu ihrer Mutter. ›Aber nein‹, erwiderte meine Nachbarin, ›du hast nie ein Fahrrad ohne Pedale gehabt!‹ Ich war am Boden zerstört. Ich fühlte mich innerlich ganz krank. Ich ließ zu, daß mein Kind mit einem Fahrrad ohne Pedale herumfuhr! Ich hätte sofort neue Pedale besorgen müssen! Ich war eine untaugliche Mutter!«

Mütter versagen sich oft selbst die Anerkennung für ihre harten Bemühungen; geht was schief, ist es immer ihr Fehler. So berichtet eine Frau: »Meine Kinder sollten bei meiner Mutter übernachten, und ich brachte sie hinüber. Ich war fest entschlossen, alles einzupacken, was sie brauchten: Unterwäsche, Pyjamas und so weiter. Ich habe meinem Fünfjährigen mindestens sechsmal gesagt, er soll seine Schuhe mitnehmen, aber er hat's trotzdem vergessen. Ich habe das ganze Wochenende ein schlechtes Gewissen gehabt, weil er barfuß gehen mußte.«

Oft reicht schon der Anblick einer »vorbildlichen Mutter« in den Medien, um bei der Mutter die Lawine der Schuldgefühle loszutreten. »Neulich sah ich in einer Zeitschrift eine Werbung, auf der ein kleines Mädchen zu sehen war, das sich für die Schule fertig machte«, erzählt eine Frau. »Die Frau kniete, um in die Augen ihrer Tochter zu sehen, und sagte: ›Da steht noch dieses halbvolle Glas Milch. Kriegen meine Kinder nicht genug Kalzium?‹ Da ist diese Mutter in ihren perfekten engen Jeans, in ihrer zauberhaften kleinen Küche, mit diesem zauberhaften kleinen Mädchen – und ich dachte: ›Warum kann ich nicht auch so sein?‹«

Ebenso steigern Mütter unter Umständen Ihre Schuldgefühle durch den ständigen erbarmungslosen Vergleich mit anderen, wie eine andere Frau illustriert: »Neulich kam mein Mann von der Arbeit nach Hause und schlug vor, mit der ganzen Familie ins Restaurant zu gehen. Normalerweise ziehe ich die Kinder ›ordentlich‹ an, wenn wir ausgehen, aber ich war zu müde und ließ sie in ihren Spielklamotten mitkommen. Als wir dann im Restaurant waren, sah ich eine Frau, die drei kleine Mädchen dabei hatte. Ihre Haare waren alle perfekt geflochten. Die Schleifen in ihrem Haar paßten zu ihren Socken. Ihre Tennisschuhe glänzten makellos weiß. Ihre Kleider waren perfekt gebügelt, und sie standen alle drei ganz still da. Ich sah auf meine zerzausten drei kleinen Racker und dachte: ›Ich bin eine Versagerin! Schau dir *ihre* Kinder an!‹ Ich war völlig fertig.«

Mütter (vor allem, wenn sie jung sind) bekommen zudem akute Schuldgefühle, wenn ein Kind krank wird. Ganz gleich, wie sehr sie sich um die Gesundheit ihres Kindes bemühten, in diesem Fall sind sie an der Situation mitschuldig. Sie hätten das Kind irgendwie vor der Grippe oder Erkältung oder den Zahnschmerzen bewahren müssen. »Ich versuche immer herauszufinden, was der Arzt wirklich über mich denkt«, sagt eine junge Mutter. »Ich hab immer das Gefühl, er hält mich für eine schlechte Mutter.«

»Ich bringe meine Kinder einmal im Jahr zum Arzt, bevor die Erkältungs- und Grippewelle einsetzt«, berichtet eine andere. »Wir machen Witze darüber, daß ich das nur tu, um ihm zu beweisen, daß ich eine gute Mutter bin. ›Schauen Sie‹, sag ich zu ihm, ›sie sind nicht hingefallen, sie haben keine Erkältung, sie haben keine Grippe – schauen sie nur, was das für prächtige und gesunde Kinder sind.‹ Er untersucht sie und mißt sie ab und sagt dann: ›Oh, Sie sind aber wirklich eine gute Mutter.‹«

Interessanterweise nehmen Väter bei Krankheiten – oder in irgendeinem anderen Bereich, was das angeht – keine Schuld auf sich. »Väter kommen nie herein und fragen: ›Was habe ich falsch gemacht, daß mein Kind krank wurde?‹ erklärt ein Arzt. Es ist stets die Mutter, die Schuldgefühle hat.«[3]

Männer scheinen einfach cool zu bleiben, wenn es um Schuldgefühle geht, bemerkt eine Frau und beschreibt eine entsprechende

Situation mit ihr und ihrem Mann. »Da war ein Mißverständnis. Jeder von uns dachte, der andere hätte die Babysitterin bezahlt. Wir bemerkten die Panne erst einen Tag später, als sie kam, um mich etwas zu fragen und beiläufig bemerkte: ›Oh, ich bin übrigens für Mittwoch noch nicht bezahlt worden.‹

›Ach du meine Güte‹, sagte ich. ›Kathy, diese Woche war so viel los, und es tut mir wirklich leid, und warte eine Sekunde, ich laufe und hole das Geld.‹ Ich hatte keine vier Dollar passend und sagte deshalb: ›Ich bring es dir gleich rüber!‹ Ich zappelte herum und war nervös und sprach wie ein Maschinengewehr. Mein Mann, der daneben stand, sagte nur ganz ruhig: ›Kathy, wir bringen dir das Geld so bald wie möglich.‹ Er löste das Problem ganz einfach. Ich war verblüfft, daß er so gelassen bleiben konnte. Für mich war es entsetzlich! Ich fühlte mich schrecklich – so, als ob ich noch nie in meinem Leben irgendwas auf die Reihe gebracht hätte. Es war mir unbegreiflich, daß mir bei Kathy so etwas unterlaufen konnte!«

Diese Frau fühlte sich schrecklich, weil sie das Problem nicht im voraus erahnt oder verhindert hatte – ein Phänomen, das man manchmal als »magisches Denken« bezeichnet. Frauen neigen zum Aberglauben, daß sie sich völlig ihrer Kontrolle entziehende Ereignisse beeinflussen können.

»Wenn irgendwas mit meinen Kindern schiefgeht, dann gehe ich von der Annahme aus, daß, wenn ich das Problem nur ein bißchen intelligenter, ein bißchen schneller angegangen wäre, mich überhaupt von Anfang an ein bißchen mehr damit befaßt hätte, es gar nicht soweit gekommen wäre«, sagt eine Mutter. Und eine andere erklärt: »Es ist, als glaubte ich einen ›magischen Mutterblick‹ zu besitzen. Wenn ich nur da bin, dann kann ich sie auch davor bewahren, daß ihnen etwas passiert.«

Hinter diesen mütterlichen Schuldgefühlen und diesem Verantwortungsgefühl für Begebenheiten, die sie gar nicht kontrollieren können, stehen die »wenn nur«-Schuldtrips. Zum Beispiel: »Wenn ich nur –

- meinen Kindern den Mantel angezogen hätte (ihnen gestern ihre Vitamine gegeben hätte) (sie ihre Karotten hätte essen las-

sen), hätten sie sich nicht erkältet und wir müßten jetzt nicht zum Arzt;
- meine Kinder besser erzogen hätte. Dann würden sie nicht (streiten) (wären ihre Zimmer nicht so unaufgeräumt) (hätten sie nicht so schlechte Manieren) (keine Wutanfälle) (würden sie nicht ihr schmutziges Geschirr stehenlassen) (ignorieren, was ich ihnen sage);
- besser in der Hauswirtschaftslehre aufgepaßt hätte, dann könnte ich jetzt das Faschingskostüm für mein Kind selber nähen, statt es kaufen zu müssen;
- auf die Zuckermenge, die mein Kind zu sich nimmt, geachtet, dann hätte es jetzt kein Loch im Zahn.«

Wenn Sie ernsthaft über die Macht nachdenken, die sich Frauen manchmal unabsichtlich selbst zuschreiben, dann wissen Sie, daß da ein Denkfehler vorliegt. Sie wissen, daß Sie nicht allmächtig oder allwissend sind, und daß Ihre Fähigkeit, Ereignisse zu beeinflussen, relativ geringfügig ist. Und Sie wissen, daß Sie ganz unmöglich alle Eventualitäten voraussehen oder ihr gesamtes Umfeld unter Kontrolle haben können.

Und doch haben Sie vielleicht die Angewohnheit, die Bedeutung der Entscheidungen, die Sie in der Vergangenheit getroffen haben, aufzublasen. Sie gehen in Gedanken alles durch und picken sich alle (relevanten oder irrelevanten) Ereignisse heraus, die irgendwie und möglicherweise mit dem Problem zu tun haben könnten. Und dann benutzen Sie alle diese Ereignisse, um sich ganz und gar und immerdar für dieses Problem verantwortlich zu fühlen.

Wenn Sie das nächste Mal ein Schuldfestival zelebrieren, dann achten Sie darauf, ob Sie die Dinge über die Maßen aufbauschen und sich für Begebenheiten verantwortlich fühlen, die außerhalb ihrer Kontrolle liegen. Denken Sie daran, daß Ihrem Wissen, Ihrer Weisheit und Voraussicht gewisse Grenzen gesetzt sind. Finden Sie sich mit dem Gedanken ab, daß Sie, wie alle anderen Angehörigen der menschlichen Rasse, ein begrenztes menschliches Wesen sind; es ist okay.

Seien Sie wachsam bei Mütterschelte

Warum stehen Müttern Schuldgefühle so gut an? Den Müttern die Schuld zu geben, ist in unserer Gesellschaft derart üblich, daß die meisten von uns gar nicht auf den Gedanken kommen, dies in Frage zu stellen, sagt Jean Marzollo[4].

Man könnte geradezu sagen, daß die »Mütterschelte« bei uns ein allgemein akzeptierter Sport ist, »was Bilder von sich reumütig Asche aufs Haupt streuenden Müttern heraufbeschwören, klagend und jammernd: ›Was hab ich falsch gemacht?‹«

Geht es darum, einer Mutter zu sagen, wie lausig sie ihren Job macht, dann ist jeder ein Experte, berichtet Lynn Caine[5]. Wo immer sich ein ungehorsames oder widerspenstiges Kind findet, werden der Mutter gewöhnlich die Schuld und/oder (zuweilen beleidigende) Ratschläge von der Schwiegermutter, den Großeltern, Tanten, kinderlosen Freundinnen, Kassiererinnen, Angestellten, Busfahrern, Nachbarn und Schutzleuten gegeben. Da sind die beiden wahrscheinlichsten Ratgeber noch gar nicht erwähnt: Ehemänner und andere Kinder. Auch Kindererziehungsexperten steigen in die Arena. »Die meisten Erziehungsexperten gehen davon aus, daß sich das Kind, wenn die Eltern das richtige Rezept anwenden, planmäßig entwickeln wird«, schreibt Caine. »Damit setzen sie nicht nur übertriebenes Vertrauen in die mögliche Perfektionierung von Kindern und Eltern, sondern auch in die Unfehlbarkeit von Erziehungsmethoden. Schriftliche und mündliche Ratschläge implizieren, daß wir, die Perfekten, perfekte Kinder produzieren, wenn wir den Instruktionen Folge leisten. Leider funktioniert das nicht so ganz. Und wenn dann die Desillusionierung einsetzt, wird der Mutter die Schuld für die Entwicklung ihres Kindes in die Schuhe geschoben.«

Die alleinerziehenden Mütter, die diese Kritik mit am wenigsten verdienen, kriegen üblicherweise am meisten ab, so Marzollo. »Da sie die Kindererziehung weitgehend allein übernehmen, wird ihnen auch der größte Teil der Schuld zugeschoben, wenn etwas schiefgeht.«

In Wahrheit ist es wichtig, keinem der beiden Elternteile die Schuld zuzuschieben, wenn ein Kind ein Problem hat. Für irgendwelche Schuldzuweisungen sind die Faktoren zu viele und zu komplex. Neben Mutter und Vater nehmen noch andere Faktoren Einfluß auf die Kinder wie »Geschwister, andere Bezugspersonen, der Platz in der Familie, Erbe, andere Verwandte, Freunde, Schule, körperliche Schwächen, Lernschwächen, Familieneinkommen, Gesundheit, Vorfälle, über die wir keine Kontrolle haben, und ganz einfach Glück«[6].

Seien Sie eine ausreichend gute Mutter

Was soll also eine Mutter tun, wenn sie zu denen gehört, die sich ständig für alles und jedes, was ihren Kindern geschieht, die Schuld gibt und sich grundsätzlich dafür verantwortlich fühlt, was aus diesen Kindern wird? Werden Sie eine »ausreichend gute« Mutter.

Eine »ausreichend gute« Mutter ist eine, die Fehler machen kann und trotzdem glückliche, gesunde und produktive Kinder großzieht, wenn sie ihnen so grundsätzliche Dinge zukommen läßt wie Liebe, Fürsorge, Aufmerksamkeit und Verständnis. Die »ausreichend gute« Mutter verläßt sich auf den gesunden Menschenverstand und vertraut, als ihre eigene beste Expertin, ihrem persönlichen Urteil bei der Kindererziehung. Sie gestattet ihren Kindern, sich ihrem eigenen Tempo gemäß zu entwickeln, und respektiert deren Urteil und Meinung.

Sollten Sie gerne eine »ausreichend gute« Mutter werden wollen, dann überdenken Sie diese Möglichkeiten:

1. Machen Sie sich klar, daß sie nicht auf die Tausende von Botschaften über das einzig wahre Mutterverhalten reagieren können, die Ihnen jedes Jahr wieder von der Gesellschaft übermittelt werden.

So schreibt Cathleen Collins: »Wo immer wir auch hinschauen, überall sind diese Zeitschriftenartikel, Bücher und sogar Gäste in

Talkshows, die uns erzählen, wie wir unseren Kindern bei der Förderung ihrer Talente in der Musik, im Sport, beim Lesen ... in geradezu allem behilflich sein können. Diese Informationen mögen zwar an sich hilfreich sein, tragen aber auch zum nagenden Gefühl bei, daß es eine Unzahl von Dingen gibt, die wir als Eltern absolut tun müssen.«[7]

Unsere Gesellschaft geht zwar heute in gewisser Hinsicht stark auf die Bedürfnisse von Kindern ein und setzt die Eltern einer Inflation an Botschaften aus, was sie zur Erziehung eines perfekten Kindes alles unternehmen sollten, aber das war nicht immer so. Historisch gesehen, ist die Mutterschaft als Ganztagsbeschäftigung und damit verbundenem Streß, unentwegt etwas für die Kinder zu tun, eine relativ neue Entwicklung. In ihrem Artikel *»Mother vs. Mother«* schreibt Karen Levine: »Unsere Urgroßmütter waren mit den Haushaltspflichten viel zu beschäftigt, um sich über das Gedanken zu machen, was die meisten von uns heute ... als Herz und Seele der Mutterschaft bezeichnen würden. Früher war es die Aufgabe der älteren Geschwister, selbst noch Kinder, sich um das Baby zu kümmern, da die Mütter damit beschäftigt waren, den Haushalt in Schwung zu halten.« Was die tatsächliche Zeit angeht, die sie ihren Kindern widmete, so fährt Levine fort, »läßt sich die Erfahrung einer voll beschäftigten Mutter vor zwei oder drei Generationen eher mit der der heutigen berufstätigen Mutter vergleichen als mit der vieler Frauen, die heute meinen, die Tradition ›echter‹ Mutterschaft fortzusetzen«. Die schwer arbeitende Mutter früherer Zeiten hatte allerdings einen Vorteil gegenüber der berufstätigen Mutter von heute. »Da damals in den Vereinigten Staaten noch keine psychologischen Theorien zur Mutterschaft und Kindererziehung entwickelt worden waren, waren diese Mütter nicht noch zusätzlich mit Schuldgefühlen belastet, die so viele berufstätige Mütter nun seit Ende des Zweiten Weltkriegs mit sich herumschleppen.«[8]

»In den letzten Jahrzehnten haben sich viele Frauen in einer Weise um die Bedürfnisse ihrer Kinder gekümmert, die unsere Urgroßmütter sehr erstaunt hätte«, schreibt Ellen Switzer. »Und mehr noch, sie haben das unter dem Beifall vieler psychologischer Experten, die einst in Mode waren, getan, die ihnen in Büchern und Artikeln beibrachten, daß Kinder die ungeteilte und fortwährende Aufmerksamkeit und Hingabe einer Mutter brauchen.«[9]

Die kulturelle Botschaft, daß Kinder fortwährend Aufmerksamkeit brauchen, und das Bombardement mit Tausenden von anderen kulturellen Botschaften durch die »sies« dieser Welt über richtige Kindererziehung und was dazu getan werden »sollte«, reichen aus, eine Frau in die Schizophrenie zu treiben, vor allem, wenn sie sich auch noch für alle damit einhergehenden Ermahnungen und Verbote verantwortlich fühlt, während sie sich an ihrem Arbeitsplatz aufhält.

Es gibt viele Möglichkeiten, Kinder zu liebevollen, kompetenten, selbstsicheren Männern und Frauen zu erziehen, betont Lee. Wir müssen herausfinden und bestimmen, was für uns und unsere Kinder am besten funktioniert. Wir müssen auch in uns selbst Vertrauen haben und selbst entscheiden, mit was wir unsere Kinder »vollfüllen« und »ausfüllen«. Und schließlich muß uns klar werden, daß wir keine Gummibänder sind, »die sich endlos ausdehnen lassen, um den Anforderungen jeglicher Situation gerecht zu werden – die überaus wichtigen Anforderungen der Kindererziehung eingeschlossen«[10].

Levine faßt das Thema in einem abschließenden Kommentar zusammen. »Das Leben ist für glatte Antworten und allumfassende Definitionen tatsächlich viel zu kompliziert… Angesichts der riesigen Palette an Erziehungsmethoden, die den Müttern zu dieser oder jener Zeit angetragen wurden, können wir alle sicher sein, daß es keinen einzig wahren Weg für die Mutter gibt. Vielmehr sollten Frauen gelernt haben, mißtrauisch zu sein, wenn ihnen irgendeine Methode als die einzig wahre und eine andere als absolut falsch eingetrichtert werden soll.«[11]

2. *Machen Sie sich klar, daß eine »ausreichend gute« Mutter unvollkommene Kinder hat – Kinder, die Probleme haben werden –, und das muß okay sein!*

»Selbst wenn Sie jeden Tag zu Hause blieben, Socken stopften,

Kuchen backten, die zerkratzten Knie Ihrer Kinder küßten, wäre Ihr und das Leben Ihrer Kinder immer noch nicht vollkommen – weil keine Mutter, kein Kind, kein Leben je vollkommen ist«, schreibt Antonia Van der Meer in ihrem Artikel »*Free Yourself!*« Und wenn Sie berufstätig sind, so betont sie, dann müssen sie sich darüber klar sein, daß die meisten Kindheitsprobleme nicht durch die Tatsache verursacht werden, daß Sie arbeiten. »Kinder haben schon seit Jahrhunderten Probleme in der Schule, Schwierigkeiten beim Lesenlernen, Auseinandersetzungen mit ihren Geschwistern, und ihren Eltern widersprochen. Es wäre ein Fehler, wenn Sie als Mutter diese Probleme der Tatsache zuschrieben, daß Sie arbeiten.«[12]

Die Schule ist ein Bereich, wo Mütter besonders schuldempfindlich sind, erklärt die Psychologin Carolee Lewin-Scheidman. Und was die Meinung der Lehrer angeht, sind berufstätige Mütter ganz besonders empfindlich. Begibt sich eine berufstätige Mutter zu einer Unterredung mit der Lehrerin oder dem Lehrer ihres Kindes, dann schreibt sie ganz normale Probleme direkt oder indirekt ih-

Berufstätige Mutter
© 1990, Mick Stevens in *Redbook Magazine*

rer Berufstätigkeit zu. Das Problem entsteht durch die Vermischung zweier verschiedener Dinge, so Lewin-Scheidman: »Johnnys Lehrer sagt Ihnen vielleicht, daß Ihr Sohn Schwierigkeiten hat, sich auf seine Arbeit zu konzentrieren, und macht dann eventuell einen Moment später eine Bemerkung über die Tatsache, daß Sie nicht jeden Tag um drei Uhr nachmittags für ihn da sind. Die Mutter hört den ersten Teil, hat das Gefühl, daß er stimmt, und akzeptiert somit auch den zweiten Teil... Aber Eltern und berufstätige Mütter ganz besonders müssen begreifen, daß jedes Kind in Johnnys Klasse dieses Jahr in irgendeinem Bereich Aufmerksamkeit braucht und an diesem Punkt besonders arbeiten muß.«[13]

3. *Denken Sie daran, daß Elternschaft eine sehr langfristige Angelegenheit ist.*

Wenn Sie sich damit herumquälen, ob Sie eine taugliche Mutter (oder ein tauglicher Vater) sind, dann denken Sie an die Bemerkung der Eheberaterin und Kolumnistin Brent Barlow: »Wir können letztlich nie beurteilen, wie wir uns als Eltern machen, denn in den letzten 20 Jahren des Lebens unseres Kindes werden wir nicht mehr da sein. Das Problem ist, daß Eltern irgendwann sterben. Wie können wir also wissen, was aus unseren Kindern letztlich wird?«[14]

Schauen Sie in dieser Hinsicht sich selbst und Ihre eigene fortlaufende Entwicklung an. Auch Sie wachsen noch auf die eine oder andere Weise, und Ihre Kinder werden das noch viele Jahre tun. Sie sind vielleicht dreißig oder vierzig Jahre älter als Ihre Kinder – alt genug, um das Leben aus umfassender Sicht zu betrachten. Ihre Kinder haben noch eine Reise vor sich, um zu Ihrer größeren Perspektive von der Welt zu gelangen. Sie können ihnen bei dieser Reise helfen. »Manche der besten Dinge, die Eltern für Kinder tun, passieren, nachdem diese das Nest verlassen haben«, betont Barlow.

Es ist also immer noch Zeit! Und Hoffnung! Ihre Kinder, wie Sie auch, sind immer noch am Wachsen!

Schuld, dieser nie versiegende Quell, schüttet großzügig seine

Wohltaten schließlich noch auf eine letzte Weise über Frauen aus. Wir kommen nun von der »ausreichend guten« Mutter zum Feiertags-Schuld-Syndrom.

Geben Sie das Feiertags-Schuld-Syndrom auf

Sie haben wahrscheinlich von PMS oder dem prämenstruellen Syndrom gehört, diese lausige Stimmung, die manche Frauen einmal im Monat überfällt. Aber haben Sie auch von PFS oder dem Präfeiertags-Syndrom gehört, ein Syndrom, das nicht durch Hormone, sondern durch Feiertage verursacht wird?

»PFS ist ein ernsthaftes nationales Problem, von dem viele Menschen, meistens weiblichen Geschlechts, jedes Jahr betroffen sind«, schreibt Jean Marzollo. »Symptome dieses Zustands treten schon im Juli auf, die meisten Fälle werden aber im Herbst registriert, wobei sie dann im Dezember um Weihnachten und Neujahr zu einem Höhepunkt gelangen.«[15]

»Wenn ich zum ersten Mal jemand sagen höre, daß es nur noch 25 oder so Einkaufstage bis Weihnachten sind, dann ist der Tag ruiniert«, klagt eine, die ganz offensichtlich von PFS befallen ist.

So eine Befallene ist nicht schwer auszumachen. Sie ist eine, unter ihren Schuldgefühlen dahinwankende, überbelastete Frau, die ständig tiefe Seufzer abläßt und stöhnt: »Ohhh, nein! Ich habe für Weihnachten schon *wieder* nicht alles beisammen.«

Für die meisten PFS-Leidenden sind die Feiertagsschuldgefühle ein voraussagbares, alljährlich wiederkehrendes Ereignis. Im November und Dezember wird eine ganz normal im Sauseschritt ihrer Tretmühle dahinrackernde Frau zur Wahnsinnigen in ausweglsloser Situation, die sich im Bemühen aufreibt, Weihnachten zu dem Superfest zu machen, das es bei Großmutter immer war.

Obwohl PFS meist unter Frauen anzutreffen ist, sind auch Männer davon betroffen – vor allem von dem Symptom, das Marzollo die Brieftaschen-Panik nennt. Und jeder Mann im Umfeld einer Frau, die gerade unter dem Symptom »zuviel zu tun« leidet, bekommt indirekt die Auswirkungen von PFS zu spüren, auch wenn er nicht direkt diese Krankheit hat.

PFS fordert einen nicht zu beziffernden Preis von vielen Frauen. »Es ist die Hölle, wenn du in dieser Zeit, in der die anderen juchzen und jubilieren, absolut *keine* gute Laune hast«, lamentiert die unter PFS leidende Pamela Redmond Satran. Sie schreibt: »Alles, was mit Weihnachten zu tun hat – vom Einpacken und Austausch der Geschenke bis zum Schmücken des Weihnachtsbaums –, soll Spaß machen.« Wenn nun eine Frau Ängste und Sorgen wegen der Festivitäten hat, dann befällt sie vermutlich das Schuldgefühl aller Schuldgefühle: Sie hat Schuldgefühle, weil sie Schuldgefühle hat.[16]

»Ich weiß, ich habe nicht die richtige Einstellung, vor allem, was die kleineren Kinder angeht, aber Weihnachten macht mich regelmäßig fertig«, gesteht eine Frau. »Ich besorge alle Geschenke, wickle alle Geschenke ein, sammle die ganzen Geschenkpapiere wieder auf, räume die Geschenke wieder weg und auf und später schmeiß ich sie oft genug weg. Und dann ist es wieder Weihnachten.«

»Ich quäle mich mit jeder Einzelheit herum, bis hin zum kleinsten Krimskrams«, erzählte eine andere. »Die Sorge, daß ich die Gefühle anderer verletzen könnte, verdirbt mir das ganze Weihnachten. Ich mache mir Sorgen, ob genügend Geschenke für jedes Kind da sind. Sind es auch die richtigen Geschenke? Ist das Geschenk für meine Schwiegermutter schön genug? Wird es ihr gefallen? Beleidige ich irgend jemand, weil er kein Geschenk bekommt? Schicke ich auch allen Weihnachtsgrüße, die uns welche schicken?«

Diese brennenden Fragen, die so viele PFS-Leidende quälen, rühren daher, daß sie sich absolut verantwortlich für Weihnachten und das Wohlbefinden der Leute fühlen, die, je nachdem, wie das Fest ausfällt, erfreut oder nicht erfreut sein werden. In dieser Zeit, so erklärt die Frau, »stehe ich so unter Streß, daß ich nur von zwei Gefühlen beherrscht bin: düsteren Vorahnungen vor Weihnachten und Erleichterung hinterher«.

Frauen obliegt in unserer Kultur traditionellerweise das Management der Feiertage. Der unbarmherzige Streß des Verantwortungsgefühls für alles kann ihr goldenes Herz schon etwas weniger golden werden lassen. »Alles, was ich von Weihnachten im nächsten Jahr will«, knurrt eine Frau, »ist *kein* Weihnachten.«

Sollte das doch etwas barsch in Ihren Ohren klingen und sagen Sie: »Moment mal, ich krieg kein PFS«, dann klopfen Sie sich auf die Schulter für Ihre gute Organisation und genießen Sie die Weihnachtszeit. Vielleicht könnten Sie – nächsten Juli oder so – Ihren Mitschwestern Nachhilfeunterricht geben, wie sie eine entspannte Weihnachtszeit hinkriegen.

Aber wenn Sie während der Feiertage chronischem Streß unterworfen sind und sich nicht mehr schuldig fühlen wollen, weil Ihnen das rechte Weihnachtshochgefühl abgeht, dann finden Sie hier ein paar Strategien, die Erleichterung bringen könnten und die Möglichkeit, die Feiertage sogar zu genießen.

1. Setzen Sie sich Mitte Oktober mit Ihrer Familie zusammen und bitten Sie sie um eine Beschreibung ihres Traums von Weihnachten. Was würde sie die »wahre Bedeutung von Weihnachten« erleben lassen? Welche Aktivitäten und Traditionen sind ihnen wichtig? Was würden sie als Familie besonders gern tun? Und am wichtigsten, welche Hilfe möchten sie anbieten, damit das alles möglich wird?[17]

Geben Sie Ihre Position als einzige Managerin der Weihnachtsfeiertage auf und machen Sie in aller Fröhlichkeit klar, daß sogar Frau Weihnachtsmann ihre Elfen hat. Lassen Sie die ganze Familie darüber diskutieren, wie dieses Jahr das Einkaufen, Kochen, Saubermachen, Verpacken und Verteilen von Geschenken vonstatten gehen soll.

2. Kommen Sie als Familie überein, daß von jetzt an jedes Jahr als Geschenk für Sie alle an Weihnachten die Familie im Mittelpunkt stehen soll. Treffen Sie dann alle anderen Entscheidungen in bezug auf Ihre zeitlichen Verpflichtungen und das Verteilen von Geschenken unter diesem Gesichtspunkt der Vorrangigkeit.

Kinder haben in der Weihnachtszeit sehr viel fundamentalere

Bedürfnisse als Geschenke, erklären Jo Robinson und Jean Staheli. Sie wollen Zeit mit Ihnen verbringen. »Die Eltern sind im Dezember oft mehr von ihren Kindern weg als in jedem anderen Monat des Jahres, da ihr Leben vollgestopft ist mit Einkäufen und gesellschaftlichen Ereignissen. Und sind sie zu Hause, dann sind sie oft mit Feiertagsangelegenheiten und Geldsorgen ausgelastet. Diese unentwegte Geschäftigkeit kann für Kinder den Dezember zu einem sehr einsamen Monat werden lassen. Auch wenn sie am 24. und 25. Dezember mit Geschenken und Zuneigung überhäuft werden, reicht diese kurzfristige Explosion an Zuwendung selten aus. Kinder brauchen das Gefühl einer stetigen, verläßlichen Liebe.«[18]

3. Verbinden Sie die stärkere Konzentration auf Familienaktivitäten und Tradition in dieser Zeit mit realistischen Geschenkerwartungen, was die Familienangehörigen angeht. Sie werden feststellen, daß eine Reduzierung der Geschenke leichter ist, als Sie erwartet haben, vor allem wenn den Bedürfnissen der Kinder auf andere Weise Rechnung getragen wird. Sprechen Sie auch mit anderen Verwandten über die Geschenkpraxis und, falls nötig, über eine Reduzierung.

4. Setzen Sie ein Budget für die Ausgaben fest und halten Sie sich daran. Sie brauchen kein kleines Vermögen auszugeben, um gute Eltern oder Eheleute zu sein. Vermeiden Sie es, die Größe oder Kosten des Geschenks mit Ihrer Liebe gleichzusetzen. Ein Geschenk ist ganz einfach genau das – ein Geschenk. Schenken Sie praktische Dinge, die Sie sich leisten können, und wenn Sie mehr geben möchten, dann versprechen Sie doch einfach, während des Jahres den Menschen, die Sie lieben, Ihre persönliche Zuwendung zu schenken.

5. Legen Sie eine großartige, extravagante Liste von allen Dingen an, die Sie von jetzt bis Weihnachten tun müssen, und halbieren Sie sie dann. Überlegen Sie, welche Abkürzungen Sie nehmen können – eine Menge Abkürzungen. Konzentrieren Sie sich, da Sie ohnehin nicht alles bewältigen können, darauf, das, was Sie am liebsten tun, auch gut zu machen. Denken Sie daran, daß Sie sich

nicht notwendigerweise zuviel aufhalsen, nicht unbedingt in Zeitnot und Panik geraten müssen. Es liegt an Ihnen. Reduzieren Sie also Ihren Aufwand, und behalten Sie die weihnachtlichen Aktivitäten bei, die für Sie eine Bedeutung haben und Ihnen wirklich Spaß machen.

6. Nehmen Sie die Feiertage nicht mehr so ernst. Es wird sich alles regeln. Hören sie auf, herumzuhetzen, sagen Sie »Fröhliche Weihnachten«, und werfen Sie einen lässigen Blick in die Schaufenster, während Sie unterwegs sind. Lachen und lächeln Sie mehr und genießen Sie, was immer Sie tun, ob Sie nun einkaufen, backen (auch mit den kleineren Kindern), den Baum schmücken, die Geschenke einpacken oder bereitlegen. Machen Sie aus allem, was Sie tun, eine angenehme, befriedigende Erfahrung, die für sich steht, (so genießen Kinder die Feiertage), statt alles als Bestandteil eines einzigen langen Weihnachtsdurchhaltetestes zu betrachten.

7. Geben Sie dieses Jahr Ihr Schuldfestival auf. Vergessen Sie alle Ihre »sollte« und »müßte« und tun Sie die Dinge, die Sinn ergeben und den Druck erträglich halten.

Denken Sie daran, daß es keine richtige Weise gibt, die Festtage zu feiern. Gestalten Sie diese Zeit nach Ihren eigenen Wünschen, Wertvorstellungen und nach den Bedürfnissen Ihrer Familie. Wenn Sie nur ein paar Stunden vor den Feiertagen nachdenken, können Sie diese Zeit in den Griff bekommen und zu einem Erlebnis machen, das Ihnen und Ihrer Familie wirklich Freude bereitet.

KAPITEL 4

Die Gefällige

Es gibt in dieser Welt eine als »Applausitis« bekannte Krankheit, unter der all jene leiden, die die Genehmigung anderer brauchen, um sich mit sich selbst wohl zu fühlen. Bei weitem verbreiteter als die gewöhnliche Erkältung fordert sie einen schrecklichen Preis von ihren Opfern, welche sich aus Angst vor Mißbilligung chronisch des eigenständigen Handelns enthalten. Bar jeglichen Selbstvertrauens suchen Sie unentwegt bei anderen Zustimmung für ihr Denken, Fühlen und Verhalten, und verweigern ihnen diese ihre Zustimmung, dann zerbröseln sie.

Wesentlicher Teil der Applausitis ist das exzessive Bedürfnis, gefällig oder entgegenkommend zu sein. Ordnungsgemäßes entgegenkommendes Verhalten impliziert zum Beispiel, daß man, »von zwei Kaugummis dem Freund einen abgibt, dem Begleiter oder der Begleiterin den besseren Sitz im Kino überläßt oder vor einer Tür ›nach Ihnen‹ sagt«, erklärt George Bach in seinem Buch.[1]

Allerdings legen manche eine falsche Art des entgegenkommenden Verhaltens an den Tag, da es sich nicht auf guten Willen, sondern auf Angst vor Konflikten gründet, erläutert er weiter. Diese gezwungene Nachgiebigkeit führt bei den ewig Beifall-Heischenden zu Streß, weil sie einen höheren Preis bezahlen müssen, als sie möchten. Nein sagen ist allerdings keine Möglichkeit für sie aus Angst vor noch größerem Streß oder sogar offenem Konflikt.

Frauen fallen der Applausitis leicht anheim, da sie schon früh dazu erzogen wurden, ihren Wert mit Lieben und Geliebtwerden gleichzusetzen – und mit einem gefälligen Verhalten. Daß Frauen gefällig sein möchten, ist an sich nicht das Problem. Auch nicht, daß ihnen die Erfüllung der Bedürfnisse anderer Befriedigung verschafft. Das Problem liegt woanders. Erstens opfert sich eine Frau, der beigebracht wurde, sich um ihren Mann und ihre Kinder zu kümmern und stellvertretend aus deren Leistungen und Erfolgen Befriedigung zu ziehen, möglicherweise ganz und gar für andere auf, um sich dann leer und betrogen zu fühlen, wenn die Kinder erwachsen und aus dem Haus sind und der Mann die »Leere« nicht ausfüllt, die ihrem Gefühl nach durch den Rollenverlust entstanden ist. Sie kommt »möglicherweise zur bitteren Einsicht, daß ihre Rolle nicht ausreicht für ein ganzes Leben«[2].

Zweitens setzt sie unter Umständen alles auf eine Karte. Sie muß gefällig sein oder ist, wie sich eine Frau ausdrückte, »auf ein Nichts reduziert« – sie ist wertlos. Ihr inneres Selbstwertgefühl hängt von der Wertschätzung oder Zustimmung anderer Menschen ab, und alles, was auch nur im geringsten auf Mißbilligung deutet, kann sich katastrophal auswirken, weil damit ihre ganze Existenz in Frage gestellt ist. Viele Frauen gehen tatsächlich sehr weit, um sich keiner Mißbilligung auszusetzen, lassen die Berechtigung ihrer eigenen Bedürfnisse nicht gelten und geben beim geringsten Druck nach, um den Konflikt zugunsten von jemand anders zu lösen.

Frauen sind, wenn aus dem Gleichgewicht geraten und von der Bestätigung der Außenwelt abhängig, durch die Launen und Grillen anderer Menschen und durch Begebenheiten, die sich ihrer Kontrolle entziehen, extrem verwundbar. Agieren sie nach dem Strukturprinzip: »Werde ich nicht bestätigt, dann bin ich wohl nicht liebenswert«, dann geraten sie ins Schleudern, ebenfalls, wenn sie negative Botschaften aus ihrer Umwelt auffangen oder der erwartete Beifall – den sie sich doch so hart verdient haben – ausbleibt.

Die herbe Wirklichkeit aber sieht so aus, daß zwischen »gut« und »gefällig« sein und dem Erhalt einer Fülle unendlicher Beifallskundgebungen keine direkte Beziehung besteht. Bestenfalls lassen ihr andere nur ab und zu etwas Belohnung zukommen. Mißbilligung oder Mangel an Zustimmung aktivieren in der Frau ihre schlimmsten Ängste: Sie wird jemanden enttäuschen, den sie liebt, jemand wird zum Schluß kommen, daß sie nichts taugt, jemand wird sie nicht mehr lieben. Für manche Frauen gibt es keine schrecklichere Bedrohung als den Verlust von Liebe oder Bestätigung. Die vielen Frauen, die so übermäßig damit beschäftigt sind, anderen gefällig zu sein, zahlen einen hohen Preis. Die Tatsache, daß sie unentwegt damit befaßt sind, zu erahnen, wie sie sein und handeln sollten, um keine Mißbilligung zu provozieren (oder zu ihrer Bestätigung zu kommen), beeinflußt stark ihr Selbstgefühl.

Fürsorgerinnen und Selbstgefühl

Zur Illustration dessen, was mit Frauen passiert, die sich in ihren Beziehungen verlieren und kein starkes Selbstgefühl oder Selbstbewußtsein entwickeln, bedient sich eine Fürsorgerin der Geschichte von Peter Pan. »Im Film *Peter Pan* kommt eine Hündin vor, an die sich die meisten Leute gar nicht erinnern. Sie heißt Nana, und sie ist die ›Fürsorgerin‹«, erzählt sie. »Nana kümmert sich um die Kinder, macht die Betten, gibt ihnen ihre Medizin – tut alles für sie. Alle treten auf ihr herum, aber sie sagt nie ein Wort.

Am Anfang der Geschichte ist der Vater wütend, weil er seine Manschettenknöpfe nicht finden kann, und stolpert über Nana, die versucht, das umkippende Arzneifläschchen eines der Kinder zu retten. Sie ist bemüht zu helfen und eine gute Fürsorgerin zu sein. Und über wen ist der Vater wütend, als er über sie stolpert? Natürlich über Nana! Er bringt sie nach unten, um sie draußen an die Leine zu binden. Da sitzt sie nun und sieht zu, wie er hektisch nach der Leine sucht – die sie im Maul hält.

Dann kommt Peter Pan und bestreut die Kinder mit Elfenstaub, damit sie alle davonfliegen können. Klein-Michael, der Jüngste, sieht Nana da sitzen und holt die Fee Tinkerbell herbei. Und Tinkerbell bestreut Nana mit Feenstaub, damit auch sie fliegen kann, aber sie kommt nicht weit, weil sie ja an die Leine gebunden ist. Sie hatte zugelassen, daß man sie anbindet.«

Nana befindet sich in der typischen Situation vieler Frauen. »Wie Nana«, so sagt die Fürsorgerin, »verbringen wir unser Leben oft mit der Erfüllung der Erwartungen anderer und sind ständig bemüht, allen zu gefallen. Unser Hauptziel im Leben besteht darin, gut zu sein, zu Lasten der Entwicklung unserer eigenen Persönlichkeit. Und dafür bezahlen wir am Ende vielleicht, wie Nana, einen hohen Preis.«

Es gibt ein ganzes Spektrum an Variationen, was die Entwicklung des Selbstgefühls bei Frauen angeht, eine Qualität, die ein starkes Gefühl von Einzigartigkeit und Gesondertheit in Verbindung mit einer hohen Selbstachtung impliziert.

Am einen Ende des Spektrums haben wir die Frau, die eine klare Vorstellung davon hat, wer sie ist, wo sie steht, was sie will und was für sie akzeptabel ist und was nicht. Sie steht für das ein, was sie ist, ohne Furcht oder Rechtfertigung. Sie kann anderen frei und großzügig geben, reserviert aber einen Teil von sich für sich selbst. Die Bestätigung ihres Wertes und ihrer »guten Qualitäten« findet sie im allgemeinen in ihrem Innern, und ihr klares Selbstgefühl wird nicht durch die launischen Stimmungen und Meinungen ihrer Umwelt angekratzt.

Am anderen Ende des Spektrums haben wir die Frau, die ihr eigenes Persönlichkeitsbewußtsein der Anpassung an die Wünsche und Erwartungen anderer opfert. In der Tat geht sie dermaßen in anderen auf, daß sie sich selbst aus dem Blickfeld verliert. Unter dem Druck anderer Menschen läßt sie zu viel mit sich machen, gibt sie zu viel von ihrer Persönlichkeit auf. Sie verbringt zu viel Zeit mit dem Analysieren des Verhaltens anderer und dem Versuch, die richtige Reaktion gedanklich vorwegzunehmen, die Reaktion, die Zustimmung und nicht Mißbilligung hervorruft. Und zu viele ihrer Emotionen sind in einen endlosen Kreislauf von Verletztheit, Wut und Schuldgefühl eingebunden, wenn sie dann Reaktionen erfährt, die nicht ihr »gutes Wesen« oder ihre positive Absicht bestätigen.

Wo in diesem Spektrum würden Sie sich in puncto eines klaren, gut ausgebildeten und stabilen Selbstgefühls ansiedeln? Beantworten Sie die folgenden Fragen, die Ihnen bei der Auseinandersetzung mit diesem Thema behilflich sein können. Sie drehen sich um den Aspekt des Gefälligseins, der, im Übermaß ausagiert, den Kernbereich eines unterentwickelten Selbst berührt.

- Glauben Sie im allgemeinen im Unrecht zu sein, wenn Sie jemandem begegnen, der eine andere Meinung vertritt als Sie?
- Sind Sie am Boden zerstört, wenn Sie jemandem mißfallen? Brauchen Sie für Ihre Ansichten und Entscheidungen die Bestätigung anderer?
- Entschuldigen Sie sich beim geringsten Anlaß? Setzen Sie sich ständig selbst mit Äußerungen herab wie (»Ich bin völlig unattraktiv, unsportlich, unfähig, uninformiert«)?
- Glauben Sie, daß die meisten Menschen besser sind als Sie?
- Hängt Ihr Gefühl, kompetent und liebenswert zu sein, in jedem Moment davon ab, daß Sie bei jemand anders »in Gunsten« stehen?
- Achten Sie sorgfältig darauf, nicht mit anderen Leuten aneinanderzugeraten oder sich Ihren Ärger nicht anmerken zu lassen?
- Glauben Sie, es allen Leuten recht machen zu können, wenn Sie sich nur stark genug darum bemühen?

Zählen Sie jetzt Ihre Ja-Antworten zusammen und deuten Sie Ihr Ergebnis:

0–1	Sie sind aus dem Schneider
2	Sie könnten als »Gefällige« in Betracht kommen
3	Sie stehen definitiv unter Verdacht
4 oder mehr	Sie sind eine »Gefällige« und brauchen Hilfe

Je mehr Fragen Sie mit ja beantwortet haben, desto wahrscheinlicher ist es, daß Ihr Selbstgefühl reperaturbedürftig ist oder aufgepäppelt werden muß. Sie haben die Möglichkeit, sofort mit dem »Aufbau« zu beginnen, indem Sie analysieren, wie Sie mit Mißbilligung umgehen – unser nächstes Thema.

Der Umgang mit Mißbilligung

Die meisten Frauen zucken schon beim Gedanken an Mißbilligung zusammen und gehen sehr weit, um dieser Gefahr vorzubeugen, wie eine Frau an ihrem Beispiel demonstriert: »Ich hatte mich selbst aus meinem Wagen ausgesperrt und zögerte, meinen Mann anzurufen und ihn um Hilfe zu bitten, weil er ziemlich weit weg war und sich ärgern würde, wenn er herkommen und mir aus der Patsche helfen müßte. Ich hatte aber praktisch keine andere Wahl und rief ihn schließlich an. Dann entdeckte ich, daß eine der Wagentüren unverschlossen war. Mein Mann hatte das Büro schon verlassen, da tat ich das einzige, was mir blieb, um einem doppelten Tadel zu entgehen – ich drückte die Verriegelung nach unten und sperrte zu!«

Eine solche Frau hat auch eine sehr feine Antenne, die sie jeden Anflug von Mißbilligung oder Verärgerung bei anderen sofort registrieren läßt. Selbst die leiseste Andeutung des Gedankens bei jemand anderem, es könnte mit ihr etwas »nicht ganz in Ordnung« sein oder sie »erledige ihren Job nicht«, kann sie in tiefe Verzweiflung oder Depression stürzen.

Reagieren Sie hypersensibel auf negative Signale von anderen? Stellen Sie sich als Einstieg in dieses Thema folgende Szene vor: Sie kommen in einem Gang an einem Freund oder Kollegen vorbei, der Sie nicht zur Kenntnis nimmt. Was denken Sie sofort? Die meisten Frauen geben Antworten wie diese:

- Er mag mich nicht, (oder) er ist wütend auf mich.
- Was hab ich getan, um ihn zu kränken?
- Was stimmt mit *mir* nicht?

Frauen neigen automatisch zur Annahme, daß das Problem bei ihnen, nicht bei anderen liegt. Überdenken Sie die folgenden beiden Situationen, wie sie von zwei Frauen berichtet wurden:

»Meine Nachbarin sagte, sie müsse unbedingt mit mir sprechen, weil alle in der Nachbarschaft erzählten, ich zahlte meinem Babysitter zu wenig. Ich habe tagelang deswegen geheult. Ich konnte es nicht fassen, daß ich ein derart nichtswürdiges menschliches Wesen bin und nicht gemerkt habe, daß ich meinem Babysitter mehr hätte zahlen sollen.«

»Ich tat einer Freundin einen Gefallen und kümmerte mich um die Ausrichtung ihrer Hochzeitsfeier. Hinter der Hochzeitstafel schuf ich ein wunderschönes Arrangement mit einem mit Blumen drapierten schmiedeeisernen Gitter. Mitten drin steckte ein mechanischer Vogel, der ständig vor sich hinzirpte – es war immer derselbe Ton. Die Feier war schon halb vorbei, da kam der Vater der Braut auf mich zugeschossen und fragte: ›Wo ist dieser vermaledeite Piepsvogel?‹ Ich schaute hin und sah, daß der Vogel direkt hinter seinem Stuhl plaziert war. Es brach mir fast das Herz! Da hatte ich mein Bestes getan, um ein, wie ich fand, wunderschönes Ambiente zu schaffen, und dann hatte ich diesen Leuten mehr Unannehmlichkeiten als Freude bereitet!«

In beiden Fällen plumpste das Selbstwertgefühl der Frau in den Keller, als man ihr Urteilsvermögen in Frage stellte. Im Fall der Frau, die an einem sie ignorierenden Kollegen vorbeikam, war noch nicht einmal das geringste Anzeichen von Mißbilligung zu entdecken – es blieb lediglich die erwartete Reaktion aus. Doch selbst ein so vieldeutiger Anhaltspunkt wie hier kann schon Minderwertigkeitsgefühle auslösen. Im Grunde glaubt die Frau, die Gedanken anderer lesen zu können, und bildet sich auf der Grundlage sehr vager Informationen ein Urteil über deren Verhalten und Absichten. Dann verhält sie sich so, als sei ihre Wahrnehmung unbedingt korrekt.

In ihrer Verletzlichkeit haben viele Frauen das Gefühl, ständig von anderen beurteilt zu werden. »Ja, bei mir ist das so, das weiß ich«, sagt eine. »Wenn ich mich in einer Gruppe aufhalte und die Leute mich nicht auf eine bestimmte Weise anschauen, sich nicht interessiert zeigen oder lächeln, dann schließe ich daraus, daß sie mich nicht mögen oder nicht kennenlernen wollen. Dann gehe ich ihnen aus dem Weg.«

»Mir geht es auch so«, erzählt eine andere. »Wenn ich mit jemandem rede und noch nicht mal groß drüber nachdenke, was ich da rede, denke ich oft: *Sag ich das Richtige zu ihr? Mach ich mich verständlich? Sag ich das, damit sie mich mag? Bin ich zu kritisch? Bin ich dies oder das?* Ich gehe diese ganze Computercheckliste in meinem Kopf durch und versuche sicherzugehen, daß ich für sie eine sympathische Person bin. Das ist eine Menge Arbeit!

Ist die Unterhaltung dann beendet, bin ich aber noch nicht fertig. Ich verabschiede mich und denke: *Hält sie mich für dumm? Mag sie mich? Hab ich alles richtig gemacht? Hält sie mich für chaotisch? Meint sie, ich hätte all diese Kinder haben sollen?*

Und was sind das für Menschen, mit denen ich mich unterhalte? Sind es Menschen, die nach dem Gespräch mit mir nur den einen Gedanken haben: *Mein Gott, bin ich hungrig!* Wir glauben, daß sich diese Leute auf uns konzentrieren, daß sie interessiert sind. Aber das sind sie in Wirklichkeit gar nicht.«

Diese Frau trifft ins Schwarze. Meistens sind die Leute nicht mit anderen Personen beschäftigt oder damit, sie oder ihre Mängel abzuqualifizieren. Die kleinen Fehler, die Ihnen Ihrer Meinung nach unterlaufen sind, werden meist gar nicht bemerkt. So berichtet zum Beispiel eine junge Frau: »Einmal habe ich auf einer Party was gesagt, das ich hinterher bereute. Es waren wahrscheinlich nur ein oder zwei Sätze, aber ich habe mich tagelang damit rumgequält und konnte es einfach nicht aus meinem System kriegen, bis ich mich bei der betreffenden Person entschuldigt hatte. Was mich aber schockiert hat, war die Tatsache, daß sie sich nicht mal an meine Bemerkung erinnern konnte!«

Zu diesem ewigen Bemühen vieler, herauszufinden, was andere über sie denken, meint eine Frau: »Um ehrlich zu sein, muß sich in den meisten von uns schon ein gewisses Maß an Egozentrik finden, wenn wir uns in diesem Ausmaß beobachtet, kritisiert und beurteilt fühlen!« Und eine andere meint dazu: »Wir täten gut daran, uns an die Worte eines Weisen zu erinnern, der sagte: ›Wenn du 20 bist, machst du dir Sorgen, was jedermann über dich denkt. Wenn du 40 bist, kommst du zum Schluß, daß es dir egal ist, was jedermann über dich denkt. Und wenn du 60 bist, merkst du, daß ›jedermann‹ gar nichts über dich denkt.‹«

Was die ganze Sache noch komplizierter macht, ist die Tatsache, daß Frauen in einem Meer der Stimmungsschwankenden leben – Menschen, deren Stimmungen dauernd wechseln. (Dazu gehören Sie übrigens auch!)

Der Konfrontation mit Mißbilligung können Sie also gar nicht entgehen. Sie gehört zum menschlichen Wesen. Sie wird immer da sein, im Hintergrund Ihres Lebens lauern und zuschlagen, wenn Sie es am wenigsten erwarten. Und deshalb möchten Sie vielleicht, falls sie an Applausitis leiden, ihre Einstellung zu diesem Thema völlig revidieren. Und dazu finden Sie hier einige bedenkenswerte Prinzipien.

1. *Wut und Mißbilligung werden Sie nicht umbringen.*

Ihre Ängste oder Gefühle, »auf ein Nichts« reduziert zu werden, wenn jemand auf Sie wütend ist oder Sie zurückweist, stammen wahrscheinlich aus Ihrer Kindheit und Konfrontation mit den Riesen dieser Welt, wie Sam Keen es nennt: »Jedes Kind kommt in eine Welt, die bereits von Riesen bevölkert ist – Mütter, Väter, Erwachsene. Die Riesen scheinen gottgleich zu sein, denn sie wissen, was wir wollen, bevor wir noch fragen, und sie verfügen über die grenzenlose Macht, uns zu erfreuen oder zu bestrafen. Sie scheinen unsere Gedanken lesen zu können. Wenn wir ihnen Freude machen, belohnen sie uns mit einem Lächeln und Bestätigung. Wenn nicht, dann werden wir ignoriert oder bestraft und haben Angst, daß wir von ihnen verlassen werden könnten.«[3]

Jetzt, da Sie erwachsen sind (und Ihrerseits den Kindern in Ihrer Umwelt als Riese erscheinen), existieren diese Riesen nur noch in Ihrem Kopf. Sie können keine Kontrolle mehr über Sie ausüben (außer Sie lassen dies zu). Aber Sie betrachten die Welt vielleicht noch immer mit den Augen eines Kindes, fühlen sich klein und hilflos, wenn Sie mit Ärger und Ablehnung konfrontiert werden, ohne sich klar zu machen, daß die Menschen, denen Sie soviel Macht übertragen haben, keine Überlebensbedeutung mehr für Sie haben. Sie realisieren nicht, daß Sie jetzt selbst ein Riese sind und die Wahl haben, welche Gefühle Sie in solchen Situationen in sich aufkommen lassen wollen.

Dieses neue Bewußtsein über die eigene Macht drückt sich auf entzückende Weise in der Bemerkung eines jugendlichen Footballspielers aus, der seine Mutter in die Luft stemmte und meinte: »Ich wollte, ich hätte als kleines Kind schon gewußt, was für ein Winzling du bist.«

Sie haben Wut und Ablehnung noch *immer* überlebt. Und werden es auch weiterhin tun. Aber Sie werden möglicherweise, wenn Sie sich die hier vorgestellten Prinzipien zueigen machen, die negative Haltung anderer ein wenig eleganter überleben – vielleicht ohne die Ängste und Minderwertigkeitsgefühle, die Sie in der Vergangenheit so ungebeten überwältigt haben. Vielleicht müssen Sie sich ab und zu daran erinnern, daß Sie jetzt selbst ein Riese sind und mit allen anderen Erwachsenen dieser Welt auf gleichem Fuße stehen. Und daß Ärger oder Wut nicht töten. Und sich wieder legen. Und daß Sie Ihre eigene Gefühlslage in den Griff bekommen können, wenn jemandem Ihr Tun zufällig nicht gefällt. Eventuell zahlt es sich sogar für Sie aus, wenn Sie auf Mißbilligung mit Gelassenheit reagieren, wie bei dieser Frau, die ständig unter den oft unvorhersehbaren Wutanfällen ihrer Mutter litt. Sie lernte, sich gegen diese Wut zu wappnen, indem sie einfach dachte: »Was soll's, sie wird mich entweder ewig hassen oder da wieder rauskommen.« Und tatsächlich, ihre Mutter kam immer »da wieder raus«.

2. *Wut und Ablehnung der Leute haben mit deren Entscheidungen zu tun, nicht mit den Ihren.*

Andere Menschen sind für ihre Wut selbst verantwortlich und treffen in jedem gegebenen Moment drei grundsätzliche Entscheidungen: Ob sie wütend werden wollen oder nicht; ob sie wütend bleiben wollen oder nicht; und ob sie ihre Wut destruktiv äußern wollen oder nicht. Dasselbe gilt auch für Mißbilligung oder Ablehnung. Unter zehn Leuten werden keine zwei auf genau dieselbe Art und Weise auf etwas reagieren, das Sie gesagt oder getan haben. Das Urteil der Menschen hat mit ihren Erfahrungen und ihrem Hintergrund zu tun und nicht damit, ob Sie eine akzeptable Person sind. Eine wütende oder mißbilligende Reaktion hat mit der Kindheitsprogrammierung der anderen Person zu tun, mit ihrer Art, Wut zu äußern, mit ihrer momentanen Stimmung und mit einem Dutzend anderer Faktoren, die sich Ihrer Kontrolle entziehen. Schauen Sie sich die Berichte von vier Frauen und die unterschiedlichen Gründe an, aus denen Leute sich aufregen oder unangenehm werden, Gründe, die primär mit ihnen und nichts mit der anderen Person zu tun haben:

»Einmal nahm ich bei der Arbeit einen Anruf von einer Dame entgegen, die ausgesprochen feindselig war. Ich entschuldigte mich für einen Moment, legte den Hörer beiseite und fragte mich, warum sie wohl so wütend war. Dann nahm ich den Hörer wieder auf, und sie sagte: ›Richten Sie soundso aus, daß mein Mann vor drei Tagen gestorben ist.‹«

»Neulich hatte ich einen Termin beim Dermatologen, und als ich bei ihm ankam, war ich so wütend auf den Automechaniker, der mein Auto nicht ordentlich repariert hatte, daß ich den Arzt anfauchte, weil er meine Hauptprobleme nicht in den Griff bekam.«

»Ich bin Lehrerin, und eines Tages platzte einer meiner Schülerinnen der Kragen. Sie schrie mich an, verließ das Klassenzimmer und knallte die Tür hinter sich zu. Am nächsten Tag erzählte sie mir, sie hätte sich vor zwei Abenden betrunken, und ihre Mutter hätte sie am nächsten Tag nicht in die Schule gehen lassen und den ganzen Tag auf ihr herumgehackt. Sie war einfach nur völlig durcheinander gewesen.«

»Meine Chefin war den ganzen Tag über knatschig. Und ich fragte mich den ganzen Tag über, was ich wohl falsch gemacht hatte. Nach der Arbeit verließ sie den Laden, kam aber zurück, als sie merkte, daß sie sich aus ihrem Wagen ausgesperrt hatte. Danach fing sie ein Gespräch mit mir an, und ich fand heraus, daß sie sich nicht wohl fühlte, daß ihr Enkel ernsthaft krank war und auf der Intensivstation der Kinderklinik lag. Schließlich fragte sie mich: ›Margaret, fühlst du dich nicht manchmal auch wie ein Unglücksrabe?‹ Es hatte also gar nicht an mir gelegen.«

Es ist einfach so, daß Menschen aus unzähligen Gründen bei anderen Streß und Ärger ablassen, Gründe, die bei ihnen und niemandem sonst liegen. Ziehen Sie die Wut oder Verärgerung eines anderen Menschen auf sich, dann vielleicht nur deshalb, weil Sie ihm in die Quere und als Blitzableiter gerade recht kamen. Schlimmstenfalls haben Sie tatsächlich einen Fehler gemacht, oder Ihnen ist ein Irrtum unterlaufen. Und trotzdem hat die andere Person nach wie vor die Wahl: Sie kann sich dazu entscheiden, mit Ihnen auf konstruktive Weise zusammenzuarbeiten, oder aber beschließen, ihre Wut abzulassen oder sich irgendwie anders destruktiv zu verhalten.

3. *Überlegen Sie sich Erklärungen für das Verhalten der Leute, die mit ihnen und nichts mit Ihrer Person zu tun haben.*

Hier können Sie zum Beispiel nach folgendem Prinzip vorgehen: Stellen Sie sich vor, Sie fahren auf der Autobahn und halten sich an das Tempolimit, während ein anderer Wagen an Ihnen vorbeirast und in Sekundenschnelle auch schon außer Sichtweite ist. Sie und Ihre Freunde spekulieren nun zum Spaß über die Gründe für seine Eile.[4]

- Er saust zum Krankenhaus, weil jemand einen Unfall hatte (oder seine Frau ein Baby bekommt).
- Er hat einen wichtigen Termin und ist schon spät dran.
- Er sammelt als Hobby Strafmandate für Geschwindigkeitsübertretungen.
- Er hat einen Krampf im rechten Fuß.
- Er fühlt sich wichtig, wenn er so rast.
- Er übt sich als Rennfahrer.
- Er hat gerade eine Lebensversicherung abgeschlossen und probiert sie aus.
- Er hat gerade eine Bank überfallen.
- Die Polizei ist hinter ihm her.
- Er ist total begeistert und will sehen, wie schnell sein neuer Wagen ist.

Für Sie und Ihre Freunde war es nur ein Spiel, doch dabei haben Sie eine bestimmte Situation unter vielen Blickwinkeln betrachtet. Tatsächlich haben Sie eine im realen Leben unendlich wertvolle Fähigkeit eingesetzt, nämlich die Entwicklung alternativer Wahrnehmungsmöglichkeiten.

Bedienen Sie sich jetzt dieser Gabe. Sagen wir, Sie lassen sich auf ein Risiko ein – Sie gehen auf eine Ihnen unbekannte Person zu, und diese reagiert sehr kühl. Ihre erste Reaktion bestünde vermutlich in der Schlußfolgerung, daß sie Sie nicht mag. Dann erholen Sie sich von Ihrer Demütigung, halten einen Moment inne und lassen sich andere Erklärungen einfallen.

- Vielleicht ist sie in ungewohnten Situationen schüchtern und weiß nicht, was sie sagen soll.
- Vielleicht ist sie mit anderen Dingen beschäftigt und merkt gar nicht, daß sich jemand an sie wendet.
- Vielleicht hat sie einen schlechten Tag und mag sich nicht mit anderen Leuten befassen.
- Vielleicht haben Sie sie durch irgend etwas gekränkt. In diesem Fall wäre das *ihr* Problem. Sie haben in guter Absicht gehandelt.

Obwohl sich eine gegebene Situation auf vielfache Weise interpretieren läßt, wird Ihre Deutung darüber bestimmen, wie sich die Angelegenheit auf Sie auswirkt. Halten Sie im Falle dieses Beispiels an Ihrer ersten Schlußfolgerung fest, nämlich, daß diese Person Sie ablehnt, dann fühlen Sie sich unter Umständen verletzt und sind niedergeschlagen. Erweitern Sie aber Ihre Perspektive und ziehen Sie andere Erklärungen in Betracht, dann können Sie sich für die entscheiden, die Ihnen am sinnvollsten erscheint. So haben Sie die Interpretation der Situation unter Kontrolle – und Ihre Stimmung.

4. *Es gibt in dieser Welt keine Menschen, die höhere Wesen sind. Es gibt nur Menschen, die anders sind als Sie – nicht besser.*

Sie können Beziehungen entweder auf einer horizontalen oder einer vertikalen Ebene sehen. Gehen Sie von der vertikalen Ebene aus, dann werden Sie andere Wesen in ihrem Wert entweder als über oder unter Ihnen stehend einstufen. Eine unter Applausitis leidende Frau bedient sich der vertikalen Ebene. Und wird sie mit Mißbilligung konfrontiert, denkt sie automatisch: »Wenn mich diese Person für schlecht hält, dann *bin* ich schlecht«, oder »Wenn diese Person sagt, daß das so ist, dann muß es so sein.« Ihre Einstellung beinhaltet im Kern: »Deine Sicht von mir ist sehr viel wichtiger als meine Meinung über mich selbst. Du bist die höchste Quelle – der Kern aller Weisheit –, und deine Ansicht über mich ist unanfechtbar. Du hast immer recht, und wenn ich dir mißfalle, mindert das meinen Wert.«

Wenn Sie hingegen Beziehungen auf der horizontalen Ebene betrachten, dann schätzen Sie Menschen als anders, aber gleichwertig ein. Aus dieser Perspektive gesehen, hat jede Person ein Recht auf ihren eigenen Standpunkt, ganz einfache Vorlieben eingeschlossen. Ficht jemand Ihren Standpunkt an, so sagen Sie vielleicht nur: »Mir ist klar, daß wir verschieden sind und beide ein Recht auf unsere jeweilige Ansicht haben: Meine Meinung ist...« Genauso hat jemand, der Ihr Verhalten mißbilligt, oder Schrecken aller Schrecken, Ihren Wert in Frage stellt, ein Recht auf seine Meinung, aber mehr ist es auch nicht – eine Meinung (und eine armselige dazu!).

Eine Frau berichtet von einem Vorfall, den sie auf der horizontalen Ebene beurteilte: »Ich hatte die Verantwortung für ein Dinner zu Ehren von zwei Personen, die aus einer Organisation ausschieden. Es war ein sehr bewegendes Ereignis, an dem viele Leute teilnahmen. Am nächsten Tag erfuhr ich, daß eine Frau, die schon vor acht Monaten diese Organisation verlassen hatte, der Ansicht war, daß auch ihr eine Ehrung zugestanden hätte. Früher hätte ich das Gefühl gehabt, diese Frau durch meine Nachlässigkeit verletzt zu haben, und wäre entsetzt gewesen. Ich hätte gedacht, dies sei eindeutig mein Fehler gewesen – ich hätte etwas falsch gemacht –, und ich sei untauglich. Jetzt aber empfand ich Mitgefühl für sie. Ich dachte: ›Ist es nicht schade, daß sie auf Grund ihrer Programmierung meint, keine gute Arbeit geleistet zu haben, wenn die Leute ihr keine Anerkennung zollen.‹ Ich hätte ihr gern zu diesem Thema ein paar Artikel und ein Buch überreicht!«

5. *Betrachten Sie sich als ein von anderen gesondertes Wesen, das zudem für seine Stimmungen verantwortlich ist.*

Sie existieren als einzelnes, von anderen gesondertes Wesen. Da gibt es kein gemeinsames Gehirn, keinen Lebensfaden, der

Ihre mit den Stimmungen anderer verknüpft, keine Knöpfe, auf die andere drücken können, um in Ihnen Wut und Frustration auszulösen. Das bedeutet, daß Sie und niemand anders für Ihre Stimmungen verantwortlich ist.

Der Kolumnist Sidney Harris illustriert diesen Punkt mit einer Anekdote aus seinem Leben. Er war mit einem Freund unterwegs, der an einem Zeitungskiosk anhielt und eine Zeitung kaufte. Der Freund bedankte sich beim Verkäufer, der aber kühl blieb und schwieg. »Was für ein trübseliger Bursche«, bemerkte Harris.

»Oh, der ist jeden Abend so«, erwiderte der Freund.

»Warum bist du dann immer so höflich?« wollte Harris wissen.

»Warum soll ich *ihn* darüber entscheiden lassen, wie *ich* mich verhalte?« antwortete der Freund.[5]

Harris' Freund lehnte es ab, das Problem zu dem seinen zu machen, und ließ sich von der anderen Person nicht aus dem Gleichgewicht bringen. Das können Sie auch, wenn Sie sich als eigenständiges Wesen betrachten.

6. *Äußert sich eine Person mißbilligend oder hat sie schlechte Laune, dann betrachten Sie das als deren Problem.*

»Ja, ich bin ›bloß eine Sekretärin‹. Und wie ich höre, sind Sie ›bloß ein Vizepräsident‹.«
© 1987, Randy Glasbergen

Ein Beispiel: Lanette fuhr mit einer Freundin durch einen heftigen Schneesturm, in dem sie kaum etwas sehen konnte. Während sie sich über eine Kreuzung robbte, fing der Fahrer hinter ihr zu hupen an. »Er ärgert sich, weil du nicht schneller fährst«, bemerkte ihre Freundin. »Das ist sein Problem«, sagte Lanette. »Mein Problem ist es, wie ich über diese Kreuzung komme.«

Sind Sie mit der schlechten Laune einer anderen Person konfrontiert, dann bedenken Sie folgendes: Ihnen ging es wahrscheinlich im Moment ganz gut – Sie waren im Gleichgewicht –, versuchen Sie, dabei zu bleiben. Die Stimmung der anderen Person muß nicht unbedingt auch die Ihre werden. Stellen Sie sich vor, daß Sie von einem Schutzschirm umgeben sind, der Sie vor der Ihnen entgegenbrandenden Wut abschirmt. Lassen Sie sie daran abprallen. Lassen Sie sie da, wo sie hingehört: bei der anderen Person. Diese Person läßt sich von ihrer Wut vereinnahmen. Machen Sie sich nicht bewegungsunfähig, indem Sie das gleiche tun.

Gehen Sie davon aus, daß es sich um ein Problem der anderen Person handelt, können Sie vielleicht sogar mit leichter Hand damit umgehen. So wie die Frau, deren Wagen auf einer Kreuzung stehenblieb. Der Fahrer hinter ihr fing ungeduldig zu hupen an. Sie stieg aus, ging zu ihm und sagte: »Sir, ich will gerne für Sie auf die Hupe drücken, wenn Sie meinen Wagen wieder in Gang bringen.« Er brach in schallendes Gelächter aus und brachte dann tatsächlich ihren Wagen wieder in Gang.

7. *Machen Sie sich klar, daß andere Menschen auch nicht immer alles auf der Reihe haben.*

Wollen Sie sich nicht von der miesen Laune anderer anstecken lassen und auf Ärger mit Ärger reagieren, dann akzeptieren Sie die anderen als die unvollkommenen Menschen, die sie sind. Lassen Sie anderen die Freiheit, einen schlechten Tag zu haben, grantig zu sein, Dinge mißzuverstehen, Situationen falsch zu beurteilen, Fehler zu machen – so wie Sie auch. Entwickeln Sie Toleranz in bezug auf die Mängel anderer und ihr Getöse.

Denken Sie daran, daß es nicht Ihr Problem ist, wenn Leute Wind machen – kritisieren, attackieren, sich beklagen, verurteilen, Wutanfälle kriegen. In so einem Moment haben Sie es vielleicht mit einem Menschen zu tun, der verletzt, möglicherweise sogar verängstigt ist – wahrscheinlich wehrt er sich dagegen, daß er sich in seiner Haut ganz und gar nicht wohl fühlt. Alles, was sich nach außen hin zeigt, ist Ärger. Dahinter steckt aber vielleicht ein zarter und verletzlicher Teil dieses Menschen, den er zu schützen versucht. Tief im Innern des Erwachsenen steckt noch ein kleines Kind – ein Kind, das sich vor Tadel fürchtet und große Angst hat, verlassen oder abgewiesen zu werden. Und dieses zweijährige Kind ist es, das schreit und Rabatz macht, das Ärger und Wut zeigt. Statt zu sagen: »Ich bin verletzt – ich bin traurig – hilf mir«, lautet seine ausgesprochene Botschaft oft: »Mit *dir* stimmt was nicht!« In diesem Moment kommuniziert das Kind unzulänglich – es blickt nach außen und schiebt anderen die Schuld zu, statt nach innen zu schauen und die Ursache seiner Frustration zu ergründen.

Wollen Sie sich das Problem des zweijährigen Kindes in der anderen Person, das mit Wut und Ärger reagiert, nicht anziehen, dann versuchen Sie einen Gedanken zu fassen wie: »Dieser Mensch fühlt sich verletzt. Ich suche nach den Gefühlen, die diesem Ärger zugrunde liegen.«

8. *Hören Sie zu.*

Ihr Umgang mit einer mißmutigen Person fällt wahrscheinlich anders aus, wenn Sie für sich akzeptieren, daß Sie ein eigenständiges Wesen sind, sich nicht von der Laune anderer anstecken lassen müssen, daß die Äußerungen von Ärger oder Mißbilligung der Entscheidungsfreiheit der anderen Person unterliegen und nichts mit Ihrem Wert zu tun haben. Statt sofort zu reagieren, hören Sie vielleicht erst nur zu. Wenn Sie zuhören, tauchen Sie in die Welt des anderen Menschen ein und versuchen, die Dinge von innen her zu sehen. Sie folgen dem, was die andere Person zu Ihnen sagt, ohne sie zu unterbrechen, ihr Ratschläge zu erteilen, das Thema zu wechseln oder Ihre eigene Meinung dazwischenzuschalten. Sie konzentrieren sich darauf, Schritt für Schritt, ihre Punkte, so, wie Sie sie verstehen, mit anderen Worten wiederzugeben.

Nehmen Sie Carolyn, die am Rande einer Landstraße parkte, um ihr Pferd zu füttern, das sich auf einer nahegelegenen Weide befand. Nachdem sie ihm etwas Heu gebracht hatte, wendete sie den Wagen im Auffahrtsweg einer Farm, um in die Stadt zurückzukehren. Der Farmer kam aus seinem Haus geschossen und tobte und brüllte: »Verlassen Sie sofort mein Grundstück! Das ist nicht erlaubt! Ihr Stadtleute seid alle gleich. Ihr erschießt meine Tiere, trampelt auf meinen Feldern herum, reißt meine Zäune nieder und hinterlaßt überall euren Müll.«

Carolyn widerstand dem Impuls, das Problem auf sich zu nehmen. Statt dessen versuchte sie sich in die Gefühle des Farmers zu versetzen. »Es macht Sie wohl rasend, daß so viele Stadtleute Sie ausnutzen. Sie scheinen sich überhaupt nicht um Sie zu kümmern oder Ihr Eigentum zu respektieren«, begann sie.

»Stimmt genau«, antwortete der Farmer. »Und dann...«

Carolyn hörte sich die nun folgende Klage an und dann die nächste und die nächste. Als sie schließlich nach zehn Minuten abfahren wollte, rief der Farmer ihr nach: »Warten Sie! Wenn Sie mal jemanden brauchen, der Ihr Pferd füttert, wenn Sie nicht da sind, dann mache ich das gerne!«

9. *Fragen Sie nach.*

Stellen Sie sich, um auszuloten, auf welche Weise Sie der Ärger oder die Mißbilligung einer anderen Person betrifft, folgende Fragen:

- Was genau an meinem Verhalten hat Ihnen mißfallen?
- Welches Verhalten hätte Ihnen statt dessen gefallen?
- Was an meinem Verhalten war für Sie unerfreulich (unerträglich) (falsch)?

Haben Sie diese Informationen erhalten (nun nicht mehr mit Ärger oder Tadel verbunden), dann können Sie entscheiden, ob Sie etwas daran ändern oder sich entschuldigen wollen. Manchmal könnte sich so eine Veränderung zu Ihrem Vorteil auswirken. Es könnte dazu beitragen, daß sich Ihre Beziehung mit jemandem verbessert oder Sie generell eine Ihre Beziehungen beeinträchtigende Haltung modifizieren.

10. *Ziehen Sie Grenzen.*

Auch wenn Sie versuchen, einer wütenden Person bei der Entdeckung des wahren Kerns ihres Problems behilflich zu sein, brauchen Sie sich Beschimpfungen nicht gefallen zu lassen. Tracy, die in einer Kanzlei arbeitete, macht das deutlich. Sie wurde von einem Klienten wüst beschimpft und setzte Grenzen: »Wenn Sie mit mir über das Problem sprechen wollen«, sagte sie, »dann müssen Sie aufhören, mich anzubrüllen. Sie haben das Recht, zu brüllen, aber ich habe das Recht, nicht zuzuhören. Wenn Sie also so weitermachen wollen, dann muß ich aufhängen. Es liegt ganz bei Ihnen. Wozu entscheiden Sie sich?« – »Warten Sie«, sagte der Klient. »Hängen Sie nicht auf. Geben Sie mir eine Minute, um mich wieder zu berappeln. Ich möchte mit Ihnen reden.«

Eine andere Möglichkeit in dieser Situation wäre eine Reaktion wie diese: »Ich möchte ja gerne verstehen, was Sie eigentlich sagen wollen, aber ich merke, daß ich ärgerlich und defensiv werde. Ich fühle mich angegriffen, und das gefällt mir nicht. Helfen Sie mir bitte und beschreiben Sie das Problem mit mehr Ruhe.«

Kommt Ihre Botschaft beim ersten Mal nicht an, dann legen Sie Ihre Schallplatte mit Kratzer auf, wiederholen Sie nachdrücklich Ihren Standpunkt, bis die andere Person ihre Haltung ändert. Lassen Sie sich nicht durch ein anderes Thema ablenken, das sie etwa unterdessen zur Sprache bringt.

Denken Sie bei Beschimpfungen an die Geschichte von dem Mann, der Buddha attackierte. Buddha antwortete darauf: »Mein Sohn, wenn jemand ein Geschenk ablehnt, wem gehört es dann wohl?« »Demjenigen, der es angeboten hat«, antwortete der Mann. »Und so lehne ich es ab, deine Beschimpfung anzunehmen«, sagte Buddha.

Strategien zur Bekämpfung von Applausitis

Wollen Sie mit der Applausitis fertig werden, dann müssen Sie unbedingt zu sich selber stehen und für das eintreten, was Sie glauben, wollen oder brauchen. Hier sind einige hilfreiche Strategien:

1. *Hören Sie auf, sich unnötigerweise zu entschuldigen.*

Die meisten Frauen, die sich für alles und jedes verantwortlich fühlen, neigen auch dazu, sich exzessiv zu entschuldigen, und oft für Anlässe, für die sie gar nichts können.

»Ich bin großartig, wenn es darum geht, ›es tut mir leid‹ zu sagen«, gesteht eine Frau. »Es tut mir leid, daß

- die Shorts meines Sohnes nicht sauber sind,
- ich einen Ex-Ehemann habe, was meine Mutter auf die Palme bringt,
- ich an Wochenenden arbeiten muß,
- meine Familie heute abend nur eine Pizza vorgesetzt kriegt,
- mein Kind seine Socken nicht finden kann,
- das Essen noch nicht auf dem Tisch steht,
- heute alles so chaotisch war,
- mein Kind die Gefühle deines Kindes verletzt hat.«

»Ich entschuldige mich sogar dafür, daß ich mich so oft entschuldige«, sagt sie.

Diese Angewohnheit, sich unablässig zu entschuldigen, stellt im Grunde eine Form der Selbsterniedrigung dar. »Frauen entschuldigen sich, wenn sie dich anrufen«, stellt eine Frau fest. »›Es tut mir leid, Sie zu belästigen‹, sagen sie. Sie klopfen an die Tür: ›Es tut mir leid, Sie zu stören.‹ Du stolperst über ihre Füße, und sie sagen: ›Es tut mir leid, daß meine Füße Ihnen im Wege waren.‹ Es ist eine Frauenkrankheit. Frauen entschuldigen sich, nur weil sie existieren.«

Sie entschuldigen sich nicht nur unentwegt, sie entschuldigen sich auch äußerst ausführlich! »Verspäte ich mich irgendwo, dann hört sich meine Entschuldigung etwa so an«, berichtet eine Frau: »Oh, es tut mir leid, daß ich mich verspätet habe! Mein kleiner Sohn wollte heute morgen nicht zur Schule gehen, deshalb mußte ich ihn hinbringen, und als er dann ausgestiegen war, heulte er und lief dem Wagen nach, und als ich nach Hause kam, bekam ich einen Anruf von jemanden, der ihn auf der Straße laufen sah, und ich mußte zurück und ihn auffischen und wieder zur Schule bringen, aber er wollte nicht bleiben, und deshalb mußte ich eine Weile bei ihm sitzen, bis er schließlich doch in seine Klasse ging, und das nahm den ganzen Morgen in Anspruch. Deshalb komme ich zu spät. Es tut mir leid!«

»Habe ich wegen irgendwas ein schlechtes Gewissen, dann glaube ich, meine ganze Lebensgeschichte erzählen zu müssen«, berichtet eine andere Frau.

Sollten Sie unter diesem Aspekt der Applausitis leiden, dann müssen Sie, um ihn abzustellen, auf sich selbst hören und die Situationen, für die Sie sich entschuldigen, unter die Lupe nehmen. An sich ist die Bereitschaft, sich zu entschuldigen, eine bewundernswerte Einstellung, aber nicht, wenn sie ausufert. Dann wird sie zu einer Form der Selbsterniedrigung, die einer erwarteten Mißbilligung vorbeugen soll. Außerdem signalisiert das anderen, daß Sie sich im Grunde mit sich selbst nicht wohl fühlen. Und das kann abstoßend wirken.

Den anderen wird immer unbehaglicher zumute und sie ärgern sich, weil sie Sie davon überzeugen müssen, daß nichts passiert ist.

2. *Hören Sie auf, andere dazu zu bringen, Ihnen beizupflichten.*

Vermeiden Sie Sätze wie: »Nicht wahr, Schatz?« »Das stimmt doch, Fred, oder?« »Es ist wirklich heiß heute, findest du nicht auch?«

3. *Leiten Sie Ihre Sätze nicht mit abqualifizierenden oder modifizierenden Bemerkungen ein, um einer möglichen Mißbilligung vorzubeugen.*

Vermeiden Sie Bemerkungen wie: »Ich weiß, daß du das für verrückt hältst, aber...« »Mein Hirn tickt wahrscheinlich etwas merkwürdig, aber...« »Es mag ja nicht stimmen, aber...«

Eine Frau erzählt ihre Version von modifizierenden Einlassungen: »Ich sage immer – ›Ich habe in einem Buch gelesen, daß...‹ oder ›Ich habe gehört, daß...‹, weil ich Angst habe, daß die Leute meine Gedanken für ›dumm‹ halten, wenn sie von mir stammen. Und wenn sie dann tatsächlich sagen, daß es ein dummer Gedanke sei, dann antworte ich: ›Ja, das fand ich auch.‹«

Sie glauben vielleicht, daß eine eilfertige Abqualifizierung Ihrer eigenen Aussagen andere von einer negativen Beurteilung abhält, und Sie somit einem Tadel entgehen. »Ich sorge immer dafür, daß ich, sollte sich eine Person mißfällig äußern wollen, das schon für sie erledigt habe. Dann tut es nicht so weh«, gesteht eine Frau.

Wollen Sie Ihr »Selbst« stärken, dann müssen Sie sich dazu zwingen, Ihre Aussagen für sich selbst stehen zu lassen, und das Wort »ich« in Ihren Sprachgebrauch einführen, um Ihren Standpunkt klarzumachen: »Ich habe das Gefühl...« »Ich denke...« »Ich wünsche...« Sie werden wahrscheinlich überrascht feststellen, daß die meisten Menschen Ihre Meinung respektieren.

4. *Seien Sie präzise in Ihren Aussagen.*

Benutzen Sie keine »ausweichenden« Worte, um bloß keinen klaren Standpunkt vertreten zu müssen. Es gibt eine Karikatur, die diese Tendenz mancher Frauen, jeglicher Verantwortung für sich selbst auszuweichen, vortrefflich illustriert. Sie zeigt eine Frau, die in einem Restaurant sitzt und die Speisekarte studiert. Darunter steht: »Also, um ehrlich zu sein, vielleicht liege ich ja falsch, aber ich bin ziemlich sicher, daß ich wahrscheinlich die Seezunge nicht möchte, will ich fast meinen.«[7] Solche Ausdrücke wie »ziemlich sicher«, »wahrscheinlich« oder »fast« geben Ihrer Rede eine zögerliche und unbeteiligte Note.

5. *Vermeiden Sie Worte, die Ihre Aussage herabsetzen oder schmälern.*

Achten Sie auf Worte wie »nur« (»Es ist ja *nur* ein Gedanke, aber...«) oder »winzig« (»Kann ich einen *winzigen* Vorschlag machen?«) oder »bloß« (»Ich bin *bloß* eine Sekretärin«). Streichen Sie auch so selbstherabwürdigende Bemerkungen wie diese:

- »Ich seh heute furchtbar aus.«
- »Ich bin mal wieder zu spät dran – wie üblich.«
- »Das war eine dumme Bemerkung von mir. Ich hab nichts als Stroh im Hirn.«

- »Ich bin wahrscheinlich die hirnloseste Frau, die ich kenne.«
- »Es tut mir leid, daß ich Sie stören muß – ich weiß, ich bin lästig.«

Stellen Sie sich in gesellschaftlichen Situationen dar, als seien Sie selbst Ihre beste Freundin und Fürsprecherin. Das bedeutet, daß Sie sich selbst keine Hiebe versetzen.

6. *Hängen Sie Ihre Fehler nicht an die große Glocke.*

Sollten Sie ein schlechtes Gewissen haben, weil Sie bei einer Ihrer (möglicherweise nur eingebildeten) Missetaten ertappt wurden, dann drängt es Sie vielleicht dazu, sie anderen Leuten sofort zu gestehen. »Ich wollte Suppe besorgen und habe sie dann vergessen, deshalb mußte ich noch mal zurück«, erklärt eine Frau einer wildfremden Person im Supermarkt. Diese Frau, die unterschiedslos allen in Hörweite befindlichen Menschen ihren Fehler bekanntgibt, sendet anderen die Botschaft: »Ich habe Fehler. Bitte entschuldigen Sie, daß ich *existiere.*« Und sie lenkt mit Erfolg die Aufmerksamkeit auf etwas, das sonst niemand auch nur bemerkt hätte. »Sie brauchen Ihre Entschlüsse und Entscheidungen anderen Menschen nicht zu erläutern, die diese Erklärungen gar nicht benötigen oder verdienen«, schreibt eine Autorin. »Der Hotelangestellte braucht nicht zu wissen, warum Sie einchecken, und der Metzger ist nicht an der Tatsache interessiert, daß Ihre Tochter auf Rindfleisch allergisch reagiert.«[8]

7. *Gestehen Sie sich einige Risiken zu.*

Eine Frau, die zunehmend an Selbstvertrauen gewinnt, berichtet: »Ich war etwa die Fünfte in der Schlange an der Kasse und hatte die Hände voll. Schließlich habe ich den Milchkanister, den ich auch noch hatte, auf dem Boden abgestellt und mit dem Fuß weitergeschoben. Das hätte ich aus Angst vor mißbilligenden Blikken früher nie gewagt. Aber das bißchen Wagemut hat mir gefallen. Ich habe mir gesagt: ›Wen kratzt's noch in 50000 Jahren?‹«

8. *Vertrauen Sie Ihrem eigenen Urteil.*

Eine Frau erzählt, daß sie zur Toilette ging und dort einen Mann vorfand. Geniert, weil sie sich in der Tür geirrt hatte, zog sie sich eiligst zurück, nur um festzustellen, daß es sich tatsächlich um die

Damentoilette handelte. Ihre Wahrnehmung war korrekt gewesen, aber sie hatte ihr nicht getraut.

Weil sie ihrem Urteilsvermögen mißtraut, sucht die unter Applausitis leidende Frau oft nach Menschen, die sie in ihrer Meinung bestätigen. »Dazu gehöre ich auch«, gesteht eine Frau. »Ich bin ständig auf der Suche nach Menschen, die mir erlauben, ein bestimmtes Gefühl oder eine bestimmte Meinung zu haben oder eine bestimmte Entscheidung zu treffen. Neulich habe ich einer Freundin erklärt, daß ich bei Justin, meinem dritten Kind, sehr viel nachsichtiger bin. Mit ihm macht es mir mehr Spaß als mit den beiden anderen – und er muß nicht jedes Klötzchen wieder aufräumen! Ich wollte, daß sie antwortet: ›Oh, ich bin bei meinen jüngeren Kindern auch nachsichtiger.‹ Und als sie es schließlich sagte, dachte ich: ›Großartig! Jetzt kann ich es okay finden!‹«

Wollen Sie sich stärker auf sich selbst verlassen, dann befolgen Sie diese einfache Regel: *Pflichten Sie Ihren eigenen Gefühlen, Ansichten und Entscheidungen bei.* Und haben Sie Zweifel, dann verlassen Sie sich mit der gleichen Zuversicht auf Ihr Urteilsvermögen wie Suzanne, das kleine Mädchen, von dem ihre Mutter erzählt: »Als sie in der zweiten Klasse Schreiben lernte, brachte sie ihr Heft immer nach Hause, um es mir zu zeigen. Auf einer Reihe von Seiten hatte die Lehrerin ihre Ks rot eingekreist. Als ich Suzanne darauf aufmerksam machte, daß sie ihre Ks nicht richtig schreibt, gab sie zur Antwort: ›Nein, Mami, ich mach aber meine Ks so.‹ Es störte sie nicht im geringsten, daß sie nicht so waren, wie die Lehrerin sie haben wollte. Da dachte ich: ›Na gut, dann machst du eben deine Ks so.‹«

9. *Schieben Sie nicht andere Menschen vor, wenn Sie Ihre eigenen Ansichten äußern.*

»Neulich unterhielt ich mich zehn Minuten mit einer Freundin und hatte anschließend das Gefühl, die ganzen zehn Minuten mit ihrem Mann gesprochen zu haben«, berichtet eine Frau. »Sie schrieb jeden ihrer Gedanken ihrem Mann zu: ›Jim sagt, das kommt daher…‹ und ›Jim meint, du könntest das mal probieren…‹ Tatsächlich führte ich die Unterhaltung mit ihm!«

»Manchmal können wir es uns noch nicht mal zuschreiben, wenn wir einen sehr guten Gedanken haben«, kommentiert eine andere Frau. »Statt klarzumachen, daß es unsere Idee ist, versuchen wir ihr mehr Glaubwürdigkeit zu verleihen, indem wir sagen: ›Mein Arzt sagt dies‹ oder ›Mein Mann meint auch.‹ Wir glauben, daß wir dann ernster genommen werden.«

Eine an Applausitis leidende Frau fühlt sich oft unwohl, wenn Sie eine »gedankliche Domäne« betritt, die für »bessere« oder »gebildetere« Leute reserviert ist. »Unsere Ideen gehen hinaus in die Atmosphäre«, werden aber oft durch ihre unsichere »Urheberin« zu »Waisen«, bemerkt eine, die gegen ihr Leiden ankämpft.

Es kann für die Frau eine sehr aufregende Erfahrung sein, wenn sie sich schließlich befreit und lernt, daß sie sich, was präzise Informationen über ihre eigene Person angeht, auf sich selbst verlassen kann. Das läßt das Selbstvertrauen wachsen, wie die Kommentare dieser zur Erkenntnis gelangten Frauen belegen.

»Die Welt tat sich auf, als es mir dämmerte, daß wir nicht alle homogen sein müssen.«

»Mein Leben veränderte sich, als ich begriff, daß es so viele verschiedene Bezugsrahmen wie Menschen gibt, und daß ich das Recht auf meinen *eigenen* habe.«

»Früher dachte ich, wenn ich mit einer anderen Meinung konfrontiert war: ›Ich sehe das anders als du, also muß ich mich irren.‹ Jetzt denke ich nur: ›31 verschiedene Eissorten bei Baskin Robbins! Wir sind alle verschieden. Du machst es auf deine Weise und ich auf meine.‹«

Tatkräftig Entscheidungen treffen

Wenn Sie die Applausitis überwinden und ein starkes Selbst aufbauen wollen, dann müssen Sie Entscheidungen treffen können, ohne in Panik zu verfallen oder zur Salzsäule zu erstarren. Doch das ist für die Fürsorgerin nicht leicht.

»Es ist sehr schwer, Entscheidungen zu treffen, wenn lauter

Menschen um dich versammelt sind, die alle was zu sagen haben, auch wenn sie gar nicht da sind«, meint eine Frau. »Da ist das, was deine Mutter zu sagen pflegte, das, was dein Vater zu sagen pflegte, das, was dein Mann sagt, was deine Nachbarn denken könnten, was deine Freunde tatsächlich denken, und das, was die vollkommene Mutter da draußen denkt.«

Und sie fährt fort: »Die Stimmen dieser Leute sind immer gegenwärtig. Und das bedeutet, daß eine Entscheidung weit über, sagen wir, die Wahl der Farbe einer Tapete hinausgeht, oder über die Frage, ob du diesen Rock nun anziehen sollst oder nicht. Jede Entscheidung ist eine größere Angelegenheit, bei der es um die Frage geht, wie du es allen recht machen kannst. Triffst du die ›falsche‹ Entscheidung, hast du es mit einer ganzen Horde von Menschen zu tun, die dir an den Kopf wirft, was du für eine Idiotin bist, und das heißt, ein verdammtes Risiko eingehen.«

Hier spricht die Gefällige, der Teil der Fürsorgerin, der von allen gemocht und niemanden enttäuschen oder von niemandem abgelehnt werden möchte. »Das Risiko ist so hoch, daß ich mich manchmal mit der Frage verrückt mache, ob ich das Richtige getan habe«, erklärt eine dieser Gefälligen.

Das Treffen von Entscheidungen kann auch die Schuldabsorbiererin zum Vorschein bringen, den Teil der Fürsorgerin, der sich dafür verantwortlich fühlt, daß alles in Ordnung kommt, und der sich schuldig fühlt, sobald irgend etwas seiner Kontrolle entgleitet. Trifft die Schuldabsorbiererin eine Entscheidung, geht sie auch das Risiko ein, daß sich irgendwelche, ihrer Kontrolle nicht unterstehenden Faktoren auf andere auswirken, was dann ihre Schuld ist. »Ich habe so große Angst, etwas falsch zu machen, daß ich manchmal zögere, eine Entscheidung zu treffen, und hoffe, daß jemand anders sie für mich trifft«, kommentiert eine Frau.

Und auch die Perfektionistin in der Fürsorgerin kann sich melden, die umtriebige Frau, die im nächsten Kapitel vorgestellt wird, und die unentwegt alle möglichen Alternativen in Betracht zieht. Sie mag sich unter Umständen erst in allerletzter Minute festlegen, weil sich ja noch etwas Besseres ergeben könnte. »Manchmal hab ich schließlich so viele Alternativen, daß ich mich überhaupt nicht mehr rühren kann«, berichtet eine der Perfektionistinnen.

Auf Grund ihrer Programmierung zerren so viele unterschiedliche und oft widersprüchliche Dinge an der Frau, daß es nicht verwunderlich ist, wenn sie sich nur schwer zu Entscheidungen durchringen kann und manchmal völlig erstarrt!

Einer der Gründe für Ihre eventuellen Schwierigkeiten ist der, meint die Autorin Andrea Williams, »daß sich Ihr Gemüt nach einfachen, klaren und eindeutigen Dingen sehnt. Es versucht verzweifelt, dem Unwägbaren, Unvorhersehbaren oder Komplizierten auszuweichen. Sie wollen *wissen* und sollen *raten* oder *vermuten*. Doch eine Entscheidung basiert immer nur auf einer Vermutung! Und so geraten Sei bei Entscheidungen möglicherweise in Schwierigkeiten, wenn Sie davon ausgehen, daß

- Sie genau wissen *sollten*, wie alles endet. (Sie wissen es nicht.)
- es eine perfekte, richtige Antwort gibt. (Gibt es nicht.)
- aller Verlust, Schmerz oder alles Unbehagen, das Ihnen oder anderen widerfährt, vermieden werden könnte, wenn Sie nur die »richtige« Entscheidung treffen könnten. (Können Sie nicht.)[9]

Mögen die Begleitumstände Ihrer Entscheidung gewöhnlich auch unklar sein – und Ungewißheit ist eine der Grundbedingungen des Lebens, mit der Sie eben leben müssen –, so können Entscheidungen doch zu einer etwas weniger schwierigen Angelegenheit werden. Ziehen Sie dazu folgende Strategien in Betracht:

1. Machen Sie sich die Auffassung zueigen, daß es besser ist, irgendeine Entscheidung zu treffen, irgendeinen Schritt zu tun, mag er auch falsch sein, als nur dazusitzen.

2. Machen Sie sich eine Liste von den Vor- und Nachteilen einer bestimmten Vorgehensweise.

3. Denken Sie daran, daß Sie, gleich, wie schwierig ein Problem ist, immer Optionen haben. Arbeiten Sie so lange daran, bis Sie sie ausfindig gemacht haben.

4. Gehen Sie davon aus, daß Sie einige »falsche« Entscheidungen treffen werden, und fassen Sie jetzt den Vorsatz, sich nicht da-

für zu bestrafen, daß sie nicht über ausreichende Informationen verfügten oder in die Zukunft sehen konnten. Sie werden jedenfalls Ihr Bestes getan haben. Abgesehen davon müssen Sie schon riskieren, daß Sie sich weiterentwickeln und wachsen.

5. Denken Sie daran, daß Sie immer auf Leute stoßen werden, denen Ihre Entscheidung nicht gefällt. Aber wie eine Frau so treffend bemerkte: »Versuch nur, es allen Menschen recht zu machen – und *du* wirst verschluckt.«

6. Versteifen Sie sich nicht darauf, nach *rechts* zu gehen, nur weil jemand sagt, daß Sie besser nach *links* gehen sollten. Es ist leicht, in alte Rebellionsmuster zu verfallen, wenn andere etwas um Ihretwillen wollen, statt sich zu fragen: »Was will ich?« Tun Sie das, was Sie wollen, selbst wenn es zufällig mit dem übereinstimmen sollte, was andere wollen. So behalten Sie die Kontrolle. »Manchmal sage ich mir«, berichtet eine Frau, »daß ich tun muß, was ich meinem Wissen nach machen muß, sogar auch dann, wenn meine Mutter in diesem Moment mit mir einer Meinung ist.«

7. Bedenken Sie, daß eine rasche Entscheidung, wenn Sie vorher pro und contra abwägen, eine genauso gute Entscheidung sein kann wie eine, für die Sie einen ganzen Tag gebraucht haben. Die Zeitmenge, die Sie für eine Entscheidung aufwenden, ist nicht unbedingt ein angemessener Indikator für deren Qualität.

8. Hören Sie mit der Suche nach Leuten auf, die Ihnen sagen, was Sie tun sollen. Darin sind Sie vielleicht Expertin.

9. Denken Sie bei schwerwiegenden Entscheidungen daran, daß es keine perfekte Wahl gibt – alles ist relativ. Jede Entscheidung führt zu einem anderen Weg in Ihrem Leben – kein unbedingt besserer oder schlechterer Weg, nur ein anderer.

10. Machen Sie sich klar, daß viele Entscheidungen revidiert werden können und nicht unwiderruflich sind. Tun Sie also einen Schritt und erlauben Sie sich, später notfalls Ihre Meinung zu ändern oder eine Korrektur vorzunehmen.

11. Geraten Sie wegen eines Termins in Panik, dann sehen Sie zu, ob Sie mehr Zeit bekommen können. Manchmal sind die Termine, die Ihnen von anderen gesetzt wurden, etwas elastisch.

12. Quälen Sie sich mit einer eher belanglosen Entscheidung herum, dann hören Sie damit auf! Die meisten Ihrer Entscheidungen spielen langfristig gesehen gar keine Rolle.

13. Gewöhnen Sie sich auch im Alltag Entschlossenheit an. Beginnen Sie mit kleinen Entscheidungen, so zum Beispiel, was Sie frühstücken oder was Sie anziehen wollen. Tun Sie das, wozu Sie sich als erstes entschieden haben, und denken Sie nicht weiter darüber nach. Gehen Sie dann zu größeren Entscheidungen über. Vielleicht sind Sie nicht mehr daran gewöhnt, sich zu fragen: »Was gefällt *mir*? oder »Was möchte *ich*?« Entwickeln Sie Entschlossenheit, so hilft Ihnen das auch bei der Entwicklung von Selbstbestimmtheit.

Mary Ellen Donovan ermuntert Sie hier: »Es fällt uns leicht, zu sagen, das *sollte* oder *müßte* ich tun, aber es fällt uns sehr schwer, zu sagen, das *möchte* ich tun.«

Viele Frauen fürchten sich vor den Konsequenzen, wenn sie sich in bezug auf ihre Person klar ausdrücken, aber es hat auch Konsequenzen, wenn sie es nicht tun, betont sie: »Hat sich eine Frau nicht routinemäßig und auf der Alltagsebene angewöhnt, ihre Wünsche klar und deutlich zum Ausdruck zu bringen, dann ist es absurd, von ihr zu erwarten, daß sie sie im Fall schwerwiegender Entscheidungen, bei denen es etwa um Beziehungen, Karriere oder ums Kinderkriegen geht, klar artikulieren kann.«[10]

Wenn Sie im Gefolge von Donovans ernüchternden Worten Ihre Unentschiedenheit bekämpfen wollen, dann können Sie als erstes den festen Entschluß fassen, mehr zu entscheiden und weniger zu leiden. Nun, war das nicht leicht? Sie haben sich gerade ein bißchen mehr Selbstbestimmtheit zugelegt.

Lassen Sie Wut und Ärger für sich, statt gegen sie arbeiten

Im Kampf gegen die Applausitis muß die Frau auch lernen, ihren Ärger auf die richtige Weise zu äußern.

In diesem Zusammenhang finden wir ein ganzes Spektrum an Ausdrucksformen bei Frauen. Am einen Ende befinden sich die, die darauf programmiert, gefällig und »gut« zu sein, ganz selten Ärger oder Wut zeigen. Und oft genug erkennen sie diese Gefühle bei sich nicht einmal, da sie sich schnell in Schuldgefühl und Depression verwandeln. Andere sind eher in der Spektrummitte angesiedelt. Sie denken, sie sollten nicht wütend werden, sind es aber doch oft. Sie versuchen, Wut und Ärger zu unterdrücken und zu ignorieren, weil »gut« sein bedeutet, Ärger und Konflikte unter allen Umständen zu vermeiden. Doch diese Gefühle kommen immer wieder hoch, überwältigen Sie und nagen sowohl an Ihrem Selbstbild wie an ihren Beziehungen. Und manche freie Seelen befinden sich am andern Ende des Spektrums, sie haben keine Scheu, wütend zu werden und ihre Differenzen kundzutun.

Viele Frauen neigen allerdings dazu, egal, wo sie sich gerade innerhalb des Spektrums befinden, ihren Streß und ihre Verärgerung indirekt zu äußern, indem sie kämpfen, sich beklagen und anderen die Schuld geben, was dann im allgemeinen nur den Status quo ihrer Probleme und Beziehungen aufrechterhält.

Die Autorin Harriet Lerner hat sich mit den beiden extremen weiblichen Verhaltensweisen in diesem Zusammenhang befaßt. Einerseits sind da die Frauen, Opfer dessen, was sie das »nette Lady«-Syndrom nennt, die ihre Grundenergie auf den Schutz anderer und die Aufrechterhaltung der Harmonie in den Beziehungen richten, und zwar auf Kosten einer klaren Definition des eigenen Selbst. Und weil sie soviel Mühe darauf verwenden, das Verhalten anderer Menschen zu »erspüren« und in den Beziehungen das Boot nicht zum Schaukeln zu bringen, kennen sie sich mit ihren eigenen Gefühlen, Gedanken und Bedürfnissen immer weniger aus. Andererseits sind da die Frauen, die Gift und Galle spucken – ohne

Klarheit, Zielgerichtetheit und völlig unkontrolliert – und es zulassen, daß andere sie abschreiben und nicht mehr ernst nehmen. Lerner fragt: »Haben Sie je beobachtet, wie eine Person immer kühler, ruhiger und verstandesmäßiger reagiert, während Sie immer wütender und ›hysterischer‹ werden?« In diesem Fall konnte sich die andere Person vermutlich durch Ihre Art der Konfliktaustragung und Ihre wütenden Beschimpfungen distanzieren.[11]

Auch wenn sich diese beiden Ausdrucksformen – Wut und Ärger verbergen oder sie destruktiv über anderen auskippen – so radikal voneinander unterscheiden, sind sie doch nur die beiden Seiten ein und derselben Münze. Das Resultat ist dasselbe. In beiden Fällen fühlen Sie sich am Ende hilf- und machtlos.

Es ist erstaunlich, bemerkt Lerner, wie oft Frauen, wenn sie ihre Wut ablassen, »in die Schlacht ziehen, ohne überhaupt zu wissen, worum es bei diesem Krieg geht. Oft versuchen wir, mit unserer Wutenergie eine andere Person zu ändern oder Kontrolle über sie auszuüben, die das gar nicht will, statt die Energie darauf zu verwenden, Klarheit über unseren Standpunkt und unsere Entscheidungen zu gewinnen.«

Wie können Sie mit Wut und Ärger effizienter umgehen? Wie können Sie herausfinden, worum es eigentlich geht, bevor Sie sich eventuell aufs Schlachtfeld begeben? Hier sind ein paar mögliche Strategien:

1. *Entscheiden Sie, ob Ihre Wut zum Problem wird.*

Henrie Weisinger nennt hier als Hilfestellung fünf Signale. Wut blockiert Sie

- wenn sie zu häufig auftritt
- wenn sie zu stark wird
- wenn sie zu lange anhält
- wenn sie zur Aggression führt
- wenn sie sich auf die Arbeit oder Beziehungen störend auswirkt.[12]

2. *Stellen Sie sich Ihrer Wut.*

Wir werden alle wütend, das gehört zum menschlichen Wesen. Ihre inneren Regungen haben auch einen physiologischen Grund,

Ihr Körper macht sich für eine Konfrontation mit Verletzungen, Frustration und Angst bereit. Wenn Sie wütend sind, sind Sie ganz einfach zum Handeln bereit. Sagen Sie sich also nicht, wenn diese Regungen in Ihnen aufsteigen, daß Sie nicht wütend sein sollten oder wahrscheinlich gar nicht wütend sind. Lassen Sie das, was Sie innerlich erfahren, zu. Diese Empfindungen sind nicht unrecht – sie *existieren* einfach.

3. *Nutzen Sie die Wut als Signal, daß Sie sich auf Ihr Inneres konzentrieren und herausfinden müssen, warum Sie aus dem Gleichgewicht geraten sind.*

»Wut wird zum Instrument der Veränderung, wenn sie uns dazu herausfordert, in bezug auf das eigene Selbst sachkundiger zu werden und weniger zur Expertin, was andere angeht«, betont Lerner. Richten Sie Ihr Augenmerk nach innen und fragen Sie sich: »Was an dieser Situation macht mich so wütend?« »Worum geht es hier wirklich?« »Was denke und fühle ich?« »Was will ich und was will ich nicht tun?«

Seien Sie nicht überrascht, wenn Sie zur Beantwortung dieser Fragen einige Zeit brauchen, fährt sie fort. »Es erfordert Mut, unsere eigene Ungewißheit zu akzeptieren und sie eine Weile auszuhalten. Unsere Wut kann ein starkes Vehikel persönlichen Wachstums und der Veränderung sein, selbst wenn sie uns auch nur erkennen läßt, daß wir uns über etwas noch nicht klar sind und uns weiter damit auseinandersetzen müssen.«[13]

4. *Machen Sie sich klar, daß Sie die Wahl haben, was die Ausdrucksform Ihrer Wut angeht.*

Wut an sich ist weder positiv noch negativ. Doch Sie bestimmen darüber, ob sie in ihrem Ausdruck alles und jeden in Sichtweite zerstört oder zum Vehikel positiver Veränderung wird.

5. *Beschreiben Sie alle Ihre Gefühle, wenn Sie Ihrer Wut Ausdruck geben.*

Wut ist keine primäre Emotion. Sie ist die Reaktion auf Emotionen wie Verletztheit, Enttäuschung oder Angst. Die Menschen werden Sie besser verstehen, wenn Sie nicht nur Ihrer Wut, sondern auch Ihrem Schmerz Ausdruck geben.

6. *Verwenden Sie das Wort »ich« (ein Thema, auf das wir noch zu sprechen kommen), wenn Sie ihre Wut äußern.*

Lassen es die Umstände zu, dann sagen Sie der anderen Person, daß es Ihnen keinen Spaß macht, wütend zu sein, daß Sie lieber *nicht* wütend wären und vielleicht auch: »Es tut mir weh. Ich möchte, daß sich das, was hier zwischen uns passiert, ändert. Ich möchte, was uns beide angeht, ein besseres Gefühl haben. Ich möchte das hier aufarbeiten und mich dann wieder liebenden Gefühlen zuwenden können.« Manchmal müssen Sie, nach einiger Überlegung, der anderen Person auch sagen, wo Sie stehen, was Sie wollen, und was für Sie akzeptabel ist und was nicht. Sagen Sie auf den Punkt gebracht: »Das ist mein Standpunkt« und nicht: »In dieser Hinsicht hast du dich zu verändern.«

7. *Lernen Sie, Ihre Wutanfälle zu reduzieren.*

Zählen Sie, falls Sie häufig explodieren, eine Woche lang Ihre Wutanfälle, und nehmen Sie sich vor, sie allmählich um 90% zu reduzieren. Untersuchungen haben gezeigt, daß eine gewisse Selbstüberwachung an sich schon zu einer Verhaltensänderung führt.

8. *Versuchen Sie herauszufinden, was Sie wütend macht.*

Führen Sie täglich ein Wut-Tagebuch, und notieren Sie Ihre Wutanfälle. Nehmen Sie eine »Wutautopsie« vor, um herauszufinden, welche Situationen und Anlässe Sie wütend machen. Sehr wahrscheinlich sind es immer wieder dieselben Dinge. Haben Sie sie dingfest gemacht, dann entwickeln Sie neue und kreative Ansätze im Umgang mit diesen potentiell explosiven Situationen. Wenn Sie zum Beispiel im Normalfall rot sehen, wenn Sie das chaotische Zimmer Ihres Kindes betreten, dann nehmen Sie sich vor, von jetzt an die Situation mit Humor, statt mit Grimmigkeit und blanker Wut zu handhaben.

9. *Achten Sie auf physiologische Warnsignale, die Ihnen einen drohenden Wutanfall ankündigen.*

Wenn Sie drauf und dran sind, auszurasten, dann wird in Ihrem Körper Adrenalin ausgeschüttet. Ihre Muskeln spannen sich an. Ihr Magen zieht sich zusammen. Ihr Herz schlägt schneller. Sie atmen rascher. Ihr Nacken und Ihre Stirn werden heiß. Sie sind bereit, zuzuschlagen, und plötzlich explodieren Sie. Aber Sie können interessanterweise nicht explodieren, bevor Ihr Körper nicht physiologisch dazu bereit ist. Haben Sie jemals eine entspannte Person ausrasten sehen? Sie können Ihre Wutreaktionen auch dadurch kanalisieren, daß Sie diese physische Vorbereitungsphase Ihres Körpers unterbrechen und die aufgestaute Energie in andere Bahnen lenken. Dafür bieten sich folgende Möglichkeiten an:

- Sprechen Sie langsamer oder leiser.
- Machen Sie längere und tiefere Atemzüge und weisen Sie sich immer wieder an, sich zu entspannen.
- Verändern Sie Ihre Körperhaltung. Sollten Sie stehen, dann setzen Sie sich. Sitzen Sie bereits, dann lehnen Sie sich zurück.
- Lassen Sie die Hände an den Seiten oder stecken Sie sie in die Tasche.
- Holen Sie sich ein Glas Wasser – kühlen Sie sich buchstäblich ab.
- Schlagen Sie auf ein Kissen ein.
- Entfernen Sie sich vom Ort des Geschehens und suchen Sie sich einen Ort, wo Sie sich abkühlen und die Spannung abbauen können.

10. *Suchen Sie sich ein Codewort.*

Wutausbrüche sind wie ein nicht zu stoppender Zug, der mit 150 Sachen auf seinem Gleis dahinrast, schreibt Neil Clark Warren. In diesem Fall müssen Sie eine Weiche umstellen, ihn auf ein Nebengleis lenken, und dann dort allmählich ausrollen lassen. Und um das zu tun und von Ihrem Ausbruch nicht mitgerissen zu werden, brauchen Sie ein Codewort wie zum Beispiel »Denk nach!« Üben Sie dann mit diesem Wort. Sagen Sie es sich laut vor. Es soll Sie an so ernüchternde Fragen erinnern wie: Was will ich wirklich von dieser Auseinandersetzung? Will ich einen Koller kriegen und hinterher sehr verlegen sein? Mich entschuldigen? Schuldgefühle haben? Mich absolut mies fühlen, weil ich jemand verletzt habe? Oder will ich irgendeine Möglichkeit finden, meine Differenzen mit dieser Person beizulegen? Ihr wieder näher zu kommen? Besser verstanden zu werden? Wie kann ich diese Ziele am besten erreichen?[14]

11. *Üben Sie sich darin, »hitzige« Gedanken durch »kühle« Gedanken zu ersetzen.*

Zum Beispiel: »Ich muß kühl bleiben, sonst könnte diese Situation wirklich außer Kontrolle geraten. Ich kann damit umgehen. Tief durchatmen. So ist es richtig. Das ist schon besser.« »Ich kann damit umgehen. Wenn ich die Kontrolle verliere, bin ich die Verliererin.« »Was er sagt, spielt keine Rolle. Wichtig ist, daß ich mich unter Kontrolle habe.«

Konzentrieren Sie sich zudem auf nüchterne Gedanken, die die Situation der anderen Person verständnisvoll miteinbeziehen. »Ich muß sie schon mit irgend etwas tief getroffen haben, daß sie mich so beleidigt.« Hören Sie sehr genau auf den Standpunkt der anderen Person, *während* Sie wütend sind (eine äußerst schwierige Angelegenheit). Nichts läßt die Wut so schnell verrauchen wie echte Einsicht in den Standpunkt der anderen Person.

Sprechen Sie in »Ich«-Form

Das Geheimnis der angemessenen Selbstdarstellung – der Ausdruck Ihrer Bedürfnisse, Gefühle und Ansichten – beinhaltet den Gebrauch der »Ich«-Form. Reaktionen, die mit dem Wort »ich« anfangen und die Aufmerksamkeit auf Sie statt auf andere lenken. Damit beanspruchen Sie die Urheberschaft Ihrer Wahrnehmungen und Handlungen. »Ich denke...« »Ich fühle...« »Ich möchte...« »Ich brauche...« Ihre Botschaften beschreiben Ihre eigenen Erfahrungen, und jeder Zuhörer weiß, daß Sie und nicht andere für Ihre Gedanken, Gefühle, Taten und Bedürfnisse verantwortlich sind. Sehen Sie sich einmal an, wie klar und offen sich solche Botschaften anhören:

- Es ist mir wichtig.
- Ich möchte darüber nachdenken.
- Ich habe eine andere Ansicht.

- Ich bin erleichtert, daß du angerufen hast.
- Mir gefällt dieses Bild.
- Das ist es, was ich mag.
- Das ist mein Eindruck.

Scheint es nicht einfach zu sein, solche Aussagen über das, was Sie wirklich denken, fühlen, wollen oder brauchen, zu machen? Es könnte tatsächlich so einfach sein – wenn da nicht diese eine Sache wäre. Als Fürsorgerin sind Sie wahrscheinlich schon Ihr Leben lang darauf trainiert worden, sich indirekt auszudrücken und Ihre Gefühle zu verbergen. Aus Angst, die Gefühle anderer Menschen zu verletzen, für unhöflich oder egoistisch gehalten zu werden, haben Sie vielleicht bisher chronisch Ihre Gefühle und Ansichten verschleiert. Daß Sie taktvoll, fürsorglich, liebevoll und höflich sind – klassische Merkmale der Fürsorgerin –, bedeutete, daß Sie sich auf Kosten Ihres Selbst anderen untergeordnet haben.

Eine angemessene Selbstdarstellung beinhaltet auch, daß Sie sich gewohnheitsmäßige, fruchtlose und hinderliche Formen des Selbstausdrucks bewußt machen und sie ablegen. Dazu gehören:

1. *Die Anwendung von Fragen.*

Mit Fragen können Sie echte Gefühle und Bedürfnisse verbergen. Sie unternehmen zum Beispiel mit einer Freundin eine Fahrt und werden hungrig. Aber Sie sagen nicht: »Ich würde gerne eine Pause machen und eine Kleinigkeit essen«, sondern: »Würdest du gerne eine Pause machen und eine Kleinigkeit essen wollen?« Oder Sie möchten sehr gerne einen neuen Film sehen, der gerade angelaufen ist. Das sprechen Sie aber nicht direkt aus, sondern Sie fragen: »Würdest du nicht gerne mal wieder ins Kino gehen?«

2. *Der Gebrauch vager Pronomina.*

In diesem Fall verwenden Sie Deckworte wie *Leute, manche, alle, sie, wir* oder *es*, um Ihre wahren Gefühle oder Absichten zu verbergen. Zum Beispiel:

- »*Wir* sollten nicht soviel Geld ausgeben.« (Sie meinen: »Mir ist nicht wohl dabei, daß *du* so viel Geld ausgibst.«)
- »*Alle* sagen, daß der Film gut ist.« (Sie meinen: »Ich würde gern diesen Film sehen, weil ich gehört habe, daß er wunderbar ist.«)

- »Die *Leute* werden dich für unhöflich halten, wenn du nicht zu diesem Essen gehst.« (Sie meinen: »Ich mache mir Sorgen, was die Leute von *mir* denken, wenn du nicht mitkommst.«)
- »*Kein anderer* würde sich einen derartigen Ton gefallen lassen.« (Sie meinen: »Ich ärgere mich über den Ton, den du mir gegenüber anschlägst.«)

Das bei weitem hinterhältigste Pronomen in diesen Fällen ist das Wort *du*, das oft genug im Ton der Anklage vorgebracht wird. Sehen Sie sich an, wie dieser kleine Teufel dazwischenfahren kann:

- »*Du* bist gedankenlos.« (Was heißt: »Ich bin verletzt, weil du mich nicht angerufen und mir gesagt hast, daß du später kommst.«)
- »*Du* liebst mich nicht.« (Was heißt: »Ich fühle mich nicht geliebt.«)
- »*Du* hättest heute abend nicht ins Schwimmbad gehen sollen.« (Was heißt: »Ich bin enttäuscht, weil wir die Zeit nicht zusammen verbracht haben«, oder »daß du nicht zu Hause warst, um mir zu helfen«, oder »daß du jetzt schon zum dritten Mal unseren Jahrestag vergessen hast.«)

In jedem dieser Fälle wird bei der laut geäußerten Reaktion die Aufmerksamkeit auf das »du« gelenkt, wohingegen bei der dahinterstehenden Bedeutung das »ich« im Vordergrund steht. Wann immer Sie in diesem Zusammenhang den Nachdruck auf die andere Person statt auf sich selbst legen, sollte Ihre innere Alarmglocke aufschrillen. Diese »Du«-Botschaften verschleiern Ihre Gefühle und Bedürfnisse und lösen zudem in anderen stark negative Gefühle aus. Die Menschen kriegen nicht gern vorgehalten, was an ihrem Denken, Fühlen oder Tun falsch ist. Sie mögen glauben, daß Sie durch diese »Du«-Botschaften Ihre Gefühle erklären, was aber nicht der Fall ist. Vielmehr arbeiten Sie mit Schuldzuweisungen, was andere dazu ermuntert, Sie anzugreifen oder sich zu verteidigen.

3. *Sprechen Sie aus, was Sie möchten.*

Wenn Sie immer nur davon sprechen, was Sie *nicht* möchten, dann bleibt unklar, was sie *eigentlich* möchten. Stellen Sie sich vor, Sie sind auf einer verlassenen Insel gestrandet. Der Hubschrauberpilot über Ihnen, der nur einmal vorbeikommt, fragt Sie, welche Dinge er Ihnen abwerfen soll. Wenn Sie ihm nur mit negativen Antworten kommen (»Ich will kein Parfüm«, »Ich will kein Abendkleid«, »Ich will keine Enchiladas«), werden Sie wohl verhungern! Die Moral von der Geschichte: Die Wahrscheinlichkeit, daß die Menschen wissen, was Sie wollen – und es Ihnen dann auch zukommen lassen –, ist sehr viel größer, wenn Sie Ihnen positive und instruktive Informationen geben.

4. *Seien Sie kongruent – vermitteln Sie anderen Ihre wahren Gefühle.*

Wenn Sie lernen, Ihren Gefühlen Ausdruck zu geben, dann heißt das auch, daß Sie sich ihnen stellen. Damit sagen Sie sich im Grunde: »Mir ist klar, daß ich gewisse Risiken eingehe, wenn ich authentisch oder mir gegenüber ehrlich bin, aber mir ist auch klar, daß ich für mein Selbst verantwortlich bin. Deshalb bin ich bereit, mich auf die Konsequenzen dieser Offenheit einzulassen und anderen meine Gefühle präzise zu vermitteln.«

Ironischerweise bedeutet es für eine Beziehung weit weniger Risiken, wenn Sie in Übereinstimmung mit sich vorgehen, als wenn Sie das nicht tun. Wut und Ärger werden geschürt, wenn sich Probleme aufbauen, und führen manchmal zu so viel Aufruhr und Bitterkeit, daß die Beziehung abgebrochen wird. Verhalten Sie sich in Einklang mit Ihren Gefühlen, dann haben Sie den Vorsatz, offen zu sein, sich selbst zu akzeptieren und Ihren Wert zu bekräftigen. Sie entscheiden sich praktisch für die Freiheit, die Freiheit, Sie selbst zu sein, statt für die Sklaverei ständig unterdrückter und schwärender Gefühle.

5. *Übernehmen Sie die Verantwortung für Ihre Kommunikationsform.*

Offen zu sein heißt nicht, destruktiv zu sein. Es ist sehr wichtig, daß Sie sich in Ihren Reaktionen offener Feindseligkeit und verletzender Schärfe enthalten, auch wenn das heißt, daß Sie sich erst mal wieder unter Kontrolle bringen müssen, bevor Sie reagieren. Leider sind Sie oft schon wütend und frustriert, wenn Sie merken, daß Sie Klartext sprechen müssen. Unter emotionalem Druck lassen wir nur allzu leicht die nackte Wut sprechen und klatschen andere an die Wand oder provozieren eine gleichermaßen herbe Gegenreaktion. Halten Sie inne, und denken Sie darüber nach, was Sie sagen wollen. Zielen Sie auf den Aufbau, nicht auf die Zerstörung der Beziehung ab.

Denken Sie daran, daß Sie Ihre Gefühle nicht gegenüber einem Gegenstand, sondern gegenüber einem anderen lebendigen, atmenden Wesen, das genauso schmerzempfindlich ist wie Sie, zum Ausdruck bringen. Es liegt an Ihnen, ob Sie mit Ihren Empfindungen einfach so herausplatzen oder ob Sie sich darin üben wollen, sie auf freundliche, sensible und sogar sanfte Weise zu äußern.

6. *Hören Sie anderen zu.*

Auch wenn Sie noch so vorsichtig sind, können Ihre Botschaften doch für die andere Person schmerzlich sein. Wollen Sie sie weniger in die Defensive treiben und Ihre Botschaften etwas schmackhafter machen, dann wiederholen Sie sinngemäß, was Sie von ihr zu hören bekommen. Für das Intakthalten einer Beziehung gilt die Faustregel: Erklären Sie sich in weniger als einer Minute und hören Sie sich wenigstens fünf Minuten lang die Antwort Ihres Gegenübers an.

7. *Seien Sie vorsichtig in Ihrem Urteil, wer sich hier, wenn überhaupt, ändern sollte.*

Machen Sie nicht den Fehler anzunehmen, daß sich andere ändern sollten, nur weil Sie Ihre Gefühle erläutert haben. Es könnte tatsächlich so sein, daß *Sie* sich ändern sollten, was Ihnen vielleicht klar wird, wenn Sie sich von brodelnden Gefühlen freimachen und objektiver denken können. Möglicherweise stellen Sie fest, daß Ihre Erwartungen unrealistisch waren oder die Schmach, die Ihnen angetan wurde, eher eingebildeter denn realer Natur war.

KAPITEL 5

Die Perfektionistin

Möglicherweise gehören Sie zu den Personen, denen an einem hohen Standard liegt und die mit gesunder Begeisterung stets Vollkommenheit anstreben. Das ist gut.

Vielleicht aber setzen Sie sich auch hohe Ziele, die weit außerhalb Ihrer Reichweite liegen, und verausgaben sich ständig im Bemühen, ihnen gerecht zu werden. Das ist schlecht.

Tatsächlich könnten Sie, falls Sie häufig unerreichbaren Zielen nachjagen, eine dieser zwanghaften Perfektionistinnen sein, deren Leben in allen seinen Aspekten vollkommen sein muß, und die ihren Selbstwert ausschließlich an ihren persönlichen Leistungen bemessen.

Nehmen Sie den Fall einer (inzwischen reformierten) Perfektionistin, die von folgender Begebenheit berichtet: »Zum 1. Advent waren wir bei meiner Schwiegermutter eingeladen, und ich hatte mich unter anderem erboten, ein Tablett mit Appetithäppchen mitzubringen. Aber das war nun nicht, was man sonst so darunter versteht. Ich nahm Orangen und eine Grapefruit und bestückte sie mit Petersilie, bis sie wie ein ganzer Hügel aussahen. Dann arrangierte ich aus Selleriestangen, Radieschen, Karotten, Rettichkringeln, Gänseblümchen, Lilien und Rosen einen wunderbaren Blumengarten auf diesem Petersilienhügel. Ich brauchte fast zwei Tage dazu, und als ich schließlich fertig war, war ich zu erschöpft, um mitzukommen. Auch zu frustriert. Ich packte also meine sechs Kinder, den Appetithäppchengarten, einen fabelhaften Brokkoliauflauf und elf verschiedene selbst gebackene Pasteten in den Wagen und schickte sie mit meinem Mann zu Oma.

Mein Appetithäppchenarrangement heimste großes Lob ein, aber das bekam ich nicht mit, ich war ja nicht da. Ich hockte zu Hause und kochte vor Wut, weil andere von mir soviel erwarteten. Bevor sie nicht alle abgefahren waren, hatte ich mich noch nicht einmal geduscht und richtig angezogen. Nun weiß ich, daß *ich* es war, die zuviel von mir erwartete! Ich traf die Entscheidungen. Ich hätte für dieses Essen ganz einfache Appetithäppchen vorbereiten, ein paar Kürbispasteten kaufen und ein vegetarisches Gericht mitbringen können. Aber ich hatte den Drang gehabt, zwei Tage auf dieses Arrangement, einen ausgeklügelten Auflauf und eine Unzahl exotischer Pasteten zu verwenden, nur damit mich die anderen Leute ganz fabelhaft fanden. Aber ich erreichte damit nur, daß ich mich kreuzunglücklich fühlte.«

Diese Frau verbrachte ihrer Aussage nach die ersten fünfunddreißig Jahre ihres Lebens damit, daß sie sich täglich im Bemühen, »immer perfekt zu sein«, bis zur Grenze des Erträglichen trieb. Und was kam dabei heraus? »Ich habe eine Menge geschafft«, sagt sie, aber fügt dann nach einigem Nachdenken hinzu: »Vieles davon hätte ich aber gar nicht tun müssen. Jetzt denke ich daran, wieviel Zeit ich dabei verloren habe, die ich mit meinen Kindern hätte verbringen oder die ich für mich hätte nutzen können. Und ich denke an die Wut, die ich auf so viele Leute hatte, und mir wird klar, daß ich für meinen Versuch, immer perfekt zu sein, einen enormen Preis bezahlt habe.«

Auch beim durch Programmierung bedingten weiblichen Drang nach Perfektionismus haben wir es wieder mit einem ganzen Spektrum an Ausformungen zu tun. An einem Ende steht die Frau, die zwanghaft getrieben ist, bei allem was sie tut, makellose Resultate vorzuweisen. Sie setzt sich ein unrealistisch hohes Ziel und geht gnadenlos mit sich ins Gericht, wenn sie es nicht erreicht. Alles, was weniger als perfekt ist, ist unakzeptabel, aber hat sie tatsächlich auch in ihren Augen eine Glanzleistung vollbracht, kann sie sich oft gar nicht daran freuen, weil Perfektion für sie die Norm ist. Sie schlägt sich selten selbst mal auf die Schulter und konzentriert sich ständig auf das, was sie nicht erreicht, statt auf das, was sie geleistet hat. Schließlich fühlt sie sich »von ihrer Unzulänglichkeit gepeinigt, statt von ihren Erfolgen beflügelt.«[1]

Am andern Ende des Spektrums steht die Frau, die sich ebenfalls um ein hohes Ziel bemüht, aber ihre Unzulänglichkeiten und Grenzen akzeptiert. Sie spürt, wann sie in einer Sache das Optimum erreicht hat. Sie kann von ihr lassen – und Befriedigung daraus ziehen –, ohne immer ihr Bestes gegeben zu haben. Außerdem ist sie imstande, Prioritäten zu setzen und zu entscheiden, welche Angelegenheit den größten Aufwand lohnt. Problemlos macht sie sich das Motto zu eigen: »Lohnt es sich kaum, es zu tun, dann tu es auch nur kaum.« Ihre Leistungsmotivation nährt sich aus der Freude und Begeisterung für die Leistung, nicht aus der Angst vor Versagen. Und deshalb kann sie auch aufhören und sich entspannen, ohne das innere nagende Gefühl, etwas Unrechtes zu tun, sobald sie auch nur einen Augenblick nichts leistet.

Eine vom Perfektionismus getriebene Frau agiert aus unbewußter Fürsorglichkeit. Sie ist sich ihrer Motivationen für das Umsorgen anderer nicht bewußt; ihr ständiger Drang, überehrgeizige, wenn nicht gar unmögliche Ziele zu erreichen, geht stark zu Lasten ihres physischen und emotionalen Wohlbefindens. Sie weiß nicht, wann es an der Zeit ist zu sagen: »Ich habe genug getan. Das ist gut genug.« Die Vorstellung, daß auch sie Grenzen hat, ist ihr fremd.

Die Frau hingegen, die ihren Drang nach Vollkommenheit im Griff hat, agiert aus bewußter Fürsorglichkeit. Hinter ihrem Persönlichkeitsausdruck steht ein schöpferischer Impuls, nicht der Drang, zu beeindrucken (sich das Selbstwertgefühl zu »verdienen«). Sie ist sich bewußt, daß ihre Zeit, Energie und Mittel beschränkt sind und respektiert ihre Grenzen.

Wollen Sie in bezug auf den Perfektionismus zu bewußter Fürsorglichkeit gelangen, dann ist das ein längerer Weg, keine einmalige Angelegenheit. Wo würden Sie sich innerhalb des Spektrums ansiedeln? Können Sie Aspekte in Ihrem Verhalten ausmachen, die Ihnen gefallen? Gibt es Bereiche, in denen Sie Fortschritte erzielt haben? Bereiche, die Sie in den Griff bekommen wollen? Der

Rest dieses Kapitels zielt darauf ab, Ihnen Hilfestellung zu geben, wenn Sie sich von Ihrem Perfektionismus befreien wollen. Denken Sie im weiteren Verlauf daran, daß solche dem Perfektionismus zugehörige grundlegende Qualitäten wie die Fähigkeit, hart zu arbeiten, aufs Detail zu achten, genau und gründlich zu sein, Ihnen dienliche Stärken sind. Ziel ist es, diese hervorragenden Qualitäten sinnvoll einzusetzen, indem Sie Ihren Perfektionismus in den Griff kriegen.

Der Mythos vom Perfektionismus

Gibt es so etwas wie Perfektion? Nach David Burns gibt es sie nicht. Seiner Meinung nach ist Perfektion die »größte Illusion aller Illusionen«. »Sie existiert ganz einfach nicht im Universum«, behauptet er. »Je härter Sie nach Perfektion streben, desto schwerer werden Sie enttäuscht werden, da sie nur eine Abstraktion ist, eine Vorstellung, die der Realität nicht entspricht.« Und sollten Sie das nicht glauben können, dann sehen Sie sich mal um, schlägt er vor. Alles kann bei genauerer oder kritischerer Betrachtung noch verbessert werden: jede Person, jede Idee, jedes Kunstwerk, jede Erfahrung. Und das schließt natürlich auch Ihre Leistung mit ein.[2]

Wollen Sie von Ihrem Perfektionismus lassen, dann müssen Sie auch die Vorstellung aufgeben, daß Sie in irgendeinem Bereich perfekt sein könnten, wenn Sie sich nur stark genug darum bemühen. Die Wahrheit ist, daß Sie in diesem Leben nie und nirgendwo perfekt sein können.

Außerdem werden Sie auch die Vorstellung aufgeben müssen, daß es irgendwo da draußen eine perfekte Frau gibt, bei der aber auch alles klappt – und der Sie es gleichtun müssen! »Das Bild habe ich in mir«, erklärt eine Perfektionistin. »Ich glaube, daß es eine da draußen gibt, die wie eine Million Dollar aussieht, ihren Haushalt tiptop hat, vierzig Gläser Pfirsiche am Tag einmacht, ihren Kindergarten zu Hause abhält, ihre Kinder selber unterrichtet, ihr Brot immer selbst bäckt, nie schläft und nie zunimmt, wenn sie schwanger ist. Die habe ich im Kopf, und da sie für mich existiert, ist das, was ich leiste, nie gut genug.«

Und schließlich müssen Sie die Vorstellung aufgeben, daß Sie das sind, was Dorothy Briggs einen »besonderen Fall« nennt.[3] Vom Verstand her mag Ihnen klar sein, daß die Menschen nicht vollkommen sein können, aber von Ihrem Gefühl her glauben Sie, daß Sie anders sind – *Sie* können sich Unvollkommenheit nicht leisten. Ihr »unakzeptables Ich« ist quantitativ mieser als das irgendeiner anderen Person, deshalb müssen Sie sich bemühen, das wieder wettzumachen und fabelhaft dazustehen, auch wenn es bedeutet, daß Sie sich bis zum Umfallen antreiben. Als »besonderer Fall« mögen Sie auch meinen, die einzige in der Welt zu sein, die Fehler macht, und der sie auch nicht vergeben werden können.

Fragen Sie sich, warum Sie der einzige Mensch (von fünf Milliarden auf diesem Planeten) sind, der vollkommen sein muß? *Alle* Menschen machen jeden Tag ihres Lebens Fehler.

Perfektionismus und das Alles-oder-nichts-Denken

Frauen ganz allgemein und Perfektionistinnen im besonderen neigen dazu, ihre persönlichen Eigenschaften und Merkmale mit Etiketten der extremen Alles-oder-nichts-Kategorien zu versehen, und das Dutzende Male am Tag, wie folgende Aussagen illustrieren:

- »Ich bin so fett. Ich sollte nicht hier im Kreis all dieser dünnen Frauen sitzen.«
- »Ich habe diesen Frauen nichts zu sagen. Ich bin so pragmatisch und langweilig.«
- »Was für eine blöde Bemerkung von mir. Ich habe sie sicher beleidigt. Ich sage immer so törichte Dinge.«
- »Ich hätte selber daran denken sollen. Ich bin so egozentrisch. Nie denke ich an andere.«

Sollten Sie sich gewohnheitsmäßig mit derartigen Etikettierungen selbst beschreiben, dann verallgemeinern Sie auf eine Weise, die die vielen komplexen Aspekte Ihres Handelns oder Charakters völlig ignoriert. In einem einzigen Aufwasch wischen Sie Ihre Einmaligkeit aus und denken von sich nur im Kontext der Etikettierung, die Sie benutzt haben.

Etikettierungen unterteilen Ihre Eigenschaften und Merkmale in die Kategorien von schwarz und weiß. Sie sind entweder gut oder schlecht, schön oder häßlich, begehrenswert oder abstoßend. Sie pressen Sie in ein entweder/oder, und *Sie* werden selbst zum Etikett. Charakterisieren Sie sich auf diese Weise, so ist das irreführend und verzerrt die Dinge, denn Etiketten sind Abstraktionen, die in der Realität nicht existieren. Außerdem sind sie heimtückisch, denn jede neue Situation, der Sie ein Etikett aufkleben, wird so zu einem weiteren »Beweis«, daß Sie tatsächlich, so, wie das Etikett besagt, unzulänglich sind. Es macht Sie zum »fertigen Produkt«, dazu verdammt, genau das den Rest Ihrer Tage zu bleiben, ohne Raum für Wachstum oder Veränderung.

Welche Etiketten treffen auf Sie zu, wenn Sie sich folgende Liste ansehen

unorganisiert	unsensibel	reglementierend
langweilig	schüchtern	zu redselig
faul	unsicher	zu pragmatisch
unmotiviert	ungeduldig	zu reserviert
unzulänglich	zu groß	reizbar
unliebenswert	zu klein	nervös
häßlich	zu fett	simpel
unattraktiv	zu dünn	pingelig
eigensinnig	egoistisch	borniert
gluckenhaft	sonderbar	unreif
schwach	dumm	ohne Zuversicht
unentschlossen	tölpelhaft	unmusikalisch
zu ernst	sorglos	unpraktisch
zu gefühlsbetont	unverantwortlich	unsportlich
zu freimütig	vergeßlich	doof
ängstlich	schlampig	Spielverderberin

Etikettierungen dieser Art halten Sie davon ab, die Mühe auf sich zu nehmen und den Versuch einer Veränderung zu riskieren. Außerdem tendieren sie dazu, sich selbst zu erhalten und fortzupflanzen. Was also können Sie zur Vermeidung eines derart destruktiven Denkens, das Sie am Wachstum und an einem hohen Selbstwertgefühl hindert, tun?

1. Machen Sie sich klar, daß Sie sich verändern können. Vermeiden Sie eine Etikettierung wie etwa »ich bin doof«, die Sie dann noch mit entsprechenden Schlußfolgerungen unterstützen wie: »So bin ich eben«, »ich war schon immer so«, »ich kann's nicht ändern.« Sie haben die Fähigkeit, alles zu ändern, was Sie wollen.

2. Denken Sie daran, daß dem Etikett die Annahme zugrunde liegt, daß Sie, um ein annehmbares menschliches Wesen zu sein, Perfektion erlangen müssen. Dem ist aber nicht so! Sie werden sich immer, gemessen an jeder Dimension, derer Sie sich als Maßstab zur Beurteilung Ihrer Person bedienen, im Zustand relativer Unvollkommenheit befinden.

Im Zusammenhang mit diesem Thema erzählt eine Frau: »Bei einem Gespräch mit Freunden bezeichnete ich mich als ›uninformiert‹, weil ich nicht über alle Wahlthemen Bescheid wußte. Später dachte ich, daß ich nicht unbedingt jeden Film kennen müßte, der angelaufen ist, oder jedes Buch, das auf der Bestsellerliste steht, oder jedes Thema, das bei den Wahlen zur Debatte steht. Ich werde ja doch nie über *alles* informiert sein.«

3. Machen Sie sich auch klar, daß Sie mit solchen negativen Etikettierungen alle Ihre positiven Eigenschaften auslöschen oder alles, was Sie an Positivem in Ihrem Leben getan haben. Nehmen Sie die Bemerkung: »Ich hätte selber daran denken sollen. Ich bin so egozentrisch. Nie denke ich an andere.« Sie ignoriert alle großzügigen, selbstlosen Bemühungen, die Sie für andere auf sich genommen hat.

4. Verfolgen Sie eine Woche lang all die negativen Etikettierungen, mit denen Sie sich belegen, und entfernen Sie sie dann aus Ihrem Repertoire. Bleiben Sie vielmehr bei der Situation, um

die es geht, und beschreiben Sie sie: »Ich wünschte, ich hätte selber daran gedacht, aber ich hab's nicht, und das ist in Ordnung.«

5. Denken Sie in Schattierungen. Beurteilen Sie Ihre Eigenschaften oder Handlungen nicht in absoluten Begriffen. Halten Sie sich vor Augen, daß die Dinge nicht einfach schwarz oder weiß, sondern irgendwo zwischen 0 und 100 Prozent angesiedelt sind.[4] Sagen Sie nicht: »Ich bin so egoistisch – nie denke ich an die Bedürfnisse anderer«, sondern: »Wahrscheinlich denke ich zu 95% meiner Zeit an die Bedürfnisse anderer Menschen.«

6. Versuchen Sie, Ihr Verhalten oder Handeln in neutralen Begriffen zu sehen. Stellen Sie sich vor, Sie wenden so ein Etikett wie »Versagen« auf das Verhalten eines Tieres an, schreibt Wayne Dyer. Nehmen wir an, Sie hören sich 15 Minuten lang das Gebell eines Hundes an und meinen dann: »Also, dieser Hund bellt wirklich nicht sehr gut. Ich gebe ihm eine Vier.« Das ist absurd. »Tiere können nicht versagen, weil es keine Beurteilungsgrundlage für natürliches Verhalten gibt. Spinnen weben Netze, die weder als erfolgreich noch erfolglos bezeichnet werden können. Katzen jagen Mäuse. Klappt es bei der einen nicht, dann jagen sie eben eine andere. Sie sitzen nicht da und jammern über die eine, die ihnen entwischt ist, und kriegen auch keinen Nervenzusammenbruch, weil sie versagt haben. Natürliches Verhalten existiert einfach! Warum wenden Sie also nicht die gleiche Logik auf Ihr Verhalten an und befreien sich von der Angst vor Versagen.«[5]

Auch wenn Sie an Ihrem Verhalten oder Ihren Aktivitäten etwas verbessern wollen, sollten Sie Ihre gegenwärtige Handlungsweise einfach als natürliches Verhalten betrachten, als neutralen Ausgangspunkt für eine Veränderung und nicht als grauenhaften Mangel, mit dem Ihre Person behaftet ist.

7. Denken Sie daran, daß diese Punkte auch in bezug auf andere Menschen gelten. Stülpen Sie Ihnen Etiketten über, dann sehen Sie sie als absolut schlecht oder unzulänglich und vernichten ihre Persönlichkeit oder ihr Wesen. Sie geben der anderen Person keine spezifischen Informationen über ein spezifisches Verhalten

in einer bestimmten Situation, das Ihnen zu schaffen machte. Und das macht es für den anderen schwierig, eine Änderung auch nur in Betracht zu ziehen!

Perfektionismus und Fehler

Perfektionistinnen haben typischerweise eine Todesangst davor, Fehler zu machen. Und tritt dieser Fall unvermeidlicherweise ein, dann schämen und beschimpfen sie sich wie diese sich kasteiende Frau: »Heute morgen habe ich beim Staubwischen drei Dinge zerbrochen. Drei! Zwei waren Erbstücke von der Großmutter meines Mannes und eins war das Glas eines Bilderrahmens. Ich habe mich stundenlang wegen meiner Blödheit geärgert.«

Frauen mit einem Hang zum Perfektionismus gehen wohl, wenn sie einen Fehler machen, mit sich selbst am härtesten ins Gericht, oder ist diese harte Selbstkritik nicht untypisch für jede Frau, die den schweren Fehler begeht, ihren *Wert* mit ihrem *Wachstum* zu verwechseln. Sehen Sie sich, um beides auseinanderzuhalten, zunächst den Begriff von *Wachstum* und folgendes Prinzip an: *Sie haben als fehlbares menschliches Wesen im Prozeß des Werdens ein Recht darauf, Fehler zu machen.*

Für die meisten von uns ist das Leben ein Lernprozeß. Jede Krise, mit der wir konfrontiert sind, verlangt, daß wir uns ändern und wachsen. Als fehlbare Geschöpfe, die wir unserer Natur nach unvollkommen sind, befinden wir uns immer in einem Prozeß des Werdens und nehmen zu an Weisheit und Erfahrung. Wir werden nie, wenn wir Glück haben, an einem Punkt anlangen, wo wir unseren Wachstumsprozeß vollendet haben. Und innerhalb dieses Prozesses machen wir Fehler, zu unserm Nutzen, denn aus diesen Fehlern lernen wir viel. Tatsächlich sind diese Fehler für unseren Wachstumsprozeß absolut wesentlich.

Wenden wir uns nun dem Begriff *Wert* und folgendem Prinzip zu: *Als menschliches Wesen sind Sie von Natur aus wertvoll, ganz einfach, weil Sie existieren.*

Ein ziemlich verbreitetes Poster bringt es auf den Punkt. Es zeigt einen Jungen, der wie ein Halbstarker aussieht, und darunter steht: »Ich weiß, ich bin okay, denn Gott erschafft keinen Schrott.«

Und Dorothy Briggs schreibt: »Sie sind ein einmaliges Ereignis in diesem Universum.« Die meisten von uns erkennen diese Tatsache zwar äußerlich an, schieben sie aber dann schnell beiseite, bemerkt sie. Doch die Wahrscheinlichkeit, daß in der Vergangenheit, Gegenwart oder Zukunft eine andere Person genetisch das genau gleiche Muster hat wie wir, ist so unendlich gering, daß sie praktisch undenkbar ist.[6]

Briggs hebt hervor, daß sich unser Universum nicht mit Duplikaten abgibt. Jeder und jede von uns ist eine unwiderholbare Schöpfung – ein Wunder. Und als solches Wunder sind wir wesentlich von Wert.

Folgende Aussagen zeigen, wie Frauen typischerweise Wert mit Wachstum verwechseln.

- »Ich hab die Geduld verloren. *Ich bin schrecklich!*«
- »Ich hab mich aus dem Haus ausgesperrt. *Das war so dumm von mir!*«
- »Ich hab die Milch vergossen. *Wie nachlässig von mir!*«
- »Ich züchte neue Lebensformen in meinem Kühlschrank. *Ich bin eine grauenhafte Hausfrau!*«

In jeder Aussage beschreibt die Frau erst ihren Fehler, ein Thema des Wachstums, und etikettiert sich dann, wobei sie den Fehler zum Thema ihres Wertes macht. Die Aufgabe besteht darin, einfach eine neutrale Aussage an die Stelle des Etiketts zu setzen. Zum Beispiel:

- »Ich hab die Geduld verloren. Ich werde daraus lernen und es das nächste Mal besser machen.«
- »Ich hab mich aus dem Haus ausgesperrt. Ich werde einen Schlüssel irgendwo draußen verstecken, damit mir das nicht wieder passiert.«
- »Ich hab die Milch verschüttet. Ich hol einen Lumpen und wische es auf.«

- »Ich züchte neue Lebensformen in meinem Kühlschrank. Wie kreativ!«

Beachten Sie, daß sich diese Reaktionen lediglich auf das Problem beziehen. Weder morden sie die Persönlichkeit der Frau noch schmälern sie ihren Wert. Die ersten dieser drei Beispiele – die Geduld verlieren, sich aus dem Haus aussperren oder die Milch verschütten – können als echte Fehler betrachtet werden. Auf den vierten Fall trifft das nicht zu. Hier bemerkt die Frau nur etwas, das sie nicht selbst getan hat, und klagt sich dann als schlechte Hausfrau an.

Und damit kommen wir zu einem wichtigen Punkt. Häufig ist ein Fehler gar kein Fehler. Die Leute meinen oft, in bestimmten Situationen etwas falsch gemacht zu haben, in denen gar kein Irrtum oder Fehler vorliegt.

Nach der Definition eines Lexikons machen Menschen Fehler, wenn sie etwas mißverstehen oder ein moralisches Urteil fällen.

Sie machen keinen Fehler, wenn ein anderer denkt, Sie »sollten« etwas auf andere Weise tun. Als jemand die Bemerkung einer Frau mit »das war ausgesprochen dumm« kommentierte, gab sie zur Antwort: »Ich behalte mir das Recht vor, Dinge zu sagen, die *du* dumm findest, und mir nichts daraus zu machen.« Diese Frau wußte, daß sie keinen Fehler gemacht hatte. Sie dachte nur nicht so, wie sie der Meinung ihrer Freundin nach hätte denken »sollen«.

Und Sie machen auch keine Fehler, wenn Sie Ihre Entscheidung auf die beste Ihnen zugängliche Information gründen und später feststellen, daß Sie sich, hätten Sie noch über weitere Informationen verfügt, anders entschieden hätten. Sie haben ganz einfach das Ihnen zu jenem Zeitpunkt Bestmögliche getan. Es ist unsinnig, sich dafür zu kasteien.

Und selbst, wenn Sie einen Fehler machen, dann gehen Sie nicht so hart mit sich um. Beschimpfen oder demütigen Sie sich nicht selbst. Leugnen Sie ihren Fehler auch nicht ab. Und entschuldigen Sie sich nicht überschwenglich, als hätten Sie eine nicht wieder gutzumachende und unverzeihliche Sünde begangen. Nehmen Sie ganz einfach die Haltung der »freundlichen Großmutter« ein, rät Dorothy Briggs. Dann sind Sie weder zu nachsichtig noch zu hart mit sich selbst. Der größte Fehler, den Sie machen können, ist der, daß Sie ewig an alten Fehlern kleben. Konfrontieren Sie sich mit Ihren Fehlern, lernen Sie daraus, und lassen Sie es dann auf sich beruhen. »Setzen Sie Ihren alten Fehlern eine Verjährungsfrist, und weigern Sie sich, sich Jahr um Jahr in Selbstbestrafung zu suhlen.«[7]

Eine Frau beschreibt, wie sie sich in solchen Fällen von der Angel läßt: »Wenn ich merke, daß ich etwas vermasselt habe, dann klopfe ich mir auf die Schulter, weil ich Schritt Eins getan habe. Ich habe wenigstens hinterher gemerkt, daß ich einen Fehler gemacht habe. Schritt Zwei bedeutet, daß ich meinen Fehler erkenne, während ich etwas vermassle. Schritt Drei – der wirklich große Schritt! – bedeutet, daß ich den Fehler schon davor bemerke. Dann habe ich wirklich Fortschritte gemacht!«

Wenn Sie daran arbeiten, Fehler in die neutrale Zone zu verla-

© 1985, Artemas Cole in *New Woman Magazine*

gern, dann erinnern Sie sich an den Kommentar eines Weisen: »In Anbetracht der übergreifenden kosmischen Sicht der Dinge, und des Todes, der uns über die linke Schulter sieht – was macht es denn da wirklich für einen Unterschied?«[8]

Jeder Mensch hat das Recht, etwas falsch zu machen, und das Recht, aus seinen Fehlern zu lernen und daran zu wachsen, ohne daß andere mit dem Finger darauf deuten müssen. Die meisten von uns prügeln sich innerlich ohnehin ganz gewaltig, wenn sie glauben, einen Fehler gemacht zu haben, da müssen andere nicht noch nachhelfen. Doch andere ohne Strafgericht Fehler machen zu lassen, stellt möglicherweise eine der schwersten Herausforderungen für die Perfektionistin dar. Der Kern ihres Problems ist nämlich ihre Annahme, daß andere Menschen perfekt sein können oder sollten – und perfekt sein heißt, die Dinge so zu tun, wie sie es für richtig hält.

Sollte diese Beschreibung auf Sie zutreffen, und wissen Sie im Innersten, daß Sie anderen Menschen mehr Freiheit lassen müssen, Fehler zu machen, dann lesen Sie weiter. Wir haben über Methoden im Umgang mit Ihren Fehlern gesprochen. Jetzt geht es darum, wie Sie andere aus Ihrer kritischen Beurteilung entlassen – und daraus, perfekt sein zu müssen.

1. *Andere davon zu entbinden, perfekt sein zu müssen, heißt, daß Sie andere anders sein lassen und ihnen eine anders geartete Realität zugestehen.*

Die Geschichte eines fünfjährigen Jungen, der mit seiner Familie ein Restaurant besuchte, illustriert diesen Punkt. Als die Kellnerin den Jungen fragte, was er haben wollte, antwortete er: »Eine Limonade und einen Hamburger.« Seine Mutter hielt dagegen: »Nein, bringen Sie ihm Roastbeef, Bohnen, Kartoffeln und Milch.« Als die Kellnerin zurückkehrte, stellte sie dem Jungen eine Limonade und einen Hamburger hin. Tiefes Schweigen. Dann sagte der Junge: »Mami, sie denkt, ich bin eine *wirkliche* Person.«

Der Schriftsteller Carl Rogers bedient sich folgender Analogie, um auf die Notwendigkeit zu verweisen, daß wir die, die wir lieben, in ihrem unvollkommenen Zustand akzeptieren müssen:

»Wenn ich am Strand spazierengehe und dem Sonnenuntergang zuschaue, dann ruf ich nicht. ›Bitte rechts noch ein bißchen mehr Orange‹, oder ›hättest du was dagegen, das Lila im Hintergrund etwas zu dämpfen.‹ Nein, ich erfreue mich an den immer wieder unterschiedlichen Sonnenuntergängen, so, wie sie sind. Wir täten gut daran, das gleiche mit den Menschen zu tun, die wir lieben.«[9]

2. *Andere sein zu lassen heißt auch, daß sie ohne Bestrafung unbequem sein dürfen.*

Der Härtetest in diesem Zusammenhang steht dann an, wenn etwas für uns Wertvolles auf dem Spiel steht – vielleicht ein Gegenstand oder unsere Zeit, Aufmerksamkeit oder unser Terminplan. Nehmen wir den Fall von Roxie. Ihr Härtetest kam an einem Sonntagmorgen, als sie mit ihrer achtjährigen Tochter Waffeln buk. Ihre Tochter griff nach der Schüssel mit dem flüssigen Eierteig in Roxies Händen, um sie neben das Waffeleisen zu stellen – da machte die Schüssel einen Hupfer und ihr Inhalt ergoß sich auf den Boden. Roxie wollte schon losschimpfen, hielt aber an sich und sagte ganz ruhig: »Das war bloß ein Versehen.« Um dann frohgemut in Gegenwart ihres Mannes fortzufahren: »Macht nichts, Schätzchen. Papi wird alles aufwischen, und wir beide machen einen neuen Waffelteig.« Roxie hatte sich in diesem Moment an eine andere Geschichte erinnert. Als sie klein war, hatte sie beim Versuch, ihrer Mutter zu helfen, die ganze Zitronenspeise umgekippt. Ihre Tochter hatte nun ebenfalls den gleichen Fehler gemacht.

3. *Andere sein zu lassen bedeutet die Verpflichtung, ihr zerbrechliches Ego zu beschützen.*

Wollen Sie anderen mehr Spielraum lassen, dann betrachten Sie sie als verletzliche menschliche Wesen, die die gleiche innere Unsicherheit und Empfindsamkeit wie Sie aufweisen. Schützen Sie sie vor Verletzungen, die Sie ihnen zufügen können. Eine Frau erinnert sich hierzu:

»Vor neunzehn Jahren schenkte mir mein Mann, wir waren gerade frisch verheiratet und sehr arm, eine Spieldose mit drei Glasfigürchen drauf. Ich hütete diese Spieldose wie einen Schatz. Sie spielte ›*Let Me Call You Sweetheart*‹. Sie stand auf dem Couchtisch, bis mein Kleiner sie zu fassen bekam und eines der Figürchen abbrach. Ich hätte sie natürlich nicht dort stehen lassen sollen, aber dieser Gedanke kam mir damals nicht. Ich war so wütend, daß ich ihm den Hintern versohlte, bis er ganz rot war. Danach fühlte ich mich so mies, daß ich mir schwor, ihm das nie wieder anzutun. Ich beschloß, von diesem Tag an sein Selbstvertrauen zu stärken und ihn vor meiner Wut zu schützen. Die Spieldose verstaute ich in der untersten Schublade meiner Kommode. Und ich werde jedesmal, wenn ich diese Schublade aufziehe, an meinen Entschluß, ihn nicht zu verletzen, erinnert.«

4. *Sein lassen bedeutet, eine Situation nicht mit Schuldzuweisungen zu verbinden.*

Es ist schwierig, negative Vorfälle nur als Versehen oder Zufall zu betrachten, weil wir dazu neigen, sie durch eine Brille des »Schuld«-Kontexts zu sehen. So erklärt eine mit sich ringende Mutter: »Innerlich hab ich das Gefühl, daß jemand dran schuld sein muß. Wenn mein Kind die Milch verschüttet, dann ist das kein Zufall. Ich hab ihm ein zu großes Glas gegeben, oder es stand zu nahe an der Tischkante, und ich hätte das vorhersehen und das Glas wegstellen müssen. Oder es hat die Milch verschüttet, weil es nicht aufpaßt, und dann schicke ich es in sein Zimmer.«

Negative Vorfälle ereignen sich nun mal, und die Leute müssen die Verantwortung für ihren Anteil daran übernehmen. Aber es besteht ein Unterschied zwischen Verantwortlichkeit und Verschulden. Die Menschen führen im allgemeinen nicht mit voller Absicht Unfälle herbei oder tun Mißgriffe, noch wollen sie mit ihrem Verhalten ganz bewußt andere Leute ärgern. Wenn Sie der Ursache behutsam nachgehen, werden Sie eine verletzte oder mit etwas anderem beschäftigte oder vielleicht uninformierte Person finden, aber keine, die absichtlich versucht, Ihnen das Leben schwerzumachen. Oder Sie finden eine Person, die einfach sie selber ist, auch wenn sie das irritiert.

5. *Sein lassen bedeutet, anderen zu erlauben, Fehler zu machen.*

Lesen Sie, wie verschiedene Frauen dies in ihrer Familie bewerkstelligt haben.

»Neulich hat mein Vierjähriger seinen Keks fallen lassen, und es blieben ein paar Krümel auf dem Boden. Er sah mich an, während ich den Keks nur einfach aufhob, drüber blies, ihn ihm wieder überreichte und einen Kuß auf die Stirn drückte. Das war für uns beide eine neue Erfahrung. Ich hab ihn nicht angepfiffen, nur weil er einen Fehler gemacht hat.«

»Vor zwanzig Jahren, ich hatte vier kleine Kinder, gingen mein Mann und ich mit seinen Eltern und unseren Kindern in ein Restaurant, wo eines der Kinder prompt seine Milch verschüttete. Ich reagierte etwas erzürnt, und mein Schwiegervater sagte: ›Wenn du die Tatsache akzeptierst, daß bei jeder Mahlzeit die Milch verschüttet wird, dann macht es dir nichts mehr aus.‹ Ich hab seither versucht, diese Philosophie im Umgang mit meinen Kindern beizubehalten, und das hat uns alle eine Menge Ärger erspart.«

»Ich versuche mit den Fehlern meiner Kinder so umzugehen, als seien sie die eines erwachsenen Besuchers in meinem Heim. Wenn meine Nachbarin die Milch verschütten würde, dann würde ich auch nur sagen: ›Macht nichts.‹ So versuche ich das auch mit meinen Kindern zu handhaben.«

»Ich habe kürzlich etwas gelesen, daß ich meinen Kindern weitererzählt habe, nämlich daß wir alle zehn Fehler am Tag machen dürfen, und daß wir uns, wenn wir etwas falsch gemacht haben, daran erinnern sollen. Eines Tages halfen mir dann meine Kinder beim Reintragen der Einkaufstüten, und eines von ihnen ließ die Tüte fallen, wobei eine große Flasche Spaghettisauce zerbrach. Mein Kind deutete auf das, was offensichtlich war: ›Mami, ich hab eine große Schweinerei gemacht!‹ ›Das ist okay‹, sagte ich. ›Wir können alle zehn Fehler am Tag machen.‹ ›Aber ich hab heute schon fünf gemacht‹, jammerte er. ›Na ja, dann sind es jetzt sechs‹, meinte ich. Da erschien ein strahlendes Lächeln auf seinem Gesicht.«

»Ich habe versucht, auf humorvolle Weise mit den Fehlern meiner Kinder umzugehen. Neulich kam mein Sohn, der noch vier jüngere Schwestern hat und mit ihnen nicht allzugut auskommt, die Treppe runtergestürmt: ›Diese Schwestern machen mich krank!‹ brüllte er. ›Ewig gehn sie an meine Sachen. Ich will ein Schloß an meiner Tür!‹ Ich hingegen war vor ein paar Minuten in der Waschküche gewesen und hatte entdeckt, daß mein Sohn auf der Suche nach einem Hemd die ganze saubere Wäsche auf den Boden geworfen hatte. Ich war wütend, sagte aber nichts, sondern zählte innerlich bis zehn. Als er sich nun über seine Schwestern beklagte, sah ich ihn an und sagte betont ruhig: ›Ich weiß, wie du dich fühlst. Jemand hat die ganze saubere Wäsche aus dem Trockner gezerrt. Es macht mich so wütend, daß ich wohl ein Schloß an der Waschküchentür anbringen muß!‹ Das stoppte ihn auf der Stelle, und wir konnten beide über die Situation lachen.«

»Mein Fünfjähriger ist ein Perfektionist, genau wie ich. Als er neulich beim Gesangsunterricht übte, ließ er ein oder zwei Worte aus. Nach dem Unterricht gab ihm seine Lehrerin eine kleine Belohnung. Später sagte er zu mir: ›Wenn sie gemerkt hätte, daß ich zwei Worte ausgelassen habe, hätte sie mir wohl keine Belohnung gegeben.‹ Da wurde mir klar, daß ich ihm helfen mußte, etwas weniger selbstkritisch zu sein. In unserer Familie ist es bereits üblich, während des Essens die anderen an besonderen Dingen teilhaben zu lassen. Jetzt fügten wir nur die kleinen Mißgeschicke hinzu, die uns jeden Tag unterlaufen. Wir lachen über unsere Fehler und freuen uns dran, ganz einfach menschlich zu sein. So haben die Kinder gelernt, daß es okay ist, ab und zu was zu vermasseln.«

Dieser letzte Satz bringt es auf den Punkt. Wir müssen die anderen wissen lassen, daß es wirklich okay ist, ab und zu was zu vermasseln. (Und wir müssen es natürlich auch selbst glauben!)

Perfektionismus und Kontrolle

Eine perfektionistische Frau ist eine Frau, die ihre Umgebung zu kontrollieren versucht. Bricht alles um sie herum zusammen, dann bricht sie meist auch zusammen. Für sie hängt ihr Wert davon ab, daß sie ihre Welt in Ordnung hält. Und diese Ordnung erstreckt sich auch auf die Menschen in ihrem Umfeld.

So erzählt eine geheilte Perfektionistin: »Ich habe meine Kinder nie irgendwas in der Küche machen lassen, weil ich davon ausging, daß ich für die Essenszubereitung verantwortlich war und sicherzustellen hatte, daß es richtig gemacht wurde und gut schmeckte. Ich mochte es auch nicht, wenn sie mit ihren Puppen spielten oder ihre Autos oder Puzzles herauszogen, weil ich Angst hatte, jemand könnte die Unordnung sehen. Wenn sie etwas an die Wand ihres Kinderzimmers hängen wollten, und es war nicht in der richtigen Farbe oder paßte nicht zu allem anderen oder sah irgendwie daneben aus, dann habe ich's verändert. Ich hatte Angst, jemand könnte hereinkommen und denken, ich hätte das so eingerichtet. Im Grunde hatten meine Entscheidungen nichts mit den Präferenzen meiner Kinder oder ihrem kreativen Ausdruck zu tun. Ich habe ihnen nicht erlaubt, die zu sein, die sie sind. Komische Art der Vorstellung von Fürsorglichkeit, die wir da haben!«

Aus der Perspektive einer Perfektionistin sind die ihrer Obhut unterstehenden Menschen Erweiterungen ihrer eigenen Person. So berichtet eine Frau: »Ich habe meinen Mann und meine Kinder immer als meine ›Repräsentanten‹ begriffen. Als wir frisch verheiratet waren, wollte David keine Socken tragen, und das hat mich völlig fertiggemacht. Sogar heute noch mag er sein Hemd nicht in die Hosen stecken und sein Haar kürzen. Wenn er das Haus verläßt und nicht fabelhaft aussieht, dann ist das meine Schuld – ich bin die Hausfrau, die dafür verantwortlich ist, und er sollte das widerspiegeln. Wenn er nicht gut aussieht, schau ich auch nicht gut aus. Und mit meinen Kindern ist es das gleiche. Wenn ich Lisa in die Schule schicke und ihre Haare sehen nicht super aus, dann plagt mich das den ganzen Tag. Ich sag mir: ›Die Lehrerin wird denken, daß ich keine gute Mutter bin, weil ich sie nicht gut gekämmt habe.‹«

Eine andere Frau gesteht. »Ich habe das Gefühl, daß alles, was mein Kind angeht, perfekt sein muß, die Schularbeiten eingeschlossen. Deshalb hasse ich auch diese Eltern-Lehrer-Konferenzen. Ich habe immer das Gefühl, der Beurteilungsbericht gilt *mir.*«

Wenn es um ihre »Erweiterungen« oder »Repräsentanten« geht, hat die Perfektionistin immer das Gefühl, daß der »Beurteilungsbericht« ihr gilt. Aus diesem Grund entschuldigt sie sich oft für das Verhalten anderer, für das sie gar nichts kann.

Eine Frau erklärt: »Wenn mein Zweijähriger zahnt oder müde ist, dann sage ich: ›Ich habe nie gewußt, was es heißt, einen Jungen zu haben.‹ Das ist meine Entschuldigung für ihn, vor allem dann, wenn er jemanden ins Gesicht boxt. Und wenn Jenni nicht wic aus dem Ei gepellt aussieht, dann entschuldige ich mich mit: ›Sie hat sich heute morgen selber angezogen.‹«

Da sie meint, auf der Anklagebank zu landen, übt die Perfektionistin unter Umständen gewaltigen Druck auf die aus, die ihrer »Verantwortung« unterstehen, um sie dazu zu bringen, mit ihren Erwartungen und ihrer Ansicht von der richtigen Ordnung der Welt konform zu gehen. Reaktionen wie diese sind nicht ungewöhnlich:

»Ich habe Sarah das Leben schwergemacht, weil sie normalerweise für die Schule etwas anziehen will, das nicht zusammenpaßt. Ich sag dann immer zu ihr: ›Die werden dich für eine Waise halten.‹ Dann fängt sie zu weinen und zu schreien an und sagt, daß sie nicht in die Schule geht, und dann beginnt ein zermürbender, emotionaler Kampf.«

»Mein Kopf ist immer so voll von Dingen, die ich allgemein und für meine Kinder tun muß, daß ich ihnen oft gar keinen Spaß mehr im Leben lasse. Ich sage zu oft und zu automatisch nein. Ich bin so damit beschäftigt, alles unter Kontrolle zu halten, daß ich meinen Kindern oft nicht die Autonomie lasse, die sie brauchen.«

Auch neigt die Perfektionistin zu Wutausbrüchen – und das gehäuft –, wenn die Dinge nicht nach ihrem Willen laufen. Nicht, daß sie brüllen und schreien möchte, aber sie steht mit dem Rücken zur Wand, es steht viel auf dem Spiel, und die Leute kooperieren nicht. Sie tun, was sie wollen, und nicht das, was sie nach dem Willen der Perfektionistin tun sollen. Und sie schaffen Unordnung, wo sie doch Ordnung braucht, um ihre Selbstachtung intakt zu halten.

Perfektionismus und Märtyrertum

Abgesehen von ihrem rasch aufflammenden Ärger und Zorn neigt die Perfektionistin auch dazu, anderen Schuldgefühle einzutrichtern. Weil sie sich selbst so weit ausgedehnt und verausgabt hat, fühlt sie sich überarbeitet und zu wenig gewürdigt, und das läßt sie ihre Familie wissen und durch Schuldgefühle produzierende Bemerkungen wie diesen:

- »Schau, was ich alles für dich getan hab. Jetzt könntest du das doch wenigstens für mich tun.«
- »Wenn du mich lieb hättest, würdest du tun, worum ich bitte.«
- »Ich hab mein ganzes Eheleben lang für dich geschuftet, und das soll der Dank sein?«

Da Perfektionistinnen meinen, das, was sie für andere tun, nicht in freier Wahl zu tun, sondern weil es von ihnen verlangt wird, neigen sie dazu, die Märtyrerin zu spielen. Ihre Wut und Tendenz, anderen Schuldgefühle zu machen, entspringen dem Gefühl, »benutzt« zu werden. Eine verwirrende Empfindung, da sie eng mit dem positiven Gefühl, »nützlich zu sein«, verwandt ist. Dieses Gefühl, »benutzt« zu werden, hängt mit einem Gefühl von Entpersönlichung zusammen, dem Empfinden, daß unsere Dienste nicht mit unserer Person verknüpft werden und uns keine Einzigartigkeit zugestanden wird. Das Gefühl, »nützlich zu sein«, hängt hingegen damit zusammen, daß wir unsere Fähigkeiten einsetzen und uns nützlich fühlen, was Freude und Vergnügen bereitet.[10]

Die Motive, die die Perfektionistin anderen unterstellt, entscheiden darüber, ob sie das befriedigende Empfinden hat, nützlich zu sein, oder aber das demütigende Gefühl, benutzt zu werden. Schauen Sie sich an, wie einige Frauen ihre Rolle beschreiben: »Ich war nur dazu gut, die Magd für alle zu sein.« »Wenn du verheiratet bist und dabei noch deine Ausbildung beenden willst, dann wird trotzdem von dir erwartet, daß du alles machst. Und das ist hart.« »Die Leute schreiben uns diese allumfassende Macht zu, die angeblich alles zum Besseren wenden und andere glücklich machen kann. Als wären wir gnadenvolle Engel. Sind wir ja auch zum großen Teil – ich liebe diesen fürsorglichen und liebenden Aspekt des Frauseins –, aber man verlangt von uns, daß wir auf allerhöchster Ebene agieren. Uns wird kein Fehltritt erlaubt.«

Diese Aussagen implizieren, wie Sie sicher bemerken, daß jemand anders für den Streß der Perfektionistin verantwortlich ist. Geht sie stillschweigend davon aus, daß sie von anderen zu all dem getrieben wird, die sie nicht verstehen oder wertschätzen oder ihrer Last gleichgültig gegenüberstehen, dann wird sie wütend, weil sie sich als Opfer sieht.

Der größte Unterschied zwischen einer bewußten und unbewußten Fürsorgerin besteht möglicherweise darin, daß erstere ihre Bürde als eigene Wahl begreift, wohingegen letztere andere Menschen für ihre schwere Last verantwortlich macht und ihnen die Schuld zuschiebt.

Den meisten Frauen wurde das Dienen gelehrt, doch manche können sich so viel aufhalsen, daß sie ihr Dienen zur Knechtschaft umfunktionieren, wie eine Frau scharfsinnig bemerkt. Dann sind sie oft chronisch gereizt, weil sie das Gefühl haben, daß die Leute zu viel von ihnen erwarten und zu wenig zurückgeben.

Eine Frau erzählt: »Ich lebte mit der falschen Vorstellung daß, wenn ich nur gebe und gebe, alles zu mir zurückkommen wird. Aber das passiert nie. Niemand merkt, wie es dir geht, oder fragt dich, ob du mal eine Pause brauchst. Ich habe jahrelang drauf gewartet, daß jemand das mal tut. Und ich war oft wütend auf sie, weil sie nicht das für mich getan haben, was ich mir von ihnen erhoffte.«

So tragen Frauen selbst ganz wesentlich zu ihrer übermäßigen

Bürde bei, wie Ellen Sue Stern bemerkt: »Je mehr Sie tun, desto mehr erwarten auch alle von Ihnen. Und desto mehr erwarten Sie von sich selbst. Sie geben die Tonart an. Zuerst erahnen Sie die Erwartungen anderer Leute und glauben, daß Sie agieren müssen, ganz gleich, was diese anderen an Botschaften tatsächlich übermitteln. Bald wird das, was Sie da geglaubt haben, zu Realität. Ihr Arbeitgeber, Ihre Freunde und Familie richten ihre Erwartungen nach Ihrem Selbstbild aus und lassen sich freudig auf Ihre beharrlichen Hilfsangebote ein. Selbst die, die Ihnen am nächsten stehen, nehmen Ihre augenscheinliche Unverletzlichkeit für bare Münze und hören auf, Ihnen Unterstützung anzubieten.«[11]

Sie müssen also unbedingt die persönliche Verantwortung für Ihre Entscheidungen übernehmen. Sie sind ganz wesentlich die Urheberin des Drucks, unter dem Sie stehen, und sind maßgeblich am Fortbestand Ihrer Bürden beteiligt. Ihre bewußten Entscheidungen können Sie jetzt von einem guten Teil Ihres Drucks und Ihrer Bürde befreien.

Die Perfektionistin und die Unabhängigkeit anderer

Die Perfektionistin gibt und gibt und gibt noch mehr. Und dabei übernimmt sie zuweilen viel zuviel Verantwortung für die ihrer Obhut unterstehenden Menschen, wie die folgenden, bei einem Frauenseminar geäußerten Kommentare illustrieren:

»Ich weiß, daß ich jedesmal zu spät zur Arbeit komme, wenn ich für alle das Frühstück mache«, berichtete eine Frau. »Und trotzdem mache ich es jeden Tag wieder. Und jeden Tag sage ich mir: ›Morgen stelle ich nur die Pfanne auf den Herd, und dann können sie sich ihre Pfannkuchen selber machen.‹ Und wenn ich mich dann in meinem Zimmer zurechtmache und schminke, denk ich: ›Ich wette, sie lassen die Pfannkuchen anbrennen.‹ Dann sause ich in die Küche. Manchmal decke ich sogar die Pfannkuchen zu, um sie warm zu halten, während meine Kinder herumtrödeln. Es ist verrückt, ich weiß, aber ich mach's!«

»Ich kann schlecht delegieren«, erzählte eine andere Frau. »Eines Tages nahm ich meinen ganzen Mut zusammen und dachte: ›Hier werde ich mal eine kleine Aufgabe delegieren.‹ Ich bat die Kinder, den Tisch abzuräumen und den Abwasch zu übernehmen (den ich zehnmal schneller erledige). Und als sie das dann machten, taten sie mir leid. Wie ich's auch mache, ich gewinne nichts dabei.«

»Während Sie gerade Ihren Vortrag gehalten haben«, sagte eine andere, »dachte ich daran, daß mein Mann heute zum ersten Mal mit seinen fünf Kindern allein zu Hause ist. Zum ersten Mal! Jetzt sitze ich hier mit müden Knochen, weil ich gestern das Haus geputzt habe. Ich hab die Anziehsachen für die Kinder rausgelegt und was zum Essen im Kühlschrank deponiert. Ich habe alles vorbereitet, damit ich heute hier sein kann. Als ich meinem Mann heute morgen einen Abschiedskuß gab, sah ich ihn an und war heimlich stolz auf mich, *weil er nichts mehr zu tun brauchte!*«

»Ihr Mann hat wahrscheinlich keine Ahnung, wie so ein normaler Tag ausgesehen hätte, wenn Sie das nicht alles getan hätten«, warf hier eine andere Frau ein. »Wenn Sie nach Hause kommen, sagt er wahrscheinlich: ›Weißt du, es war einfach toll.‹«

»Und«, antwortete die erste Frau, »es wird ein totales Chaos herrschen!«

»Ich habe hier eine gute Analogie«, meldete sich eine andere Frau zu Wort. »Wir brechen früh morgens zu einer Wanderung auf. Wir sind alle warm angezogen, aber es wird allmählich immer wärmer, und wir fangen an, ein Kleidungsstück nach dem andern abzuwerfen. Die Art von Frau, über die wir hier sprechen, sammelt die Kleidungsstücke aller anderen auf. Die vor ihr haben eine gute Zeit, aber sie schleppt die Bürde. Sie hat keine gute Zeit!«

Und was geschieht mit der Frau, die ihre Fürsorglichkeit übertreibt? Wie fühlt sie sich, wenn sie sieht, wie alle ihren Spaß haben, während sie unter dem Berg von Kleidungsstücken dahinwankt?

»Sie ist verärgert«, antwortet eine Frau. »Ich werde wütend auf die Leute, und dann habe ich ein schlechtes Gewissen, weil ich auf sie wütend bin, weil ich doch das tu, was von mir erwartet wird.«

Der Drang zur Fürsorglichkeit ist mächtig und veranlaßt Fürsorgerinnen zuweilen dazu, andere ihrer Unabhängigkeit zu berauben, wie diese beiden Autorinnen andeuten:

»Es ist nicht leicht, immer zu unterscheiden, ob uns an jemanden liegt oder wir alles an uns reißen, ob wir uns nützlich oder aber unentbehrlich machen.«

»Wenn wir die Verantwortung für das Glück anderer übernehmen, laden wir sie auch dazu ein, sich von uns abhängig zu machen – eine Einladung, gegen die sich jeder gesunde menschliche Geist energisch verwahrt.«[12]

Was die Neigung der Frauen angeht, das Leben anderer in die Hand zu nehmen, so äußerten sich die Frauen in jenem Seminar folgendermaßen:

»Wir erweisen unsern Kindern keinen Dienst, wenn wir ihnen alle Probleme abnehmen. Sie wachsen damit auf, daß ihre Mutter alles für sie tut, und wenn sie dann schließlich damit aufhört, fragen sie sich: ›Warum macht sie das nicht mehr für mich? Sie mag mich wohl nicht mehr.‹«

»Es behindert die Kinder auch, wenn wir ihnen alles abnehmen. Meine Mutter hat alles für mich getan, und ich wuchs mit diesem Rollenvorbild auf. Aber ich hatte dann nicht das Vertrauen, diese Rolle erfüllen zu können, weil meine Mutter immer alles für mich getan hat!«

»Wenn wir ihnen alles abnehmen, dann erziehen wir unsere Kinder nicht zur Autonomie. Ich versuche immer, eine Lösung für ihre Probleme zu finden. Ich muß diese Lösung finden, weil meine Kinder sofort von ihrem Problem erlöst werden müssen. Ich denke, daß sie dann glücklich sind. Aber es dauert keine zehn Minuten, und schon haben sie ein anderes Problem.«

»Wissen Sie, was wir getan haben? Wir haben uns dazu programmiert, deprimiert zu sein, wenn die Kinder aus dem Haus sind. *Niemand will uns noch, niemanden kümmert's*, denken wir. Wir fühlen uns leer, und wo sollen wir hin, da wir nichts in uns investiert haben? Natürlich fallen wir dann in ein Loch.«

»Wir glauben, daß wir unabhängige Kinder wollen, damit sie

ohne uns zurechtkommen. Aber dann sind wir enttäuscht, wenn sie tatsächlich unabhängig sind und ohne uns auskommen. Wir haben unsere Sache wirklich gut gemacht – wir haben getan, was wir vorhatten –, aber dann ist es für uns deprimierend, wenn uns unsere Kinder verlassen, weil wir unserer Rolle beraubt worden sind.«

»Wir müssen aufhören, uns derart intensiv mit dem Leben anderer zu befassen. Wir müssen ihnen helfen, frei und unabhängig zu werden.«

»Gestehen wir anderen Menschen Autonomie zu, so kann das bedeuten, daß wir ›unsere gottgleiche Rolle aufgeben müssen‹«, schreibt Elizabeth Berg in einem Artikel. Sie setzt sich hier mit ihren eigenen Grenzen auseinander, nachdem sie erkannt hat, daß sie den größten Teil ihrer Macht auf ihre Tochter Jenny verloren hat. Manchmal kann sie einen Schlag abmildern, aber sie kann ihre Tochter nicht davor bewahren, aus ihren eigenen Entscheidungen und Erfahrungen zu lernen. Berg weiß, daß sie loslassen muß, und nimmt mit einer gewissen Trauer zur Kenntnis, daß »für Jenny die Zeit gekommen ist, mit einigen ihrer Probleme allein fertigzuwerden. Es ist Zeit, daß sie selbst die Verantwortung für die Resultate ihres Handelns übernimmt.«[13]

Befreiung vom Perfektionismus

Da gibt es diese übersprudelnde, optimistische Frau, die auf die Frage, warum sie immer so glücklich wirkt, antwortet: »Weil ich einen so niedrigen Leistungsstandard habe.«

Die Antwort dieser Frau spiegelt ihren bewußten Standpunkt wider, daß sie nicht alles tun kann, und daß das absolut in Ordnung ist. Diese Haltung muß sich jede Frau zu eigen machen, die mit ihrem Perfektionismus zurandekommen will. Sie muß sich aus ihrer selbstauferlegten Tyrannei befreien, die beinhaltet, daß sie unentwegt nach unerreichbaren Zielen strebt und sich dann dafür anklagt, daß sie sie nicht erreicht. Und dann sind da, wie Sand im Getriebe ihres Gemüts, diese endlosen Details, um die sie sich zu kümmern hat – immer präsent, niederdrückend, erschöpfend.

Würden Sie gerne, sollten Sie sich in dieser Beschreibung wiederfinden, fünf Pfund »Sand« ablassen (innerhalb eines Monats mit befriedigenden Resultaten oder garantierter Rückerstattung des Geldes)? Wenn ja, dann ziehen Sie zur Erleichterung Ihrer Last und Ihres Gemüts folgende Strategien in Betracht:

1. *Konfrontieren Sie sich mit sich selbst!*

Der positive Aspekt des Perfektionismus ist der, daß er sie zur Erfüllung Ihres vollen Potentials antreibt. Der negative Aspekt daran beinhaltet, daß Sie Ihre Grenzen ignorieren. Wenn Sie sich zu oft, zu weit ausdehnen, laden Sie Frustration und Erschöpfung, vielleicht sogar den totalen Zusammenbruch ein.

Es gibt verschiedene Gewohnheiten, die ihren Erschöpfungszustand verschlimmern. Die meisten Frauen hängen heutzutage dem »Additions«-Prinzip an: »Ich nehme nur noch diese eine kleine winzige Verpflichtung auf mich (natürlich ohne irgend etwas anderes aufzugeben!). Der nächste mögliche freie Moment in meinem Terminkalender ist um zwei Uhr nachts Donnerstag in einer Woche. Natürlich mache ich das. Das schaffe ich!«

Die meisten Frauen agieren auch – allzu oft – nach dem Prinzip: »Ich muß es selber machen.« Sie kann nicht einfach Kekse für die Schulparty ihres Kindes kaufen und sie dann mit einer Gabel zerdrücken, damit sie so aussehen, als hätte sie sie selbst gebacken. Nein, sie muß sie selber backen. Und frisch müssen sie auch sein, egal, was das für ihren Zeitplan bedeutet.

Schließlich ist da noch das Prinzip: »Ich kann nicht um Hilfe bitten.« Wenn es darum geht, Kinder aus einem brennenden Haus zu retten, dann bitten Frauen um Hilfe. Aber die Situation muß schon in etwa so prekär und die Frau in diesem Maße verzweifelt sein. Auch wenn sie sieben geklonte Ausgaben von sich selbst bräuchte, um all ihren selbstauferlegten Verpflichtungen nachzukommen, sagt sie doch: »Auf keinen Fall! Ich will nicht, daß irgend jemand denkt, ich könnte meinen Job nicht allein bewältigen.«

Diese Gewohnheiten sind symptomatisch für das Unbesiegbare-Frau-Syndrom. Eine solche Frau sagt sich: »Ich bin zäh. Ich kann alles tun, was du von mir willst. Jederzeit. Überall. Stell mich nur auf die Probe!«

Sollten Sie unter diesem Syndrom leiden, dann müssen Sie sich klarmachen, daß Sie nicht unbesiegbar sind – unerschrocken vielleicht ja, aber nicht unbesiegbar. Sie sollten in bezug auf Ihre eigene Person einige einschränkende Adjektive verwenden, die Sie auf Ihre Grenzen verweisen. Denn Sie haben Grenzen. Sie können unmöglich alles tun. Sie müssen eine Wahl treffen. Es wird Ihrer Befreiung vom Perfektionismus dienen, wenn Sie diesen Fakten ins Auge sehen.

2. *Fassen Sie den Entschluß, daß Sie in Anbetracht dieser neuen Perspektive von Ihrer Endlichkeit auch nicht mehr absolute Perfektion in allen Dingen von sich verlangen.*

Schauen Sie sich die von einer Beobachterin erzählte Geschichte einer Frau an, die zum Opfer des »Ich muß es selber machen«-Prinzips wurde, weil sie nicht von ihrem Perfektionismus abrücken konnte.

»Meine Schwiegermutter, drei Schwägerinnen und ich gingen in einen Kunsthandwerkladen. Wir alle wissen, daß eine erfolgreiche Mutter sich auch auf dem Gebiet des Kunsthandwerks betätigen muß, richtig? Da stand so ein schönes Stück, das für etwa zehn Dollar zu haben war. Eine meiner Schwägerinnen wollte es gerne kaufen, aber meine Schwiegermutter und die beiden anderen Schwägerinnen setzten sie sofort unter Druck: ›Oh, das kannst du für weniger Geld *selber machen.* Und du kannst das so gut!‹ Da kaufte meine Schwägerin (die derartige Aktivitäten haßt und normalerweise alles kauft, was sie haben will) die nötigen Utensilien. Hinterher fragte ich sie: ›Wieviel hast du ausgegeben?‹ ›Vierundzwanzig Dollar‹, sagte sie. Sie hatte doppelt soviel Geld bezahlt für das Privileg, das Ding selber zu basteln und sich als perfekte Hausfrau zu fühlen!«

So versuchen viele Frauen, auf einer illusionären hundertprozentigen Ebene zu funktionieren. Leistungen von 95 oder 85 oder 50 Prozent kommen nicht in Frage. Die hundertprozentige Perfektionistin kämpft wahrscheinlich jede Minute ihres Lebens um ihre Selbstachtung, weil jede ungetane Kleinigkeit zur Anklage führt, daß sie ihren Job nicht macht. Für ihren Perfektionismus bezahlt sie unter anderem den Preis der Unfreiheit. Ihr Leben wird von der Liste unerledigter Dinge kontrolliert.

Ein weiterer Preis, den sie bezahlt, ist der, daß ihr das, was sie tut, gewöhnlich keinen Spaß macht. Sie ist das Opfer ihrer Denkhaltung, wonach sie nur auf das Endresultat fixiert ist und aus dem Tun an sich keine Befriedigung zieht. Die Freude an der Aktivität selbst weicht oft auch der Angst, es nicht perfekt zu machen.[14]

Schließlich fordert der Perfektionismus auch oft den Preis verminderter Energie sowie der Unfähigkeit, mit den Dingen noch fertig zu werden – Immunschwäche, chronischer Erschöpfungszustand, geringe Selbstachtung, angeknackste Beziehungen, Depression oder Ausgebranntsein und eventueller Zusammenbruch eingeschlossen.

Der ständige Druck, 100 Prozent zu erreichen, kann auch für die Familie schwer erträglich sein. So erzählt eine Mutter: »Ich war schon wie üblich dem Wahnsinn nahe, als ich die Vorbereitungen für die Geburtstagsparty meines Sohnes traf, für die er seine ganze Klasse eingeladen hatte. Und als ich gerade den neunundzwanzigsten Luftballon aufblies, dämmerte es mir plötzlich, daß das, was gut für mich war, nicht unbedingt gut für mein Kind sein mußte. Es war vielleicht gar nicht so toll, eine Mutter zu haben, die sich abhetzte, um in vier verschiedenen Läden nach Kreppapierbändern in der passenden Farbe zu fahnden. Das Kind bekam vielleicht eine Geburtstagsparty, wie sie in der Fernsehwerbung vorgeführt wird, aber es wird seine Mutter den ganzen Tag nicht einmal lächeln sehen.«[15]

Es mag schwer sein, sich von dieser Form des Perfektionismus zu lösen – es ist aber zu bewältigen. So berichtet eine Frau: »Wollte ich mich mies fühlen, brauchte ich nur durchs Küchenfenster auf die Aprikosen zu sehen, die vom Baum fielen. Ich konnte meine Mutter sagen hören: ›Diane, es ist sehr nachlässig, diese Aprikosen einfach so liegenzulassen. Das ist genauso wie Geldverschwendung.‹ Jetzt, da ich mich befreie, erlaube ich mir, etwas sein zu lassen und es nicht nur deshalb zu tun, weil es jemand anders von mir verlangt hat. Ich habe 15 Jahre lang jeden Sommer Aprikosen eingemacht, und ich mag sie nicht mal. Nächstes Jahr, so habe ich beschlossen, werde ich meine Mutter einladen, die reifen Aprikosen einzusammeln, damit wir kein Geld verschwenden.«

3. *Reduzieren Sie die Anzahl der Dinge, die Sie tun.*

»Wenn du anfängst, dich auf deine Mitte zu besinnen und dir über deine Grenzen und Prioritäten klar wirst, dann merkst du auch, daß du nicht noch eine Million anderer Dinge tun kannst«, bemerkt eine Frau.

In ihrer Geschäftigkeit realisiert die Perfektionistin oft gar nicht, wie unrealistisch ihre Ziele sind, wie dieses Beispiel zeigt: »Ich war neulich sehr überrascht, als ich einen Mitarbeiter fragte: ›Floyd, was setzt du dir als Ziel, wenn du zur Arbeit kommst und es eine Million Dinge zu erledigen gibt?‹ Er sagte: ›Weißt du, wenn ich nur *eine* Sache abschließe, dann bin ich schon glücklich.‹ Ich war völlig perplex. ›Nur eine? Bei mir sind's zwanzig!‹ Jetzt versuche ich, ein bißchen entspannter zu sein und rechne es mir schon hoch an, wenn ich nur zehn Dinge erledige. Männer haben da so völlig andere Anschauungen – und vielleicht sind sie entspannter, weil sie realistischer sind.«

Schauen Sie sich in Ihrem Streben nach mehr Realitätssinn an, wie andere Frauen die Dinge reduzieren. »Als meine Nachbarin krank war«, berichtet eine Frau, »habe ich nicht selber was gekocht, sondern eine Pizza bestellt, eine Literflasche Limonade gekauft, einen Ballon an ihr befestigt und alles der Familie hinübergebracht. Ich habe mir gedacht, daß ich, wenn ich krank wäre, mich schon gar nicht mit dem Drum und Dran einer Mahlzeit befassen wollte, was du aber mit allem Hausgemachtem tust. Hier brauchte sie weder Geschirr abzuwaschen noch zurückzubringen – und welche Familie mag keine Pizza!«

Und eine andere Frau berichtet: »Ich habe vier Kinder, und als ich noch dazu ganztags arbeitete, habe ich alles, was gebügelt werden mußte, rausgegeben. Ich beschloß, daß ich auf diesen zusätzlichen Streß verzichten kann. Als mich jemand fragte: ›Wie kannst du dir denn das leisten?‹ habe ich gesagt: ›Wir ziehen einfach weniger an.‹

Vielleicht wollen Sie auch zur Reduzierung der Dinge das »Antibeschäftigungsrezept« aus Margorie Shaevitzs Buch[16] anwenden. Stellen Sie sich folgende Fragen:

- Muß das wirklich getan werden? Warum?
- Kann es jemand anders tun?
- Will ich es tun? Warum?
- Ist es wichtig für mich? Warum?
- Ist es etwas, das ich auch *nicht* tun könnte? Warum?
- Was passiert schlimmstenfalls, wenn es nicht getan wird?
- Wer kann helfen, falls ich beschließe, es zu tun?
- Könnte ich jemanden dafür bezahlen, daß er es tut? Wen? Wieviel?
- Wieviel Zeit spare ich, wenn ich jemanden anheuere oder jemanden bitte, es zu tun?

Shaevitzs Motto lautet: »Im Zweifelsfall laß es sein!« Und wenn Sie überlegen, was sie alles »sein lassen« könnten, dann gestehen Sie sich auch zu, daß Ihre Entscheidungen mit Ihrer Persönlichkeit und Ihren Präferenzen übereinstimmen. Gehen Sie von dem aus, was für Sie richtig ist, und bleiben Sie standhaft.

4. *Erinnern Sie sich bei Ihrem Bemühen um Reduktion daran, daß einige Dinge es nicht wert sind, getan zu werden, und andere Dinge es nicht wert sind, perfekt erledigt zu werden.*

Eine Zeitmanagementexpertin fragt: »Warum sollten Sie 45 Minuten damit verbringen, das Hüftband eines Rockes äußerst akkurat auszubessern, das ohnehin von Ihrem Pullover verdeckt wird, wenn Sie das auch auf hinreichende Weise in 10 Minuten erledigen können?«[17]

Warum nicht den Mut aufbringen und in einigen Dingen durchschnittlich sein? Der schon früher zitierte David Burns, der Perfektion als Illusion betrachtet, meint, daß auch Durchschnittlichkeit eine Illusion ist, aber eine nützliche: »Wenn Sie Ihren Standard so senken, daß es Ihnen möglich wird, ›durchschnittlich‹ zu sein, werden Sie sich wahrscheinlich bei dem, was Sie tun, nicht nur besser fühlen, sondern Sie werden auch effizienter sein.« Machen Sie gleich ein Experiment, suchen Sie sich eine Aktivität aus und streben Sie nicht nach 100, sondern nach 80, 60 oder 40 Prozent. Schauen Sie, wieviel Spaß Ihnen die Aktivität macht und wie produktiv Sie werden. Sie werden möglicherweise von den Resultaten überrascht sein.[18]

»Die Vorstellung, Durchschnitt zu sein, hat wirklich geholfen«, berichtet eine Perfektionistin im Wandel. »Muß ich in irgendeinem Bereich mal locker lassen, dann sage ich mir zum Beispiel: ›Dieses Jahr mache ich Obst und Gemüse nur durchschnittlich ein.‹«

»Der Gedanke an durchschnittlich sein zu dürfen hat mir im Umgang mit dem Perfektionismus geholfen«, erzählt eine andere Frau. »Ich betrachte mich jetzt nicht mehr als entweder perfekt oder absolut wertlos. Jetzt rechne ich mir meine Leistungen auch an. Zum Beispiel bin ich diesen Winter oft nur zwei- statt dreimal

»Man hat's nicht leicht als berufstätige Mutter – aber ich komm zurecht.«

in der Woche zum Aerobic gegangen. Und statt mich die ganze Woche über dafür zu kasteien, weil ich den Freitag ausgelassen habe (und mich als Faulpelz zu beschimpfen), habe ich mir für jedes Mal, das ich zum Aerobic ging, 100 Punkte gegeben, und 1000 Punkte bedeuteten, daß ich ein Abendessen im Restaurant gut hatte. Über den Winter habe ich dann 2000 Punkte angesammelt, was zwei Abendessen bedeutete.«

»Wir sollten einfach dankbar sein, daß wir soweit gekommen sind, wie wir es eben sind«, meint eine Frau, und gibt diesen Spruch zum besten: »Ich bin nicht, was ich sein *sollte.* Ich bin nicht, was ich sein *könnte.* Aber ich danke dem Herrn, daß ich nicht bin, was ich *früher* war.«

5. *Versuchen Sie, ein paar Dinge schlecht zu machen.*

Legen Sie sich bei Ihrer neuen Einstellung zum Perfektionismus auch ein wenig von Lisa Stricks Philosophie zu. Sie schreibt in einem Artikel, daß es ihr Spaß macht, schlecht zu singen, schlecht zu zeichnen und schlecht Klavier zu spielen. »Leider«, so klagt sie, »ist schlecht zu sein außer Mode gekommen. Früher war es ein Zeichen von Klasse, wenn eine Dame oder ein Herr ein wenig sang, ein wenig malte, und ein wenig die Violine spielte. Man brauchte nicht *gut* darin zu sein. Aber in der heutigen konkurrenten Welt müssen wir anscheinend bei allem Experten sein – auch in unseren Hobbies.«

Hören Sie sofort damit auf, drängt sie. Schwören Sie sich, diese Woche etwas Neues anzugehen – und es darin ganz gewiß nie zur Meisterschaft zu bringen. Singen Sie ganze Opern mit. Modulieren Sie obskure kleine Dinge aus Ton. Machen Sie Souffles, die zusammenfallen. Nehmen Sie sich das zweijährige Kind zum Vorbild, daß sich mit Feuereifer an etwas Unmöglichem versucht (und sich von Fehlschlägen keinesfalls entmutigen läßt). Genießen Sie es, wieder eine Anfängerin zu sein, und entdecken Sie aufs Neue das Vergnügen kreativer Herumspielerei. »Was mich angeht«, so schreibt sie, »gerate ich ein wenig außer Form und denke deshalb an Tennis. Es sieht nicht allzu schwer aus. Ein paar Unterrichtsstunden und ich sollte flugs imstande sein, miserabel zu spielen.«[19]

6. *Lassen Sie sich einfach ohne Selbstanklage da sein, wo Sie sind.*

Das gilt zum Beispiel für ungetane Dinge, die noch auf Sie warten. Da Sie immer für Notfälle abrufbereit sind, ändert sich Ihr Zeit- und Arbeitsplan häufig. Und die Dinge, die Sie zu erledigen hofften, bleiben ungetan!

Eine in dieser Weise »aus der Bahn« geworfene Frau berichtet: »Als meine Kinder noch klein waren, war mein Baby eines Tages sehr unglücklich, und ich habe ihm wohl hundertmal die Brust gegeben. Aber es trank nur immer ganz wenig, und ich kam zu nichts. Als mein Mann dann nach Hause kam, sagte ich: ›Bevor du mich fragst, was ich heute getan hab, will ich dir sagen, daß ich den ganzen Tag damit verbracht habe, mich sehr gut um dein Kind zu kümmern! Und er erwiderte: ›Das ist das Wichtigste. Ich bin zufrieden, wenn du dich gut um meine Kinder kümmerst.‹ «

Eine andere Mutter berichtet ähnliches: »Ich hatte Zwillingstöchter und einen zweijährigen Sohn und alle Hände voll zu tun. Da war ein Tag, an dem ich nur damit beschäftigt war, auf die Bedürfnisse der Kinder einzugehen, ich kam zu nichts anderem. Als mein Mann nach Hause kam (und er hat dann immer gern schon das Essen auf dem Tisch stehen), fing ich sofort an, mich zu entschuldigen: ›Ich konnte heute rein gar nichts tun wegen der Kinder.‹ Und er antwortete: ›Na ja, du hast doch dafür gesorgt, daß sie nun einen Tag älter sind, oder?‹ «

Sich da sein zu lassen, *wo Sie eben gerade sind*, gilt auch für das, *was Sie eben gerade wissen.* Dazu sagt eine Frau: »Ich ermahne mich immer, daß ich zum ersten Mal die Mutter dieses Kindes bin. Daß ich zum ersten Mal Großmutter bin. In meinem ganzen Leben gibt es viele erste Male – und deshalb kann ich nicht immer alles perfekt machen oder die perfekte Antwort parat haben.«

Diese Konzeption erstreckt sich auch auf Ihr physisches Selbst. Legen Sie systematisch in kritischen Streßsituationen Pausen ein, ohne sich des Faulenzertums zu bezichtigen. So sagte eine Frau über die alles verschlingende Fürsorgerinnenrolle: »Fast ist es so, als hättest du dein ganzes Leben lang ein wunderschönes Ballkleid in deinem Schrank hängen, auf dem ›Fürsorgerin‹ steht. Schließlich wächst du irgendwann in dieses Kleid hinein. Du fühlst dich großartig. Nur kannst du so ein Kleid nicht Tag und Nacht tragen – aber die Frauen tun's! Wir arbeiten immer. Wir nehmen uns nie Zeit, das Kleid zu wechseln – lassen uns keine Zeit zum Spielen, nehmen uns keine Zeit zum Abschalten.«

Wie wissen Sie, ob Sie bei Ihrer Befreiung vom Perfektionismus entscheidende Fortschritte erzielt haben? Hier sind ein paar Beispiele von Frauen, die sich allmählich ganz bewußt ihre Ziele steckten.

- »Ich kann ein staubiges Regal erblicken und mir sagen, daß ich es am Freitag abstaube.«
- »Ich kann inzwischen Leute zum Essen einladen, und wenn das Hühnchen noch nicht ganz durch ist, dann ist es eben noch nicht ganz durch! Dann stecke ich's einfach in den Mikrowellenherd. Es fällt nicht auf mich zurück.«
- »Ich bin immer alles mit dem gleichen Aufwand und mit der gleichen Energie angegangen, und jede Kleinigkeit hatte dasselbe Gewicht. Jetzt behalte ich mir den größten Aufwand für die wichtigsten Aufgaben.«
- »Ich wende inzwischen mit großem Erfolg das Prinzip der selektiven Vernachlässigung an. Ich sage mir einfach: ›Das muß warten‹, und es macht mir nichts aus.«
- »Ich denke nicht mehr ständig daran, daß ich alles perfekt tun muß.«
- »Ich bin jetzt sehr viel unbefangener, wenn mir ein Fehler unterläuft, so wie die Lady, die an Weihnachten den Truthahn servieren wollte, und er ihr von der Platte fiel. Sie hob ihn auf, trug ihn in die Küche zurück und sagte zu den Gästen: ›Ich hol den *anderen.*‹«

Wie schon früher betont, ist die Zähmung des Perfektionismus ein langer Weg und nicht nur ein einmaliges Ereignis. Seien Sie nett zu sich selbst und bringen Sie sich Mitgefühl entgegen – beachten und feiern Sie auch Ihre kleinsten Siege. Und nehmen Sie sich den kleinen Jungen zum Vorbild, der, kurz bevor er eine Ansprache halten sollte, seinen Lehrer fragte: »Ist es okay, wenn ich es so gut mache, wie ich kann?«

Mehr können Sie in Ihrem Leben gar nicht tun. Es einfach nur so gut machen, wie Sie können.

KAPITEL 6

Die erschöpfte Frau

Nehmen Sie eine sich für unbesiegbar haltende Fürsorgerin, die auch nicht die geringste Vorstellung davon hat, daß ihr physische und emotionale Grenzen gesetzt sind, sie ein endliches Wesen ist, oder daß überhaupt eine Notwendigkeit für persönliche Grenzen besteht.

Fügen Sie ihrer Programmierung die Jongleurin hinzu, die hektisch mit unzähligen Einzelheiten (mehr als sie irgend möglich effizient handhaben kann) herumjongliert, denen sie ständig auf einer immer länger werdenden Liste von »sollte« mehr und mehr Dinge hinzufügt, die sie tun »müßte«.

Kombinieren Sie das mit der Perfektionistin, die meint, daß alles, was sie tut, makellos sein sollte, und selten glaubt, etwas »gut genug« gemacht zu haben.

Streuen Sie die Schuldabsorbiererin hinein, die die Schuld für alles, was im Leben der Frau schiefgeht – und worüber sie in den meisten Fällen gar keine Kontrolle hat –, auf sich nimmt.

Geben Sie die Gefällige dazu, die es den Leuten allzeit recht zu machen versucht – und es nicht kann, was sie glauben läßt, es läge an ihr, und sie dazu veranlaßt, sich noch mehr anzustrengen.

Vermischen Sie all das mit dem nagenden Gefühl der Frau, egoistisch zu sein, wenn sie sich Zeit für sich selbst nimmt, mit ihrer Tendenz, sich nie zu entspannen, und mit ihrer Neigung, ihre Bedürfnisse zurückzustecken, sobald sie mit den Bedürfnissen eines anderen kollidieren.

Und was kommt dabei raus? Sie haben es erraten! Eine erschöpfte Frau!

Und da sie in ihrer unerbittlichen, chronischen Streßsituation nie locker läßt, haben wir auch eine Frau auf dem Weg zum Ausgebranntsein – wenn sie nicht schon dort angelangt ist. Dieser Zustand wird erst allmählich erreicht und weist Symptome auf, die die Fähigkeit der Frau, mit den Dingen zurechtzukommen, untergraben. Oft sind die ersten Warnsignale physischer Natur: Kopfschmerzen, Schlaflosigkeit, Brustschmerzen, Grippe, Erkältungen und chronischer Erschöpfungszustand. Im fortgeschritteneren Zustand produziert das Ausgebranntsein Gereiztheit, Weinkrämpfe, Vergeßlichkeit, Wutausbrüche und ein Gefühl von Wertlosigkeit. »Es ist, als wärst du die ganze Zeit prämenstruell – du ißt zuviel, weinst zuviel, brüllst zuviel«, berichtet ein Opfer.[1]

Im Extremfall kann der Zustand des Ausgebranntseins lebensbedrohlich werden, wenn die physischen und emotionalen Reserven der Frau total erschöpft sind und sie in ihrer Fähigkeit, mit dem Alltag zurechtzukommen, ganz wesentlich behindert ist.

Welche Eigenschaften machen für den Zustand des Ausgebranntseins besonders anfällig? Es sind genau die, die in diesem Buch ständig angesprochen werden. Besonders gefährdet sind die Frauen, die äußerst gewissenhaft, motiviert, zuverlässig, fleißig, engagiert sind und Vollkommenheit anstreben. Ironischerweise können diese hervorragenden Eigenschaften, wenn sie übertrieben gehandhabt werden, eine Frau dazu bringen, daß sie sich ständig gehetzt, gereizt, wütend, erschöpft, überwältigt, verzweifelt und einsam fühlt – alles Zeichen des Ausgebranntseins.

Tatsächlich wären Frauen gar nicht solche erstrangigen Kandidatinnen für diesen Zustand, wenn sie nicht versuchten, ihre Arbeit so perfekt zu erledigen. Die Autoren Herbert J. Freudenberger und Gail North stellen hierzu fest. »Menschen, die möglicherweise irgendwann ausgebrannt sind, sind unternehmungslustig und geben sich gewöhnlich nicht mit einer einfachen Sicherheit oder dem Status quo zufrieden... Ganz im Gegenteil sind sie sehr strebsam und leistungsbewußt und haben hohe Erwartungen an sich selbst und ihre Umgebung. Einfach einzupacken und abzuhauen ist nicht ihre Sache.«[2]

Frauen, die möglicherweise irgendwann ausgebrannt sind, so sagen die beiden Autoren, sind auch an die damit einhergehenden Symptome gewöhnt. Sie sind so mit dem Streß und ständigen Druck in ihrem Leben vertraut, daß der Erschöpfungszustand als die Norm betrachtet wird. Frauen schütteln Beschwerden über Müdigkeit, mangelnde Motivation und fehlenden Enthusiasmus ab, »als gehörten sie grundsätzlich zur weiblichen Domäne und sollten nicht allzu ernst genommen werden«[3].

Weitere Kandidatinnen sind Frauen, die meinen, eine Verhaltensveränderung vornehmen zu müssen, um mit noch *mehr* Streß fertig werden zu können. Frauen, die ausgebrannt sind, schämten sich, daß sie nicht imstande sind, mit den unzähligen Aspekten ihres Lebens herumzujonglieren. Statt nach Möglichkeiten einer Heilung zu suchen, suchen sie nach Möglichkeiten, »ihre Energie zurückzugewinnen, um sich mit neuer Kraft wieder in dieselbe Arena zu stürzen. Sie wollen wissen, wie sie stärker, widerstandsfähiger, besser werden können – alles, was hilft, sie in Schwung zu halten.«[4]

Ausgebranntsein ist ein Problem der *Lebensführung*, das mit chronischer Hektik und Überbelastung in Reaktion auf den täglichen Streß und Druck zu tun hat, doch die Frau betrachtet es sehr wahrscheinlich als ihr *persönliches* Problem, das mit ihrer Inkompetenz und Mittelmäßigkeit zu tun hat, was wiederum für sie bedeutet, daß sie »härter werden« und sich »mehr anstrengen« muß.

Da diese Anfälligkeit fürs Ausgebranntsein mit der gesellschaftlichen Programmierung der Frau untrennbar verbunden ist, gibt es hier keine Unterschiede in der Person. Jede Frau kann in diesen Zustand geraten – jung oder alt, verheiratet, alleinstehend, geschieden, mit oder ohne Kinder. Doch die darunter anfälligste Gruppe ist die der berufstätigen Mütter.

In Hinblick auf sie schreibt eine Autorin: »Soldaten im Kampfeinsatz, Krankenschwestern auf der Intensivstation und überbeanspruchte Manager litten schon lange unter dem, was man heutzutage Ausgebranntsein nennt. Eine neue Kandidatin für diesen tiefen Erschöpfungszustand ist die berufstätige Mutter, die im

Dauerstreß lebt, sich ständig um die Bedürfnisse anderer kümmert und sich schon zu Tagesbeginn völlig erledigt fühlt. Das bringt ihre Doppelrolle mit sich.«[5]

Eine andere Autorin schreibt: »Berufstätigkeit verlangt von uns die Anpassung an ständigen Wechsel – die Fähigkeit, blitzartig umzuschalten von professioneller Ratio auf den Umgang mit Windpocken oder Wutanfällen. Schaut man sich an, wie sie rasen, um nach Hause zu kommen, ständig mit Terminen und Babysittern jonglieren, versuchen, das Glück und die Sicherheit ihrer Ehe zu bewahren, und sich um ihre eigenen, häufig genug vernachlässigten Bedürfnisse zu kümmern, dann ist es kein Wunder, wenn so viele berufstätige Mütter unter Erschöpfungszuständen und widerstreitenden Gefühlen leiden.«[6]

Doch die Geschichte bleibt sich gleich, ob nun eine Mutter zu Hause arbeitet oder an einem Arbeitsplatz. In jeder Arena weichen Frauen bis an die Wand zurück. Die Autorin Hester Mundis schildert in einem Artikel humorvoll die Auswirkungen des unerbittlichen Drucks auf die Hausfrau. »In der Regel haben Sie zur Schlafengehenszeit zwei bis fünf Auseinandersetzungen mit Ihren Kindern hinter sich, haben mehrere, nicht druckfähige Kommentare über Ihren Ehemann abgelassen und ein oder mehrere unbeseelte Haushaltsgegenstände zertrümmert.«[7]

Der ständige Wechsel, vor allem in ihrer Rolle als Mutter, ist einer der Hauptgründe für das Ausgebranntsein von Frauen, erklärt Joseph Procaccini in seinem Buch. Er vergleicht die Mütter mit einer anderen, für das Ausgebranntsein sehr anfälligen Gruppe, nämlich den Fluglotsen im Tower. »Die meisten nehmen an, daß Fluglotsen so leicht ausbrennen, weil sie die massive Verantwortung für die sichere Landung von Flugzeugladungen von Menschen auf ihren Schultern tragen. Der Hauptgrund für ihren Streß ist aber der ständige Wechsel. Es ist 9 Uhr morgens und eine 747 kommt herein und zwei kleine Flugzeuge starten. Es ist windstill und die Sichtweite unbegrenzt. Eine Minute später ist alles ganz anders. Die Fluglotsen müssen sich ständig an neue Gegebenheiten anpassen. Und sie müssen absolut konzentriert mit diesen Gegebenheiten in Kontakt bleiben, weil so viel auf dem Spiel steht. Müttern geht es ganz ähnlich. Kinder kommen und gehen, und die emotionale Atmosphäre im Haushalt ändert sich von Minute zu Minute. Kinder ändern sich ständig, und die Familie insgesamt ebenso.«[8]

Auch auf gesellschaftlicher Ebene trägt der Wandel zum Ausgebranntsein bei. Die Frau versucht dauernd, mit einer zunehmend hektischeren und chaotischeren Welt zurechtzukommen, erklären Cynthia Lynch und Maurine Ward in ihrem Artikel. »Frauen sehen sich heute durch Umstände unter Druck gesetzt, die historisch gesehen einzigartig sind«, schreiben sie. »Sie wurden in einen ›Feuersturm des Wandels‹, so der Futurist Alvin Toffler, geworfen. Innerhalb von zwei Jahrzehnten sah sich praktisch jede Frau der westlichen Welt mit einer Neueinschätzung ihrer eigenen Identität und ihrer gesellschaftlichen Funktionen konfrontiert.« Stellen Sie sich vor, daß »Die Frau von heute in einer riesigen Zentrifuge steckt, eine sich mit hoher Geschwindigkeit drehende Ma-

»Keine Sorge, Kinder. Mami ist heut abend bloß ein bißchen müde.«
© 1991, P. C. Vey in *Redbook Magazine*

schine, die durch die Zentrifugalkraft alles Material nach unterschiedlicher Dichte voneinander trennt. Es ist kein Wunder, wenn viele Frauen in solch einer Maschine eine innere wie auch äußerliche Fragmentierung erleiden.«

Fügen Sie diesem Druck noch den Fakt hinzu, daß sich Frauen heute mit einer verwirrenden Vielzahl von Wahlmöglichkeiten konfrontiert sehen, so Lynch und Ward. Einst waren sie auf einen traditionellen Lebensstil geeicht, der wenig Möglichkeiten zum Ausbrechen ließ.

Heute hingegen haben Frauen eine Unzahl an Optionen, die fast alle mit einem gewissen Stigma behaftet sind. Und für viele Frauen bedeutet diese größere Menge an Optionen, daß sie mehr zu tun haben.[9]

Diese tiefgreifende gesellschaftliche Umwälzung verstärkt den Druck, unter dem die modernen Mütter stehen. »Viele Frauen«, schreibt Carol Tannenhauser in ihrem Artikel, »sind hin- und hergerissen zwischen dem Vorbild der Mütter, wie sie es im Fernsehen der 50er Jahre beobachtet haben, und dem heutigen Rollenvorbild in den Medien, Mütter mit Aktenkoffer und Kleinkindern an der Hand. Wenn sie dann unvermeidlicherweise hinter ihren Erwartungen zurückbleiben, fühlen sie sich frustriert, unzulänglich, wütend und schuldig. Und der selbstzerstörerische, zum Ausgebranntsein führende Kreislauf beginnt.«[10]

Dieser Zustand extremer Erschöpfung schleicht sich allmählich ein. Freudenberger und North[11] führen zum Beispiel zwölf Phasen auf, die sich überlappen und miteinander vermischen:

1. Der Zwang, etwas zu beweisen – der Welt den Stempel aufzudrücken.
2. Intensität – die sich ausdrückt im Unwillen, irgend etwas zu delegieren.
3. Schleichender Entzug – abnehmende Aufmerksamkeit dem eigenen Selbst gegenüber.
4. Konfliktverdrängung – der inneren Erschöpfung wird keine Beachtung geschenkt, Reizbarkeit und das nagende Gefühl, daß da ein Problem ist.

5. Verzerrung der Werte – der eigene Wert wird an der Zustimmung anderer gemessen, am Haus, dem Besitz oder der Kompetenz im Beruf.
6. Zunehmend stärkere Verweigerung – unbewußte Leugnung von Emotionen, Ängsten und Frustrationen.
7. Gleichgültigkeit – psychische Loslösung vom eigenen Selbst und der Umwelt.
8. Sichtbare Verhaltensänderungen – ein Verhalten, das Rückzug, Zorn und Desillusionierung signalisiert.
9. Entpersönlichung – Kontaktverlust mit sich selbst, dem Körper und den Prioritäten.
10. Leere – das Gefühl, ausgehöhlt zu sein, ausgezutzelt, nutzlos, leer, erschöpft.
11. Depression – alles ist egal, der Wunsch, nur noch zu schlafen und in Ruhe gelassen zu werden.
12. Völliges Ausgebranntsein – die physische und geistige Erschöpfung kann sich lebensbedrohlich auswirken.

Der erste Schritt zur Heilung besteht darin, daß wir uns dieses alarmierenden Zustands bewußt werden, so die Autorinnen. Dann müssen Sie sich klarmachen, in welcher Phase Sie sich befinden, Schritte zur Erholung einleiten und lernen, wie Sie in Zukunft ein drohendes Ausgebranntsein vermeiden.

Angesichts der gesellschaftlichen Programmierung der Frau wären Sie eine ungewöhnliche Ausnahme, wenn Sie nicht gelegentlich (oder die meiste Zeit) die frühen oder auch schon fortgeschritteneren Symptome des Ausgebranntseins erlebten, vor allem Mattigkeit, Gereiztheit und häufige Wutanfälle. Schlappheit, dieses Gefühl des »ich kann mich kaum noch irgendwohin schleppen« ist bei Frauen besonders weit verbreitet. In einer überregionalen Untersuchung haben ein Drittel von 600 Frauen angegeben, daß sie sich in einem chronischen Zustand der Müdigkeit und Erschöpfung befinden.[12]

Eine Beobachtung Procaccinis zeigt, wie leicht es ist, in den Zustand des Ausgebranntseins abzugleiten. »Der Prozeß beginnt in dem Moment, in dem die Energie in Relation zu den Anforderungen abfällt, sei sie nun physischer, geistiger, emotionaler oder spiritueller Natur.«[13] Die Frauen von heute versuchen stets, trotz nachlassender Energien, den außerordentlichen Anforderungen gerechtzuwerden – in einem Seiltanz zwischen energetischem Input und Output, ohne zu merken, daß sie sich auf einem Seil bewegen und abstürzen könnten.

Veränderter Lebensstil, um Ausgebranntsein und Depression zu vermeiden

Sollten Sie bei sich selbst entsprechende Symptome feststellen, dann ziehen Sie folgende Veränderungen in Ihrem Lebensstil in Betracht, die Ihnen helfen, jenen Prozeß zu stoppen, der zum Ausgebranntsein und möglicher Depression führt.

1. *Körperübungen.*

Körperübungen sind die beste Methode, um sich instand zu halten. Sie sind der absolute Spitzenkandidat, wenn es darum geht, einen Ausgleich zu schaffen und Ihr emotionales wie physisches Wohlbefinden zu steigern. Hier sind nur ein paar Beispiele für Ihre enorme gesundheitsfördernde Wirkung. Körperübungen –

- steigern die Kräfte des Gehirns, sorgen für bessere Durchblutung und Sauerstoffzufuhr, was sich positiv auf Ihren Intellekt auswirkt;
- lassen Ihren Körper die Nahrung optimal verwerten;
- sorgen für einen fein gestimmten Körper und gute Muskulatur, was die Flexibilität und Koordinationsfähigkeit fördert;
- verbessern die Festigkeit der Knochen und die Muskelstärke;
- geben Ihnen ein Gefühl von Kraft und zunehmender Kontrolle über Ihr Leben und Ihren Körper, da Ihre physische Gesundheit gestärkt, Ihr Aussehen und Ihre körperliche Erscheinung verbessert werden;
- reduzieren den Streß und die Möglichkeit, daß Sie durch Essen Ängste, Ärger, Frustration oder Niedergeschlagenheit kompensieren;

- befreien und verhindern oft periodische Tiefs, da sie im Blutkreislauf Endorphine freisetzen, die Ihre Stimmung heben;
- lassen Sie schneller einschlafen, gesünder schlafen und erfrischter aufwachen;
- verlangsamen den Alterungsprozeß;
- erhalten Ihre Haut elastischer und straffer;
- zügeln den Appetit und steigern das Gefühl von Sattheit;
- verbrennen bis zu fünfzehn Stunden nach dem Üben überflüssige Kalorien. Wenn Sie zweimal am Tag üben, ist das kalorienmäßig 24 Stunden am Tag von Vorteil;
- steigern Ihre Muskelmasse – das Gewebe in Ihrem Körper, das viele Kalorien verbraucht – und Sie bauen Fett ab, das Kalorien speichert. Je mehr Muskelmasse Sie haben, desto mehr Energie verbrennen Sie, was bedeutet, daß Sie Ihr gewünschtes Körpergewicht leichter halten können;
- senken das Risiko von Osteoporose (Verminderung der Knochenfestigkeit), Herzkrankheiten und einigen Krebsarten, stärken das Immunsystem und damit die Fähigkeit, Erkältungen, Grippe und andere bakterielle und durch Viren hervorgerufene Infektionen abzuwehren.

Wenn Sie all diese Vorteile zusammenzählen, wird ersichtlich, daß Körperübungen für das Wohlbefinden der Frau außerordentlich wichtig sind. Unglücklicherweise neigen aber Frauen, die sich einer Überbelastung ausgesetzt sehen, dazu, genau die Dinge auszuklammern, die sie zur Steigerung ihrer Energie bräuchten. »Körperübungen sind oft das erste, was aufgegeben wird«, schreibt Dr. Holly Atkinson in ihrem Buch »... beim Versuch, alles zu erledigen.« Doch »wenn es etwas gibt, das eine Frau zur Bekämpfung ihres chronischen Erschöpfungszustands tun kann, dann sind es meiner Ansicht nach Körperübungen«[14].

Sind Sie also nun bereit, Ihre Sorgen wegzuüben? Höre ich ein »Ächz« von Ihnen, die Sie zu den Übungsabstinenten gehören? Aber wie könnten Sie diesen immensen Vorteilen widerstehen? Fangen Sie mit ein paar leichten Beugen und Streckübungen an, joggen Sie ums Haus oder den Block. Fangen Sie leicht und locker an und steigern Sie sich. Denken Sie daran: *Jedes* Üben hilft. Gehen Sie dann, falls möglich, zu irgendeiner guten Aerobicübung über, die Ihren Herz- und Atemrhythmus beschleunigt. Suchen Sie sich ein paar Übungen aus, die Ihnen Spaß machen – joggen, schwimmen, gehen, radfahren –, und wechseln sie im Laufe der Woche ab. Machen Sie wenigstens vier Tage in der Woche zwanzig Minuten lang eine Aerobicübung. Besser wären dreißig Minuten fünf oder sechs Tage in der Woche. Aber gehen Sie es langsam an. Einige Experten raten zur Vorsicht: »Wenn Sie bereits üben, dann übertreiben Sie es nicht. Sollten Sie sich beim Üben überanstrengen... kann das zur ›Sportanämie‹ führen. Die Symptome: Schwächegefühle, Erschöpfung und Gereiztheit.«[15]

2. *Ernährung*

Abgesehen von der regelmäßigen Körperübung können Sie, um sich instand zu halten und Ihren allgemeinen Gesundheitszustand zu verbessern, Ihre Ernährungsgewohnheiten durchforsten.

»Glaub nur nicht, daß ich deshalb meine Aerobictanzstunden aufgebe!«
© Artemas Cole

Es macht durchaus einen Unterschied, was Sie Ihrem Körper zuführen.

Viele Frauen schenken, wenn sie 16 oder 17 Stunden am Tag damit beschäftigt sind, sich um andere zu kümmern und ihre Arbeit zu bewältigen, ihren eigenen Eßgewohnheiten wenig Aufmerksamkeit und kümmern sich nicht um die Art von Nahrung und Aufbaustoffen, die sie in ihrem hohen Energieverbrauch stabilisieren könnten. Vielmehr treiben sie Tag für Tag ihren Körper bis zum äußersten und erwarten, daß er ihnen ohne ständige und angemessene Energiezufuhr und Regenerierung dient. Schließlich erschöpft sich ihr Körper aus Mangel an Ressourcen, die er braucht, um mit ihrem Leistungswillen Schritt halten zu können, und sie geraten in einen Zustand, den Experten Ausgebranntsein auf der Ernährungsebene nennen.

Dieser Zustand kann, abgesehen vom ewigen Leistungsdruck, auch durch emotionalen Streß (Furcht, Trauer, Zorn, sogar irrationale Ängste) verursacht werden, die dem Körper ebenfalls gewisse Aufbaustoffe entziehen, von denen viele für eine gesunde Gehirnfunktion wesentlich sind. So berichtet ein medizinischer Experte: »Nehmen Sie einen Menschen, der wegen irgendwelcher Dinge in seinem Leben einfach ein bißchen deprimiert oder gestreßt ist. Dieser Mensch ernährt sich dann vielleicht schlecht. Und das kann zu ernährungsbedingten Mangelerscheinungen führen, die dann als Auslöser fungieren und ihn in eine echte Depression stürzen.«[16]

Zur mangelhaften Nahrungsaufnahme kommt dann noch das Problem des Abbaus von Aufbaustoffen. Ein anderer medizinischer Experte erklärt: »Wenn Sie unter Streß stehen, werden Hormone freigesetzt, die wiederum die Geschwindigkeit vieler Funktionen und Systeme im Körper erhöhen. Durch diese erhöhte Geschwindigkeit werden mehr Aufbaustoffe im Blutkreislauf freigesetzt und dann ausgeschieden. Natürlich verliert der Körper ständig an Aufbaustoffen. Aber wenn Sie unter Druck stehen, verlieren Sie mehr.«[17]

Emrika Padus fügt dem in ihrem Buch hinzu: »Wenn Sie der

Streß zum Trinken treibt – Alkohol oder Kaffee – oder zum Rauchen, dann erleiden Sie noch größere Verluste. Alkohol, Kaffee und Rauchen zerstört die B-Vitamine. Und der Kaffee wirkt zudem harntreibend und schwemmt die wasserlöslichen Vitamine – die Bs und Cs – sowie wichtige Minerale aus Ihrem Körpersystem.«[18]

Der Verlust an Aufbaustoffen kann Ihre Gehirnfunktionen wesentlich beeinflussen, die ja ein entscheidender Bestandteil Ihres physischen Selbst sind. Und *echte* Nahrung – mit ihren Vitaminen und Mineralen – ist für die Gehirnfunktionen ebenso wichtig wie diese es für das Funktionieren der anderen Körperorgane sind. Padus schreibt: »Eine Reihe von neueren Untersuchungen haben gezeigt, daß knapp ein Dutzend spezieller Aufbaustoffe die Biochemie und Funktion des Gehirns verändern kann. Ein – sogar nur leichter – Mangel an auch nur einem dieser Aufbaustoffe kann zu so allgemein verbreiteten emotionalen Problemen wie Erschöpfung, Gereiztheit und Depression führen.«[19]

Die Tatsache, daß ein gut genährtes Gehirn eine Bastion gegen Erschöpfung, Gereiztheit und Depression ist, sollte jede überbelastete Hausfrau auf dem Weg zum Ausgebranntsein aufhorchen lassen. Keine Frau kann ihren Körper ständig bis zum äußersten strapazieren und ihre Bedürfnisse in ernährerischer Hinsicht ignorieren, ohne daß dies Konsequenzen nach sich zieht.

Was also tun? Wollen Sie Ausgebranntsein und Depression vermeiden, dann bringen Sie Ihre Ernährungsgewohnheiten in Übereinstimmung mit den Ratschlägen der Ernährungsexperten:

- Gestalten Sie Ihre Mahlzeiten immer so vielfältig, daß Sie die nötigen Aufbaustoffe zu sich nehmen (über 40 verschiedene Substanzen).
- Führen Sie beständige Eßgewohnheiten ein, drei Mahlzeiten am Tag eingeschlossen.
- Essen Sie wenig Fett.
- Essen Sie wenig Zucker.
- Essen Sie viele Nahrungsmittel mit wenig Kalorien und einem hohen Anteil an Vital- und Ballaststoffen.

- Essen Sie vor allem mageres Fleisch, Geflügel und Fisch.
- Reduzieren Sie die Portionen von roh gebratenem Fleisch.
- Kochen Sie mit einem Minimum an Fett.
- Essen Sie Snacks mit wenig Kalorien.
- Nehmen Sie täglich sechs bis acht Gläser an Flüssigkeit zu sich.
- Schränken Sie die Aufnahme von Natrium ein.
- Schränken Sie den Alkoholkonsum ein.
- Schränken Sie den Koffeinkonsum ein.

Wenn Sie nun noch dafür sorgen, daß mit Hilfe von Körperübungen die Nahrung optimal aufgenommen und verwertet wird, dann deckt diese Liste alle Punkte einer ernährungsmäßigen Fürsorge für Gehirn und Körper ab. Sollten Sie sich nicht an diese Richtlinien halten, dann nehmen Sie wenigstens Veränderungen vor, die Ihrem Gehirn und Körper die nötigen Aufbaustoffe und Energien zuführen.

3. *Vorbeugende Gesundheitsmaßnahmen*

Schließlich kann sich eine Frau gut instand halten, wenn sie sich ihr ganzes Leben lang systematisch um ihr physisches Wohlbefinden kümmert, aber das ist für sie nicht leicht. Die Zögerlichkeit, mit der sie in anderen Lebensbereichen Zeit und Geld auf sich selbst verwendet, macht sich auch breit, wenn es darum geht, sich um ihren eigenen Körper zu kümmern.

Dazu sagt die Gynäkologin Valerie Logsdon, die im Millcreek Women's Center von Salt Lake City praktiziert: »Wenn ich einer Frau sagte, daß ihr Mann mit einer Wahrscheinlichkeit von eins zu zehn Brustkrebs bekommen könnte (kein glaubhaftes Risiko in diesem Fall!) und sie deshalb dafür sorgen müßte, daß er sich einmal im Monat selbst untersucht, dann würde sie das tun. Aber wenn ich derselben Frau sage, daß sie mit einer Wahrscheinlichkeit von eins zu zehn Brustkrebs bekommen kann und sie sich, um ihn rechtzeitig zu entdecken, regelmäßig selbst untersuchen muß, dann wird sie es im Normalfall nicht tun. In unserer Kultur neigen Frauen dazu, sich völlig für andere aufzuopfern – und das manchmal, wenn es um die Gesundheitsfürsorge geht, auf Kosten ihres eigenen Lebens.

Jeden Tag sehe ich Frauen, die sich selbst in Gefahr gebracht haben; eine Frau, die zehn Jahre lang keinen Abstrich hat machen lassen, oder eine, die nach der Menopause gelegentlich blutet und zwei Jahre lang nichts dagegen unternimmt, während sie sich aber um andere Leute kümmert.

Ich erinnere mich an den traurigen Fall einer Krankenschwester, die ich behandelte, und der mich tief betroffen hat. Eine Frau um die 40, verheiratet, fünf Kinder, die eines Tages die Kühlschranktür öffnete und sich dabei gegen die Brust stieß. Am Abend merkte sie, daß sie da, wo sie sich gestoßen hatte, eine schmerzende Stelle hatte. Sie wurde nicht besser, sie vergrößerte sich vielmehr und näßte, aber sie ging nicht zum Arzt, weil sie so beschäftigt war und sich um die Kinder kümmern mußte. Als ich sie schließlich zu Gesicht bekam, hatte sie einen Brusttumor von der Größe einer Mandarine. Sie hatte es zu diesem abnormalen Zustand kommen lassen, obwohl gerade sie es hätte besser wissen müssen, hatte es immer wieder aufgeschoben, sich darum zu kümmern, weil sie anderes zu tun hatte. Ich nahm eine Mastektomie vor, aber es hatten sich schon Metastasen gebildet, und sie starb.«

Welche Schritte muß eine Frau unternehmen, wenn sie sich um ihre physische Gesundheit kümmern und ihren gesundheitlichen Zustand systematisch überprüfen will?

»Es läuft alles auf eine alljährliche gesundheitliche Überprüfung hinaus«, antwortet Logsdon. »Eine solche Untersuchung klopft alle wesentlicheren Aspekte ab, die sich auf die physische und emotionale Gesundheit der Frau auswirken können, die verschiedenen Krebserkrankungen, für die Frauen besonders anfällig sind, eingeschlossen – Brust, Gebärmutterhals, Gebärmutterschleimhaut, Mastdarm, Eierstöcke. Dies sorgt auch dafür, daß die Frau mit einer Ärztin oder einem Arzt ihres Vertrauens eine relativ enge Verbindung herstellt. Und Frauen brauchen eine solche Verbindung, weil viele ihrer Probleme mit ihrer Menstruation, ihren Schwangerschaften, dem Geschlechtsverkehr und anderen Dingen, über die man nicht so leicht spricht, zusammenhängen.

Neben dieser alljährlichen Untersuchung sollte sie täglich Kalzium einnehmen, um das Risiko einer Osteoporose zu reduzieren, und einmal im Monat ihre Brust selbst untersuchen. Da die Anfälligkeit für Brustkrebs ab 30 dramatisch steigt, empfehle ich immer irgendwann zwischen 35 und 40 eine Mammographie; zwischen 40 und 50 sollte sie alle zwei Jahre gemacht werden und ab 50 einmal im Jahr. Die Dosis an Röntgenstrahlung ist dabei heutzutage sehr gering, so daß sich die Frau keine Sorgen machen muß, dadurch Brustkrebs auszulösen.«

Und wie untersucht man die eigene Brust? Logsdon erklärt: »Der beste Zeitpunkt ist gleich nach Ende der monatlichen Regelblutung, weil davor die Brüste oft kleine Knoten aufweisen und sehr empfindlich sind.

Stellen Sie sich als erstes vor den Spiegel, heben Sie die Hände über den Kopf und drücken Sie sie dann nach unten, was Ihre Brüste weitet und die Muskeln anspannt. Überprüfen Sie dann, ob Ihre Brüste normal aussehen – keine Knoten, Erhöhungen, Vertiefungen oder Hautfalten aufweisen.

Nehmen Sie dann eine Dusche und machen Sie sich den schlüpfrigen Seifenschaum für eine Brustuntersuchung zunutze. Im wesentlichen geht es darum, daß Sie auf systematische Art Ihre Brüste abtasten – in Kreisen, in rechteckigen Abschnitten, überkreuz, in Bahnen, vor und zurück – wie Sie eben wollen. Sie sollen sich dabei einprägen, wie sich Ihre Brüste normalerweise anfühlen, wo sich Ihre normalen kleinen Knötchen und Verdichtungen befinden.

Trocknen Sie sich dann ab und legen Sie sich aufs Bett, bevor Sie sich anziehen. Heben Sie einen Arm über den Kopf, was wiederum Ihre Brüste weitet, und tasten Sie sie mit der anderen Hand nach Knoten ab. Wenn Sie das jeden Monat tun, werden Sie abrupt oder allmählich auftretende Veränderungen erkennen können. Sollten Sie eine Unregelmäßigkeit entdecken, die sich im Verlauf eines monatlichen Zyklus nicht wieder verflüchtigt, dann sollten Sie Ihre Ärztin darauf hinweisen.«

Zusammenfassend gibt Logsdon den Frauen den Rat: »Sie funktionieren am besten – für Ihre Familie und andere –, wenn Sie sich physisch und emotional in Topform befinden. Und wenn Sie sich schon nicht um Ihrer eigenen Person willen und Ihr physisches Wohlbefinden kümmern wollen, dann tun Sie es für andere, denn es macht Sie wirklich zu einer sehr viel glücklicheren, gesünderen und energiegeladeneren Person.«

Die exogene (psychisch bedingte) oder endogene (durch die Körperchemie bedingte) Depression

Durch Veränderungen in der Lebensführung und eine Überwachung und Kontrolle der Streßebene kann eine Frau möglicherweise den zum Ausgebranntsein führenden Prozeß umkehren und die Wahrscheinlichkeit erhöhen, daß sie nicht einer schweren endogenen Depression zum Opfer fällt. Manchmal jedoch können auch kleine Veränderungen des Lebensstils den eisernen Griff von Hoffnungslosigkeit und Verzweiflung durchbrechen. Komplexe auf die Frau einwirkende Kräfte bewirken eine physisch bedingte schwere Depression – und sie wird buchstäblich überwältigt von einer tiefen Verzweiflung, die eine Autorin als »ein brüllendes Unwetter im Gehirn« beschreibt.[20]

In diesem Zustand ist sie oft zu erschöpft, zu überwältigt oder zu verwirrt, um auch nur irgendwelche körperlichen Betätigungen oder ernährerischen Maßnahmen im Kampf gegen die Depression in Betracht zu ziehen. Und auch eine Therapie hilft nicht, solange ihre physische Störung nicht medizinisch behandelt worden ist.

Die schwere Depression (im Gegensatz zu einer depressiven Verstimmung) ist wie eine dunkle Wolke, die sich manchmal wie eine Wetterfront über ihr Opfer legt: »Sie kann sich schleichend ausbreiten wie ein Novembernebel, das Herz zum Gefrieren bringen und den Willen untergraben, morgens auch nur aufzustehen«, schreibt eine Autorin. »Sie ist als exogene Depression bekannt und darf nicht mit den Verstimmungen oder Tiefs verwechselt werden, von denen die meisten Leute, wie ein vorübergehender Regenguß, gelegentlich befallen werden. Eine exogene Depression ist etwas anderes, ein tiefer Sturz in den Abgrund. Sie kann Monate andauern und im Laufe der Jahre immer wieder zurückkehren mit – im schlimmsten Fall – katastrophalen Auswirkungen.«[21]

»Es war wie eine Wetterfront«, berichtet Terry, die 14 Jahre lang Opfer einer solchen Depression war. »Ich hatte vielleicht mal ein oder zwei sonnige oder leicht bewölkte Tage, aber dann brach sie wieder über mich herein. Es gab nichts, wodurch ich meine Stimmung hätte heben können – diese Traurigkeit, dieses Leid, diese Verletztheit, die über mich hereinbrachen. Ich fand keine Möglichkeit, mich aus dieser Schwermut herauszuholen, und im Hinterkopf hatte ich immer den Gedanken, daß mit mir irgend etwas nicht stimmte. Ich fühlte mich so völlig ohne Hoffnung.«

Die exogene oder endogene Depression kommt oft schleichend, und ihre Symptome sind häufig so mild, daß ihr Opfer den Tagesablauf zu Hause und bei der Arbeit durchstehen kann. Im Laufe der Monate erscheinen dieser Person dann die Traurigkeit, die Stimmungsumschwünge, die niedrige Toleranzschwelle für Streß, der Rückzug von Menschen, das Gefühl der Benommenheit und andere sich allmählich entwickelnde Symptome ganz normal, und oft hat sie schon vergessen, wie sie sich vor der Depression gefühlt hat.

Es kommt auch vor, daß ein erwachsener Mensch noch nie erlebt hat, was es heißt, sich wohl zu fühlen. Die »Wetterfront« – die Depression – lag so gut wie immer über dem Leben dieser Person, die dann gar keinen Maßstab hat, woran sie ihr emotionales und physisches Wohlbefinden messen könnte. Von einem Psychiater befragt, wie lange sie schon so schwermütig sei, antwortete ein Depressionsopfer: »Seit das Sperm auf das Ei traf. Ich kann am Verhalten anderer Menschen ablesen, daß sie glücklich sind, aber ich selbst weiß nicht, was das ist. Ich war noch nicht einen Tag glücklich.«[22]

Die meisten Opfer machen den Fehler, ihren Zustand als emotionale Mangelerscheinung zu diagnostizieren, eine Situation, die sie durch reine Willenskraft unter Kontrolle kriegen sollten. Ein

Faktor, der hier zur Verwirrung beiträgt, so steht es in einem Artikel des *U.S. News & World Report*, »ist der allgemein verbreitete Gebrauch des Wortes Depression, um eine ganze Skala an unerfreulichen, doch unvermeidlichen Konsequenzen des Lebens zu beschreiben. Man ist ›deprimiert‹ nach einem miesen Tag im Büro oder dem Scheitern einer Liebesbeziehung.«[23] Und in den Staaten ist es üblich, so ein anderer Autor, jeglichen Zustand, der nicht gerade von Hochgestimmtheit zeugt, mit »ich bin deprimiert« zu umschreiben.[24]

Für den Laien bedeutet *Depression* einen Zustand, der sich dadurch beheben läßt, daß man sich »in den Griff kriegt« und da »rauskatapultiert«. Und ist jemand dazu nicht in der Lage, wird dies oft sowohl von Außenstehenden wie vom Opfer selbst als Schwäche oder Charaktermangel ausgelegt.

Ein weiterer zur Konfusion beitragender Faktor ist der, daß bis vor kurzem die Depression als psychische Störung betrachtet wurde, der nur durch Psychotherapie beizukommen war. Nur äußerst schwere Depressionen wurden mit psychotropen Medikamenten behandelt.

Heutzutage aber, so ist in einem Artikel der *Newsweek* zu lesen, »spielt die Biologie... bei der Erforschung der Depression eine immer größere Rolle. Generationen lang glaubte man, dieser Zustand sei rein dem geistigen Bereich zuzuordnen, doch in den letzten Jahren wurden bei der Erforschung ihrer Ursachen große Fortschritte erzielt. Heute wird sie als eine Krankheit wie ein Geschwür oder zu hoher Blutdruck betrachtet, die aus einem Zusammenspiel biologischer und psychischer Kräfte resultiert. Viele Ärzte glauben heute, daß Depressionsopfer eine angeborene Anfälligkeit für diese Krankheit haben. Die Krankheit selbst kann durch äußere Faktoren oder durch eine biochemische Veränderung im Körper ausgelöst werden«[25]. Und manchmal tritt eine Depression auch ohne irgendwelche erkennbaren Anlässe auf.

Wegen der biologischen oder physischen Grundlage einer endogenen Depression könnte man sich aus ihr genauso leicht »herauskatapultieren« wie aus einem gebrochenen Bein, erklärt die in

Salt Lake praktizierende Psychiaterin Susan Mirow. »Es ist so traurig, mitansehen zu müssen, wie Menschen sich allein mit ihrer Depression herumschlagen und auf Familienangehörige hören, die einfach sagen: ›Ach, komm schon, schau, daß du da endlich wieder rauskommst.‹«

Mirow hebt hervor, daß unter Umständen »den Leuten der Unterschied zwischen geistigem Bewußtsein und Gehirn nicht klar ist. Das geistige Bewußtsein ist das, womit wir unsere Person identifizieren, und das Gehirn ist ein Organ. Leidet eine Person unter einer endogenen Depression, dann sind die chemischen Substanzen des Gehirns im Ungleichgewicht... (und in diesem Fall) muß das Gehirn als Organ, genau wie das Herz oder die Lunge, wenn dort Probleme auftreten, medikamentös behandelt werden.«[26]

Was läuft in so einem Fall im Gehirn falsch? »Stellen Sie sich folgendes vor«, erklärt ein Autor: »Ein Nervenende (A) im Gehirn liegt sehr nahe bei einem weiteren Nervenende (B). Zwischen beiden existiert ein Spalt. Wenn nun Nerv A einen elektrischen Impuls abgibt, schütten seine Nervenenden oder Synapsen chemische Substanzen in den Spalt aus. Diese wandern zu Nerv B, wo diese chemischen Substanzen einen weiteren elektrischen Impuls auslösen. Auf diese Weise ›sprechen‹ Milliarden von Nerven miteinander. Gedanken sind somit chemischer wie elektrischer Natur.« Im Falle einer Depression, so erklärt er weiter, »läuft mit dem Transfer der chemischen Substanzen zwischen den Nerven etwas schief. Vielleicht gibt es von einer chemischen Substanz zuviel oder von einer anderen zuwenig. Oder der empfangende Nerv kann nicht die richtigen chemischen Substanzen absorbieren.«[27]

Eine Störung in der Regulierung der chemischen Substanzen oder Neurotransmitter im Gehirn verursacht einen Kurzschluß bei den die Informationen übertragenden elektrischen Impulsen, was zahlreiche physische und psychische Symptome zur Folge hat. Hier ist die Schilderung von Liz über die symptomatischen Auswirkungen einer chronischen endogenen Depression, unter der sie viele Jahre litt:

»Ich erlebte eine grauenhafte Düsternis und Schwermut. Alles in meiner Welt war schwarz. Ich dachte sogar in Schwarz. Nichts hat mich angezogen, nichts interessiert. Es war, als hinge ständig eine dunkle Wolke über mir. Und manchmal liefen mir einfach die Tränen übers Gesicht, ohne daß ich wußte, warum. Ich war auch ganz benebelt. Ich konnte kaum Entscheidungen treffen, und wenn ich etwas las, begriff ich es nicht. Und wenn ich manchmal jemandem eine Frage stellte und er antwortete, dann war ich schon nach zwei Sätzen in einem Land Nirgendwo verschwunden. Ich konnte nicht mal geistig anwesend bleiben, um die Antwort zu hören.

Ich war dauernd müde und alles wurde mir zur Last – auch ganz kleine einfache Dinge fielen mir schwer. Meine Reaktionen waren verlangsamt, und ich hatte das Gefühl, daß die Zeit an mir vorüberging und ich nicht mit ihr Schritt halten konnte. Wie ich schon sagte, interessierte ich mich für nichts und zog mich auch von Dingen zurück, die früher für mich Bedeutung hatten. Ich saß oft da und grübelte – aber wie sehr ich mich auch bemühte, ich fand keine Antworten. In mir war nichts, was ich gebraucht hätte, um mich wohl zu fühlen. Ich fühlte mich so hilflos, so ohne jede Hoffnung.

Nacht für Nacht hatte ich Mühe, einzuschlafen und durchzuschlafen. Oft stand ich auf und wanderte herum. Am Morgen fühlte ich mich dann grauenhaft deprimiert und wußte nicht, warum. Ich kämpfte mit einer Wut, die aus dem Nichts kam. Die geringste Kleinigkeit regte mich auf. Manchmal konnte ich mich in drei Sekunden von einer ruhigen zu einer völlig ausrastenden Person verwandeln. Hinterher hatte ich ein schlechtes Gewissen, weil ich so herumgeschrien und getobt hatte.

Innerlich sagte ich mir immer: ›Ich kann's nicht fassen, wie dumm ich bin.‹ Ich fühlte mich wie ein gigantisches Nichts. Ich war schon bei den geringsten Anlässen gekränkt und entschuldigte mich meinerseits unentwegt, normalerweise für fast nichts. Ich mußte hören, daß der andere mir sagt, daß alles okay ist, mein Fehler nichts macht. Ich war besessen vom Gedanken an den Tod.

Immer wieder dachte ich: ›Ohne mich wäre die Welt besser dran.‹ Ich hatte das Gefühl, nichts zu geben – und daß es keinen Ausweg gab. Ich wußte nicht, wo ich mich hätte hinwenden können.«

Einerseits erfuhr Liz die Auswirkungen eines Kurzschlusses der elektrischen Impulse und Botschaften im Gehirn – zum Teil das Resultat einer Anomalie der chemischen Substanzen, die als Leiter dieser Botschaften fungieren. Und dieser Kurzschluß verursacht die von ihr beschriebenen Symptome: chronische Schwermut, Konzentrationsschwierigkeiten, Mattigkeit, unkontrollierbare Wutanfälle, schlaflose Nächte, Desinteresse an Aktivitäten und am Leben, der alles beherrschende Gedanke an den Tod.

Andererseits hatte Liz es nach Jahren einer depressiven Denkweise auch mit psychischen Auswirkungen zu tun – einem emotionalen Niederschlag als Folge der Jahre, in denen sie die Welt aus einem schwarzen Abgrund heraus erlebte und deutete. Dieser emotionale Niederschlag interagierte wiederum mit ihrer physisch bedingten Depression und trug bei zur Düsternis und Schwärze, in der sie sich fand.

Leider gibt es niemanden, der gegen eine solche physisch bedingte Depression gefeit wäre. Tatsächlich befinden sich wohl um die sechs Prozent der erwachsenen Bevölkerung unseres Landes in diesem Zustand. Bei Jugendlichen nimmt man sechs bis sieben Prozent an, und bei jüngeren Kindern nach neueren Untersuchungen an die zwei Prozent. Und bei Frauen sind es schockierende 25 Prozent, daß sie im Lauf ihres Lebens einer massiveren Depression anheimfallen.

Wenn ein oder beide Ihrer Elternteile unter Depression leiden, dann erhöht sich die Möglichkeit, daß Sie oder Ihre Kinder ebenfalls irgendwann daran leiden. Der größte einzelne Risikofaktor für Depression ist ihr Auftreten in der Familie. »Depression ist eine Familienangelegenheit«, erklärt ein Experte. »Leidet ein Elternteil an Depression, dann steigt die Wahrscheinlichkeit, daß auch die Kinder davon befallen werden, um das Zwei- bis Dreifache. Leiden beide Elternteile an Depression, dann steigt sie um das Vier- bis Sechsfache.«[28] Weitere Untersuchungen zeigen, daß zwei Drittel der Verwandten von depressiven Patienten ebenfalls unter Depression litten.

Das heißt, die Anfälligkeit für Depression ist oft genetisch bedingt, so wie die Augen- und Haarfarbe eines Menschen. Bei manchen kam die Depression schon in früher Kindheit zum Ausbruch, und sie leiden ständig darunter.

Viele können, haben sie ihre endogene Depression erst einmal erkannt, dann dieselbe Störung bei vielen ihrer Verwandten ausmachen. Und tragischerweise sind oft manche darunter, die sich das Leben genommen haben oder starben, ohne zu wissen, welchen schrecklichen Preis die Depression ihnen abverlangt hatte. Viele können ihre Depression auch bis in die Kindheit oder die Jugendzeit zurückverfolgen, wo diese Krankheit wie eine genetische Zeitbombe durch Streß und hormonelle Veränderungen aktiviert wurde.

Eine genetisch bedingte Depression wird durch keine auch noch so intensive Psychotherapie allein behoben werden können. Dies käme einer Behandlung von Diabetes mit einer Gesprächstherapie gleich. Viele Depressive berichten in der Tat, daß die Jahre psychotherapeutischer Behandlung ihre Symptome nicht beseitigt haben. Diese Investition hat nur dazu geführt, daß sie nun besser informierte, manchmal besser angepaßte, depressive Menschen waren.

Im Gegensatz zur genetisch bedingten Depression leiden viele Menschen, die nicht diese Anlage haben, unter einer situationsbedingten Depression, die durch ständigen übermäßigen Streß verursacht wird und dazu führt, daß man mit den Dingen nicht mehr zurechtkommt. »Klar bin ich deprimiert«, mag dann so eine Frau sagen. »Ich habe gute Gründe dafür. Meine Ehe ist in Scherben, mein Vater ist vor kurzem gestorben, mein Teenagersohn treibt mich zum Wahnsinn, ich hab gerade noch ein Baby bekommen, und ich erhole mich eben von meiner dritten Operation innerhalb von zwei Jahren.«

In einem solchen Fall mag sich das Opfer eine Depression zwar »verdient« haben, die langfristigen Streßauswirkungen auf seine

Körperchemie sind aber die gleichen wie bei einer genetisch bedingten Depression. Stimmungslage und biochemische Struktur verändern sich gemeinsam. Die Gründe für die Depression mögen zwar unterschiedlich sein, Fakt ist aber, daß sich die chemischen Substanzen oder Neurotransmitter im Gehirn verändert haben – daß die Fähigkeit des Gehirns, über elektrische Impulse Botschaften zu übermitteln, behindert ist.

Da die endogene Depression vom Laien gewöhnlich nicht als solche erkannt wird, sind ihre Auswirkungen auf das Opfer besonders katastrophal. Und Untersuchungen ergaben, daß sie oft genug auch nicht vom Arzt erkannt wird, der dann nur die physische Krankheit behandelt, die die Depression bemäntelt. Oder er behandelt einzelne Symptome wie Erschöpfung, Kopfschmerzen, Verdauungsschwierigkeiten, chronische Schmerzen, Schlaf- oder Appetitstörungen.[29] Die Depression setzt sich dann ungestört und unbehandelt fort und schwächt ihr Opfer weiterhin. Je länger sie unbehandelt bleibt, desto wahrscheinlicher wird sie chronisch und fügt ernstlichen Schaden zu.

»Ich frage mich, ob wir uns nicht sehr viel häufiger um eine Behandlung der Depression bemühen würden, wenn unsere Haut in einem solchen Fall grün würde«, sagt eine Depressive. »Dann würden wir sie selbst erkennen und mehr Rücksicht auf andere nehmen, die sich in diesem Zustand befinden, so, wie wir es bei Leuten tun, die Erkältung oder Heuschnupfen oder sonst irgendeine augenfällige physische Krankheit haben. Wir würden nicht so hart miteinander umgehen.«

Da unsere Haut nun aber nicht grün wird, ist es am besten, wenn wir uns mit den Symptomen der Depression vertraut machen. Wenn Sie sich fragen, ob Sie oder eine Ihnen nahestehende Person möglicherweise unter einer exogenen oder endogenen Depression leiden, dann sehen Sie sich die auf der folgenden Liste aufgeführten Symptome an und berücksichtigen Sie dabei auch folgende Faktoren:

- Die Anzahl der Symptome. Die Wahrscheinlichkeit einer Depression steigt mit der Anzahl der ausgemachten Symptome.

- Die Dauer der Symptome. Auch hier steigt die Wahrscheinlichkeit mit der Länge der Zeit, Monate oder Jahre, in der die Symptome auftraten.
- Die Intensität der Symptome. Sie korreliert mit der Stärke der Depression. Je mehr Symptome es sind und je länger sie schon andauern, desto intensiver werden sie sein und desto ernster sollte man die Depression nehmen.
- Die Auswirkungen dieser Symptome zeigen sich auch in der Form von Ausfallzeiten bei der Arbeit, gespannten Beziehungen oder Rückzug von den Aktivitäten des Lebens.

Berücksichtigen Sie nun die Anzahl, Dauer, Intensität und anderweitigen Auswirkungen der Symptome, wenn Sie sich jetzt die Liste ansehen:

- Schlafstörungen, was heißen kann, daß Sie stets sehr früh aufwachen oder ständig zu lange schlafen.
- Mangelndes Interesse an den Aktivitäten des Lebens. Sie können sich kaum noch an irgend etwas erfreuen, die Freuden des Sex eingeschlossen.
- Es fällt Ihnen schwer, zu lachen, fröhlich zu sein oder noch irgend etwas komisch zu finden.
- Physische Symptome, Beschwerden oder Krankheiten, die auf keine Behandlung reagieren, wie etwa Übelkeit, Verdauungsbeschwerden, Kopfschmerzen, Rückenschmerzen oder chronische Schmerzen.
- Angstzustände, ewiges Sorgen oder Nervosität, die manchmal von Panikzuständen begleitet werden, und Symptome wie Hyperventilation, Herzklopfen und starke Schweißausbrüche.
- Wenig Energie, Mattigkeit, Schwäche und Benommenheit.
- Ruhelosigkeit, Gereiztheit, eine geringe Toleranzschwelle für Streß, Überempfindlichkeit in bezug auf Geräusche und kleinere Ablenkungen.
- Rasche Stimmungsumschwünge, manchmal begleitet von explosiven Ausbrüchen.
- Exzessive Emotionalität, gelegentlich zusammen mit unerklärlichen Weinkrämpfen und/oder einer tiefen Dumpfheit, die

normale Gefühle wie Mitempfinden, Anteilnahme oder Trauer nicht aufkommen läßt.

- Eingeschränkte Fähigkeit zu denken oder sich auf Dinge zu konzentrieren wie Lesen, Schreibarbeiten, kleine Details; Schwierigkeiten zu organisieren oder Entscheidungen zu treffen; schlechtes Gedächtnis; Ausfälle des Erinnerungsvermögens.
- Mühe, Aufgaben, Arbeiten oder Verpflichtungen auszuführen und zu Ende zu bringen.
- Rückzug oder Isolierung von Freunden, der Familie und gesellschaftlichen Anlässen. Der Rückzug vom Ehemann (der Ehefrau) ist besonders verbreitet, und das Opfer fragt sich oft, ob es ihn oder sie noch immer »liebt«.
- Appetitschwankungen, Sie essen ewig zu viel oder zu wenig, verlieren an Gewicht oder nehmen zu.
- Traurigkeit und Niedergeschlagenheit, das Gefühl von Leere, Pessimismus, Versagen, Hoffnungslosigkeit, Hilflosigkeit.
- Immer wiederkehrende Gedanken – ewige Beschäftigung mit bestimmten Problemen, Ereignissen oder emotionalen Belangen.
- Das Gefühl, emotional erschöpft oder ausgebrannt zu sein.
- Ständig wiederkehrende Gedanken an Selbstmord oder an den Tod, der Wunsch, einfach nicht mehr zu existieren oder einzuschlafen und nicht mehr aufzuwachen.
- Das Gefühl, nutzlos oder untauglich zu sein, niedriges Selbstwertgefühl, der Verlust von Selbstvertrauen.
- Vernachlässigung der Hygiene, des Gewichts, der allgemeinen Erscheinung; die Körpersprache hat etwas nachlässiges, schlampiges an sich.

Denken Sie daran, daß die meisten der hier aufgeführten Punkte auf die beschriebene Störung der biochemischen Vorgänge im Gehirn zurückzuführen sind, die durch eine medizinische Behandlung behoben werden kann, was bedeutet, daß dann die Symptome binnen weniger Wochen verschwinden können.

Depression wird heutzutage nicht als eine für sich stehende

Krankheit betrachtet, sondern als eine Verbindung von Störungen mit verschiedenen symptomatischen Mustern und graduellen Unterschieden in ihrer Schwere. Viele Menschen haben eine *dysthymische* oder chronische Depression – eine zuweilen lebenslange Krankheit, die periodisch akut zum Ausbruch kommt. Menschen, die unter tiefer Niedergeschlagenheit leiden, haben eine *unipolare* Depression, die in ihrem Leben manchmal nur eine Episode lang ausbricht, bei anderen immer mal wieder. Menschen, die abwechselnd depressive Tiefs und dann extreme Hochs haben, unterliegen der sehr viel selteneren *bipolaren* Version (früher wurden sie manisch-depressiv genannt). Etwa 20 Prozent sind von dieser Form betroffen.

Weil das Erkennen einer bipolaren Depression so wichtig ist – sie bedarf unter Umständen einer speziellen Medikation, um die Hochs und Tiefs auszugleichen –, sollen hier auch die Symptome der Hochs erwähnt werden. Sie beinhalten: eine markante und länger anhaltende Hochstimmung, höhere Energie und weniger Bedürfnis nach Schlaf, ein schnelleres Sprechtempo, unzusammenhängende und rasende Gedanken, vermehrte physische, gesellschaftliche und sexuelle Aktivität, unrealistische Einschätzung der eigenen Fähigkeiten, gesteigerte Reizbarkeit, gesteigerte aggressive Reaktion auf Frustrationen. In der Phase der Hochstimmung neigt die Person oft zu starker Impulsivität und weist ein eingeschränktes Urteilsvermögen auf, was zum Kaufrausch, schlechten Investitionen oder geschäftlichen Fehlentscheidungen, zu sexueller Indiskretion und sogar gewalttätigem Verhalten führen kann.

Denken Sie daran, daß die Hochstimmungsphase der bipolaren Depression oft leicht zu erkennen ist, in manchen Fällen aber auch verschleiert sein kann, wobei sie sich dann wie eine unipolare Depression darstellt.

Endogene Depression und ihre Behandlung

Ist die Depression noch relativ mild, erst neueren Datums, steht sie in klarem Zusammenhang mit einer Lebenskrise oder ist sie die Folge von zuviel Streß, dann möchten Sie vielleicht einige Veränderungen in Ihrer Lebensführung, die Lektüre einiger Selbsthilfebücher und eventuell eine Therapie in Betracht ziehen. In diesem Fall sollten Sie aber unbedingt darauf achten, ob Ihre Depression binnen kurzer Zeit entscheidend zurückgeht; denn ohne richtige Behandlung kann sie zu einer lebenslangen Angelegenheit werden. Außerdem ist es bei den heutigen medizinischen Fortschritten nicht nötig, daß Sie oder Ihre Familie monatelang unter den Auswirkungen dieser Krankheit leiden.

Haben Sie aber eine schwere und schon lange andauernde Depression, dann ist es ratsam, sich sowohl einer medizinischen Behandlung wie einer Therapie zu unterziehen. Die Experten sind sich darin einig, daß im Kampf gegen die Depression beides nötig ist. Durch die medizinische Behandlung sollte sich Ihre Stimmungslage stabilisieren, und Ihre Konzentrationsfähigkeit und Fähigkeit, Probleme zu durchdenken, sollten wiederkehren. Dies wiederum versetzt Sie in die Lage, aus einer Therapie Nutzen zu ziehen, und die Therapie selbst kann dann kürzer ausfallen.

Bei der Auswahl des Arztes wollen Sie vielleicht erst mit einem Gynäkologen, Internisten oder Hausarzt Kontakt aufnehmen. Was die Wahl des Therapeuten angeht, so suchen Sie sich einen, der in seinen Ansätzen flexibel und, falls nötig, zur Kooperation mit einem Arzt und dessen medizinischer Behandlung Ihrer Depression bereit ist.

Für die Behandlung der unipolaren Depression gibt es jetzt Medikamente, die nicht abhängig machen, schneller wirksam sind und weniger Nebenwirkungen aufweisen als die herkömmlichen Antidepressiva. Die bipolare oder schwere Depression, bei der die verschiedenen medikamentösen Behandlungen nicht anschlagen, erfordert einen Psychiater, der ärztlich im Gebrauch von psychotropen Medikamenten ausgebildet ist.

Wird eine lang anhaltende Depression verschärft durch Probleme wie durch den Lebensstil bedingte Funktionsstörungen, Sucht, ungelöste Trauer, eine zerrüttete Ehe oder Verhaltensmuster, die Beziehungen immer wieder scheitern lassen, dann sollte man sich einer kombinierten Therapie unterziehen, die diese Probleme angeht. Sollten noch andere Menschen wesentlich an Ihren Problemen beteiligt sein, dann hilft es, wenn diese gelegentlich in die Therapiesitzungen mit einbezogen werden.

Als Daumenregel gilt, daß Sie, wenn Sie ständig an Selbstmord oder Tod denken, und vor allem, wenn Sie schon einen Plan haben, unbedingt und unverzüglich medizinische Hilfe und eine Therapie in Anspruch nehmen müssen.

Wichtig ist auch zu wissen, daß die endogene Depression oft durch Faktoren wie Störungen des Hormonhaushalts oder der Schilddrüse, unerkannten Krebs, das Epstein-Barr-Virus oder sogar gewisse Medikamente verursacht oder verschärft werden kann. Sie kann sowohl ein Symptom anderer Krankheiten als auch eine eigenständige Krankheit sein. Diese Faktoren müssen von einem Arzt untersucht werden. Wenn Sie deprimiert sind und sich schon lange nicht mehr haben untersuchen lassen, dann tun Sie es jetzt!

Was die psychische Seite der Depression angeht, so wäre es gut, wenn Sie sich mit der kognitiven Therapie vertraut machen würden, da chronische Depression unzweifelhaft auch mit dem negativen inneren Dialog zu tun hat. Diese Therapie befaßt sich mit Ihrer Denkweise über Ihre eigene Person, über andere und die Welt im allgemeinen. Sie hilft Ihnen, negative Denkmuster ausfindig zu machen, typische Denkfehler eingeschlossen. Ziel ist es, diese negativen und zerstörerischen Muster durch produktivere zu ersetzen. Wenn Sie zum Beispiel so chronisch destruktive Gedanken verändern wie: »Ich werde nie wieder einen Freund haben«, »Ich bin wertlos«, »Ich bin auf der ganzen Linie ein Versager«, wird das Ihren Streß zunehmend abbauen. Das wiederum wird Ihnen vielleicht helfen, künftige depressive Phasen im Griff zu haben.

Indirekt befaßt sich dieses Buch hier mit dem negativen inneren

Dialog im Kontext der gesellschaftlichen Programmierung der Frau. Jedes Kapitel zeigt alternative Wege zur Anschauung vom eigenen Selbst und unserer Beziehungen mit anderen und eröffnet Ihnen somit vielfache Möglichkeiten, eine neue und gesunde Art von innerem Dialog zu entwickeln.

KAPITEL 7

Die Frau und ihr Haus

Sie sind erschöpft. Sie haben den ganzen Tag gearbeitet, aber das Geschirr stapelt sich noch immer in der Spüle, im Wohnzimmer herrscht das totale Chaos, und der Küchenboden ist dreckig.

Stellen Sie sich vor, daß es in diesem Moment an der Tür klingelt. Wie reagieren Sie? Wenn Sie leicht in Panik geraten – eine von den Frauen sind, die jetzt ein gequältes »eine Minute, ich komme gleich« hervorstoßen und in wilder Hatz alles wegräumen, was sich in ein paar Momenten wegschaufeln läßt, dann benötigen Sie wahrscheinlich dieses Kapitel. Ihr Selbstgefühl ist untrennbar mit dem Zustand Ihres Hauses verbunden. Ist Ihr Haus in Ordnung, dann fühlen auch Sie sich in Ordnung, befindet es sich in einem chaotischen Zustand, dann fühlen auch Sie sich chaotisch. Ihre schlimmste Angst ist die, daß jemand Ihr Haus in unaufgeräumter Verfassung sehen und somit denken könnte, daß Sie eine Schlampe sind.

Nun die tiefste Demütigung – Sie gehen an die Tür. Was sagen Sie? Ist Ihr Selbstwertgefühl mit dem Haus verknüpft, dann werden Sie sich wahrscheinlich entschuldigen – sogar um Vergebung heischen. Hier sind die Entschuldigungen, die Frauen so auf Lager haben:

- Lassen Sie sich bitte nicht durch dieses Chaos stören.
- Kommen Sie herein, wenn Sie den Mut haben.
- Treten Sie einfach über das Gerümpel hinweg.
- Ich bin eben erst von der Arbeit nach Hause gekommen. (Kann ja zehn Uhr abends sein, aber ich bin gerade erst von der Arbeit nach Hause gekommen!)

- Gewöhnlich sieht es hier nicht so aus. (Sie haben mich in einem schlechten Moment erwischt.) (Ich bin gerade dabei, Ordnung zu schaffen.) (Es kam gerade ein Tornado durch.)
- Es tut mir leid. (Ich hatte einen hektischen Tag.) (Ich war die ganze Nacht wegen der Kinder auf.) (Ich fühlte mich etwas unwohl.) (Das Telefon stand den ganzen Morgen nicht still.)
- Sie haben ja keine Ahnung, was ich heute schon alles durchgemacht habe. Lassen Sie es mich Ihnen erzählen, bevor Sie hereinkommen.
- Haben Sie schon Ihre Beruhigungspillen genommen? Sie werden Sie brauchen, wenn Sie das Wohnzimmer betreten.
- Ich lasse Sie nur herein, wenn Sie nicht hinsehen. Schließen Sie die Augen, ich werde Sie führen.
- Es tut mir leid, aber das Hausmädchen hat heute seinen freien Tag.
- Dieses Durcheinander ist meinem Mann zu verdanken. Er war den ganzen Tag zu Hause.
- Das liegt an meinem Hund. (Berichtet von einer Frau, die sagte: »Ich brauche einfach eine Entschuldigung. Er schleppt ja wirklich die Blätter von draußen rein.«)

Unterschiedliche Reaktionen im Zusammenhang mit dem Haus

Wenn Sie sich nicht entschuldigen, dann können Sie sich glücklich schätzen, denn irgendwie sind Sie jener Programmierung entkommen, die, herrscht in Ihrem Haus Unordnung, zur Tyrannei für die Frau werden kann. Oder aber Sie haben es bereits geschafft, sehr persönliche Entscheidungen hinsichtlich der »sollte« in Ihrem Leben zu treffen. In diesem Fall sind Sie schon nicht mehr bei der unbewußten, sondern der bewußten Fürsorglichkeit angelangt.

Viele Frauen aber sind nicht so glücklich oder gut informiert. Sehr wahrscheinlich wird die Angst vor dem Urteil der anderen in ihnen nagende Zweifel an ihrer Tauglichkeit als Hausfrau hinterlassen. Im schlimmsten Fall wird der Versuch, ihre hausfraulichen Mängel zu kaschieren, sie völlig in Anspruch nehmen.

Viele Frauen gehen tatsächlich sehr weit, um ihre vermeintliche Schande zu verbergen. Manche gehen nicht an die Tür. Andere bleiben vor der (hinter ihnen geschlossenen) Haustür stehen und sprechen mit den Leuten, ohne sie hereinzubitten. Und wieder andere setzen ihren Staubsauger auf kreative Weise ein. Hier die Berichte einiger Frauen:

»Ich stelle meinen Staubsauger im vorderen Zimmer ab. Wenn dann jemand hereinkommt, kann ich sagen, daß ich mitten im Hausputz bin.«

»Manchmal lasse ich meinen Staubsauger an meinem Bett stehen, damit ich länger schlafen kann. Wenn jemand anruft, stelle ich den Staubsauger an und sage, daß ich bei den morgendlichen Aufräumarbeiten bin.«

»Wenn die Dinge zu schlimm werden, dann krame ich meine alten Glückwunschkarten heraus und stelle sie auf dem Kaminsims auf.«

Eine Frau hat sogar ihre Kinder dazu trainiert, sofort herumzusausen und alles Herumliegende aufzusammeln, wenn jemand an

»Entschuldige bitte das Durcheinander. Unser Haus wird gerade innenarchitektonisch umgestaltet – von unserem Zweijährigen.«
© 1989, Randy Glasbergen in *Good Housekeeping*

der Tür steht. »Sobald es an der Tür klingelt, arbeiten meine Kinder und ich im Team. Jeder von uns hat sein Territorium, für das er zuständig ist.«

Was Frauen alles tun, um ihr Haus (und ihr Selbstwertgefühl) zu schützen, kann zuweilen geradezu komische Züge annehmen. So berichtet eine Frau mit einem gewissen Humor: »Neulich hatte sich ein Mann für die Abendstunden angesagt, um unserm Ofen ein neues Teil aufzusetzen, aber Sie hätten mal meine alten Öfen sehen sollen. Ich stand um sechs Uhr morgens auf, um genug Zeit zu haben, sie alle zu putzen. Später dachte ich dann: ›Dieser Mann kann keinen schmutzigen Ofen ertragen‹, da habe ich um sechs Uhr abends den Reinigungsmechanismus angestellt, und als er dann kam, war der Ofen glühend heiß. Er konnte nicht mal das neue Teil aufsetzen. Ich flüchtete zu einer Versammlung und ließ den Mann mit meinem Mann einfach stehen.«

In der Rückschau kann eine andere Frau nun die Komik der Situation erkennen, die sie aber damals völlig fertigmachte. »Es war Weihnachten, und meine Kinder waren noch klein. Wir schmückten den Baum, meine Kinder hatten ein grauenhaftes Chaos hinterlassen, ich schrie sie an und rückte den Baumschmuck zurecht, es klingelte an der Tür – und der Baum fiel um! Ich öffnete die Tür, eine meiner Nachbarinnen stand draußen, ich sagte: ›Du kannst nicht reinkommen. Tschüs!‹ und knallte ihr die Tür vor der Nase zu.«

So wie diese Frau erleiden einige Frauen geradezu ein Trauma, wenn jemand ihr Haus im unordentlichen Zustand erblickt. Ihre Schwächen liegen nun offen zutage, ihre nagenden Selbstzweifel werden bestätigt. Mit ihnen stimmt wirklich etwas nicht. So berichtet eine Frau: »Die Menschen orientieren sich an meinem Haus, um darüber zu entscheiden, ob ich gut oder schlecht bin. Eine talentierte Person oder eine gute Hausfrau. Es ist mein Schaufenster für die Welt. Die Leute können hier hereinmarschieren und sich ihr Urteil über mich bilden. Dann wissen sie, daß ich chaotisch bin. Oder schlampig. Oder faul. Das gibt mir dann das Gefühl, daß ich nichts tauge, unzulänglich bin.«

Der Bericht einer anderen Frau über ihre Erfahrung mit dem Angestellten einer Teppichreinigungsfirma zeigt, wie extrem unbehaglich sich viele fühlen, wenn sie jemanden in ihr Haus lassen: »Ich fühlte mich so gedemütigt. Ich fing an, mich für alles zu entschuldigen – das Durcheinander, mein Aussehen, die Möbel, die im Weg standen (ich habe sogar versucht, ihm beim Wegrücken zu helfen). Ich sagte immer wieder: ›Es tut mir leid. Es tut mir leid! Es tut mir leid, daß der Hund Ihnen in die Quere kommt. Es tut mir leid, daß das Badezimmer nicht aufgeräumt ist – daß Zahnpasta aus der Tube quillt (der Deckel nicht draufgeschraubt!), der Orangensaft verschüttet ist und mein halbgegessenes Hörnchen herumliegt (das ich zu essen versuchte, während ich Make-up auflegte).‹ «

Viele Frauen machen sich grauenhafte Sorgen, daß jemand während ihrer Abwesenheit und somit unvorbereitet das Haus betreten könnte.

Eine Frau erklärt: »Ich mache mich verrückt, wenn wir uns auf eine längere Reise begeben. Bevor ich das Haus verlasse, muß alles tiptop in Ordnung sein, denn ich will nicht, daß jemand, falls ich unterwegs sterben sollte, das Haus betritt und es ungeputzt und unaufgeräumt vorfindet.« Und eine andere berichtet: »Meine größte Angst ist die, daß jemand, falls ich je mal ins Krankenhaus kommen sollte, zu mir nach Hause kommt, um zu helfen. Ich würde deswegen wahrscheinlich in meinem Krankenbett mehr aus Scham als an einem physischen Problem sterben.« Und eine andere Frau, die tatsächlich in diese Situation geriet – sie lag im Krankenhaus und jemand kam zu ihr ins Haus, um zu helfen –, erinnert sich: »Ich war absolut starr vor Entsetzen. Da hatte ich mich immer so gut organisiert dargestellt, und jetzt wußte diese Person, wie es in meinen Schränken aussieht.«

Um einer solchen Bloßstellung zu entgehen, schließen manche Frauen einen Pakt. »Katie und ich haben eine Abmachung. Wenn eine von uns krank wird, dann steht die andere vor der Haustür und hindert die Nachbarn daran, daß sie ins Haus kommen, um sauberzumachen«, erzählt eine Frau. »Dein Haus ist Ausdruck deiner Persönlichkeit, und du hast nicht mit jedermann eine persönliche und intime Beziehung – warum solltest du also jeden, der da kommt, in dein Haus lassen?«

Die Verbindung von Selbstwertgefühl und Haus

Wenn Ihr Selbstwertgefühl zum Tiefflug anhebt, sobald jemand ihr Haus im unvollkommenen Zustand zu Gesicht bekommt, dann wahrscheinlich deshalb, weil Sie sich in verschiedener Hinsicht schuldig fühlen.

Anklagepunkt Nummer eins: Sie wissen, daß es Ihnen obliegt, das Haus in Ordnung zu halten. Irgendwie hat Ihnen Ihre Mutter ein inneres Gefühl vermittelt, was in einem Haus getan werden muß – und wie. Ohne sich speziell darüber bewußt zu sein, haben Sie Tausende von Einzelheiten im Kopf, die Ihre Rolle betreffen, die traditionelle Rolle der Frau, die Sie spielen »müssen«. Wenn Sie auch nur irgend etwas übersehen, ein Detail ignorieren, dann heißt das, daß Sie ihren Verpflichtungen nicht nachkommen.

Anklagepunkt Nummer zwei: Sie kennen den Standard Ihrer Mutter – wahrscheinlich hat sie versucht, das Haus makellos in Ordnung zu halten. Hören Sie Ihre Vorhaltungen? (Sie braucht gar nicht anwesend zu sein.) Tief im Innern haben Sie ein Schamgefühl, wenn irgend etwas nicht in Ordnung ist. Sie haben schon wieder versagt. Sie versuchen immer wieder, die perfekte Hausfrau zu sein, aber Sie erreichen nie das Klassenziel.

Anklagepunkt Nummer drei: Sollte die Stimme Ihrer Mutter noch nicht laut genug ertönen, dann haben Sie noch das Rollenvorbild in den Medien, dem Sie entsprechen müssen – die Frau, die alles schafft und *kann.* Jean Fitzpatrick schreibt in ihrem Artikel: Die Frau von heute »hat einen Aktenkoffer in der Hand, nicht eine Klosettbürste. Sie geht auch nicht im Flur auf Jagd nach Staubflöckchen; sie geht zum Fitneßtraining. Aber sie läßt auch nichts unerledigt. In ihrem perfekt durchorganisierten Leben ist alles unter Kontrolle. Und es muß nicht extra erwähnt werden, daß ihr

Haus ebenso makellos ist wie ihr perfekt sitzendes Schneiderkostüm. Warum schaffen Sie das nicht?«

Traditionell galt ein sauberes Heim als Gradmesser für den Charakter einer Frau, und ihre moralischen Qualitäten waren an die Weiße der Ritzen zwischen ihren Fliesen gebunden. »Die Hauswirtschaftsbewegung im späten 19. Jahrhundert«, so Fitzpatrick, »...machte die amerikanische Hausfrau zum Vorstand der familiären Gesundheitsfürsorge und zur Generalin im häuslichen Krieg gegen Bakterien und andere Krankheitserreger. Und nach dem Zweiten Weltkrieg predigten die Frauenzeitschriften den Bräuten der heimkehrenden GIs, daß das Zusammengehörigkeitsgefühl der Familie von ihrer tadellosen Haushaltsführung abhing.«[1]

Das ist das Erbe, das Sie übernommen haben. Auch Ihre moralischen Qualitäten hängen von der Sauberkeit Ihrer Regale, der Ordnung in Ihren Schubladen und der Geordnetheit aller anderen Aspekte Ihres Heims ab.

Die Zeiten haben sich geändert, aber die stillschweigende Botschaft, daß eine Frau so gut ist wie ihr Haus ordentlich, hat sich nicht geändert. Jeder Socken auf dem Fußboden, jeder Fingerabdruck an der Wand bedeutet für die meisten Frauen noch immer eine Anklage – ein Zeichen des Makels. Sollte diese Beschreibung auf Sie zutreffen, dann machen Sie unentwegt sauber, räumen weg und organisieren, immer in Erwartung des Moments, in dem Sie sich entspannen und sich wohl fühlen können, weil nun Ihr Haus (und Ihre Kinder und Ihr Mann) in Ordnung ist bzw. sind. Aber dieser Moment scheint nie einzutreten.

Die nackte Wahrheit ist, daß noch nie seit Menschengedenken irgend jemand mit der Hausarbeit fertiggeworden ist. Denken Sie darüber nach. Es bleibt immer noch irgend etwas zu tun – ein Schrank, der gerade gerückt, eine Spinnwebe, die weggefegt, etwas Verschüttetes, das aufgewischt werden muß. Alles in Ihrem Haus mit seinen Bewohnern ist in ständiger Bewegung. Sie verbringen Ihr Leben damit, Dinge, die Ihnen entgegenquellen, wieder zurückzustopfen. Wieder und wieder und wieder. Nichts bleibt lange in Ordnung.

Und so sind Ihre Gefühle des Wohlbefindens sehr flüchtiger Natur. Sie treiben sich an, aber erreichen nie den Punkt, an dem Sie sich mit sich selbst wohl fühlen, weil Sie stets mit Unordnung konfrontiert sind und Ihre Arbeit nie beendet ist.

Eine Frau berichtet von der katastrophalen Auswirkung, die dieses sich ewig »in Bewegung befindliche Haus« auf ihr Selbstwertgefühl hat. »Wenn ich im Haus bin, kann ich mich nicht entspannen. Alles, was nicht gerichtet ist, nicht funktioniert, nicht perfekt ist, bedeutet, daß mit mir irgend etwas nicht stimmt. Es ist eine persönliche Angelegenheit.«

Manche Frauen haben wegen ihres Heims unablässig Schuldgefühle, vor allem, wenn Außenstehende da sind. So erklärt eine Frau: »Kann sein, daß sie gar nicht merken, daß sich die Tapete von der Wand löst, Staub in den Ecken liegt und der Deckel vom Lichtschalter fehlt – aber *ich* weiß es. Ich weiß, daß ich meine Arbeit nicht erledigt habe.«

Die Drohung, daß ihre Makel ans Tageslicht kommen, kann eine Frau völlig in Beschlag nehmen. »Oft bleibe ich bis zwei oder drei Uhr nachts auf«, berichtet eine, »und mache sauber und räume auf. Ich kann nicht schlafen, bis nicht alles in Ordnung ist.« Und eine andere gesteht: »Ich war so mit meinem Haus verbunden, daß ich morgens die Teppiche bürstete und dann die Kinder aus dem Haus schickte. Ich wollte sie nicht im Haus haben, weil sie sonst Fußabdrücke auf den Teppichen hinterlassen hätten. Die Vorstellung war mir schrecklich, daß irgend jemand irgendwo etwas sehen könnte, das nicht in Ordnung war.«

Diese Anfälligkeit für die mögliche Meinung eines jeden, der da hereinschneit, kann das Selbstwertgefühl einer Frau ständig gefährden. »Das Merkwürdige daran ist«, erzählt eine Frau, »daß ich in all dem Durcheinander sitzen kann, und wenn es dann an der Tür klingelt, sehe ich plötzlich mein Heim mit den Augen eines anderen, und ich, die ich mich gerade noch ganz behaglich gefühlt habe, werde plötzlich zum emotionalen Wrack.«

Interessanterweise lassen hier manche Frauen sogar Kinder zu Autoritätspersonen werden, deren Meinung über ihren Wert bestimmen kann. So berichtet eine Frau: »Wenn meine Kinder Spielkameraden nach Hause bringen und ich weiß, daß sie aus einem sehr ordentlichen Haus kommen, dann muß ich sie zähneknirschend hereinlassen, wo sie die ganze Unordnung sehen. Wenn sie dann anfangen zu spielen und Spaß haben, entspanne ich mich ein bißchen, aber ich frage mich doch, was sie ihren Müttern erzählen werden.«

Hausfrauen sind für ein in den Keller sackendes Selbstwertgefühl besonders anfällig. »Wenn du außer Haus arbeitest, dann hast du andere Normen und Maßstäbe der Selbsteinschätzung«, erklärt eine Frau. »Aber wenn du die ganze Zeit mit deinen Kleinen zu Hause bist und deine ganze Welt nur daraus besteht, daß du die Kinder zum Kindergarten bringst und wieder abholst und deinen Pflichten als ›Mutter‹ nachkommst, dann wirst du zur MUTTER in Großbuchstaben und mit Ausrufezeichen, und das ist dann alles, was du bist. Dann wiegt ein unordentliches Haus sehr viel schwerer – du hast ja nichts anderes, woran du deinen Erfolg messen kannst.«

Hausarbeit und Mythos

Die meisten Frauen leiden unter dem Mythos, daß es irgendwo tatsächlich eine Frau gibt, die ihr Haus perfekt instand hält. »Da diese Vorstellung so tief in mein Unterbewußtes eingegraben war«, sagte eine Frau, die einst an diesen Mythos glaubte, »habe ich ihre Absurdität nie hinterfragt. Aber die vollkommene Hausfrau existiert einfach nicht.«

Und eine andere Frau: »Das Problem beim Vergleich mit anderen Frauen in puncto Hausarbeit ist, daß du die wahre Geschichte, wie sich andere Frauen mit ihrem Heim rumschlagen, gar nicht kennst. Ich bin erst vor kurzem drauf gekommen, daß ich hier nicht allein stehe. Eine ganze Menge Frauen kasteien sich jeden Tag innerlich, weil ihr Heim, genauso wie meines, einfach nicht in Ordnung zu halten ist.«

Diese Neigung, sich mit anderen Frauen zu vergleichen, hat oft katastrophale Auswirkungen auf die Beziehungen unter Frauen. »Ich habe Freundinnen, die mich nicht in ihr Haus einladen, weil ich sie mit meinem Heim einschüchtere«, erzählt eine Frau. »Mein Haus ist so ordentlich, daß sie sich unbehaglich fühlen, wenn sie an ihr Haus denken. Ironischerweise ist ihnen nicht klar, daß ich mein Haus wie eine Wilde von oben bis unten putze und aufräume, bevor sie kommen.«

Eine Frau, deren Nachbarin sich ständig durch ihr ordentliches Heim eingeschüchtert fühlte, schritt schließlich zur Tat. »Ich nahm sie mit auf eine Besichtigungstour durch mein Haus und sagte: ›Schau dir diesen Krempel in meinen Schränken an, und da, dieses Durcheinander in den Schubladen, und hier, dieses völlig unaufgeräumte Zimmer. Bitte betrachte mich jetzt als die unvollkommene Hausfrau, die ich bin.‹«

Ein anderer Mythos, unter dem Frauen leiden, ist der, daß andere Menschen, vor allem Frauen, sie ständig beurteilen und abqualifizieren. »Wir müssen aufhören, andere Frauen zu den Bösewichten zu machen«, erklärt eine Frau. »Wir sind doch diejenigen, die uns selbst einschüchtern. Wir kommen in das Haus von jemandem, wo alles an seinem Ort ist, und denken: ›Mit mir stimmt was nicht, denn das kann ich nicht.‹ Wir grenzen uns von der anderen Person ab, weil *wir* uns abqualifiziert fühlen.«

Tatsächlich schaffen sich einige Frauen ihre Probleme selbst, indem sie auf die Mängel in ihrem Heim hinweisen, wie eine Frau erzählt. »Gestern abend kam eine Nachbarin in meine Küche, und ich sagte: ›Mein Gott, ich bin so hinten dran. Der Tag ging wie im Flug vorüber – und ich habe noch nicht mal den Abwasch erledigt.‹ Und da hat sie erst das schmutzige Geschirr entdeckt! Ich glaube, sie hätte sonst gar nicht hingesehen. Als sie wieder ging, dachte ich: ›Auweia, das war nicht sehr klug von mir.‹«

Wenn Frauen auch oft annehmen, daß andere sie als »schlechte« Hausfrauen abqualifizieren, wenn ihr Heim nicht sauber und ordentlich ist, so geschieht das wohl sehr viel weniger als sie meinen. Vielmehr sind andere vielleicht erleichtert, wenn sie das Chaos entdecken, wie eine Frau bemerkt: »Wir haben alle schon erlebt, daß wir in das Haus einer Freundin kamen, wo nicht alles blitzblank und ordentlich war, und dachten: ›Gott sei Dank, sie ist ein menschliches Wesen.‹«

Strategien zur Befreiung von der Tyrannei des Haushalts

Jede Neigung, Ihre moralischen Qualitäten an den Zustand Ihres Haushalts anzubinden, ist ganz einfach gesellschaftliche Programmierung – etwas, das Sie von Ihrer Mutter übernommen haben (und sie von ihrer Mutter), es ist kein universelles Prinzip. Es gibt kein »Buch der Wahrheit« mit absoluten Wertmaßstäben, das Ihre Qualität als Mensch oder Ihren Wert mit einem geordneten Heim verknüpft.

Die Hausarbeit in eine kulturelle Perspektive rückend, erzählt eine Frau: »Ich denke an meine Großmutter, die ein Jahr lang in Kanada mit fünf anderen Familien in einem Zirkuszelt lebte. Sie hatte ihre Kinder und Tiere, aber nichts, was sie ständig zu putzen oder in Ordnung zu halten hatte. Manchmal denke ich, es wäre schön, wenn wir mal so ein Jahr kein Haus hätten – nur die Menschen um uns herum. Das würde uns helfen, uns auf das zu konzentrieren, was im Leben wirklich wichtig ist.«

Und eine Frau berichtet, daß sie sich ihrer gesellschaftlichen Konditionierung sehr bewußt wurde, als sie ein paar Jahre in Bolivien lebte und ein Hausmädchen hatte: »Jemand anders hat all die Dinge gemacht, die ich in den Staaten tun mußte. Maria hatte das Haus zu putzen, und ich erlebte zum ersten Mal, wie es ist, entspannt zu sein und das Leben zu genießen. Ich habe auch entdeckt, daß das in Ordnung ist. Ich stand für mich selbst, und mein Wert war nicht abhängig von meinem Heim. Ich habe mir selbst das Versprechen gegeben, mich nach unserer Rückkehr in die Staaten nicht wieder von meinem Heim tyrannisieren zu lassen.«

Wenn Sie über Ihre eigene Einstellung zu Ihrem Heim und die

Rolle, die ein ordentliches Haus für Ihr Selbstwertgefühl spielt, nachdenken, sind sie vielleicht schockiert, daß jemand sich in seinem Wohlbefinden so völlig von einem Haus beherrschen lassen kann, wie manche der hier zitierten Frauen erahnen lassen. Andererseits sind Sie vielleicht auch äußerst erleichtert zu erfahren, daß sich so viele Frauen, wie Sie auch, wegen ihres Heims und ihrem Selbstwertgefühl herumquälen. Ob Sie sich nun am Punkt des einen oder anderen Extrems oder in der Mitte befinden, ist nicht wichtig. Wichtig ist, daß Sie erkennen, auf welche emotionale Weise Ihr Selbstwertgefühl mit Ihrem Hein verstrickt ist, und daß Sie korrigierende Maßnahmen in Erwägung ziehen. Sollte Sie dieses Kapitel nun gar nicht betreffen, was heißt, daß Sie ganz sicher sind, daß Ihr Selbstwertgefühl nichts mit dem Zustand Ihres Heims zu tun hat, dann nutzen Sie das, was Sie hier gelernt haben, für Mitgefühl und ein besseres Verständnis für andere Frauen, mit denen Sie alltäglich zu tun haben. Wenn Sie, was Ihr Haus angeht, eine unbewußte Fürsorgerin sind und sich von der Programmierung befreien wollen, die an Ihnen (und Ihrer Familie) so unablässig zehrt, dann denken Sie über folgende Strategien nach:

1. *Entschuldigen Sie sich nicht.*

Ein erster Schritt zur Befreiung ist der, daß Sie aufhören, sich zu verteidigen, ganz gleich, wie Sie sich fühlen. In diesem Sinne erklärt eine Frau: »Ich fühle mich noch immer nicht wohl, wenn andere in mein Haus kommen und sehen, daß die Zeitungen von zwei Wochen irgendwo gestapelt herumliegen, aber ich fühle mich auch nicht mehr dazu bemüßigt, irgendeine Erklärung abzugeben. Ich schulde ihnen nichts, und sie schulden mir nichts.«

2. *Ziehen Sie einen Trennstrich zwischen sich und Ihrem Heim.*

Auf dem Weg zur Befreiung und der Weigerung, ihr Selbstwertgefühl in die Hände anderer Menschen zu legen, erzählt eine Frau: »Vor langer Zeit habe ich entschieden, daß es *meine* Schuld war, wenn ich wußte, daß Besuch kam und das Haus schmutzig war. Wußte ich nicht, daß Besucher kamen – und sie kamen –, dann war es *ihre* Schuld.« Gehen Sie nun noch einen Schritt weiter. Niemand ist schuld. Es geht hier nicht um Schuld. Die Entscheidung, wie Sie die Dinge in Ihrem Haus wieder an ihren Platz räumen oder gegen den Dreck und Schmutz, der sich unweigerlich anhäuft, zu Felde ziehen, sollte nicht mit Schuldzuweisungen verbunden werden. Sie haben einen Job zu erledigen, aber das ist auch alles – ein Job. Und Sie sind im Rahmen Ihrer Arbeit eben gerade da, wo Sie sind. Und das ist fair.

Um sich mal vom Thema Schuld und Wert zu lösen, sollten Sie die mit der Hausarbeit verbundenen Aufgaben ganz einfach auch als solche ansehen: als Aufgaben, keine emotionalen Ereignisse. Eine Frau berichtet: »Ich habe mich immer sehr aufgeregt, wenn mich irgendwas daran hinderte, am Montag meine Wäsche zu erledigen. Ich habe dann auf meine Wäsche gestarrt und dachte: ›Ich mache meine Arbeit nicht.‹ Wenn ich jetzt nicht dazu komme, dann denke ich: ›Na gut.‹ Ich weiß, daß ich das morgen oder nächste Woche erledigen werde.«

3. *Verändern Sie ihren inneren Dialog.*

Tief im Innern kann Ihre Meinung über die Reaktion anderer Menschen negative Stimmen laut werden lassen, die Ihre Selbstzweifel bestätigen und sich in etwa so anhören: »Oh, nein! Meine Küche ist ein Saustall. Mein Leben eine Katastrophe. Jemand wird all meine Fehler bemerken. Sie werden merken, daß ich alles nur vortäusche – und daß ich in Wirklichkeit völlig *untauglich* bin. Das beweist, was ich schon immer vermutet habe – ich bin eine Katastrophe. Ich bin (chaotisch) (eine miserable Hausfrau) (eine schlampige Person). Für mich gibt's keine Hoffnung mehr. Ich bin absolut wertlos.«

Begegnen Sie – sehr entschieden! – diesen negativen Stimmen in Ihrem Innern. Sagen Sie so etwas wie:

- Ich bin *nicht* mein Haus.
- Was ist dabei, wenn ein Eiscremeriegel in der Abfalltüte geschmolzen ist, sich nun auf den Boden ergossen hat, und meine Nachbarin das sieht, bevor ich alles aufgewischt habe?
- Und was kann schon passieren, wenn meine Nachbarin das Skateboard im Wohnzimmer herumliegen sieht oder die Kekskrümel im Flur?

- Ich kann nicht voraussehen, auf welche Weise andere Menschen in meinem Haus Unordnung schaffen oder Dinge anderswo hinstellen. Ich kann auch nicht ständig überall sein. Oder Dinge oder Menschen so reparieren, wie sie es gerne hätten. Auch sollte der Hausputz nicht allein meine Angelegenheit sein – er sollte *unsere* Angelegenheit sein. Deshalb gestehe ich mir zu, kein geordnetes Haus in einer unordentlichen Welt zu haben. Und außerdem gestehe ich mir noch andere Prioritäten neben meinem Haus zu.

4. *Hören Sie auf, Gedanken zu lesen.*

Ein guter Teil Ihres emotionalen Streß führt aus der Vorwegnahme, was andere Menschen über Sie und Ihr Heim denken könnten. Eine Frau gesteht hier ganz offen: »Hat eine fremde Person erst mal mein Haus betreten und die ganze Unordnung gesehen und wie wir wirklich leben, dann entspanne ich mich. Aber davor stelle ich mir die ganze Zeit vor, wie sie hereinkommt und ihren ersten Schock kriegt, und das ist für mich einfach schrecklich.«

Sie sehen, daß diese Frau vorwegnimmt, was andere Menschen beim Anblick ihres Heims denken werden, und dann ein ganz reales Gefühl des Grauens entwickelt, das sich auf ein Ereignis gründet, das noch nicht einmal stattgefunden hat. Tatsächlich irrt sie sich sehr wahrscheinlich in ihrer Mutmaßung. Wie eine Autorin richtig bemerkt: »Das Maß unserer Überzeugung, die Motive und das Verhalten einer anderen Person korrekt im voraus ergründet zu haben, hat nichts mit der tatsächlichen Richtigkeit unserer Mutmaßung zu tun.«[2]

Stellt es für Sie ein Trauma dar oder fühlen Sie sich äußerst unbehaglich, wenn jemand Ihr nicht ganz vollkommenes Heim zu Gesicht bekommt, dann wahrscheinlich deshalb, weil Sie auf Grund von nur wenig oder gar keiner Information Mutmaßungen anstellen, was jemand anders denkt. Und da Sie es nicht wirklich wissen können, sollten ihre Annahmen im Zweifelsfall zugunsten dieser Person ausfallen. Ist es ein Mann, fällt ihm wahrscheinlich gar nichts auf. Ist es eine Frau, dann gilt ihre größere Sorge vermutlich dem, was sie sagt und was sie von ihr hält, als ihrem Heim.

5. *Hören Sie auf, anderen Macht über Sie einzuräumen.*

Das heißt, daß Sie sich mit Ihrer tiefsten Angst konfrontieren müssen: Mißbilligung. Nehmen Sie für den Moment mal den schlimmsten Fall an. Jemand sieht tatsächlich etwas, das nicht in Ordnung ist, fällt tatsächlich darüber ein Urteil und bezeichnet Sie als »faul«, »chaotisch«, »untauglich« oder noch schlimmer. So was? Hat das mit Ihnen oder mit der anderen Person zu tun? Es hat natürlich mit der anderen Person zu tun – ihrer Unsensibilität, ihrem Mangel an Mitgefühl oder Verständnis. Trotz Ihrer massiven Knoten im Magen hat es nicht mit Ihrem Wert zu tun. Sie sind trotzdem okay. Sagen Sie sich das immer wieder, und mit der Zeit werden Sie sich befreien, werden daran glauben. Und denken Sie an die Bemerkung einer Frau, die sich so befreit hat: »Sollte mein Haus wirklich so dreckig sein, daß es jemanden stört, dann kann er sich einen Besen schnappen und sauber machen, so einfach ist das.«

6. *Setzen Sie sich Ihre eigenen Maßstäbe.*

Eine befreite Perfektionistin erzählt: »Ich habe beschlossen, daß ich, solange sich niemand in unserm Haus eine Krankheit holt und ich noch immer die Socken der Kinder finden kann, entspannt bleibe. Ich tu mein Bestes, aber ich erlaube mir, in dieser Weise mein Leben auf annehmbare Weise zu führen – indem ich das mir Bestmögliche tue.«

Wenn Sie sich Ihre eigenen Maßstäbe setzen, so heißt das möglicherweise auch, daß Sie sich von Ihrer Mutter befreien müssen – von dem, was Sie meint, daß Sie tun »sollten« (oder was Sie *meinen*, was sie meint!)

Hier der Bericht einer Frau, die sich vom hohen Standard ihrer Mutter tyrannisieren ließ: »Meine Mutter war eine makellose Hausfrau, und mein ganzes Leben lang durfte bei ihr auch nicht eine Sache nicht an ihrem Platz sein. Dann heiratete ich, und es gefiel mir sehr, denn nun konnte ich, wenn ich wollte, ein Hemd einfach in die Kommode schmeißen, und das war ein gutes Gefühl.

Aber jedesmal, wenn meine Mutter im Anmarsch war, brachte ich das Haus nach Art meiner Mutter tiptop in Ordnung. Doch dann schneite sie eines Tages unangemeldet herein, und ich war völlig fertig. Ich entschuldigte mich ständig: ›Mutter, ich hatte einfach nicht die Zeit, dies oder jenes zu erledigen.‹«

Eine andere Frau erzählt von ihrer übermächtigen Mutter, die sie ständig wegen ihrer Haushaltsführung kritisiert: »Meine Mutter wohnt gelegentlich bei uns, und wenn sie da ist, dann sind stets die Handtücher nicht richtig gefaltet, ist mein Besteck nicht richtig sortiert, sind meine Betten nicht korrekt gemacht – nur weil ich die Dinge nicht so mache wie sie. Ich höre mir ihre Kritik eine Weile lang an und dann werde ich wütend. Wenn sie da ist, haben wir immer mindestens einen Krach. Manchmal mache ich die Dinge absichtlich anders als sie.«

Fragen Sie sich, ob Ihr Selbstwertgefühl, wie bei diesen Frauen, noch immer mit den hausfraulichen Maßstäben Ihrer Mutter verbunden ist. Mag sein, daß sie für sie tauglich waren, aber nirgendwo steht geschrieben, daß sie für alle Zeiten gültig sind. Die Streßsituationen und Anforderungen denen die heutigen Frauen ausgesetzt sind, sind ganz andere als die, denen Ihre Mutter zu ihrer Zeit ausgesetzt war, und Sie müssen den Weg gehen, der Ihnen liegt.

Ironischerweise könnte es sein, daß Sie unbewußt von Ihrer Mutter übernommene Normen anlegen, wohingegen sie mittlerweile über die Tugend des ständigen Saubermachens ins Grübeln geraten ist. So berichtet eine Großmutter über ihre inzwischen veränderte Einstellung: »Als meine Kinder noch klein waren, war ich eine pingelige, jeden Schmutz verachtende Hausfrau, führte ein strenges Regiment und erlaubte ihnen keine Unordnung. Wenn jetzt mein vierjähriger Enkel seine Fingerabdrücke auf dem Couchtisch hinterläßt, dann bleiben sie unter Umständen drei bis vier Tage da. Ich habe entschieden, daß Fingerabdrücke oder sogar ein bißchen Staub auf dem Couchtisch es nicht wert sind, sich davon stressen zu lassen.«

Eine nunmehr erwachsene Tochter beschreibt einen ähnlichen

Befreiungsprozeß bei ihrer Mutter: »Samstag war auf dem alten Anwesen immer Putztag, und meine Mutter behielt dieses Ritual auch bei, nachdem die Kinder aus dem Nest waren. Als ich dann an einem Samstag mal vorbeischaute, war ich überrascht, sie lässig in ihrem Lieblingssessel sitzen zu sehen. ›Fühlst du dich wohl?‹ fragte ich.

›Mir geht es gut.‹

›Aber du machst ja gar nicht sauber.‹

Woraufhin meine Mutter erwiderte: ›Nach all diesen Jahren habe ich schließlich herausgefunden, wie ich das alles in der Hälfte der Zeit schaffe. Ich nehme einfach die Brille ab.‹«[3]

Wollen Sie sich nicht mehr von Ihrem Heim dominieren lassen, dann müssen Sie unbedingt lernen, selbst zu beurteilen, was Ihnen behagt. Es gibt keine grundsätzlich richtige Art, die Handtücher zusammenzufalten, das Besteck einzuordnen oder die Bettücher zusammenzulegen. Es gibt nur Vorlieben, treffen Sie also Ihre eigenen Entscheidungen. Was wollen *Sie*?

Eine Frau schildert, wie sie ihre tief eingewurzelte Konditionierung aus der Kindheit buchstäblich aus sich herausreißen mußte, um tun zu können, was sie wollte. »Ich wurde von meiner Großmutter aufgezogen, die mir beibrachte, daß jedes Ding seinen Platz hat und auf eine ganz bestimmte Weise gefaltet und weggeräumt werden muß. Als ich dann meine Kinder aufzog, hatte ich immer ein schlechtes Gewissen, weil es in meinen Schränken nicht so aussah, wie es ihren Anweisungen entsprach. Ich quälte mich jahrelang und sagte mir schließlich eines Tages. ›Es ist einfach nicht so wie bei Großmama. Ich kann das nicht.‹ Ich weiß noch, daß ich die Handtücher nahm, sie rasch irgendwie zusammenlegte und mir aus dem Blickfeld schaffte. Ich mußte mit mir kämpfen, aber als ich den Schrank zumachte, war ich eine neue Frau.«

Doch es sind nicht nur die wohlmeinenden, übereifrigen Mütter, die Frauen davon abhalten, das zu tun, was sie wollen. Perfektionistische Schwiegermütter und Ehemänner, die die Haltung ihrer Mutter übernommen haben, können auch ihren Teil beitragen. »Was mache ich bloß mit meiner Schwiegermutter!« fragt eine

Frau. »Sie ist der Typ von Frau, die den Staub auffängt, bevor er noch zu Boden fällt, und erwartet von mir, daß ich auch so eine Staubfängerin bin.«

Wenn Sie sich von *irgend jemandem* wegen Ihrer Haushaltsführung unter Druck gesetzt fühlen, dann gibt es nur eine Antwort. Sagen Sie freundlich, aber bestimmt: »Mir ist klar, daß du andere Vorstellungen hast, aber ich muß die Dinge so tun, wie sie für mich stimmig sind.«

7. *Legen Sie Ihre Prioritäten fest.*

Lassen Sie sich nicht von Ihrem Heim knechten, sondern betrachten Sie sich als freier Mensch und treffen Sie bewußte Entscheidungen, wie Sie Ihre Zeit, Energie und Ressourcen einsetzen wollen. Dazu müssen Sie sich ein paar Gedanken machen und Ihre Prioritäten festlegen.

»Je länger ich arbeite, desto stärker nehme ich eine ›männliche‹ Haltung gegenüber meinem Heim ein«, erzählt eine Frau. »Meine Arbeit ist eine Priorität, die meine Energie beansprucht. Ich hätte gern einen säuberlichen Wäscheschrank und ordentliche Schubladen, aber meine Priorität ist nun, daß das Haus insgesamt akzeptabel aussieht, auf die Details konzentriere ich mich weniger.«

Eine andere Frau berichtet: »Sind die Betten gemacht und ist der Abwasch erledigt, dann finde ich mein Heim akzeptabel. Dann bin ich beruhigt und kann mich entspannen. Ich habe dann das Gefühl, die Dinge im Griff zu haben.«

Eine andere Frau erzählt, daß sie beschlossen hat, ihre Kinder zur Priorität zu machen. »Wenn es darum geht, ihnen vorzulesen oder mich um die Wäsche zu kümmern, dann lese ich ihnen vor – ohne schlechtes Gewissen.«

Diese Frauen bestimmen ihre Prioritäten, vertrauen ihrem eigenen Urteil, schauen auf der Suche nach Antworten nach innen – nicht nach außen. Das können Sie auch. Befreien Sie sich. Sie haben die Verantwortung. Da Sie nicht alles tun können, tun Sie das, was für Sie sinnvoll ist.

Wenn Sie darangehen, Ihre Prioritäten festzulegen, dann setzen Sie auch Ihre Menge an täglicher Hausarbeit fest. Wie Sie wissen, hat diese nie ein Ende – und vielen Frauen ist sie stets gegenwärtig, schüchtert sie ein, treibt sie an, nagt an ihnen, klagt sie an. Deshalb müssen Sie über Ihre Zeit bestimmen.

So bemerkt eine Hausfrau: »Wenn du außer Haus arbeitest, dann verläßt du dein Büro, verläßt deinen Arbeitsplatz und gehst *nach Hause*. Wenn du *zu Hause* arbeitest, dann verläßt du deinen Arbeitsplatz nie, und kein Chef sagt dir: ›Der Arbeitstag ist zu Ende. Du kannst das morgen beenden.‹ Das mußt du dir schon selber sagen.«

»Neulich habe ich was von meinem Mann gelernt«, erzählt eine andere. »Wir kamen von einem Urlaub zurück, und er nahm sich einen Tag frei, um Reparaturen am Haus vorzunehmen. Er arbeitete den ganzen Tag, aber um fünf Uhr ging er nach oben, duschte, kam wieder runter und aß was, und das war's dann für den Tag. Daraus kann ich was lernen, dachte ich. Meine Arbeit ist nie zu Ende, und es gibt Tage, an denen ich finde, daß ich um fünf Uhr aufhören sollte, aber ich kam nie auf den Gedanken, mir das tatsächlich zu erlauben.«

8. *Geben Sie Ihre Schuldgefühle auf.*

Linda Essig stellt in einem Artikel ein paar sehr gute Fragen in bezug auf die Schuldgefühle einer Hausfrau: »Sind Spinnweben tödlich? Sind Kinder, die in einem blitzsauberen Haus aufwachsen, tatsächlich emotional stabiler? Sind Mahlzeiten ohne Nachtisch ein verantwortlicher Faktor für die zunehmende Anzahl von Teenagern, die von zu Hause weglaufen? Verursachen Bettlaken, die nur jede zweite Woche gewechselt werden, Lernstörungen bei Kindern?«[4]

Die Antwort ist natürlich ein klares *Nein!* Die Leute überleben, das Leben geht weiter, die Krisen gehen vorüber, auch wenn sie mal einen Schritt daneben getan haben.

Weigern Sie sich also, sich völlig fix und fertig machen zu lassen, weil in Ihrem Haus nicht makellose Ordnung herrscht. Das ist nicht zu bewerkstelligen. Es wird immer Dinge geben, die Sie noch erledigen müssen, und Dinge, die Sie eben unterlassen haben. So ist das einfach.

9. *Gewinnen Sie eine lockere Einstellung zu Ihrem Heim.*

»Ich mußte lernen«, so berichtet eine Frau, »daß sich Leute in meinem Haus nur wohl fühlen, wenn ich mich selbst wohl fühle. Kommt Besuch, und es herrscht gerade völliges Chaos, dann laß ich einfach alles stehn und liegen und freue mich über den Besuch. Wenn ich das Chaos ignoriere, dann tun sie's auch. Sie freuen sich über die angenehme Unterhaltung und den Besuch, und beim Weggehen denken sie nicht: ›Was für eine chaotische Person.‹ Sie denken: ›Was für eine reizende Frau.‹«

Wenn Sie sich umsehen, finden Sie wahrscheinlich ein paar Frauen, die ganz locker mit ihrem Heim umgehen. »Ich habe eine gute Freundin, die Hausarbeit haßt«, erzählt eine Frau. »Sie spielt lieber Klavier, liest, bildet sich weiter, macht was mit ihren Kindern, als ihr Haus zu putzen. Und wenn ich sie besuche, achte ich gar nicht auf ihr Heim, denn es ist sowieso immer ein einziges Chaos. Ich besuche sie einfach. Und was sie betrifft, so geht sie davon aus, daß ich sie besuche, nicht ihr Haus.«

»In meinen Jugendjahren dachte ich immer, daß das Haus meiner besten Freundin grauenhaft unordentlich sei«, berichtet eine andere. »Jetzt merke ich, daß sie in ihrer Familie immer viel Spaß hatten (und noch immer haben). Ihre Mutter ging im wesentlichen davon aus, daß das Leben zu kurz sei, um sich ständig mit dem Hausputz zu befassen. Wichtiger war es, Zeit miteinander zu verbringen. Ihr war die Unordnung egal. Ihr Selbstwertgefühl gründete sich nicht auf das Haus. Sie wußte, was sie als Wert ansah und was für sie wirklich wichtig war.«

Sie sind eine einzigartige Person. Jede Frau ist anders. Was Sie tun müssen, um zu einem entspannten Verhältnis zu Ihrem Haus zu kommen, können nur Sie entscheiden. Bei den vorangegangenen Beispielen hatten die Frauen neben ihrem Heim noch andere Prioritäten. Sie – und Ihre eigenen Interessen – müssen für Sie zu einer Priorität werden. Sie können Ihr Selbstgefühl verlieren, wenn Sie sich von Ihrem Haus auffressen lassen.

Manchmal müssen Sie, um in sich selbst investieren zu können, Ihr Haus mal beiseite lassen – und zwar ohne Schuldgefühle. Eine

Frau berichtet von ihrer Faszination, als sie beobachtete, wie andere Frauen genau das taten. »Ich habe eine Freundin, eine Ausländerin, die entschied, daß sie es sich verdient hatte, drei Wochen wegzufahren und ihre Mutter in ihrem Heimatland zu besuchen. Sie hat sechs Kinder, das älteste ist 14. Sie reiste ab, und ihr Mann, der beruflich selbständig ist, und ihre vierzehnjährige Tochter kümmerten sich um den Haushalt.

»Am 4. Juli, dem Nationalfeiertag, haben mein Mann und ich die Familie abgeholt – die Mutter war noch verreist –, um mit ihnen ins Grüne zu fahren. Ich ging ins Haus, um für den Dreijährigen einen Schluck Wasser zu holen, und glaubte, in meinem ganzen Leben noch keinen solchen Verhau gesehen zu haben. Da lagen Berge von ungewaschenen Klamotten, und überall stapelte sich schmutziges Geschirr. Mein erster Gedanke war: ›Da bin ich doch die bessere Hausfrau.‹ Dann aber wurde mir klar, daß sie drei Wochen im Ausland verbrachte, eine gute Zeit hatte und Kraft schöpfte, und dann regeneriert zurückkam, während ich die ganze Zeit wie immer mein Haus schrubbte. Sie war auch keineswegs

»O.k., wer hat die Kühlschranktür zugeschmissen?«
© 1990, Martin Bucella in *Better Homes and Gardens*

schockiert über die Unordnung. Als sie zurückkehrte, machte sich die ganze Familie daran und hatte in ein paar Tagen die Ordnung wiederhergestellt.«

10. *Geben Sie sich Anerkennung für das, was Sie tatsächlich leisten.*

»Wenn ich wieder dahin komme, wo ich gestern war, dann habe ich schon bemerkenswerte Fortschritte gemacht«, sagt eine Frau, die sich diese Anerkennung zuteil werden läßt. Und eine andere berichtet: »Ich mache keine Listen von den Dingen, die ich tun muß, sondern von den Dingen, die ich geschafft habe.« Und eine Frau, die außer Haus arbeitet, belohnt sich manchmal dafür, daß sie die Hausarbeit selbst macht: »Von dem gesparten Geld habe ich mir im letzten Jahr einen eleganten Serviettenring gekauft.«

Wenn Sie Ihrer Hausarbeit einen finanziellen Wert beimessen, begreifen Sie vielleicht besser Ihren Wert und können sich somit auch die Anerkennung geben, die Ihnen zusteht. Eine Hausfrau wäre jährlich, wenn sie für ihre Arbeit bezahlt würde, 48 000 Dollar wert, sagt die Managementberaterin Dorothy Leeds nach Auswertung entsprechender offizieller Statistiken.[5]

11. *Machen Sie Menschen zu Ihrer Priorität.*

Wenn die Dinge im Haus absoluten Vorrang einnehmen oder zur Besessenheit werden, dann kann anderes wichtiger werden als Menschen. So erzählte eine mit sich kämpfende Mutter: »Ich mag es sogar nicht mal, wenn meine Kinder mit Spielsachen spielen, weil dann alles herumliegt. Ich habe eines dieser schrecklichen Barbiehäuser gekauft und dann wegen dieser ganzen Unordnung die Hälfte davon wieder weggepackt. Und ich frage mich: ›Warum kann ich sie nicht einfach Kinder sein und spielen lassen?‹« Diese ehrliche Aussage zeigt das Dilemma, in dem Frauen häufig stekken: Was ist wichtiger – das Haus oder die Menschen, die darin wohnen? »Das Haus«, gesteht eine Frau ein. »Ich kenne zwar die richtige Antwort, aber ich schimpfe dauernd mit meiner Familie, weil sie nicht Ordnung hält. Das scheint sich meiner Kontrolle zu entziehen.«

Wenn Sie die stillschweigende Programmierung, von der wir in diesem Kapitel sprechen, schlimm erwischt hat, dann können Sie sich eventuell nur dann für eine kleine Weile wohl fühlen, wenn das Haus sauber und aufgeräumt ist. Im verzweifelten Bemühen, Ihr zerbröckeltes Selbstwertgefühl zu kitten, versuchen Sie, den anderen eine starre Routine und einen rigiden Zeitplan aufzuzwingen. Für ein Lächeln und Gelächter, für das Leben im Augenblick bleibt wenig Raum. Wie die kleine Tochter beim Anblick des von ihrer Mutter gerade blitzblank geputzten und makellos aufgeräumten Heims meinte: »In so einem sauberen Haus kann man wirklich nicht viel Spaß haben.«

Alles in allem geht es darum: Die *Menschen* zählen, nicht die Dinge. Menschen müssen wichtiger sein als verschüttete Milch, die Unordnung im Kinderzimmer oder auch eine zerbrochene Fensterscheibe. Eine Frau berichtet von einem Vorfall, der das unterstreicht: »Vor ein paar Jahren schenkte mir meine Mutter zum Geburtstag ein sehr teures Haarshampoo. Ich habe meiner fünfjährigen Tochter mehrmals gesagt, daß sie es nicht anrühren soll. Dann betrat ich eines Tages das Badezimmer und fand Berge von glitzerndem Schaum und natürlich eine leere Shampooflasche. Ich verlor die Nerven und schrie und brüllte meine Tochter an. Als ich schließlich wieder zu mir kam und ihr völlig verstörtes Gesicht sah, dachte ich: ›Was tu ich denn diesem Kind an, das ich so sehr liebe?‹ Ich verletzte ihr zartes Ego um den Preis einer Shampooflasche.«

12. *Bleiben Sie zäh (aber doch fröhlich) bei Ihrem neuen Programm.*

Sie werden vielleicht auf Opposition stoßen, wenn Sie, um sich von Streß und Anspannung zu befreien, Veränderungen vornehmen.

Sollten Sie bisher für jedermann ständig alles getan haben, dann haben Sie Ihre Familie gut dazu erzogen, von Ihnen Dienstleistungen zu erwarten. »Mütter sind die, die immer auf alles achten und sofort aufspringen«, bemerkt eine Frau. »Da fragt jemand: ›Wo ist das Ketchup?‹ und Mami steht auf und holt das Ketchup. ›Wo ist das Salz?‹ und Mami holt das Salz. Wir machen uns selbst eine Menge Streß, weil wir tun, was andere Leute gut selbst machen könnten.«

Wenn Sie Ihren Befreiungsprozeß starten, wird auch Ihre Familie einen Prozeß durchlaufen und Sie freigeben müssen. Das kann bedeuten, daß Sie sich gegen den Druck von Leuten behaupten müssen, die mit Ihren Veränderungen nicht einverstanden sind.

Eine reformierte Perfektionistin, die ihren Produktionslevel von 100 auf bloße 93 Prozent senkte, leistete sich zu Hause kleine Lücken in ihrem Dienstleistungsservice. Gleichzeitig rettete sie sich damit aus ihrer Depression und ihren Migräneanfällen und ihren Mann vor ihrem Zorn. Hier ist ihre Geschichte.

»Ich war jahrelang nur mit den Dingen, die im Haus zu tun waren, beschäftigt, und ich war wütend auf meinen Mann, weil er nicht genug half. Manchmal bekam ich unter Streß zwei- bis dreimal in der Woche Migräneanfälle. Als mir klar wurde, unter welch extremem Druck ich mich mit meinem Perfektionsdrang stellte, machte ich mich etwas frei davon. Und nun begann mein Mann auf kleine Dinge hinzuweisen, die nicht erledigt waren. ›Schatz, da steht noch Geschirr im Abwasch.‹ Ich sagte dann (fröhlich): ›Ich weiß, Lieber, das ist mein neues Ich!‹ Dann er: ›Aber Schatz, wo ist mein Hemd? Ich habe ja heute mein Hemd gar nicht!‹ Und ich: ›Ich weiß, aber du kannst das anziehen, das im Schrank hängt. Das ist mein neues Ich!‹ Er gab's nicht auf, mich immer wieder auf Kleinigkeiten hinzuweisen, bis er eines Tages merkte, daß ich nicht mehr so unter Druck stand. Ich war tatsächlich glücklich. Da sagte er zu mir: ›Ich weiß ja nicht, ob dieses neue Programm gut fürs Haus ist, aber es ist ganz bestimmt gut für dich.‹«

Bitte beachten Sie, daß diese Frau keineswegs schlampig wurde – sie hat sich nur davon gelöst, das Unmögliche bewältigen zu wollen. (Sie hätte 100 Jahre lang hart daran arbeiten müssen, um schlampig zu werden.) Sie baute nur ihren Streß und ihre Anspannung ab und profitierte davon – und ihre Familie auch.

13. *Wenn Sie unter Druck stehen und es sich irgendwie leisten können, dann heuern Sie eine Haushaltshilfe an!*

Eine berufstätige Frau spricht mit ihrer Haltung ein typisches Problem an, das manche Frauen haben, wenn sie Fremde für sich putzen lassen sollen. Diese zumeist megagestreßte Frau sagt: »Ich könnte schon jemanden für den Hausputz anstellen, aber ich will nicht. Ich will, daß mein Haus so gut ausschaut, als hätte ich jemanden dafür angestellt. Davon kann ich mich einfach nicht freimachen. Ich will, daß die Leute wissen, daß ich das selber mache, und ich will sie sagen hören: ›Junge, ihr Zuhause sieht fabelhaft aus, und sie stellt noch nicht mal jemanden dafür an!‹«

Für diese Frau bedeutet »alles haben« »alles tun«. Aber ihr Versuch, gut dazustehen, kann ihr einen Zusammenbruch einbringen. In ihrem Fall *könnte* sie, was ihr Haus angeht, ihre Arbeitslast reduzieren.

Ob Sie nun eine Frau sind, die zu Hause arbeitet oder die sowohl zu Hause wie außer Haus arbeitet, in jedem Fall ist Ihre Rolle in der heutigen stressigen Welt unkonventionell. Und diese unkonventionelle Rolle braucht zu ihrer Erfüllung eine unkonventionelle Herangehensweise. Die Kernfrage in der heutigen Hochgeschwindigkeitswelt ist: »Was muß an wesentlicher Hausarbeit getan werden, und wer steht dafür zur Verfügung?« Hausarbeit ist ganz einfach eine Ansammlung von Tätigkeiten, die von den Menschen übernommen werden müssen, die von diesen Diensten profitieren, sie ist kein Test für den Wert einer Frau. Die Herausforderung besteht darin, daß Sie Ihre persönlichen und familiären Ressourcen – Zeit, Energie, Geld – so organisieren, daß Sie und Ihre Familie »entstreßt« werden. Unter diesem Gesichtspunkt betrachtet, ist die Anstellung einer Haushaltshilfe nichts weiter als eine Möglichkeit, ihr Leben zu organisieren und dieses Ziel zu erreichen.

Wenn Sie nun dieses Kapitel verlassen, dann machen Sie es sich nicht nur zum Ziel, sich selbst aus Ihrer Verstrickung mit dem Haus zu lösen, sondern auch anderen Frauen dabei behilflich zu sein. Obwohl sich Frauen untereinander weitaus weniger für ihre

Haushaltsführung kritisieren, als Sie vielleicht annehmen, ist es doch so, daß sie manchmal Kritik üben. Seien Sie, da Sie jetzt die emotionalen Zusammenhänge zwischen Frauen und ihrem Haus besser verstehen und wissen, wie extrem verletzlich sie hinsichtlich der Meinung anderer sind, gut zu Ihren Mitschwestern, lassen Sie ihnen Raum und schenken Sie ihnen das Mitgefühl, das sie verdienen.

KAPITEL 8

Frau, Mann, Kinder und Haus

Wahrscheinlich ist es nicht besonders überraschend, wenn Sie und der Mann in Ihrem Leben eine unterschiedliche Auffassung von der Hausarbeit haben. Kann sogar sein, daß die Frage, wer die Hausarbeit macht, ein wunder Punkt in Ihrer Beziehung ist, und möglicherweise kommt es darüber zu Streitigkeiten. Damit wären Sie kein Einzelfall. Hausarbeit und die Frage, wer was übernimmt, sind heutzutage bei vielen Paaren ein zunehmend explosives Thema, und tatsächlich verursacht kein anderer Bereich mehr Konflikte und Kämpfe zwischen den Geschlechtern. Schauen wir uns an, was mit einem typischen Paar passiert und warum.

Paare der 90er Jahre führen Auseinandersetzungen, die früheren Generationen fremd waren. Ihre Großeltern wuchsen in einer Epoche der klaren Arbeitsteilung zwischen dem Ehepaar auf, eine Arbeitsteilung, die nicht nur wünschenswert, sondern auch notwendig war. Der große Wandel in den Geschlechterrollen verwirrt heute beide Geschlechter und stellt einst erprobte und unangefochtene Rollenzuweisungen in Frage.

Das bedeutet, daß die Paare sich mit ihren jeweiligen Aufgaben und Verpflichtungen an den Verhandlungstisch begeben müssen. Fast 60% der Frauen in den USA arbeiten derzeit außer Haus, gehen zur selben Zeit aus dem Haus wie ihr Mann und kehren zur selben Zeit zurück. Frauen, die somit acht bis neun Stunden ihrem ohnehin ausgelasteten Arbeitspensum Hausarbeit hinzufügen, haben den Großteil der traditionellen weiblichen Pflichten beibehalten, wie Arlie Hochschild in ihrer kürzlich veröffentlichten Untersuchung über berufstätige Ehepaare feststellte. Sie fand heraus, daß die meisten dieser berufstätigen Frauen weiterhin den größeren Anteil an Verantwortung für Heim und Kindererziehung übernehmen. Und sie betont, daß viele Männer – auch die, die von Gleichberechtigung reden – sich nicht wirklich an der Kindererziehung, am Kochen, Saubermachen, Einkaufen oder anderen wesentlichen Aufgaben beteiligen. In der Konsequenz planen Frauen schon auf der Heimfahrt vom Büro die Mahlzeiten, den Hausputz und was sonst zu tun ist, um dann sofort nach ihrer Ankunft eine »zweite Schicht« zu schieben.

Und wie wirkt sich diese »zweite Schicht« auf sie aus? Laut Hochschild haben sie durchschnittlich 15 Stunden weniger Freizeit als ihr Mann und arbeiten aufs Jahr gesehen einen ganzen Monat mit täglich 24 Stunden mehr. Die Frauen thematisierten häufiger als die Männer, daß sie übermüdet, krank und »emotional ausgelaugt« sind, berichtet sie. »Viele konnten sich vom Thema Schlaf gar nicht losreißen … (Sie) sprachen darüber wie ein hungriger Mensch vom Essen.«[1]

Die Überbelastung und Erschöpfung macht Frauen wütend. »Warum hilft er nicht?« oder »Warum hilft er nicht *mehr*?« fragt sich die Frau. Ihr Ärger verwirrt und verstört den Mann, weil er nicht begreift, was die ganze Aufregung soll. Er begreift ihre Lage nicht. »Was hat sie denn bloß, warum macht sie so viel Gedöns, warum ist sie so aufgebracht?« denkt er. »Kein Grund, herumzuschreien. Es ist doch bloß Hausarbeit!«

Dieser verwirrte Blick im Gesicht des Mannes kennzeichnet einen wesentlichen Unterschied zwischen den Geschlechtern. Frau und Mann wurden dazu erzogen, auf unterschiedliche Details zu achten: Er auf Details, die die Arbeit, Finanzen, das Auto, den Garten und die Außenwelt betreffen; sie auf Details in bezug auf den Haushalt und die Menschen. Krümel auf dem Tisch, Fingerabdrücke an der Wand – Details, die für die meisten Frauen so wesentlich sind – kommen im Bezugssystem der meisten Männer gar nicht vor. Für sie sind Staubflöckchen und Schmutz für das bloße Auge gar nicht wahrnehmbar. Frauen betreten das Wohnzimmer und sehen die Socken auf dem Boden, die leeren Tassen auf dem

Couchtisch und die Zeitung von gestern. Männer sehen nur die Couch und den Fernseher.

Und da ihr das nicht klar ist, zieht die Frau den Mann zur Verantwortung. Er sollte wissen, was zu tun ist. Aber er weiß es nicht. Für viele Männer gibt es da gar nichts zu tun. Er hilft, aber er hat eben andere, »wichtige« Dinge zu tun. Abgesehen davon fühlt er sich im Innern weder verantwortlich noch zuständig. Auch dies bezeichnet einen wesentlichen Unterschied zwischen den Geschlechtern. Selbst wenn der Mann hilft, obliegt es im Normalfall der Frau, an die Details zu denken und andere dazu zu bringen, ihren Pflichten nachzukommen. Frauen sind im wesentlichen die Managerinnen des Hauses.

Frauen tragen also die Verantwortung, und die Tatsache, daß sie die Männer ewig um Mithilfe bitten müssen, ist für viele ein Quell steten Ärgers. Männer hingegen sind als Gruppe weder sozial noch kulturell bereit, ihren Anteil für das Haushaltsmanagement zu übernehmen. Das genau aber wünschen sich die Frauen, schreibt die Kolumnistin Ellen Goodman. Sie wünschen sich keinen Mann, der ein bißchen mithilft, sondern einen, der die Sache übernimmt. Eine Frau »möchte gerne die Hälfte all der Dinge, die wie Sand im Getriebe ihr Gehirn blockieren, einem anderen Manager übergeben«[2].

Ein weiterer wesentlicher, geschlechtsspezifischer Unterschied besteht darin, daß Männer sich für die Hausarbeit ungeeignet fühlen und es ihnen schwerfällt, sich in dieser Hinsicht zu ändern. »Das Unbehagen der Männer ist verständlich«, bemerkt eine Frau. »Offen gesagt, wird mir unbehaglich, wenn ich Dinge mache, die wiederum für sie ganz selbstverständlich sind. Mein Mann fragt: ›Würdest du gerne lernen, wie man einen Reifen wechselt?‹ und ich sage nein. ›Würdest du gerne lernen, mit dem Rasenmäher umzugehen?‹ Und ich sage wieder nein. Einige Dinge will ich einfach nicht lernen. Männer sind genauso.«

Wollen Sie gerne wirklich wissen, wie es für die Männer heute aussieht, dann versetzen Sie sich 25 Jahre zurück, schreibt Morton Shaevitz in seinem Buch. Damals lag für einen Mann der Sinn seiner Existenz darin, sich als Mann zu beweisen, und die Männer wußten, was dazu erforderlich war. Man erwartete, daß sie arbeiten, in ihrem Beruf Karriere machen, ununterbrochen arbeiten, bis sie 60 oder 70 sind, und dann in Pension gehen. Es wurde nicht von ihnen erwartet, daß sie das Haus putzen, die Wäsche waschen, Babies windeln oder Mahlzeiten zubereiten. Und nicht nur, daß dies von ihnen *nicht* erwartet wurde – sie wären, wenn sie es getan hätten, keine richtigen Männer gewesen.

Heute hat sich das, was ein Mann zu tun hat, völlig verkehrt. Das geht nicht von den Männern aus, das kommt von den Frauen. Von den Ehefrauen, Freundinnen und sogar Müttern, die vom Mann verlangen, anders zu reagieren, und zwar gleich, nicht erst später! Die Männer aber, so betont Shaevitz, »fühlen sich nach wie vor unter Druck gesetzt zu arbeiten, erfolgreich zu sein, zu heiraten, der Haupternährer zu sein, ›für den Fall, daß etwas schiefgeht‹, und stark zu sein«. Hin- und hergerissen zwischen zwei Welten fühlen sich Männer überfordert, wenn von ihnen verlangt wird (während viele alte Regeln noch gelten), sich an eine völlig andere Welt anzupassen als die, in der sie aufwuchsen.[3]

Ein letzter wesentlicher Unterschied zwischen Mann und Frau besteht darin, daß ein Mann sein Heim und Haus mit dem Ort assoziiert, wo er sich regeneriert und er umsorgt wird, und nicht etwa mit Hausarbeit, die er zu leisten hat. Er kommt nach Hause, um sich zu entspannen. Für sie hingegen ist das Haus ein Arbeitsplatz, an dem sie sich nicht entspannen kann. »Sein Hafen ist ihr Arbeitsplatz«, schreibt Shaevitz. Während sie also mit der Hausarbeit beschäftigt ist, bittet er unweigerlich um etwas Aufmerksamkeit und Zeit, und zwar bitte gleich – was sie wiederum als ausgesprochen unsensibel empfindet. Sie steht jetzt nicht zur Verfügung. »Ich habe noch was zu tun – Zeug, das weggeräumt, Geschirr, das gespült werden muß, die Bettwäsche muß noch zusammengelegt, die Kinder müssen gebadet und ins Bett gebracht werden, und dann kann ich mich hinsetzen«, antwortet sie.

Er ist gekränkt. Die Hausarbeit ist also wichtiger als er! Natürlich ist die Hausarbeit lästig, aber doch nicht eine Sache von Leben und Tod, die sie draus macht. Und ganz gewiß ist sie nicht wichtiger als ihre gemeinsame Beziehung. Er nimmt sich Zeit! Warum sie nicht?

Er wird wütend – und zeigt es auch. Jetzt ist sie gekränkt. Sie erwartet von ihm, daß er die Welt so sieht wie sie. Man *läßt* nicht das ungespülte Geschirr herumstehen!

Er spult nur einfach seine Programmierung ab. »Diese Frau *sollte* aber zur Verfügung stehen«, sagt er sich. Männer (vor allem, wenn sie über 30 sind) wurde beigebracht, daß Frauen da sind, um sich um ihre Bedürfnisse zu kümmern – sie zu Hause zu unterstützen und zu umsorgen. Das Heim war ein Refugium, ein Ort, wohin man ging, um eine warme Mahlzeit vorgesetzt zu bekommen und sich der liebenden Hingabe einer aufmerksamen Frau zu erfreuen.

Vor allem, wenn beide Partner berufstätig sind, stehen Frauen aber nun mal nicht mehr so zur Verfügung wie einst, und das Hauptthema für Männer ist Einsamkeit und das Gefühl von Verlust oder Verlassen werden. »Stellen Sie sich Adam allein im Garten Eden vor, und Sie gewinnen einen Eindruck, wie sich viele Männer heute fühlen«, schreibt Shaevitz.[4]

Während Frauen ein Netzwerk wechselseitig unterstützender Beziehungen mit Freundinnen, Freunden und der Familie aufbauen, tun die meisten Männer das nicht. Sie haben eher ihre Kumpel, mit denen sie aber keine intimen Gespräche führen, weil sie sich aufgrund ihrer herkömmlichen Konditionierung stets vorsehen, das Gesicht wahren und unverletzlich geben müssen. Abgeschnitten von den Angehörigen seines eigenen Geschlechts »ist ein Mann von der Frau als Allzwecklieferantin in emotionaler Hinsicht ausgesprochen abhängig«, schreibt Erica Abeel. Das ist auch auf die traditionelle Definition der Geschlechterrollen bei der Kindererziehung zurückzuführen, schreibt sie weiter. »Jungen stehen der Mutter nahe – nicht dem Vater – und diese Beziehung mit dem anderen Geschlecht wirkt sich auch im Erwachsenendasein aus.«[5]

Das Gefühl, verlassen oder abgelehnt zu werden, erstreckt sich häufig auch auf die sexuelle Beziehung, der Bereich, wo Männer sich vor allem bestätigt fühlen. Unter der Last des vielfältigen Drucks zu Hause, des Berufs und der Mutterrolle ist die Frau dann vielleicht müde und abgelenkt und nicht mehr imstande, auf die sexuellen Bedürfnisse ihres Mannes lustvoll einzugehen. Leider machen viele Männer, wenn sie sich von ihrer Frau abgeschnitten fühlen, dicht oder zeigen ihren Ärger, statt ihre wahren Gefühle zu äußern. Und Frauen haben oft kein Gespür für das, was hinter dem Ärger der Männer steht: »Ich brauche dich. Ich will dich. Ich vermisse dich. Ich möchte, daß du mehr für mich da bist. Ich möchte mich dir näher fühlen.«

All das spielt sich unter der Oberfläche der Beziehung ab. An der Oberfläche streiten Männer und Frauen wegen der zu übernehmenden Aufgaben und Verpflichtungen. Unterhalb dieser Ebene geht es um die Ambivalenz dessen, was einst sehr genau definierte Geschlechterrollen waren. Und beide wissen nicht, worum es bei all diesen Kämpfen wirklich geht.

»Unser Computer bestätigt Ihre eigene Diagnose, Mrs. Pumpnagel. Sie sind ›zu ausgepumpt, um sich aufzuregen‹!«
© 1984, Artemas Cole in *New Woman Magazine*

Die »richtige« Einstellung zu Männern und Verpflichtungen

»Manche Männer sind wunderbare Ehefrauen«, bemerkt eine Frau, womit wir zum Kern der Sache kommen. Es gibt in dieser Welt ein paar perfekte »Hausmänner« – Männer, die gelassen und eifrig ihren Teil an der Hausarbeit übernehmen und das genauso gut – oder besser – wie ihre Frauen machen. Und es gibt sogar Männer, die, was diese Hausarbeit angeht, Perfektionisten sind.

Sollten Sie mit einem so außergewöhnlichen Mann leben, dann möchten Sie ihn vielleicht vermieten. In der heutigen Welt besteht eine außerordentlich starke Nachfrage nach Männern, die die Arbeitslast der Frau etwas erleichtern, vor allem, wenn sie noch dazu mit einem fröhlichen Naturell gesegnet sind. Und sollten Sie einen solchen Mann Ihr eigen nennen, dann wollen Sie vielleicht den folgenden Abschnitt übergehen, der sich damit befaßt, wie Männer dazu gebracht werden können, sich, wenn auch vielleicht nicht gerade frohgemut, an der Hausarbeit zu beteiligen.

Gehören Sie aber zu den Frauen, die sich überlastet, nicht gewürdigt und erschöpft fühlen und häufig vom Dahinköcheln zum Überkochen gebracht werden, weil der Mann nicht oder nicht genügend hilft, dann lesen Sie weiter!

Wenn Männer, wie schon früher angesprochen, sich nur langsam an eine neue Rolle gewöhnen, so geben Frauen nur langsam alte Rollen auf. Verrichtet ein Mann Hausarbeit, dann hat er das Gefühl, seiner Frau bei *ihrer* Arbeit zu helfen. Er tut's, aber es ist ihre Arbeit. Tief im Innern empfindet die Frau genauso. Und unbewußt macht sie es dem Mann schwer, ihr zu helfen. Frauen haben in der Tat Männer zu lange aus den Bereichen verbannt, die sie versklavten, schreibt eine Autorin.[6]

Es stellt sich hier also die schwerwiegende Frage: »Entmutigen Sie Ihren Mann, Ihnen die gewünschte Hilfe zukommen zu lassen? Überdenken Sie dazu folgende Fragen:

1. *Unterstützen Sie das »Hilfloser-Ehemann-Syndrom«, wie es Patricia Volk nennt?*

Volk berichtet in ihrem ebenso benannten Artikel, daß sie diejenige ist, die die Taxis anhält, die Geschenke einkauft, den Urlaub plant, die Mäntel zur Reinigung bringt und seinen Vater am Vatertag anruft. Es ist auch ihre Sache, nachts das Fenster zu öffnen. Obwohl das Fenster an seiner Bettseite gelegen ist, fragt er: »Schatz, könntest du das Fenster öffnen?« Beide, sie und er, lesen, beide sind müde und beide haben funktionsfähige Arme und Beine. Und so antwortet Patricia: »Moment mal. Das verstehe ich nicht. Hat das Öffnen des Fensters mit einer geschlechtsspezifischen Eigenschaft zu tun? Du bist dem Fenster näher, aber willst, daß *ich* es aufmache?« »Du kannst das besser«, antwortet er.[7]

Eine Spielart des »Hilfloser-Ehemann-Syndroms« ist der »putzbehinderte« Ehemann. »Frauen sind sehr gut darin, sich von Männern dazu erziehen zu lassen, sie nicht um Hilfe zu bitten«, sagt eine Frau. »Ich bitte meinen Mann, die Toilette zu putzen, und er braucht drei Stunden dazu. Er ist sehr kooperativ, und er tut es, ganz klar, aber er sagt ständig: ›Ach, du kannst das so gut.‹ Eines Tages sagte ich dann: ›Ich habe das 30 Jahre lang gemacht. Bei soviel Übung wäre jeder gut. Übung macht dich vollkommen... oder bedeutet es lebenslang?‹ Trotz meiner Bemerkung weiß er genau, auf welchen Knopf er drücken muß«, gesteht sie. »Er weiß, daß ich es schließlich selbst mache, da ich es nicht mitansehen kann, wie er dafür eine Ewigkeit braucht.«

2. *Bessern Sie nach?*

Was passiert, wenn Sie eine Aufgabe delegieren und sie nicht »auf die beste Weise« erledigt wird? Sind Sie wie die meisten Frauen, dann machen Sie es noch mal. Leider haben Sie sich in die Falle begeben, diesen Job als den »Ihren« zu betrachten. Wenn Sie anderen diese Aufgabe übertragen, heißt das, daß Sie den Griff lockern und sie sich einbringen lassen müssen. Und wenn Sie sehr genaue Vorstellungen davon haben, wie das Geschirr gestapelt, die Ordnung im Schrank aussehen oder die Wäsche zusammengelegt werden muß – und dazu ein starkes Bedürfnis, anderen zu sagen, was und wie sie es zu machen haben –, dann werden Sie Mühe haben, andere auf Dauer für eine Mithilfe zu begeistern.

Eine Frau, die nun ihren Griff etwas lockert, berichtet: »Wenn mein Mann den Teppich staubsaugt, fährt er einmal in der Mitte durch und das war's dann. Ich habe mich jedesmal maßlos aufgeregt, weil er nicht an den Rändern staubsaugte, und ich es dann tun mußte. Jetzt rege ich mich nicht mehr auf. Ich laß ihn seinen Teil tun und mach dann den Rest. Ich laß mich nicht mehr von solchen Einzelheiten tyrannisieren und damit meine Beziehung belasten.«

3. *Beklagen Sie sich, wenn Ihr Mann Ihrem Standard nicht gerecht wird?*

Eine Frau beklagt sich bitter: »Wenn mein Mann das Frühstück macht, dann deckt er nie den Tisch. Er macht das Frühstück, aber ich muß den Tisch decken. Ich kann das nicht ab! Er sollte alles machen, was dazu gehört.«

Und was macht ein Mann unter solchen Umständen? Ein frustrierter Ehemann sagt dazu: »Ich biete meiner Frau an, die Wäsche zusammenzulegen, und sie sagt: ›Doch nicht so!‹ Ich bringe die Küche in Ordnung, und sie kritisiert, wie ich das Geschirr in die Spülmaschine räume. Und gehe ich einkaufen, dann beklagt sie sich über meine Einkäufe. Mir wurde schließlich klar, daß sie immer an was herummäkeln wird, da habe ich's aufgegeben.«

4. *Fassen Sie es als Kritik auf, wenn Ihr Mann Ihnen hilft?*

Eine Frau, die die Hausarbeit als ihre ganz persönliche Domäne betrachtet, erzählt: »Wenn mein Mann tatsächlich etwas aufräumt, dann denke ich, daß ich es hätte tun sollen. Das ist wie ein Schlag ins Gesicht.«

Und eine Frau, die nun davon abgekommen ist, diese Dinge als ihre persönliche Angelegenheit anzusehen, berichtet: »Als ich frisch verheiratet war, glaubte ich, die Hemden meines Mannes bügeln zu müssen, weil meine Mutter das immer für meinen Vater getan hat. Mein Mann wollte das nicht, obwohl ich es wirklich sehr gut machte. Er wollte aber die Hemden in die Reinigung geben. Damals habe ich deswegen geweint, ich war wirklich sehr verstört. Heute weine ich nicht mehr, ich nehme jede Hilfe an.«

5. *Machen Sie beim Anflug von Irritiertheit oder Verärgerung gleich einen Rückzieher?*

»Wenn mein Mann sein Gesicht verzieht, mache ich blitzartig noch mitten im Satz einen Rückzieher«, berichtet eine Frau. Hier läuft die Frau Gefahr, zur Märtyrerin zu werden. Die selbe Frau weiter: »Manchmal geb' ich auch nach und sag: ›In Ordnung, ich mach's!‹ Das ist die Märtyrerin. Dann aber folgt die Strafe: ›Das werde ich nie vergessen, daß du mir nicht geholfen hast.‹ Als unser erstes Kind kam, bat ich zum Beispiel meinen Mann einmal, auf die Kleine aufzupassen. Er hat rundweg abgelehnt. Ich habe ihn nie wieder darum gebeten. Ich wollte ihn nicht behelligen. Und er hat mich einmal darauf hingewiesen, daß er beschäftigt ist. Aber ich habe ihn nie vergessen lassen, daß er mir, als ich ihn wirklich brauchte, nicht beigestanden hat – und daß das nur ein weiteres Beispiel dafür war, daß man sich auf ihn nicht verlassen kann.«

6. *Fühlen Sie sich schuldig, wenn Sie um Hilfe bitten?*

Schuldgefühle können entstehen, nur weil Sie meinen, jemand anders Ihre Arbeit machen zu lassen. »Neulich bat ich meinen Mann, mit den Vorbereitungen für das Abendessen anzufangen«, erzählt eine Frau. »Es war sechs Uhr, und normalerweise fang ich um halb sechs mit dem Kochen an, aber ich arbeitete im Garten und wollte die Sache noch beenden. Doch ich hatte solche Schuldgefühle, daß ich mich kaum darauf konzentrieren konnte. ›Du solltest in der Küche sein‹, dachte ich. ›Es ist *deine* Aufgabe.‹«

Sie können sich emotional befreien, wenn Sie die Aufgaben unabhängig von der Person sehen, die sie auszuführen hat. Der Punkt ist doch: Wie kann die Sache erledigt werden? Wer hat die Zeit, Energie oder das Interesse daran, daß sie jetzt in Angriff genommen wird?

7. *Lassen Sie los, wenn jemand anders die Aufgabe übernommen hat?*

»Als ich frisch verheiratet war, luden wir zu Weihnachten ein paar Leute ein«, erzählt eine Frau, die heute noch mit Schaudern an den Vorfall zurückdenkt. »Das Problem war, daß ich fürs Essen verantwortlich war und mein Mann fürs Saubermachen. Nun ja, eine Stunde, bevor die Gäste eintreffen sollten, ließ sich mein Mann nieder und las in einer Zeitschrift, und da erschien ein Ehepaar zu früh. Und deshalb konnte nirgendwo mehr gestaubsaugt werden. Ich dachte: ›Warum hast du mir nicht gesagt, daß du es nicht machst? Dann hätte ich es doch übernommen.‹ Alle müssen die schmutzigen Böden gesehen haben. Am liebsten hätte ich ein Schild aufgehängt: ›Das Staubsaugen war die Aufgabe meines Mannes, aber er hat's nicht gemacht!‹«

Neben dem Verantwortungsgefühl haben Frauen auch ein Gefühl von »Unentbehrlichkeit«, das sich bei der Delegierung von Aufgaben störend auswirkt. »Ich habe mich immer wieder beklagt, daß mein Mann nicht genug im Haus tut«, erklärt eine Frau. »Warum muß ich immer diejenige sein, die das Bad schrubbt und die Kinder zum Arzt bringt? Schließlich habe ich einen Vertrag aufgesetzt und alle Aufgaben auf uns beide verteilt. Aber als er es dann war, der den Kindern neue Socken kaufte, konnt' ich's nicht ertragen. Es ist schwer, zuzulassen, daß man nicht mehr der eindeutig wichtigere Elternteil ist, der, der für die Kinder verantwortlich ist.«

8. *Nehmen Sie sich gelegentlich »Nicht-da-Zeit«, damit Ihr Mann begreift, was Sie tun?*

Es lohnt sich, berichtet eine Frau, die weiß, wovon sie spricht. »Mein Mann hatte keinerlei Mitgefühl für das, was ich mit vier Kindern durchzustehen hatte. Dann reiste ich mit meiner Mutter und meinen Schwestern für vier Wochen nach Europa und ließ ihn den ganzen Haushalt übernehmen, die Sorge für die Kinder – alles! Als ich zurückkam, fragte er mich: ›Weißt du, was es heißt, den ganzen Tag lang mit kleinen Kindern zu reden? Du kommst ja zu nichts.‹ ›Ja‹, sagte ich. Und er: ›Du hast wohl kein Mitleid mit mir.‹ ›Nein.‹ Da sagte er: ›Jetzt verstehe ich.‹«

9. *Bitten Sie direkt um das, was Sie möchten?*

Frauen wurden herkömmlicherweise dazu erzogen, zu warten, zu hoffen und ihre Wünsche nur anzudeuten. Das Problem mit diesem indirekten Verfahren ist, daß Männer im Normalfall nicht merken, was die Frau will. Sie denkt: »Kann er denn nicht sehen, daß das Baby frische Windeln braucht? Kann er nicht sehen, daß das Geschirr gespült werden muß? Merkt er nicht, daß ich Mühe habe, die Kinder ins Bett zu verfrachten? Wenn ihm was daran liegen würde, dann würde er mir jetzt zur Hand gehen.« Meist geht es aber nicht darum, daß ihm nichts *daran* liegt, sondern darum, daß nichts davon in sein *Bewußtsein* gedrungen ist!

Geben Sie das Gedanken-Lesen auf

Schauen Sie sich mit Hinblick auf das, was ins Bewußtsein eines Mannes dringt, den Unterschied im Verhalten einer Frau an, wenn sie sich um andere kümmert, und wenn sie erwartet, daß man sich um sie kümmert. Im ersten Fall schreitet sie flugs zur Tat. Im zweiten Fall aber, wenn es darum geht, daß etwas in ihrem Leben passieren soll, wartet sie zu oft ab. Sie wartet und hofft – und wird dann wütend, weil sich andere nicht so vortrefflich um ihre Bedürfnisse kümmern, wie sie sich deren Bedürfnisse annimmt. Und das gilt vor allem in der Beziehung mit Männern.

So jammert ein Mann: »Meine Frau hat mir dreimal gesagt, daß ich ihr nichts zum Geburtstag schenken soll, und dann habe ich's doch vergessen!« Dieser Mann weiß, daß er einen Test nicht bestanden hat.

Und eine Frau, die mit solchen »Tests« arbeitet, gesteht: »Statt meinen Mann um das zu bitten, was ich will, unterziehe ich ihn einem Test, und er fällt regelmäßig durch. Wenn er nach Hause kommt, und irgend etwas Bestimmtes tut, dann heißt das für mich, daß er mich liebt. Tut er etwas anderes, dann bedeutet das, daß ich ihm gleichgültig bin. Ich habe dieses ›Ding‹ drauf, das er überhaupt nicht mitkriegt. Er kann meine Tests überhaupt nicht bestehen.«

Und eine andere Frau berichtet: »Ich warte darauf, daß mein Mann merkt, was ich brauche. Wir sind lange genug verheiratet, daß er es merken sollte. Schließlich kenne ich auch seine Bedürfnisse. Ich nähe ungefragt den Knopf an das Hemd, das er morgen anziehen will. Ich habe ihm gestern abend den Apfelstrudel vorgesetzt, den er so liebt. Ich habe letzte Woche Karten gekauft, damit er sich das Spiel seines Lieblingsbasketballteams ansehen kann.

Also denke ich: ›Er *weiß* doch, daß ich heute abend müde bin, warum lädt er mich nicht zum Essen ein?‹«

Und eine andere Frau erzählt: »Ich habe das ›Wenn ich's sagen muß, dann zählt's nicht Syndrom‹. Ich will, daß mein Mann bestimmte Dinge von allein tut. Wenn ich ihm zum Beispiel erst sagen muß, daß ich zu Weihnachten gern ein bestimmtes Schmuckstück hätte, und er es dann kauft, bin ich enttäuscht, weil er nicht von allein drauf gekommen ist. Ich muß aufhören, ihn dafür zu bestrafen, daß er es nicht weiß. Ich muß die Verantwortung übernehmen und ihm direkt sagen: ›Das will oder brauche ich.‹«

Bei all diesen Reaktionen geht es natürlich darum, daß die Frau darauf wartet, daß der Mann in ihrem Leben sich um sie kümmert oder sie »erfüllt«. Und Männer merken nichts.

Frauen gehen von der irrigen Annahme aus, daß die Männer, ebenso wie Frauen, wissen, was Fürsorglichkeit bedeutet, und nur keine Lust dazu haben. »Ich hab schließlich gemerkt«, erzählt eine Frau, die in dieser Hinsicht eine Offenbarung hatte, »daß mein Mann es einfach nicht in seinen Genen hat, sich so um meine Bedürfnisse zu kümmern wie ich mich um die seinen.«

Das heißt letztlich, daß Sie, ob es Ihnen nun gefällt oder nicht, die Initiative ergreifen müssen, wenn Sie etwas von einem Mann wollen – oder von irgend jemand anders (auch andere Menschen können nicht Gedanken lesen). Eine Frau schildert den emotionalen Evolutionsprozeß, den sie durchmachte, als ihr Mann ihren Geburtstag vergaß: »Ich habe den ganzen Tag über nichts gesagt. Ich wurde nur immer wütender. Es kochte so in mir, daß ich am Abend völlig erschöpft war. Schließlich dachte ich: ›Du kannst zwar weiterhin die Märtyrerin spielen, aber es macht keinen Spaß, und es funktioniert auch nicht, weil *er* gar nicht merkt, was los ist. Du kannst aber auch die Initiative ergreifen.‹ Und das tat ich dann auch und bat ihn, mich zu meinem Geburtstag in ein absolut fabelhaftes Restaurant auszuführen, was er in Anbetracht seiner unentschuldbaren Vergeßlichkeit auch dankbar tat. Danach fühlte ich mich besser.«

Die bei weitem sachdienlichste Methode, zu dem zu kommen,

was Sie wollen, ist die einfache Bitte, statt einen Flunsch zu ziehen, wütend zu werden oder sich zurückzuziehen. »Wir benutzen den Ärger«, erklärt eine Frau, »um andere Menschen unter Druck zu setzen, uns das zu geben, was wir wollen, und wenn wir es dann kriegen, fühlen wir uns innerlich leer. Und dann bekommen wir, wenn wir wütend werden, manchmal gar nicht, was wir wollen. Wir erhalten, was wir *verdienen*, nämlich die Wut des anderen.«

Die Initiative übernehmen heißt, daß wir aus einer Position der ruhigen Stärke agieren und uns entschieden in die von uns gewünschte Richtung bewegen. Es heißt auch, daß wir nicht warten, bis andere überkommen. Gehen Sie, wenn Sie auf jemand anders warten und nichts passiert, die Situation einfach anders an. Und schließlich bedeutet es – und das ist entscheidend –, daß Sie die Sache in die Hand nehmen, ohne die Märtyrerin zu spielen oder die andere Person auf irgendeine Weise zu bestrafen. In diesem Zusammenhang berichtet eine Frau: »Ich habe sechs Monate darauf gewartet, daß mein Mann eine Antenne auf dem Dach installiert. Als er dann eines Tages nach Hause kam, stand ein Mann auf dem Dach und brachte die Antenne an. ›Schatz‹, sagte ich ganz einfach, ›ich weiß, du bist sehr beschäftigt, deshalb dachte ich, ich helfe dir und kümmere mich selbst darum.‹«

Um Hilfe bitten

Übernehmen Sie die Initiative, dann heißt das auch, daß Sie um Hilfe bitten müssen, womit viele Frauen Schwierigkeiten haben. Stellen Sie sich folgende Szene vor:

Liz steigt viermal drei Stockwerke hoch, um den ganzen Wochenendeinkauf in die Wohnung zu schaffen, während ihr Mann am Samstag morgen vor dem Fernseher hockt. Und mit jedem Gang, den sie immer noch mehr schwere Tüten die Treppen hinaufschleppt und Rick ins Footballspiel versunken sieht, wird sie wütender. Bei ihrem letzten Gang kocht sie schließlich und führt hitzige innere Selbstgespräche: »Warum kriegt er seinen Hintern nicht hoch? Er weiß doch, daß ich Hilfe brauche. Ich kann's nicht fassen, daß er da hockt und mich das ganze Zeug allein hochschleppen läßt. Die Unsensibilität dieses Mannes ist unerträglich.«

Zur Halbzeit erscheint unser unseliger Ehemann, von einem durch Konservendosen verursachten lauten Getöse angezogen, in der Speisekammer und sagt: »Ich habe mich schon gefragt, wo du steckst.« Und nachdem er dann ein paar Minuten zugesehen hat, fragt er unschuldig: »Warum stellst du die Suppendosen nach unten, statt weiter nach oben, wo die Etiketten besser zu lesen sind?«

Die folgende Explosion bringt die Wohnungswände zum Beben und löst einen Ehestreit aus, bei dem aber auch kein einziges »Verbrechen«, das Liz und Rick je aneinander verübt haben, ausgelassen wird. In der Hitze des Gefechts kommt keiner von beiden auf die Idee, was die eigentliche Ursache des ganzen Vorfalls ist: Liz hatte ihren Mann nicht offen und direkt um Hilfe gebeten.

Liz' Verhalten ist keineswegs ungewöhnlich. Die meisten Frauen haben aus Gründen, die sie hier erläutern, Schwierigkeiten, um Hilfe zu bitten:

»Ich kann nicht um Hilfe bitten, es sei denn, es ist schon zu einem massiven Trauma gekommen, und ich liege im Sterben. Ich habe Angst, der andere hält mich dann für unfähig. Es ist, als würde ich zugeben, daß ich der Aufgabe nicht gewachsen bin.«

»Niemand kann es so gut wie ich.«

»Vielleicht blitze ich ab. Ich hasse es, zurückgewiesen zu werden.«

»Wenn ich ein Kind bitte, das Badezimmer sauberzumachen, und es macht es nicht ordentlich, dann glaubt man vielleicht, *ich* hätte schlampig gearbeitet und stehe dann schlecht da.«

»Ich kann es genausogut gleich selbst ordentlich machen und hab's hinter mir.«

»Meine Kinder und mein Mann kommen mit so viel besseren Ausreden daher, als ich sie habe, Hausaufgaben oder Pfadfinder und so! Ich habe nur die Entschuldigung, daß ich mich gerne mal für 'ne Minute hinsetzen würde.«

»In mir ist ein Sinn für Ausgewogenheit. Ich kann nur jemanden um Hilfe bitten, wenn ich für diese Person schon weitaus mehr getan habe als sie für mich.«

»Ich bekomme Gewissensbisse, wenn ich um Hilfe bitte. Ich befürchte, daß andere Leute meinen, ich will ihnen meine Arbeit aufhalsen.«

All diese Gründe haben mit der gesellschaftlichen Konditionierung der Frau zu tun, folgende Dimensionen eingeschlossen:

- die Angst vor Zurückweisung oder Mißbilligung,
- die Angst, jemanden zu belästigen,
- die Angst, die Bitte sei nicht gerechtfertigt,
- das Bedürfnis, daß die Dinge »genau so« gemacht werden,
- Schuldgefühle, wenn sie sich nicht selbst um jede Einzelheit kümmert,
- die Angst, für unfähig gehalten zu werden, wenn sie »ihre Arbeit« nicht macht.

Die Bitte um Hilfe ist für viele Frauen also eine emotionale Angelegenheit, mit Zittern und Bangen und der Möglichkeit verbunden, daß sie zurückgewiesen werden und ihr Selbstwertgefühl absackt. Aber wie das Abschlagen einer Bitte muß auch das Aussprechen einer Bitte neutral gewertet werden. Die Bitte um Hilfe darf nur auf die anstehende Aufgabe bezogen werden, auf die Energie, Zeit und Ressourcen, die der Frau zu ihrer Erledigung zur Verfügung stehen, und die Ratsamkeit, sie an jemand anders zu delegieren. So einfach ist das.

Eine Entpersönlichung der Bitte nimmt auch den Streß aus den Beziehungen zu anderen. So sagt eine Frau: »Der Umgang mit anderen ist sehr viel leichter, wenn du nicht nach dem Beweis haschst, daß du in Ordnung bist.«

Da aber die meisten Frauen nicht *bitten*, stellt sich die Frage: Was tun sie? In einigen Fällen nörgeln sie: »Henry, vergiß nicht, den Abfall wegzubringen. Wieso bringst du den Abfall nicht weg? Wann bringst du endlich den Abfall weg? Warum hast du den Abfall nicht weggebracht? Man kann sich bei dir auch auf nichts verlassen. Ich hab den Abfall selbst weggebracht.«

In anderen Fällen beklagen Sie sich: »Du klebst ständig vor dem

Fernseher.« »Warum hilfst du nicht mal zur Abwechslung?« »Wieso bist du so faul?«

Und manchmal werden sie auch wütend. Nehmen Sie die Frau, die ins Badezimmer kommt, wo ihr Mann gerade einen absoluten Saustall hinterlassen hat – nasse Handtücher und schmutzige Klamotten auf dem Boden, offene Schubladen, Seifenschaum im Waschbecken und in der Badewanne, alles, was man sich so vorstellen kann. Was möchte diese Frau? Einen Mann, der hinterher wieder saubermacht. Was tut sie also? Wenn sie ist wie so manche Frau, dann kommt sie wutschnaubend aus dem Badezimmer und gibt laute Geräusche von sich, die sich in etwa so anhören: »Ich kann's nicht fassen! Du bist ein solcher Schmutzfink. Genau wie dein Vater. Keiner von euch beiden hat auch nur einen Tag in seinem Leben mal irgendwas aufgeräumt. Du tust gerade so, als wäre ich dein Dienstmädchen, aber wenn du glaubst, daß ich hinter dir her räume, dann kannst du dich auf eine Überraschung gefaßt machen.«

Die Reaktion unserer verständlicherweise erzürnten Frau stellt sicher, daß sie nicht kriegt, was sie will. Kein sich selbst achtender Ehemann wird sich einer derart schimpfenden Ehefrau beugen – er wird einfach abschalten. Und es ist ziemlich sicher, daß er beim nächsten Mal im Badezimmer wieder einen Saustall hinterlassen wird.

Die Reaktion der Frau ist auf die Person konzentriert – sie zieht den Charakter des fehlgeleiteten Ehemannes in Zweifel, der diesen gedankenlosen (und möglicherweise sich ständig wiederholenden) Fehler beging. Im Gegensatz dazu könnte sie auch eine Bitte aussprechen, die sich auf die Sache selbst bezieht und den anderen darüber informiert, was sie braucht: »Das ist es, was ich möchte.« »Das wäre eine Hilfe.«

Auf die Persönlichkeit bezogene Aussagen konzentrieren sich oft auf Dinge, die sich nach dem eigentlichen Geschehen abspielen: »Du hast einen Saustall im Badezimmer hinterlassen, was mich zutiefst kränkt. Du bist ein schrecklicher Mensch, weil du gedankenlos bist und auf meine Bedürfnisse überhaupt keine Rücksicht nimmst.« Der oder die Schuldige kann nur wenig tun, um ein solches vergangenes Verbrechen wieder gutzumachen.

Der andere Aspekt einer Klage ist immer eine Bitte. Während sich eine Klage aber auf die Vergangenheit konzentriert, informiert die Bitte darüber, was in Zukunft hilfreich wäre. Unsere Frau könnte also ihre Klage in eine Bitte umwandeln: »Wärst du wohl bereit, jetzt gleich das Badezimmer in Ordnung zu bringen? Und wärst du auch in Zukunft bereit, das Badezimmer, wenn du es benutzt hast, wieder sauberzumachen? Das wäre eine große Hilfe!«

Mit dieser Reaktion hat sie nun zu einer Veränderung aufgefordert, sie aber nicht kategorisch verlangt. Ihre Chancen, Ihren Mann zu einer Einwilligung zu kriegen, sind damit beträchtlich gestiegen.

Wenn Sie mehr Bitten aussprechen und weniger Klagen führen wollen, dann ziehen Sie folgende Richtlinien in Betracht:

1. Halten Sie Ihre Bitte knapp und präzise. Vermeiden Sie negative Zusätze, die die Bitte vergiften: »Ich weiß, daß du es wahr-

»Möchtest du darüber sprechen?«
© 1984, Artemas Cole

scheinlich nicht tun willst, aber...« Und vermeiden Sie auch Spezifizierungen wie: »Wenn es dir nicht zuviel Mühe macht« oder »Wenn du Zeit hast.«

2. Treffen Sie die Übereinkunft, daß innerhalb einer Beziehung jede Person das Recht hat, jegliche Bitte auszusprechen, die sie äußern möchte. Und daß ebenso jede Person das Recht hat, eine Bitte abzuschlagen. Wenn jede der betroffenen Personen immer alle an sie gerichteten Bitten erfüllen müßte, wäre die Beziehung auf Tyrannei gegründet und nicht auf eine Demokratie.

3. Treffen Sie eine Übereinkunft, daß keine der betroffenen Personen in eine Bitte einwilligt, wenn sie sie nicht ohne Resentiment erfüllen kann.

4. Und treffen Sie die Vereinbarung, daß Sie, da Sie im selben Team spielen, nicht einfach kategorisch ablehnen. Äußern Sie eine Bitte, die dem anderen nicht besonders gut gefällt, dann fordern Sie zu einem Gegenvorschlag auf: »Mach doch, wenn dir die Erfüllung meiner Bitte schwerfällt, einen Gegenvorschlag. Was wäre dir angenehm?« Oder machen Sie einen Gegenvorschlag, wenn Sie einer Bitte nicht besonders gern nachkämen: »So, wie du es gerne hättest, kann ich deine Bitte nicht erfüllen, aber was, wenn ich das für dich tun würde? Wäre das eine Hilfe?« Die meisten finden auf dieser Basis binnen weniger Minuten eine für beide Teile akzeptable Lösung.

Schließen Sie einen Handel in bezug auf die verschiedenen Aufgaben ab

Wollen Sie das Problem, wer was im Haushalt tut, auf faire Weise lösen – auf der Basis gegenseitiger Übereinkunft und unbelastet von Sorgen oder Resentiments –, dann sind hier einige hilfreiche Vorschläge:

1. Beschließen Sie, sich bei der Lösung eines Problems an die Sache zu halten. Das heißt, daß Sie hier dieselben Problemlösungsmethoden anwenden, derer Sie sich auch am Arbeitsplatz bedie-

nen würden. Wie bei den Bitten gibt es auch hier einen Unterschied zwischen einem auf die Sache bezogenen Verhalten (»Wie lösen wir das Problem?«) und einem auf die Person bezogenen Verhalten (»*Du* bist das Problem«).

Auf die Sache bezogenes Verhalten bedingt unter anderem, daß Sie vergangene »Verbrechen« nicht wieder auftischen. Es beinhaltet auch, daß Sie sich der Schuldzuweisungen enthalten. Denken Sie daran, daß Sie beide mehr oder weniger dem Diktat unbewußter gesellschaftlicher Konditionierung ausgesetzt sind. Sie haben sehr spezielle, aber unausgesprochene Erwartungen in die Beziehung eingebracht, welche Aufgaben von wem übernommen werden sollten – und sind dann wegen dieser stillschweigenden Erwartungen aneinandergeraten.

2. Entwickeln Sie eine gemeinsame Philosophie in bezug auf die Hausarbeit. Arlie Hochschild stellt in ihrem Buch fest, daß Familien, wenn es um die Verteilung der Hausarbeit geht, im allgemeinen eines von vier Mustern aufweisen. Wo würden Sie sich einreihen?

- Zusätzliches: Die Frau hat ganz einfach neben ihren anderen Verantwortlichkeiten für Heim und Familie noch zusätzliche Arbeit im Beruf zu leisten.
- Aushilfe: Die Hausarbeit ist die Sache der Frau, aber der Mann hilft, soweit er kann.
- Spezialisierung: Frau und Mann teilen sich die Verantwortung für den Haushalt und das Einkommen, aber die Aufgaben sind nach Vermögen, Fähigkeit, Ausbildung und Erziehung eher geschlechtsspezifisch verteilt.
- Partnerschaft: Beide teilen sich die Verantwortung für die Arbeit im und außerhalb des Hauses, ohne daß die Aufgaben nach den herkömmlichen Geschlechterrollen verteilt sind, ein Arrangement, das beide zufriedenstellt.[8]

In welche Kategorie fällt Ihre Beziehung? Und welche hätten Sie gerne? Bedenken Sie, daß früher getroffene Vereinbarungen in Anbetracht von ständig wechselndem Druck und Streß jetzt vielleicht nicht mehr funktionieren.

Formulieren Sie nun Ihre Grundbedingungen der Hausarbeit. Sollen die Aufgaben anteilig gleich verteilt werden? Nehmen Sie sich vor, flexibel zu sein und zu einem »fairen« Arrangement zu kommen. Überschlagen Sie die Zeit, die jeder von Ihnen am Arbeitsplatz verbringt und für andere Aufgaben und Verpflichtungen aufwendet, und bemühen Sie sich dann um eine gerechte Situation, in der Sie beide noch Zeit zur Entspannung und Verfolgung persönlicher Interessen haben.

3. Erstellen Sie gemeinsam eine Aufgabenliste für inner- und außerhalb des Hauses. Markieren Sie dann unabhängig voneinander auf einer Kopie dieser Liste, wer Ihrer Ansicht nach die jeweilige Aufgabe übernehmen soll, wobei Sie folgende Varianten berücksichtigen: Er übernimmt die Aufgabe; sie übernimmt die Aufgabe; er trägt die Hauptverantwortung, sie hilft ihm dabei; sie hat die Hauptverantwortung, er hilft; beide teilen sich zu gleichen Teilen die Aufgabe.

Notieren Sie nun, wie Sie jede Aufgabe ausgeführt haben möchten. Dann vergleichen Sie Ihre Anmerkungen und verhandeln gegebenenfalls über Veränderungen. Berücksichtigen Sie auch die Attraktivität eines jeden Jobs. Jede Aufgabe hat einen »Langweiligkeitsquotienten«, schreibt Lein, je nach Flexibilität, Sichtbarkeit und Geselligkeitspotential. Das Aufwischen des Bodens mag sich attraktiver ausnehmen als das Abspülen, weil diese Arbeit jederzeit erledigt werden kann.

4. Üben Sie sich in der Tugend des Erbarmens. Die Zeiten sind hart, das Lebenstempo verändert sich, und wir leben selten im Gleichgewicht, schreibt Charlotte Whitney in ihrem Buch. Wenn Ihre Beziehung überleben soll, dann müssen Sie solchen massiven Anforderungen wie dem Aufbau einer Familie, eines Berufswechsels, einer Weiterbildung oder eines Wiedereinstiegs in den Beruf standhalten. »In Anbetracht dessen empfiehlt es sich, die Regeln ab und zu etwas zu lockern«, rät sie.

Ignorieren Sie einen nicht gewienerten Fußboden oder eine ausfallende Mahlzeit oder helfen Sie in stressigen Zeiten Ihrem Partner und übernehmen Sie einige seiner Aufgaben. »Wenn Sie eine warmherzige, partnerschaftliche, liebende Beziehung haben wollen, dann müssen Sie warmherzig, partnerschaftlich und liebend sein.«[9]

Das Überleben mit Kindern

Nach dem Thema Ehemann wenden wir uns nun dem Thema Überleben mit Kindern unter Streß – während Sie Ihre Ruhe bewahren – zu. Kommen wir zunächst auf den Punkt »Kinder und Aufgaben« zu sprechen. Ein »Gumdrop«-Cartoon zeigt Gumdrop, einen kleinen Jungen, auf dem Schoß seines Vaters sitzend. »Mein Problem ist«, sagt er zu seinem Vater, »daß ich ein eher lässiger Typ bin und eine Mutter vom Typ ›mach dein Zimmer sauber‹ habe.« Gumdrop faßt das Kernproblem zwischen Müttern und Kindern zusammen. In den meisten Familien wünschen die Mütter, daß die Kinder gewisse Aufgaben oder Arbeiten übernehmen, woran die Kinder aber nicht sonderlich interessiert sind. Wie kriegt man also den »lässigen« Typ von Kind dazu, im Haus mitzuhelfen? Hier ein paar Strategien, die Sie ausprobieren können.

1. Betrachten Sie die Hausarbeit als »unsere« Arbeit. Ertappen Sie sich dabei, daß Sie die Kinder bitten, *Ihre* Arbeit zu tun? Sagen Sie: »Würdest du mir bitte bei *meinem* Abwasch helfen?« oder »Danke, daß du für *mich* die Wäsche zusammengelegt hast.«

»Genau das habe ich immer getan«, berichtet eine Frau, »aber dann habe ich gemerkt, daß die Hausarbeit heutzutage nicht mehr die Sache der Frau ist. Es ist die Sache der *Familie*! Und um das meinen Kindern zu vermitteln, betone ich, daß dies die Aufgaben sind, die *wir* heute zu erledigen haben.«

Und eine andere Frau erzählt: »Wenn das Haus tiptop in Ordnung ist und alles glänzt, dann sage ich zu meinen Kindern: ›Die Küche sieht so hübsch aus. Wir haben gute Arbeit geleistet!‹ ›Was meinst du mit WIR?‹ fragt dann mal ein Kind. Und dann antworte ich: ›Wir haben alle mitgeholfen. Du hast geholfen, indem du auf Josh aufgepaßt hast. Sarah hat geholfen, indem sie ihr Zimmer aufgeräumt hat. Und deshalb hatte ich Zeit, die Küche in Ordnung zu bringen.‹ Irgendwie finde ich immer einen Weg, den Ruhm und die Anerkennung auf alle zu verteilen. Wenn wir's gut gemacht haben, betone ich, daß das Team gute Arbeit geleistet hat. Gab's Schwierigkeiten, dann sag ich, daß das Team wohl ein Problem hat.«

2. Vermeiden Sie Streß. »Irgend jemand hat mal gesagt, daß wir Streß produzieren, wenn wir Dinge für andere Leute tun, die sie gut selbst machen könnten«, berichtet eine Frau. »Ich bin für das Vermeiden von Streß«, erzählt eine andere. »Mein Sohn klagte: ›Ich kenne keinen anderen Fünfzehnjährigen, der seine Klamotten selber waschen muß‹, worauf ich sagte: ›Schau, du kannst eine perfekte Mutter haben oder eine Mutter, die emotional für dich da ist, wenn du sie brauchst. Ich kann nicht die ganze Last übernehmen und auch noch immer zur Verfügung stehen.‹ «

Auch wenn Sie eine Frau sind, die sich ausschließlich ihrem Heim und ihrer Familie widmet, ist es doch nicht ratsam, daß Sie zum Beispiel die Betten der Kinder machen und dafür sorgen, daß ihre Socken zusammenpassen. »Ich habe eine Freundin, die das Glück hat, daß sie nie außer Haus arbeiten mußte«, berichtet eine Frau. »Aber sie macht noch immer die Betten ihrer Kinder und bedient sie von vorn bis hinten. Ich sehe, daß das diesen Kindern nicht guttut, weil sie nicht lernen, für sich selbst zu sorgen.«

3. Lassen Sie den Kindern die Wahl. »Als ich vor nicht allzu langer Zeit meinen Sohn bat, den Abfall rauszutragen, hat er sich geweigert«, erzählt eine Frau. »Als ich ihn das nächste Mal anging, sagte ich: ›Schätzchen, möchtest du das Wohnzimmer aufräumen und den Abwasch machen – oder lieber den Abfall raustragen?‹ ›Ich würde gern den Abfall raustragen!‹ war seine Antwort.«

4. Treiben Sie Handel mit Ihren Ressourcen. Ihre Kinder bekommen eine Menge Dienstleistungen von Ihnen. Offerieren Sie die Dienstleistungen im Gegenzug für Dienste, die Sie in Anspruch nehmen wollen. Zum Beispiel:

»Mama, kann ich fünf Dollar haben?« »Ich geb' dir gerne die fünf Dollar, wenn du dafür die Speisekammer ausmistest.«

»Mama, kann ich mir den Wagen ausleihen?« »Wenn du das Badezimmer saubergemacht hast, leihe ich dir herzlich gerne den Wagen.«

»Mama, fährst du mich zum Laden?« »Natürlich, Liebes, sobald du deine Hausaufgaben gemacht hast.«

5. Führen Sie den Ausdruck »herzlich gerne« in den familiären Sprachschatz ein und lehren Sie Ihre Familienangehörigen, daß Freundlichkeit ein Zeichen von Zuneigung und Interesse ist. Und antworten Sie mit einem enthusiastischen »Aber gerne!« oder »Kein Problem!«, wenn *Sie* um etwas gebeten werden.[10]

6. Lehren Sie Unabhängigkeit in physischer Hinsicht. Und das bedeutet im Grunde, daß man die Drecksarbeit selber macht, hinter sich wieder aufräumt und all die kleinen persönlichen Aufgaben erledigt, die man so haßt (und die man wahrscheinlich jemand anderem aufhalsen könnte, indem man sich hilflos gibt). Zahllose Male am Tag trifft jedes Familienmitglied eine Entscheidung, ob es die Spuren seiner Unordnung wieder beseitigt. Und auch Sie treffen Entscheidungen – ob Sie all die kleinen Arbeiten auf sich nehmen, die andere nicht getan haben.

Hier ist eine von Gary Emery entwickelte »Checkliste der Abhängigkeit in physischer Hinsicht«. Gehen Sie mit Ihren Familienmitgliedern die Fragen durch und beantworten Sie sie, um den Stand der Dinge zu klären. Fragen Sie sich dann auch, ob Sie unbedingt Bereiche übernehmen, die eigentlich die Angelegenheit derer wären, die die Arbeit verursachen. Finden Sie heraus, wer sich wessen annimmt und wer was tun muß, um in physischer Hinsicht unabhängig zu werden.

- Wer füllt wieder Wasser ein, wenn ich die Eiswürfel herausgenommen habe?
- Wer hebt meine Kleider vom Boden auf?
- Wer fegt den Abfall vom Boden auf, der mir ins Auge sticht?
- Wer schraubt die Ketchupflasche wieder zu, nachdem ich sie benutzt habe?
- Wer füllt den Wasserkrug wieder auf, den ich geleert habe?
- Wer räumt die Handtücher weg, die ich benutzt habe?

- Wer setzt eine neue Rolle Klopapier ein, nachdem ich das letzte Blatt verbraucht habe?
- Wer säubert die Badewanne, nachdem ich sie benutzt habe?
- Wer macht mein Bett?
- Wer räumt meine saubere Unterwäsche ein?
- Wer schließt den Deckel von der Brotschachtel, nachdem ich mir ein Sandwich gemacht habe?
- Wer wechselt meine ausgebrannten Glühbirnen aus?
- Wer füllt den Benzintank, nachdem ich den Wagen gefahren habe?
- Wer räumt auf, nachdem ich die totale Unordnung hinterlassen habe?
- Wer macht das Licht oder den Fernseher aus, wenn ich aus dem Zimmer gehe?
- Wer kümmert sich darum, daß mein Essen eingepackt wird?
- Wer wählt, wenn ich anrufen will?
- Wer kümmert sich um meine Belange, wenn ich Familienmitglieder oder Freunde besuche?
- Wessen Arbeit und Zeit sind in meiner Familie am wichtigsten?

Im Interesse der physischen Unabhängigkeit Ihrer Familie sollten Sie ihr drei Dinge beibringen, empfiehlt Emery: Jedes Ihrer Familienmitglieder sollte *akzeptieren*, daß es für sich selbst verantwortlich ist (und zum Beispiel seine eigenen Klamotten waschen muß, um in physischer Hinsicht unabhängig zu werden); sich dafür *entscheiden*, eine Aufgabe zu übernehmen, gleich, wie es gefühlsmäßig dazu steht (»So was, wenn ich jetzt keine Lust habe, mir anzuschaun, wie die Waschmaschine bedient wird!«); und *aktiv werden* (die Klamotten einsammeln, sich zur Waschmaschine begeben und jemanden fragen, wie sie funktioniert!).[11]

Eine Philosophie der Kindererziehung

Bisher haben wir in diesem Kapitel das Thema Ehemänner, Kinder und Aufgaben behandelt. Jetzt wenden wir uns etwas allgemeineren Themen zu wie der Minderung von Streß auf die Familie, was als erstes mit Managementstrategien in bezug auf Kinder zu tun hat. Eine Glückwunschkarte soll hier aufmuntern. Sie zeigt eine zermürbte Mutter, und der Text lautet: »Die Mutterschaft ist voller Frustrationen und Herausforderungen... aber irgendwann sind sie vorbei.«

Bis es aber soweit ist, können Sie sich ein paar hilfreiche Vorschläge zur Entwicklung einer Philosophie der Kindererziehung zu Gemüte führen.

1. *Betrachten Sie Kinder als junge, kleine Menschen, nicht als zu kurz geratene Erwachsene.*

Kinder sehen die Welt anders als Erwachsene und durchlaufen fortlaufende Stadien moralischen Denkens und Empfindens, was die Entwicklung von Wertvorstellungen, von Mitgefühl, der Respektierung anderer und die Entwicklung von Verantwortungsgefühl beinhaltet, schreibt Thomas Lickona in seinem Buch. Und weiter: »Diese Entwicklungsstadien sind wie eine ganz natürliche Treppe, die Kinder Stufe um Stufe erklimmen. Je höher die Stufe, desto mehr respektieren sie andere. Aber Kinder rutschen, genau wie Erwachsene, oft aus und finden sich dann auf einer tieferen Stufe wieder. Manche Kinder durchlaufen diese Stadien schneller. Aber die Entwicklung moralischen und ethischen Verhaltens ist kein Wettrennen, sie ist ein Prozeß. Und wichtig ist, daß dieser Prozeß am Laufen gehalten wird.«[12]

2. *Akzeptieren Sie, aus dieser Perspektive gesehen, Kinder so, wie sie sind.*

Kinder sehen die Welt aus ihrer eigenen, einzigartigen Sicht, wie die Geschichte einer Mutter illustriert. »Wir waren kürzlich auf einem Campingtrip, und ich merkte, daß ich allmählich die Geduld mit meinem siebenjährigen Sohn, Danny, verlor. Was immer ich auch unternahm, er kam mir in die Quere. Er folgte mir ins

Zelt, ließ sich genau da nieder, wo ich gerade seinen Schlafsack ausrollen wollte, und hüpfte auf der Luftmatratze rum, die ich aufpumpte. ›Schau, Danny‹, raunzte ich ihn an, ›wenn du mir helfen möchtest, schön und gut. Aber wenn du mir nur im Weg rumstehen willst, dann raus mit dir!‹ Danny schaute mich an und sagte dann ganz offen und ruhig: ›Mami, ich bin hier, weil ich dich liebe.‹ «[13]

Kinder sind so – oft ganz und gar nicht im Gleichschritt mit den Erwachsenen, in ihrer eigenen Welt versunken, entnervend –, aber wenn sie über ihren eigenen Tellerrand gucken können, dann sind sie meistens einfach liebenswert. Versuchen Sie deshalb, sich – auch unter den schrecklichsten Umständen – auf die liebenswerten Eigenschaften eines Kindes zu konzentrieren.

3. *Machen Sie sich klar, daß das Verhalten eines Kindes sehr viel mit ihm und nur sehr wenig mit Ihnen zu tun hat.*

Kinder sind einzigartige Geschöpfe – junge, kleine wohlmeinende, aber kurzsichtige Menschen. Wenn sie es nicht perfekt (oder auch nur annähernd perfekt) bringen, dann hat das mit ihrem Alter und Entwicklungsstadium zu tun und nicht mit einem Mangel an Sensitivität oder Zuneigung.

»Denk nicht, daß ich ein schwieriges Kind bin – denk lieber, daß ich dein ganz persönlicher Fitneßtrainer bin!«

4. *Gehen Sie davon aus, daß Kinder sich nicht an die Vorschriften halten – und seien Sie dann freudig überrascht, wenn sie es doch tun.*

Das ist keine Einstellung, die Sie den Kindern gegenüber offen zeigen sollten, sie soll Sie vielmehr davor bewahren, schnell in Rage zu geraten oder enttäuscht zu sein, wenn ein Kind nicht längs kommt. Denken Sie daran, daß Kinder häufig eben *nicht* längs kommen. Das liegt in ihrer Natur, und wenn Sie wütend werden, wird sich dadurch auch nichts ändern. Aber wenn Sie sie im positiven Fall loben, dann *hilft* das ihnen, sich zu ändern.

5. *Werden Sie zur Ex-Nörglerin.*

Viele Eltern haben an ihren Kindern immer wieder was auszusetzen, schimpfen und machen ihnen kleinliche Vorhaltungen, glauben aber, daß sie sie nur ermahnen, nicht an ihnen herumnörgeln. Diese kleinlichen Vorhaltungen, ob Sie das nun Nörgelei nennen oder nicht, können eine Beziehung untergraben und verursachen emotionale Kränkungen, die nicht so leicht wieder heilen. Die Wiedergabe der Reaktionen einer ungenannten Mutter auf ihre Teenagertochter im Verlauf eines Samstags zeichnet ein lebendiges Bild von der Neigung vieler Eltern, es mit ihrer Kritik zu übertreiben.

»Willst du denn den ganzen Tag verschlafen? ... Wer hat dir erlaubt, mein Haarspray zu benutzen? ... Räum das Geschirr vom Tisch ... Mach das Radio leiser ... Hast du dein Bett gemacht? ... Das Hemd ist zu kurz ... Dein Schrank ist ein einziger Verhau ... Steh gerade ... Hör mit diesem Kaugummigekaue auf ... Dein Haar ist zu struppig ... Mach das Radio leiser ... Hast du deine Hausaufgaben gemacht? ... Steh nicht so krumm da ... Du hast dein Bett nicht gemacht ... Hör auf, auf dem Klavier rumzuhämmern ... Warum bügelst du das nicht selber ... Deine Fingernägel sind zu lang ... Sitz gerade ... Hör mit der Telefoniererei auf ... Warum hast du bloß diese Platte gekauft? ... Führ den Hund spazieren ... Du hast vergessen, den Tisch abzuwischen ... Du warst jetzt lange genug im Badezimmer ... Mach das Radio aus und geh ins Bett.«

Sollte Ihnen das irgendwie vertraut vorkommen und möchten Sie auf Nörgeleientzug gehen, dann beherzigen Sie folgende Ratschläge:

- Notieren Sie innerlich, welches Verhalten Ihrer Kinder bei Ihnen die Nörgelei auslöst, und reduzieren Sie sie dann um wenigstens 75 Prozent. 90 Prozent wären besser!
- Ändern Sie Ihre Redeweise. Vermeiden Sie harte und fordernde Ausdrücke und Worte, die sich mit dem *nicht* verbinden wie *tu nicht, kannst nicht, sollst nicht, darfst nicht, solltest nicht, könntest nicht, hast nicht, wirst nicht.*
- Streichen Sie in diesem Zusammenhang die Worte *immer* und *nie* aus Ihrem Wortschatz. »Immer bist du zu spät dran« oder »Nie nimmst du Rücksicht.« Im Zusammenhang mit Vorhaltungen rufen diese Worte eine Verteidigungshaltung oder Streit auf den Plan.
- Bringen Sie Musik in Ihre Stimme. Trieft sie nämlich vor Verärgerung, Sarkasmus oder Kritik, kriegen Sie nur eine kühle Reaktion, und das ist alles. Tauschen Sie zur Erziehung bestmöglicher Resultate die Mißtöne in angenehm klingende Töne um, und verzieren Sie Ihre Bitten mit »bitte« und »danke«. Denken Sie daran, daß Beziehungen degenerieren, wenn aus dem »bitte« und »danke« ein »warum, verdammt noch mal, hast du nicht?« wird.

6. *Machen Sie sich klar, daß das Verhalten eines Kindes mit positiv gehaltenen Aussagen »geformt« werden muß, statt mit negativen erzwungen.*

»Wie kommt's, Mami, daß wir, wenn ich was Schlechtes getan habe, so lange drüber reden?« fragt ein Kind. »Aber wenn ich versucht habe, was Gutes zu machen, dann scheint sich außer mir niemand lange dran zu erinnern?«

Die Bemerkung dieses Kindes trifft ins Schwarze. Die Anzahl negativer Reaktionen, die ein Kind von seiner Geburt an erhält, bis es so an die 20 ist, ist schockierend. Wenn wir davon ausgehen, daß es in den ersten 20 Jahren seines Lebens pro Tag von den Eltern, Lehrern, Geschwistern und Gleichaltrigen zehn negative Reaktionen bekommt (wahrscheinlich eine grobe Untertreibung), dann macht das 73 000 negative Botschaften zu seiner Person. Eine realistischere Schätzung ist irgendwo zwischen 100 000 und 200 000 angesiedelt.

Diese negativen Botschaften werden selten durch positive ausgeglichen. Mit viel Glück kommt auf zehn negative Aussagen eine positive Botschaft – ganz gewiß nicht genug, um ein positives Selbstwertgefühl aufbauen zu können, aber umgekehrt genug, um sich dann ein Leben lang mit Selbstzweifeln herumzuplagen.

7. *Konzentrieren Sie sich auf positive Aussagen.*

Bedenken Sie: Sie möchten, daß Ihr Kind, wenn es erwachsen ist, ein vertrauenswürdiger, zuverlässiger, ehrlicher, kooperativer, großzügiger, anteilnehmender, fleißiger, verantwortungsbewußter Mensch geworden ist – und die Liste läßt sich noch endlos fortsetzen. Wie kommen Sie zu einem Kind mit diesen Eigenschaften? Lassen Sie ihm auch beim geringsten Anlaß Anerkennung und positives Feedback zukommen. Zum Beispiel: »Ich habe bemerkt, daß du deinem kleinen Bruder die Schuhe zugebunden hast, als er dich darum bat. Das war sehr lieb von dir.« »Du hast den ganzen Abend lang (oder in den letzten 15 Minuten) deine Hausaufgaben gemacht. Das nenne ich Ausdauer!«

Wenn Sie sich fortgesetzt auf positive Aussagen konzentrieren, erleben Sie vielleicht das gleiche wie ein schockiertes Elternpaar, das sich mit einer widerspenstigen Tochter herumschlug. Nachdem Sie sie mit einer massiven Dosis aufbauender und positiver Aussagen gefüttert hatten, meinte die Mutter: »Ich kann ihr neues Verhalten gar nicht fassen. Ich dachte, wir haben ihr nur ein bißchen positives Feedback gegeben, aber sie muß ja geradezu verhungert gewesen sein.«

8. *Bestätigen und ermutigen Sie Ihr Kind.*

Sherry Ferguson und Lawrence Mazin geben in ihrem Buch eine Unmenge Hinweise, wie Eltern ihre Kinder bestätigen und ermutigen können. Hier ein paar Beispiele aus ihrer Liste von »205 Möglichkeiten, ein Kind zu loben«, um es in seinen Fähigkeiten und Leistungen zu fördern.

- Wo hast du denn all das Talent bisher versteckt?
- Heute hast du Großartiges geleistet.
- Das zeigt, daß du nachgedacht hast.
- Du wirst ja allmählich ein Profi.
- Das verdient eine Eins.
- Deine harte Arbeit hat sich wirklich gelohnt.
- Ich finde gut, wie du das Problem gelöst hast.
- Ein starkes Argument!
- Du hast wirklich viel Geduld bewiesen.
- Das hat wirklich was.
- Jetzt kann dich nichts mehr aufhalten.
- Ich wollte, ich hätte dir zuschaun können.
- Du hast dich selbst übertroffen.
- Du bringst mich wirklich zum Staunen.
- Meisterhaft!
- Du bist Klasse.
- Ich kann sehen, daß du dir große Mühe gegeben hast.
- Treffer!
- Meine Anerkennung.[14]

Nehmen Sie sich hier die Mutter zum Vorbild, die ganz bewußt ihrem Kind schon in jungen Jahren immer wieder sagte, daß es brillant, verantwortungsbewußt, charmant und gutaussehend sei. Und dieses Kind bat sie immer wieder: »Mama, sag mir, was ich bin.« Eines Tages, so berichtet die Mutter, »kam mein Sohn von der Schule nach Hause mit einer schriftlichen Benachrichtigung, daß er seine Schularbeiten nicht vollständig gemacht hatte. Er überreichte mir den Zettel und sagte: ›Ich weiß, daß ich klug bin und die Aufgaben machen kann und die Dinge nicht auf die lange Bank schiebe. Und ich weiß, was du jetzt sagen wirst: Daß ich kein Kind bin, das sich solche Benachrichtigungen einhandelt.‹ «

9. *Gehen Sie mit Fehlverhalten auf positive Weise um.*

Folgende Schritte beinhalten einen »Formungsprozeß«, der Ihnen hilft, wenn sich Ihr Kind fehlverhält.

- Beschreiben Sie das Fehlverhalten. Sagen Sie zum Beispiel: »Wenn ich dich um etwas bitte, dann hast du oft Einwände und sagst: ›David bittest du nie, etwas zu tun‹ oder ›Immer muß ich den Abwasch machen.‹«

- Erklären Sie Ihrem Kind, warum Sie dieses Fehlverhalten aufregt: »Es frustriert mich, wenn du dauernd die Gründe für meine Bitten an dich anfichst. Dafür habe ich keine Zeit. Und ich mag auch keine Probleme mit dir haben. Ich will, daß wir uns beide miteinander wohl fühlen.«
- Beschreiben Sie das Verhalten, das Sie sich wünschen. »Wenn ich sage, daß du etwas tun sollst, dann möchte ich von dir ein ›Okay‹ hören, und dann tue es.«
- Vielleicht fügen Sie zum Schluß einfach hinzu: »Würdest du also bitte das nächste Mal einfach ja sagen.« Sprechen Sie vom »nächsten Mal«, dann weisen Sie das Kind darauf hin, wie es sich in naher Zukunft verhalten soll, und machen kein Gedöns um »dieses Mal«.

Ist das Fehlverhalten vorübergehender Natur und reicht eine kurze Intervention aus, dann können Sie es hierbei belassen. Handelt es sich aber um eine gravierendere Angelegenheit und bedarf es einer umfassenderen Diskussion, dann gehen Sie folgendermaßen vor:

- Bleiben Sie beim Thema. Wiederholen Sie Ihren Wunsch gegebenenfalls freundlich, aber entschieden mehrmals. Holen Sie sich von Ihrem Kind die Zustimmung, daß es versuchen will, sich anders zu verhalten.
- Ermuntern Sie es in seinem positiven Verhalten. Kommentieren Sie es entsprechend, wenn es sich das nächste Mal wunschgemäß verhält. Geben Sie ihm stets positives Feedback. Ist ihr Kind alt genug, dann bitten Sie es, Sie das nächste Mal darauf aufmerksam zu machen, wenn es sich anders verhalten hat, damit Sie es auch nicht übersehen.
- Sind die Kinder noch kleiner, dann setzen Sie zur Beförderung des wünschenswerten Verhaltens gelegentlich das Mittel der Belohnung ein.
- Geben Sie einen Bonuspunkt für längerfristiges Wohlverhalten. Geben Sie zum Beispiel Ihrem Kind einen Bonuspunkt für jeden

Tag, an dem es fünfmal hintereinander ja sagt, ohne zu widersprechen. Hat es fünf Bonuspunkte angesammelt, gibt's ein gemeinsames Mittagessen in einem Restaurant.

- Begrüßen Sie Anzeichen des Fortschritts. Wohlverhalten, das keine Aufmerksamkeit erregt, wird unter Umständen nicht wiederholt. Lassen Sie also Ihr Kind mehrmals am Tag wissen, daß Sie sich über seine Besserung freuen. Und lassen Sie ihm gelegentlich ein Extralob zukommen, indem Sie in seiner Gegenwart einem anderen Erwachsenen erzählen, wie sehr Sie sich über seine Fortschritte freuen.

Keine Wutanfälle mehr bei Kindern – und Eltern

Ihr Kind bekommt vielleicht nicht den Nachtisch oder das Spielzeug, das es möchte. Oder es will sein Bett nicht machen. Oder sich nicht für die Schule anziehen. Oder keine Hausaufgaben machen. Und plötzlich wird es wütend.

Oder Sie sind diejenige, die zuerst wütend wird. Auch liebende Eltern können ausrasten.

Wie auch immer, es kommt zum Zusammenstoß: Zwei Leute schreien, schlagen um sich, bombardieren sich verbal und sind ein Häufchen Elend, wenn der Konflikt vorbei ist. Der Umgang mit Wut – der Wut Ihres Kindes und Ihrer eigenen – kann eine Ihrer größten Herausforderungen als Mutter darstellen, deshalb sind hier ein paar hilfreiche Vorschläge, falls Sie sie benötigen:

1. Fassen Sie zunächst den Vorsatz, Ihre Wut zu zügeln (und sich dann erst mit der Wut Ihres Kindes zu befassen). Dieser Vorsatz ist eine gute Entscheidung, denn Kinder imitieren die Art und Weise, in der die Erwachsenen ihres Umfelds ihrer Wut Ausdruck geben. Ihre Muster in dieser Hinsicht werden sehr wahrscheinlich von Ihren Kindern übernommen werden.

2. Achten Sie darauf, wie oft Sie mit Ihren Kindern knatschig sind, wenn Sie müde, gereizt oder schlecht gelaunt sind. Vielleicht reagieren Sie auf sie ständig mit Ungeduld, Gereiztheit oder einer

scharfen Stimme und erwarten gleichzeitig, daß sie sich in die von Ihnen gewünschte Richtung entwickeln. Sollte das der Fall sein, dann bringen Sie Ihre Reaktionen unter Kontrolle, um nicht Wut und Widerstand, die Sie ja gerade Ihren Kindern abgewöhnen wollen, zu fördern.

3. Lassen Sie es Ihre Kinder wissen, wenn Sie gerade erfolgreich einen Wutanfall unter Kontrolle gebracht haben. Weisen Sie sie zum Beispiel darauf hin, daß Sie im Normalfall wütend werden, wenn sie Schmutzspuren auf dem Küchenboden hinterlassen, aber daß Sie diesmal nicht brüllen und/oder Kinder in der Luft zerreißen (und es wahrscheinlich auch nicht dazu kommen lassen, wenn sie sich beeilen und den Dreck beseitigen).

4. Bitten Sie Ihre Kinder, Sie darauf hinzuweisen, wenn sie bemerken, daß Sie Ihren Frust besser im Griff haben als früher. Wenn Sie wirklich daran arbeiten, dann wird dieses Feedback Ihre wachsende Selbstkontrolle festigen.

5. Entschuldigen Sie sich, wenn Sie ausrasten oder Ihnen die Hand ausrutscht. Oder, noch besser, entschuldigen Sie sich schon bei der ersten beißenden, kritischen Bemerkung (was hilft, eine Situation nicht eskalieren zu lassen). Es ist sehr wichtig, daß Kinder lernen, sich zu entschuldigen, wenn sie andere gekränkt haben, aber sie werden es wahrscheinlich nicht lernen, wenn sie es nicht bei Ihnen oder anderen ihnen wichtigen Personen sehen.

6. Sprechen Sie mit Ihrem Kind unter vier Augen über typische Situationen, in denen einer von Ihnen oder alle beide wütend werden. Führen Sie dieses Gespräch in einer ruhigen Minute, in der zwischen Ihnen ein gutes Gefühl herrscht. Schildern Sie die üblichen Reaktionen Ihres Kindes wie auch die Ihren. Wenn Sie Ihren Teil zum Problem beitragen, dann sprechen Sie darüber, wie Sie in Zukunft Ihr Verhalten ändern werden. Und bitten Sie Ihr Kind darüber nachzudenken, wie es in Zukunft seine Wut zügeln und die Situation verbessern helfen könnte.

7. Führen Sie, wenn möglich, ein Ermunterungsprogramm zum Abbau von Wutanfällen ein. Bieten Sie zum Beispiel Ihrem Kind nächste Woche eine attraktive kleine Belohnung an, wenn es es

schafft, wie Sie bemerken (oder es Ihnen berichtet), sich zu beherrschen (oder sich wenigstens etwas besser zu beherrschen als üblich).

8. Einigen Sie sich zusammen auf ein Codewort wie »Waffenstillstand« oder »Pause«, das Sie benutzen können, wenn eine Explosion droht. Das gibt Ihnen beiden die Gelegenheit, sich zusammenzunehmen und das Problem in den Griff zu kriegen. Lassen Sie nicht zu, daß die Situation wie üblich eskaliert; es führt zu nichts.

9. Weisen Sie Ihr Kind häufig auf Fälle hin, in denen es seine Wut beherrscht hat und auf gute Weise mit seinem Frust zurandekam. Sagen Sic zum Beispiel: »Ich habe manchmal gesehen, daß du wahnsinnig wütend wirst – sogar deine Bücher hinschmeißt –, wenn du ein Matheproblem nicht lösen kannst. Heute abend hast du dich beherrscht, obwohl du frustriert warst, wie ich wohl bemerkt habe. Und du hast auch nicht aufgegeben. Ich bin sehr beeindruckt.«

10. Wenn Sie sehen, daß Ihr Kind Fortschritte macht, dann lassen Sie es das wissen und prophezeien Sie ihm, daß es auf dem Weg ist, ein Mensch zu werden, der seine Launen beherrschen und sogar auch mit Wut gut umgehen kann.

11. Betrachten Sie ein kleineres Kind, das einen Wutanfall hat, nicht als »unartig«, sondern gehen Sie davon aus, daß es »festsitzt«. Kinder schalten in der Wut häufig auf »Automatik« und haben oft Schwierigkeiten, da wieder rauszukommen. Verlieren Sie also nicht selbst die Fassung, sondern denken Sie darüber nach, wie Sie ihm helfen können, wieder »flott« zu werden. Das kann bedeuten, daß Sie es ganz ruhig und gelassen für eine kleine Weile in sein Zimmer schicken. Oder daß Sie es in einem Überraschungsmanöver ablenken. Oder daß Sie es in den Arm nehmen, bis der Anfall vorbei ist.

12. Wenn Sie Ihrem Ärger Ausdruck geben müssen, dann überlegen Sie sich Ihre Wortwahl, damit Ihr Kind nicht verletzt wird, aber doch weiß, daß Sie erzürnt sind. Lassen Sie sich nicht von Ihrem Zorn hinreißen, sondern erinnern Sie es an eine Regel, beto-

nen Sie Ihre Wertvorstellungen, lassen Sie ihm eine Wahl oder beschreiben Sie ihm das Problem.

13. Werden Ihre Kinder wütend, dann hören Sie ihnen zu. Helfen Sie ihnen, an die Gefühle heranzukommen, die der Wut zugrunde liegen: Frustration, Enttäuschung, Groll, Angst, Eifersucht, Gekränktheit, Verlegenheit. Versuchen Sie, zwischen Ihnen wieder ein gutes Gefühl herzustellen, statt sie einfach zu bestrafen, weil Ihnen ihr Verhalten mißfällt. Denken Sie daran, daß Sie unbeabsichtigt zum Problem beigetragen haben könnten.

14. Treffen Sie eine Übereinkunft mit Ihrem Kind, daß Sie beide auch in der Wut den anderen mit Respekt behandeln müssen. Reden Sie auch über Regeln, wie Sie auf positive Weise Wut und Ärger Ausdruck geben können, und sorgen Sie dafür, daß Sie sich beide an die Regeln halten.

Strategien zur Vermeidung von Familienkonflikten

Eine häufige Begebenheit hinter verschlossenen Türen: Gegeneinander aufgebrachte Familienmitglieder, die die Menschen, an denen ihnen am meisten liegt, anbrüllen, anschreien, schlagen und verbal verletzen. Sollte das auch in Ihrem Heim vorkommen, dann sind hier ein paar hilfreiche Strategien:

1. Kommen Sie mit Ihrer Familie überein, daß am Essenstisch keine Streitigkeiten, Konflikte oder negative Kommentare zugelassen werden. Sie können die Regel aufstellen, daß jedes Familienmitglied, das dagegen verstößt, für fünf Minuten den Tisch verläßt.

2. Vermeiden Sie es, wenn irgend möglich, Probleme mit einem einzelnen Kind vor anderen auszutragen. Wenn Sie ein Kind vor den anderen Kindern disziplinieren müssen, dann lassen Sie nicht zu, daß sich seine Geschwister auf Ihre Seite schlagen und auch gegen das Kind Partei ergreifen.

3. Drängen Sie niemanden in die Ecke. Kommt es zum Machtkampf mit Ihrem Kind (»Du tust, was ich sage, und damit basta!«),

halten Sie inne! Lassen Sie die Situation, wie sie ist, bis Sie sich wieder gefaßt haben und ruhig sprechen können. Kommen Sie dann zurück, geben Sie Ihrer Frustration über den schlechten Verlauf der Dinge Ausdruck, und schlagen Sie einen Neuanfang für beide vor. Entschuldigen Sie sich für Ihren Anteil an der Explosion, und geben Sie Ihrem Kind die Gelegenheit, dasselbe zu tun. Sorgen Sie dafür, daß Ihr Kind sein Gesicht wahren kann.

4. Entwickeln Sie zur Vermeidung von Streitereien klare Regeln, die festlegen, was in bestimmten Situationen passiert. Zum Beispiel:

- Kommt's zu einer Streiterei im Auto, hält die Fahrerin oder der Fahrer den Wagen so lange an, bis der Streit bereinigt ist.
- An geraden Tagen sitzt das eine Kind auf dem Vordersitz (wählt das TV-Kinderprogramm aus) (macht den Abwasch), an ungeraden Tagen das andere. (Haben Sie mehr Kinder, dann lassen Sie sich was einfallen.)
- Streiten sich Kinder um einen Gegenstand, dann wird er einen Tag lang weggenommen oder so lange, bis der Konflikt friedlich beigelegt ist.

5. Achten Sie darauf, ob es ein »Streßkind« gibt. Ein Kind, das wegen seiner Eigenschaften oder seines Verhaltens zum Außenseiter wird und ständig den Ärger und die Feindseligkeit anderer Familienmitglieder auf sich zieht. Unternehmen Sie alles Nötige, um das Kind aus dieser Rolle zu befreien.

6. Kritisieren Sie kein Kind vor einem anderen Kind. Und sprechen Sie nicht mit einem Kind über die Sorgen und Probleme, die Sie mit einem anderen Kind haben. Jedes Kind hat ein Recht auf die Höflichkeit, daß Sie vertraulich und unter vier Augen mit ihm anstehende Probleme besprechen.

7. Reduzieren Sie Ihre Klagen über ihre Kinder bei anderen Personen, Ihren Ehemann eingeschlossen. Das belebt nur wieder die Verärgerung.

8. Machen Sie es sich zur Gewohnheit, in allem über die Dinge zu sprechen, die gut laufen, statt über die, die schieflaufen.

9. Wenn Sie ein Kind zu einer Verhaltensänderung veranlassen

wollen, dann fassen Sie sich in Ihrer Bitte kurz, so, wie eine Mutter das tut: »Wenn ich merke, daß etwas schief läuft, dann sage ich: ›Kannst du mir bitte mal eine halbe Minute lang ganz genau zuhören?‹ (Jedes Kind gesteht Ihnen eine halbe Minute zu!) Dann bringe ich meine Bitte vor: ›Das und das muß getan werden. Bitte erledige es in der nächsten halben Stunde.‹ Und wenn sich meine Kinder streiten, sage ich einfach: ›Hört bitte *sofort* mit der Streiterei auf. Geht aus dem Zimmer, wenn's sein muß, aber hier ist damit jetzt Schluß!‹ Ich gehe rein, sage, was ich will, und bin wieder draußen. Ich versuche, knapp und präzise zu sagen, was ich erledigt haben will. Die Kinder sind froh, daß sie sich keine weiteren Predigten anhören müssen. Sie sagten mir immer: ›Mama, wir haben schon längst alles gehört, bevor du mit deiner Rede fertig bist.‹ «

10. Lassen Sie kleinere Dinge ohne Kommentar durchgehen und Ihre Kinder eine Menge Fehler machen, ohne sie zu bestrafen. Denken Sie daran, daß in dieser Welt niemand vollkommen ist.

11. Nehmen Sie sich Zeit, um die Beziehungen zu stärken und das Band zwischen Ihnen und Ihren Kindern zu reparieren und aufrechtzuerhalten.

12. Treffen Sie mit Ihrem Partner die Abmachung, daß, sollte der eine anfangen, auf einem Kind herumzuhacken oder es anzubrüllen, der andere sich einschalten und anbieten darf, zu übernehmen.

13. Sind Sie diejenige, die sich mit dem Problem eines Kindes zu befassen hat, dann übernehmen Sie die Angelegenheit allein und handhaben Sie sie, wenn möglich, vertraulich; und gestehen Sie das auch Ihrem Partner zu. Schieben Sie auch nicht Ihrem Partner ein Problem zu und erwarten Sie dann, daß er es auf Ihre Weise löst. Und schalten Sie sich nicht ein, wenn er sich in Ihrer Gegenwart mit einem Kind auseinandersetzt.

14. Ersparen Sie Ihren Kindern die Pein einer Auseinandersetzung mit Ihrem Mann in ihrem Beisein. Wenn Sie sich streiten müssen, dann tun Sie es privat.

15. Spielen Sie nicht »zwei gegen einen« in der Familie. Ver-

bünden Sie sich nicht mit Ihrem Mann gegen ein Kind, und bilden Sie keine Allianz mit Ihrem Kind gegen Ihren Mann.

16. Stellen Sie klar, daß Sie die Erzieherin sind. Lassen Sie nicht zu, daß sich ein Kind einmischt und Ihnen hilft, wenn Sie sich gerade mit einem anderen Kind auseinandersetzen. Sagen Sie einfach: »Vielen Dank, aber ich bin die Mutter, halte dich da bitte raus.«

17. Halten Sie Ihre Lautstärke unter Kontrolle. Eltern sind oft unverantwortlich in ihrem Geschrei und Gebrüll – was die Kinder dann natürlich nachahmen. Es verletzt auch das zarte Ego eines Kindes. So sagte ein Kind im Vorschulalter zu seiner Mutter: »Bitte schrei nicht so, Mami. Es tut meinem Herz weh.«

18. Übernehmen Sie die Verantwortung für den Ton Ihrer Stimme und jedes Wort, das aus Ihrem Mund kommt. Bedienen Sie sich einer angemessenen Sprache und vermeiden Sie Reaktionen, die verurteilen, bedrohen, attackieren, die feindselig, herabwürdigend, arrogant und dergleichen sind.

19. Nehmen Sie es lobend zur Kenntnis, wenn sich Kinder achtsam und respektvoll verhalten, andere liebevoll behandeln oder einfühlsam miteinander umgehen.

20. Treffen Sie mit Ihren Kindern eine Übereinkunft, daß Schimpfworte, Flüche, ungehobelte Reden (wie etwa »halt's Maul«) oder physische Gewalt untersagt sind. Zögern Sie auch keine halbe Minute mit dem Eingreifen, wenn Ihre Kinder gegen diese Vereinbarung verstoßen.

21. Lassen Sie die Kinder es nicht einfach »auskämpfen«. Nichts ist gewonnen, wenn Sie sie aufeinander losgehen lassen. Wird ihnen gestattet, sich gegenseitig physisch oder verbal zu attackieren, dann lernen sie, daß es in der Wut erlaubt ist, andere zu verletzen.

22. Trennen Sie bei ernsthaften Raufereien die Kinder voneinander (es sei denn, Sie wollen als Schiedsrichter fungieren). Nehmen Sie nicht Partei, wenn Sie einschreiten (»Du gehst ja schon wieder auf deine Schwester los«). Kinder entfremden sich einander, wenn sie sehen, daß Eltern ständig für eines der Geschwister Partei ergreifen.

23. Reagieren Sie auf Aggressionen nicht mit Aggression. Wenn Sie die Streitereien der Kinder auf der gleichen Ebene handhaben – mit Schreien, Schlagen, Schimpfworten und Wut –, dann gehören Sie ganz einfach auch nur zu den Streithähnen und verlieren die Autorität, auf Ihre Kinder Einfluß zu nehmen. Verlassen Sie, wenn Sie merken, daß Sie beim Versuch, einen Kampf zu beenden, irrational werden, den Schauplatz des Geschehens und unternehmen Sie einen neuen Versuch, wenn Sie sich beruhigt haben.

24. Versuchen Sie, Ihre Probleme mit leichter Hand anzugehen. Mit Humor, Lächeln und sanfter Stimme. Fordern Sie nicht einfach ein anderes Verhalten, sondern laden Sie mit Bitten und Verhandlungen dazu ein. Schaffen Sie eine gute Familienatmosphäre, streicheln, halten und umarmen Sie mehr, sagen Sie häufiger »ich hab dich lieb«. Fügen Sie Ihrer Familienphilosophie einen weiteren Bestandteil hinzu, der besagt (und sprechen Sie es auch oft aus): »Jeder und jede von uns braucht acht Umarmungen am Tag.« Denken Sie daran, daß Sie mit einem Kind, das Sie umarmen können, auch fast jedes Problem zu lösen vermögen!

25. Arbeiten Sie daran, alle groben Umgangsmethoden in ihrer Familie zu eliminieren. Dazu gehören eine allgemein strafende Atmosphäre und Schläge zur Disziplinierung der Kinder. Eltern, die ihre Wut zügeln können und sich unter Kontrolle haben, schlagen selten zu. Die Hand rutscht häufig dann aus, wenn sich aufgestaute Frustrationen in einer elterlichen Wutexplosion entladen.

Christie Hyde faßt einige Gründe zusammen, die gegen das Verprügeln von Kindern sprechen. Ihren eigenen Kampf um die Kontrolle über ihre Hände und Lunge beim Disziplinierungsversuch ihres vierjährigen Sohnes schildernd, schreibt sie: »Ich kann mir nicht länger vormachen, daß ich das FÜR ihn tue… Mir ist klar geworden, daß ich mein Kind weder Selbstkontrolle noch Disziplin lehre, wenn ich mich in meiner Wut heiser brülle und der kleinsten Person in meiner Reichweite Schläge verabreiche. Alles, was es dabei lernt, ist Angst, Unterordnung und die Vorstellung, daß es, wenn es brav sein Gemüse ißt, eines Tages groß genug sein wird, um seine eigenen Kinder zu verprügeln.«[15]

»Ich überdenke meine Angewohnheit, zum Stock zu greifen«, berichtet eine Mutter. »Die Leute sagen: ›Stell den Stock in die Ecke, und du verziehst das Kind.‹ Aber ein Stock oder Stab war nicht zur Bestrafung oder zum Mißbrauch da. Die Hirten benutzten den Stab, um die Schafe zu führen. Ein Stab war ein Sinnbild für Einfluß, bewußtes Eingreifen und Freundlichkeit und Güte, nicht für Härte und Bestrafung.«

Ein Vater, der inzwischen gelernt hat, daß es mit einer sanften Hand besser geht als mit einer harten, berichtet: »Ich hab meinen Sohn behandelt, als sei er ein Lastwagen, den ich mit ausgebreiteten Armen zum Stoppen bringen wollte. Jetzt renne ich nur neben ihm her und scheuche ihn sozusagen ein bißchen nach hier und nach dort, damit er auf der Hauptstraße bleibt.«

Betonen Sie das Positive, eleminieren Sie das Negative

Stellen Sie sich vor, wie es wäre, wenn sich Ihre ganze Familie gewöhnlich auf das Positive, statt auf das Negative konzentriert. Worin bestünden die Vorteile? Zum einen hätten Sie Kinder, denen es nicht an Selbstwertgefühl mangelt, wie zwei Kinder in einer allgemein bekannten Fernsehshow demonstrierten:

»Ich höre, ihr seid die Lieblingsschüler eures Lehrers«, sagt der Moderator. »Warum glaubt ihr, daß das so ist?«

»Ich bin sehr intelligent. Ich bin ein brillantes Kind«, sagte eines der Kinder.

Und ein anderes: »Ich bin erst sechs Jahre alt, und alle finden, daß ich schön bin. Ich habe Schmuck, aber ich brauche keinen Schmuck, weil alle sagen, daß ich schön aussehe, auch wenn ich nichts trage.«

Diese beiden Kinder, die in einer Minute aufzählen sollen, was für sie spricht, antworten zuversichtlich und bestimmt und spiegeln die positiven und bestätigenden Bilder wider, die sie in den Augen der Erwachsenen reflektiert sehen. Auch Ihre Kinder werden sich so verhalten, wenn sie großzügig positiv unterstützt werden.

Und ein weiterer Vorteil? Ihre Kinder *sind* positiv gestimmt. »Mein Mann und ich sprechen oft das an, was gut läuft, und die Kinder haben das übernommen«, erzählt eine Frau. »Neulich fragte mich mein sechzehnjähriger Sohn: ›Bist du bereit für dein ungewöhnliches Kompliment des Tages?‹ ›Bin ich.‹ ›Mutter‹, sagte er allen Ernstes, ›du trennst das Eigelb vom Eiweiß unglaublich gut.‹ «

Und ein letzter Vorteil? Sie haben Kinder, die Ihnen sagen, was Sie richtig machen! »Neulich hat sich mein Sohn seinen Führerschein abgeholt und auf dem Rückweg ließ ich ihn mit Bangen und Zittern ans Steuer«, berichtet eine Mutter. »Als wir schließlich vor der Garage stoppten, saß ich wie paralysiert da und umklammerte verkrampft den Vordersitz. Zu meinem Erstaunen wandte sich mein Sohn um und sagte: ›Ich bin beeindruckt, Mama, das hast du wunderbar gemacht.‹ ›Was meinst du?‹ fragte ich verwirrt. Und er antwortete mit einem lausbübischen Grinsen: ›Du hast nur zweimal aufgeschrien.‹ «

Achten Sie nun, in Anbetracht all dieser Vorteile, auf die folgenden 33 Anzeichen, die Ihnen – und Ihrem Mann – helfen sollen, sich auf das zu konzentrieren, was in Ihrer Familie gut läuft, um so auch Ihren Kindern ein Beispiel zu geben, dem sie sich anschließen können:

- Sie ertappen Ihren Sohn dabei, wie er nett zu einem seiner jüngeren Geschwister ist.
- Ihr Mann betrachtet sich die Delle im Stoßdämpfer und fragt: »Schatz, bist du auch wirklich ganz in Ordnung?«
- Ihr Achtjähriger gibt ehrlich zu, daß er die Vase, die Sie von Ihrer Großmutter geerbt haben, zerbrochen hat, obwohl er weiß, daß Sie schäumen.
- Die ganze Familie quetscht sich in den Wagen, und es gibt keinen Streit, wer auf dem Vordersitz sitzen darf.
- Die Kinder spielen ganz ruhig miteinander – sie teilen miteinander, helfen sich gegenseitig und haben Spaß.

- Sie holen Ihren Mann ab und sind zu spät dran, und er macht nicht mal eine Bemerkung.
- Ihr zwölfjähriger Sohn hat schon seit zwei Stunden nicht mehr seine jüngere Schwester getriezt.
- Sie schaffen es, Ihre Einkäufe zu erledigen, ohne von Ihren kleinen Kindern in Verlegenheit gebracht worden zu sein (oder zumindest weniger als sonst).
- Sie bitten Ihre zehnjährige Tochter, etwas zu tun, und sie sagt: »Mach ich.« Und dann tut sie es.
- Ihr Telefonat wird nicht durch einen markerschütternden Schrei unterbrochen oder durch ein: »Mami, ich muß jetzt aber *sofort* mit dir reden!«
- Ihr Zehnjähriger verschüttet die Milch und sagt: »Keine Sorge, Mami, ich wische es auf.«
- Ihr Sohn kommt ohne seine schmutzige Wäsche vom College nach Hause.
- Sie wechseln Ihre Haarfarbe, und Ihr Mann sagt, daß Sie super aussehen (oder fragt wenigstens nicht, wieviel es gekostet hat).
- Sie kündigen an, daß Sie die Familie in ein besonderes Restaurant ausführen, und niemand heult, weil Sie nicht zu McDonalds gehen.
- Zwei Ihrer Kinder beschließen, sich den Preis in der Cornflakesschachtel zu teilen (eine Situation, die gewöhnlich zu einem Duell auf Leben und Tod führt).
- Ihr Vierjähriger spielt ganz sanft mit der Katze, anstatt sie wie gewöhnlich am Schwanz herumzuschleifen.
- Ihr Zwölfjähriger bringt tatsächlich (das Klebeband) (die Schere) (die Zange) (den Hammer) zurück, die er sich ausgeliehen hat.
- Ihr pubertierendes Kind kommt früh nach Hause.
- Ihr Sechsjähriger muß nicht auf die Toilette (die mindestens einen halben Kilometer entfernt ist), während Sie im Großmarkt einkaufen.
- Sie fauchen Ihren Mann an, und er sagt: »Du mußt heute einen schweren Tag gehabt haben.«

- Ihr Mann ruft untertags an, um Ihnen etwas Erfreuliches zu erzählen.
- Ihr Kind reißt einen Witz, der Sie in bessere Laune versetzt.
- Ihr Achtjähriger beschließt, lieber ein Buch zu lesen, als vor dem Fernseher zu hocken.
- Ihr Sohn wischt sich die schmutzigen Schuhe ab, bevor er ins Haus kommt.
- Ihre Tochter fragt Sie, welchen Musiksender Sie gerne hören möchten.
- Sie versuchen, einen schweren Gegenstand zu verrücken, und Ihr Mann sagt: »Laß mich das machen.«
- Sie steigen in den Wagen, und es liegen kein/e (Papierabfälle) (Popcorn) (Dosen) (Strohhalme) (schmutzige Socken) (nassen Badeanzüge) auf dem Boden.
- Sie betreten das Zimmer Ihres Kindes und können tatsächlich noch den Teppich sehen.
- Sie kommen nach Hause, und Ihr Mann begrüßt Sie mit einer Umarmung und einem Lächeln.
- Sie schauen in die Schubladen Ihrer magischen Kommode, und da sind, wie gewöhnlich, saubere Socken und Unterwäsche.
- Ihr Sohn hört Ihnen zu (scheint sogar zu begreifen), während Sie ihm einen weisen Rat erteilen.
- Das Chaos, von dem Sie dachten, daß es nicht aufgeräumt werden würde (es sei denn, Sie kümmerten sich darum), wurde aufgeräumt.
- Jemand sagt: »Ich liebe dich.«

KAPITEL 9

Für die innere Fülle sorgen

Sie können auf vielerlei Weise in Ihre Entwicklung investieren und zu größerer Selbstbestimmung gelangen. Dieses und das folgende Kapitel widmen sich Strategien, die Sie in die Lage versetzen, Ihr »Selbst« aufzubauen und zu erweitern. Wichtig hierfür ist, daß Sie aufhören, sich mit anderen Frauen zu vergleichen. Wollen Sie sich in diesem Punkt Klarheit über sich selbst verschaffen, dann beantworten Sie folgende Frage: Was kommt Ihnen in den Sinn, wenn Sie einen Raum betreten und dort vielen Ihnen bekannten Frauen begegnen? Die meisten Frauen geben hier zu, daß sie sich mit anderen Frauen vergleichen und ihnen Gedanken wie diese kommen:

- Sie hat eine *fabelhafte* Garderobe (besser als die meine).
- Sie ist besser organisiert.
- Sie hat gepflegte Fingernägel (meine sehen grauenhaft aus).
- Sie zeigt Haltung (ich heule, wenn ich mit meinen Chef Probleme habe, sie nicht).
- Sie ist genauso groß wie ich, aber ich habe fünfzehn Pfund mehr drauf. Sie kann essen, was sie will, es schlägt nicht an!

Viele Frauen leiden unter »Vergleichssucht«. Ständig überprüfen sie die Frauen ihres Umfelds, um sich zu vergewissern, daß sie vergleichsweise genauso »gut« sind wie andere und somit wenigstens adäquat. Und wie das Schicksal so spielt, treffen sie auch stets auf irgendeine Frau, die schlanker, intelligenter, größer, kleiner, jünger, reicher, witziger, besser organisiert, eine bessere Köchin, eine bessere Näherin, eine erfolgreichere Künstlerin oder was sonst ist – jedenfalls hervorragender.

Ihre gesellschaftliche Konditionierung zur Orientierung am anderen veranlaßt Sie, im Äußeren nach Anhaltspunkten für Ihr Verhalten und nach Beweisen zu suchen, daß Sie in vielerlei Hinsicht Ihre Sache gut machen. Wie wissen Sie, ob Sie attraktiv, klug, erfolgreich und fabelhaft sind? Indem Sie sich mit anderen Frauen vergleichen und einschätzen, wo Sie in die Hierarchie hineinpassen – ein Vorgang, den Sie zu Ihrem Nachteil viele Male am Tag wiederholen mögen.

Es macht Sie außerordentlich verletzlich, wenn Sie sich zu Ihrer Selbsteinschätzung nach außen hin orientieren, da die Vergleichskriterien nicht Ihrer Kontrolle unterliegen. Sie haben keinen regulierenden Einfluß auf die Eigenschaften anderer Frauen. Und Sie können auch nicht im Vergleich mit den Dutzenden wie auch immer gearteten (und beneidenswerten) Eigenschaften von Frauen, denen Sie täglich begegnen, stets hervorragend abschneiden. Auf diese Weise kommen Sie nie zu einer inneren Sicherheit, da bei jeder Begegnung mit einer anderen Frau Ihr Wohlbefinden auf dem Spiel steht und Ihr Wert sich potentiell vermindert.

Hier eine ziemlich präzise Beschreibung des Dilemmas der Frauen, die sich ständig mit anderen vergleichen: »Es ist ganz egal, was ich geleistet und erreicht habe, denn ich treffe immer auf eine, die das, was ich getan habe, noch viel besser macht. Mein Mann kann mir alle Dinge vorbeten, die ich gut mache, aber ich antworte: ›Ja, aber soundso macht das auch alles – und noch dazu!‹ «

Doch nehmen wir mal an, eine Frau findet eine andere, die sie in irgendeinem Bereich tatsächlich um einige Längen schlägt. Was dann? Vielleicht fühlt sie einen kurzen Moment Überlegenheit und hat dann ein schlechtes Gewissen wegen ihrer miesen Empfindung. So schreiben Linda Sanford und Mary Ellen Donovan in ihrem Buch: »Trifft sie auf eine und denkt: ›Ich bin (besser) (hübscher) (erfolgreicher)‹, dann folgt vermutlich als nächstes der Gedanke: ›Moment mal – wer glaubst du, daß du bist? Wie kannst du es wagen, dich für besser als jemand anders zu halten! Das ist ja schrecklich!‹ Ein Augenblick des Überlegenheitsgefühls wird sofort durch Schuldgefühle und moralische Verdammung erstickt.«[1]

Der Vergleich mit anderen Frauen – ob Sie nun besser oder schlechter dastehen – ergibt einfach keinen Sinn. Ihre Persönlichkeit läßt sich mit dem erstaunlichen und einzigartigen Bild vergleichen, zu dem sich bei der Drehung eines Kaleidoskops die farbigen Glassteinchen zusammensetzen. Es gibt keine Kopie von Ihnen. Und Sie können auch nie die Kopie einer anderen Person sein. Sie unterscheiden sich von anderen, und das ist weder gut noch schlecht. Es ist einfach eine Tatsache. Und wenn Sie diese Tatsache akzeptieren, dann sollten Sie sich vielleicht ernsthaft fragen, warum Sie sich je mit anderen vergleichen wollten.

Es wird immer eine geben, die etwas besser kann als Sie. Was macht das für einen Unterschied? Sie haben Ihre Zeit und Prioritäten so arrangiert, daß es für Sie Sinn ergibt. Sie haben ein einmaliges genetisches Erbe, einen einmaligen familiären Hintergrund, eine einmalige Erziehung und einmalige Lebenserfahrungen, die Ihr Leben und Ihre Entscheidungen auf einmalige Weise formten und formen. Es ist unlogisch, sich ein Kriterium herauszusuchen, einen Aspekt, in dem Ihnen eine andere Frau »überlegen« ist, und dann daraus zu schließen, daß Sie ein mangelhaftes menschliches Wesen sind.

Der chronische Vergleich mit anderen Frauen wirkt sich belastend auf die Beziehungen unter Frauen aus. »Frauen bringen den Talenten anderer Frauen oft keine Wertschätzung entgegen«, bemerkt eine Frau. »Sie sind neidisch. Sie haben Vorstellungen von Eigenschaften und Qualitäten, die sie selbst gerne hätten, und statt sich für eine andere Frau zu freuen, wenn sie über diese Qualität verfügt, wollen sie sie selbst besitzen. Nicht selten hört man eine Frau zum Beispiel sagen: ›Du bist sehr eloquent. Ich bewundere das sehr. Ich wollte, ich wäre wie du.‹ « Und eine andere Frau bemerkt: »Manchmal stellen wir eine Frau, die augenscheinlich etwas ganz exzellent macht, kalt, weil sie so viel fabelhafter zu sein scheint als wir. Dabei ist sie vielleicht die einsamste Person in der ganzen Runde!«

Ein weiteres Problem in diesem Zusammenhang besteht darin, daß Frauen ihr *Inneres* mit dem *Äußeren* der anderen vergleichen.

Eine Frau berichtet: »Vor zwei Jahren wollte ich nach Weihnachten ein paar Geschenke umtauschen und nahm dabei meine vier kleinen Kinder mit. Die Schlangen an den Kassen waren endlos, und ich brauche nicht zu erwähnen, daß ich nach dem vierten Laden mit meiner Geduld am Ende war! Als ich auf dem Parkplatz vor dem letzten Laden hielt, brüllte ich meine Kinder an: ›Wenn einer von euch noch einen Mucks tut oder – wegläuft oder im Laden irgendwas anstellt, dann gibt's ein Gemetzel!‹ Aber ich versprach ihnen auch, Popcorn zu kaufen, wenn sie sich, während ich an der Kasse wartete, ruhig verhielten.

So saßen meine Kinder also auf dem Boden, futterten Popcorn und verhielten sich in den nächsten 15 Minuten absolut still, während ich darauf wartete, ein Geschenk umtauschen zu können. Eine Frau bemerkte meine braven Kinder, kam auf mich zu und sagte: ›Ich wünschte, eine Zeitung könnte ein Foto von Ihnen machen und Sie zur ›Mutter des Jahres‹ küren.‹ Ich hatte Gewissensbisse, weil ich so schrecklich zu meinen Kindern gewesen war und ihnen gedroht hatte. Das war ein gutes Beispiel für den Unterschied zwischen dem, was sich in meinem Innern abspielte und wie ich äußerlich wirkte.«

Die Lösung liegt nicht darin, daß Sie sich im Rahmen einer beschränkten Anzahl von Kriterien mit sich selbst vergleichen. Wählen Sie einige persönliche Qualitäten, die Sie gern weiterentwickeln würden, und setzen Sie sich ein realistisches Ziel. Schauen Sie dann ab und zu nach innen und schätzen Sie Ihre Entwicklung ab – den Weg, den Sie zurückgelegt haben, seit Sie das letzte Mal Ihre Fortschritte überprüft haben. Und achten Sie darauf, wie befriedigt Sie sich selbst in diesem Punkt fühlen. Dann sind Sie auf dem Weg, die Verantwortung für Ihr Selbstwertgefühl zu übernehmen und sich zu stabilisieren.

Steigern Sie Ihren Komplimentsquotienten

Frauen neigen nicht dazu, Komplimente in sich aufzusaugen, sie zu genießen und zur Steigerung ihres Selbstwertgefühls zu nutzen. Ganz im Gegenteil sind sie dafür berüchtigt, daß sie Komplimente abwiegeln und abschmettern, woraufhin sie dann in irgendwelche Fernen des Vergessens verschwinden, wie folgende berichtete Reaktionen zeigen.

- »Du siehst in diesem Kleid fabelhaft aus.« *Ich wollte, ich könnte eine Nummer kleiner tragen.*
- »Ich liebe dich.« *Wie kannst du jemanden lieben, der so aussieht wie ich.*
- »Diese Möbelgarnitur ist sehr elegant.« *Aber sie hat die falsche Farbe. (Sie müßte mal gereinigt werden) (Die Stühle müßten neu bezogen werden.)*
- »Ich mag dieses beige Kostüm.« *Tatsächlich? Aber es ist ein Lippenstiftfleck drauf. (Die Saumnaht löst sich auf) (Ich hab's aus einem Second Hand Laden) (Es sitzt nicht gut.)*
- »Du hast stark abgenommen!« *Machst du Witze? Du solltest mich mal unbekleidet sehen!*
- »Du siehst meiner Lieblingstante ähnlich.« *Die Ärmste!*
- »Ich gratuliere dir zu deinem neuen Job.« *Ich habe ihn nur gekriegt, weil der Manager meinen Vater kennt. (Ich tat ihnen nur leid) (Sie waren in einer Notsituation!)*
- »Dein Geschirr gefällt mir. Du hast einen guten Geschmack.« *Ich hab's im Ausverkauf erworben. (Danke, meine Mutter hat's ausgesucht.)*
- »Du hast eine so wunderbare Familie.« *Oh, ich habe nur einfach Glück.*
- »Du hast das Unterrichtsmaterial wunderbar präsentiert.« *Die Kopien, die ich verteilt habe, waren nicht besonders deutlich. (Ich hätte es besser machen können, wenn ich mehr Zeit gehabt hätte.)*
- »Ich mag deine Frisur.« *Ich brauche wirklich einen neuen Schnitt. (Ich brauche im Grunde eine Dauerwelle.)*

- »Du siehst großartig aus in diesen Hosen.« *Ich sähe sehr viel besser aus, wenn ich zehn Pfund abnehmen würde. (Ich finde mich so fett!) (Mach dich nicht lustig) (Du lügst ausgezeichnet.)*
- »Das hast du großartig gemacht!« *Davon lebe ich. (Nicht der Rede wert) (Jeder hätte das geschafft) (Samantha hat die Hauptarbeit gemacht.)*
- »Das Haus sieht aber gepflegt aus!« *Ich hatte noch keine Zeit zum Wienern. (Du hättest es mal gestern sehen sollen.)*

In ihrer tief eingewurzelten Konditionierung gleicht die Frau ein wenig einem Baseballspieler. Da steht sie mit ihrem massiven Schläger in der Hand, gespannt und bereit, jeden Ball (jegliches Kompliment, das auf sie zukommt) des gegnerischen Teams zurückzuschlagen. Leider haben es die Spieler (die Leute, die ihr ein Kompliment machen) dann oft satt, ihr den Ball zuzuwerfen, nur damit sie ihn aus dem markierten Spielfeld schlägt, und geben das Spiel bald auf! Und zu welchem Schluß kommt sie, wenn eine Dürre an Komplimenten einsetzt? »Wahrscheinlich verdiene ich sie eben nicht.«

Was ist es, das in der typisch konstruierten Frau den fast unwiderstehlichen Impuls auslöst, ein Kompliment abzuschmettern? Einer der Hauptgründe ist wahrscheinlich im »Ich verdiene es nicht Syndrom« zu suchen, unter dem die meisten Frauen leiden. Hier können Sie lesen, was einige Frauen dazu zu sagen haben:

- »Wenn ich tatsächlich Erfolg habe, dann denke ich, es war nur Zufall. Ich hatte einfach Glück.«
- »Perfektion ist nichts Besonderes. Das wird von mir erwartet. Wie kann ich da ein Kompliment verdienen?«
- »Ich finde immer einen Makel an mir oder mir fällt immer was ein, was ich *nicht* gemacht habe. Ich käme mir wie eine Betrügerin vor, wenn ich ein Kompliment akzeptiere.«
- »Ich habe Schuldgefühle, wenn ich Erfolg habe und jemand anders nicht.«
- »Ich weiß, daß ich nicht mein Bestes getan habe. Wenn die anderen das wüßten, würden sie mir kein Kompliment machen.«

- »Ich habe Angst, in Zukunft die in mich gesetzten Erwartungen nicht erfüllen zu können.«
- »Die Leute halten mich für kompetenter, als ich tatsächlich bin.«

Ein weiterer Grund, warum Frauen Schwierigkeiten mit dem Akzeptieren von Komplimenten haben, ist der, daß sie sich schuldig fühlen, weil sie ihrer Ansicht nach nicht genug leisten. Aus ihrer Perspektive gesehen, so eine Autorin, arbeiten Frauen ihr Leben lang (nicht gut genug), widmen sie sich ihren Kindern (haben für sie nicht genug Zeit), kochen sie hastige Mahlzeiten (nicht köstlich genug), und räumen sie T-Shirts weg (nicht weiß genug).[2] Und dazu kommt noch, daß Frauen ihre Stärken oder positiven Tätigkeiten systematisch mit einer negativen Aussage zunichte machen. »Ich mache meine Arbeit gut«, denken sie etwa, »aber so schwierig ist sie ja nun auch wieder nicht. Jede könnte das machen.« »Ja, ich sehe ganz gut aus, aber ich bin ja auch zu einem Schönheitschirurgen gegangen.« Ironischerweise machen Frauen aus einem Kompliment oft eine Beleidigung ihrer eigenen Person.

Sie haben hier Schwierigkeiten, weil es ihrer Selbstvorstellung an Ausgewogenheit mangelt, schreiben Sanford und Donovan. Frauen können im Normalfall sehr genau sehen, daß sie sowohl Mängel wie positive Qualitäten haben, aber sie können die Mängel nicht als relativ untergeordnete Aspekte ihrer Person betrachten. Statt dessen »schieben sie die positiven Eigenschaften beiseite und konzentrieren sich auf ihre Fehler, ganz gleich, wie geringfügig sie sind, so als seien diese das Wesentlichste an ihnen«[3].

Ein weiterer Grund für ihre Schwierigkeiten in diesem Bereich ist die »Glücksillusion«, wie die Autorin Caryl Rivers es nennt. Frauen neigen dazu, ihre Leistungen abzutun und ihre Erfolge dem Glück zuzuschreiben, statt harter Arbeit oder angeborenen Talenten. »Sie glauben, sie haben nur Gutes geleistet, weil sie Hilfe bekamen – oder zur richtigen Zeit am richtigen Ort waren«, schreibt sie. »Wenn Sie aber glauben, daß Ihre guten Ergebnisse dem Glück zuzuschreiben sind – oder allem andern außer Ihrer eigenen Fähigkeit –, dann können Sie auf Ihre Leistungen und Erfolge auch nicht aufbauen. Schließlich können Talente und Fähigkeiten nicht verschwinden – mit dem Glück aber kann es sehr wohl vorbei sein. Wenn Sie also der Glücksillusion anheimfallen, dann unterschätzen Sie Ihre Fähigkeiten.« Sie können unmöglich Ihr Potential verwirklichen oder Risiken eingehen oder das Gefühl haben, Ihr Leben unter Kontrolle zu haben, wenn Sie glauben, einfach »nur Glück« gehabt zu haben. Auch Ihr Selbstwertgefühl leidet darunter, weil Sie nicht stolz darauf sein können, wenn Sie nur Glück hatten.

Glücklicherweise ist diese »Glücksillusion« keine tödliche Krankheit, sie läßt sich heilen, schreibt Rivers. »Wenn Sie sich erst einmal dieser Falle – die Unterschätzung der eigenen Fähigkeiten –, in die so viele Frauen tappen, bewußt geworden sind, dann sollten Sie auch imstande sein, wieder aus ihr rauszukommen. Und die Glücksillusion vergeht wie der Keuchhusten oder die Beulenpest. Und wenn Ihnen dann jemand zu einer guten Leistung gratuliert, sind Sie in der Lage, zu antworten. ›Danke, ja, ich denke, ich habe es ganz gut hingekriegt.‹«[4]

Ein letzter Grund für die Schwierigkeiten mit Komplimenten ist schließlich darin zu suchen, daß Frauen sich häufig wie *Hochstaplerinnen* fühlen. In diesem Zusammenhang beschreibt Jeannie Ralston in einem Artikel ihre Gefühle, als sie ihre zweite Stelle bei einer Zeitung innehatte: »Ich war schon lange genug dabei, um mich auszukennen, aber jedesmal, wenn ich einen Artikel abgab, lief in mir das gleiche ab. Ich saß, während mein Redakteur den Artikel las, an meinem Schreibtisch und tat so, als sei ich beschäftigt, während es in meinem Magen grauenhaft rumorte. Nicht, daß ich nicht gut recherchiert oder mein Bestes gegeben hätte, ich war einfach nur darauf gefaßt, daß jeden Moment irgendwelche Männer in Trenchcoats auftauchten, auf meinen Redakteur zustürmten, mit dem Finger auf mich wiesen und brüllten: ›Da, da ist sie! Das ist die, die vorgibt, eine Reporterin zu sein!‹«

Natürlich passierte das nie, schreibt Ralston, aber jahrelang quälte mich das Gefühl, daß mich jemand irgendwann als Betrügerin entlarven würde. Es war ein Trost, als sie schließlich entdeckte, daß es ihr nicht allein so ging! Sie erfuhr, daß die meisten Menschen (70% nach neueren Untersuchungen) an irgendeinem Punkt das »Hochstapler Phänomen« an sich erleben und glauben, daß sie (trotz vieler gegenteiliger Beweise) weder intelligent, noch fähig, noch kreativ sind. Alle haben wir gelegentlich mit uns zu kämpfen, und niemand verwandelt sich auf magische Weise in ein allwissendes und absolut zuversichtliches Geschöpf, nur weil wir eine neue Stufe in unserer Karriere erklommen oder eine neue Rolle übernommen haben.[5]

Wollen Sie lernen, Komplimente annehmen zu können, dann müssen Sie von den alten, verkrusteten Überzeugungen über Ihren Unwert lassen und sie durch die Vorstellung ersetzen, daß Sie, wie schon früher besprochen, eine von Natur aus wertvolle Person sind, die über grenzenlose Möglichkeiten verfügt und Anerkennung für Ihre Stärken und Leistungen verdient.

Wenn Sie darüber nachdenken, wie Sie die Sache angehen sollen, dann stellen Sie sich vor, Sie wollten ein Selbstportrait malen. Sie würden zunächst mit einer Skizze beginnen und dann mit dem Pinsel an die Details herangehen und die von Ihnen gewünschten Farben und Schattierungen auftragen. Dasselbe tun Sie nun, wenn es um Ihr inneres Selbstportrait geht. Jedes Kompliment trägt zu seiner Ausführung bei, bringt es deutlicher hervor, gibt ihm mehr Kontur, mehr *Selbst*-Kontur. Sie brauchen die Details, die Farbe, die Schattierungen zu seiner Vervollständigung. Führen Sie es nicht aus, dann bleibt Ihnen nur eine nichtssagende Skizze.

Wie können Sie denn nun also auf Komplimente reagieren?

Die Antwort? Mit Anmut, mit einem einfachen Danke, mit einem Lächeln und, wenn möglich, mit einer ehrlichen Antwort. Lassen Sie das Kompliment an sich heran. Fühlen Sie es. Genießen Sie es. Erleben Sie die Wärme, die sich darin ausdrückt. Nehmen Sie es mit Ihrem Herzen auf, indem Sie etwa antworten: »Ich freue mich sehr, das zu hören. Das versüßt mir den Tag« oder »Wie nett von dir, das zu sagen. Ein Kompliment von dir bedeutet mir sehr viel.«

Wenn Sie dem Kompliment beipflichten können, dann machen Sie eine kurze Bemerkung dazu: »Es freut mich, daß du das Kleid magst. Es ist mein Lieblingskleid« oder »Ich freue mich, daß das Essen ein Erfolg war.«

Sollten Sie *anderer* Meinung sein, dann antworten Sie mit einem knappen »vielen Dank«. Sagen Sie kein weiteres Wort, aber seien Sie innerlich wach. Rufen Sie sich innerlich entschieden zur Ordnung: »Denk drüber nach. Du bist kurz davor, das Kompliment abzuschmettern. Wie sollst du je dein Selbstportrait vervollständigen, wenn du dich nicht änderst? Ist an diesem Kompliment irgendwas dran, das du für dein Selbstportrait nutzen kannst? Es wird ein herbes Leben im Alter werden, wenn du nichts weiter hast als eine nichtssagende Skizze.«

Denken Sie daran, daß es drei Gründe gibt, die für das anmutige Akzeptieren von Komplimenten sprechen – auch wenn Sie ihnen nicht ganz beipflichten können.

Erstens deuten Sie mit der Ablehnung eines Kompliments an, daß die andere Person kein besonders gutes Urteilsvermögen besitzt, uninformiert ist, niedere Motive hat, nicht ehrlich oder geistig verwirrt ist. Nehmen Sie ein Kompliment für das, was es ist: die subjektive Meinung einer anderen Person. Lassen Sie ihr ihre Meinung und halten Sie nicht dagegen, aber versuchen Sie, den Standpunkt der anderen Person zu verstehen!

Zweitens wenden Sie in diesem Fall – wie die meisten Frauen – eine Doppelmoral an. Sie lassen sich von irgendwelchen negativen Andeutungen bis ins Mark treffen (und fühlen sich dann schlecht), weisen aber systematisch alles Positive und Herzerwärmende von sich (obwohl es Ihnen gut täte). Die Fairneß verlangt, daß Sie lernen, Komplimente an sich heranzulassen, und sich eine Chance zur Steigerung Ihres Selbstwertgefühls zu geben. Und sie verlangt auch, daß Sie aufhören, alles Negative, das an Sie herantritt, wie ein Schwamm aufzusaugen. Wenn Sie ständig alles Negative in sich aufnehmen und alles Positive abwehren, dann ist mit Sicherheit davon auszugehen, daß Sie ein sehr wackliges Selbstwertgefühl haben und das auch so bleiben wird, bis Sie für eine starke und herzerfrischende Dosis an Zustimmung von außen offener werden. Abgesehen davon hatte das Negative schon Ihr ganzes Leben ein Monopol auf Ihr Denken, und jetzt ist's an der Zeit, daß das Positive dominant wird! Also: »Beiseite mit dem Negativen. Es lebe das Positive!«

Drittens *brauchen* Sie Komplimente. Lassen Sie sich also die Anerkennung zukommen, die Sie verdienen, und akzeptieren Sie die positiven Aspekte Ihrer Person, die Sie bislang verleugnet haben. Sie brauchen Informationen über sich selbst, um ein positives Selbstportrait malen zu können. Und Sie brauchen das gute Gefühl, von anderen bestätigt zu werden, die Ihre Stärken und Möglichkeiten sehen.

Denken Sie, wenn Sie nun lernen, das Positive aufzunehmen und das Negative abzuschmettern, an die Geschichte einer Frau, die berichtet, daß sie sich freigemacht hat und nun Komplimente akzeptieren kann: »Der Wendepunkt war, als ich meinem Mann eines Tages seine Lieblingslasagne vorsetzte, und er wie üblich kommentierte: ›Sie ist gut!‹ Diesmal aber antwortete ich: ›Ja, ich weiß.‹ Völlig verblüfft fragte er: ›Was ist los mit dir? Normalerweise sagst du, daß die Lasagne zu trocken ist oder zu versalzen oder zu wenig Käse drin ist.‹ ›Ja, auch das weiß ich‹, antwortete ich. »Aber ich habe beschlossen, daß ich mich von jetzt ab nicht mehr um Komplimente betrügen will. Außerdem muß ich an meinem positiven Selbstportrait arbeiten.‹«

Schaffen Sie sich ein positives Körperbewußtsein

Sie alle kennen wahrscheinlich eine Frau wie Marney. Groß, schlank, ein gut geschnittenes Gesicht, eine attraktive Frau. Aber sie selbst findet das nicht. »Ich hasse meinen Körper. Ich kann diese Vorstellungen von Knoten und Beulen und unproportionierten Körperteilen nicht loswerden. Jedesmal, wenn ich in den Spiegel schaue, ekle ich mich«, jammert sie. »Ich habe sogar ein Wort für dieses nagende Gefühl des Abscheus vor meinem Körper, ich nenne es die ›Ekelanwallungen‹. An mir ist nicht viel, was mir gefällt.«

Nehmen Sie eine Gruppe von Frauen, und was haben sie gemeinsam? Die meisten haben das Gefühl, daß ihr Körper nicht gut, nicht hübsch, nicht fest, nicht jung genug ist. Die meisten, so eine Autorin, empfinden »Haß auf ihren Körper«:

- Sie sind unentwegt mit ihrem Körper befaßt.
- Sie sind mit ihrem Körper unzufrieden.
- Sie sind willens, ihrem Körper schmerzliche, strafende Dinge anzutun (von einer rabiaten Diät und dem Überessen bis zum Erbrechen oder chirurgischen Eingriffen), um ihn in eine andere Form zu bringen.
- Schauen Sie in den Spiegel, dann sehen Sie Ihren Körper nicht so, wie er wirklich ist.[6]

Die Untersuchungen der Psychologin Marcia Hutchinson bestätigen das negative Verhältnis der meisten Frauen zu ihrem Körper. In einem Bericht schildert sie, daß nur eine von 100 befragten Frauen nicht »aktiv gegen ihre Leibesfülle zu Felde zog«. Und obgleich keine dieser Frauen ernsthaft übergewichtig oder emotional gestört war, hielten alle eine Diät, hatten alle ein schlechtes Verhältnis zu ihrem Körper und lehnten sich ab. Aufgrund ihrer negativen Ergebnisse kommt Hutchinson zum Schluß, daß unter Frauen »die Verabscheuung des Fleisches in epidemischen Ausmaßen verbreitet ist«[7].

Achten Sie darauf, daß sich der Ton unserer Diskussion nunmehr geändert hat. Wir sprechen über eine *ernste* Angelegenheit: über Frauen, die ihren Körper hassen, die darauf warten, Gewicht zu verlieren, damit sie endlich anfangen können zu leben, die eine Karriere daraus machen, den niemals genügend festen Bauch, die niemals genügend festen Oberschenkel zu trimmen. »Es ist eine tragische Vergeudung menschlichen Potentials«, sagte Hutchinson. »Denken Sie nur mal, wo Sie bereits sein könnten, wenn Sie nur ein Zehntel der Energie, die Sie auf Ihre besessene Beschäftigung mit Ihrem Körper verwenden, auf etwas richteten, daß Ihre persönliche Entwicklung und Ihre Ziele wirklich unterstützt!«[8]

Wenn Sie ein negatives Körperbild haben, dann sehen Sie sich wahrscheinlich nicht richtig, meinen auch Sanford und Donovan.

Die beiden, die mehrere 100 Frauen interviewt haben, berichten, daß viele die Realität ihres Körpers in zweierlei Hinsicht verzerrt wahrnehmen: Entweder sehen sie sich als dicker, größer oder runder, als sie wirklich sind, oder sie finden einen Körperteil völlig unnormal gebaut.

Die befragten Frauen bedienten sich in ihrer Selbstbeschreibung durchwegs der Übertreibungen, sie sähen aus »wie eine Wurst«, seien gebaut »wie ein Haus«, seien »grauenhaft fett« und so weiter. In ihrer verzerrten Wahrnehmung fanden sie ihr körperliches Erscheinungsbild auch von bestimmten Merkmalen gänzlich beherrscht wie große Füße, buschige Augenbrauen, breite Hüften, dünnes Haar, Akne, spitze Knie, hängende Brüste und einem schwabbeligen Bauch. Irgendwelche positiven Züge und Merkmale wurden dabei völlig außer acht gelassen.[9]

Warum leiden so viele Frauen unter einem derart negativem Körperbild? Die Antwort ist in einer Kultur zu suchen, die die Bedeutung des Erscheinungsbildes der Frau definiert und der Weiblichkeit die dekorative Rolle zuweist. In ihrem Buch schreibt Rita Freedman: »Schönheit ist kein natürlich gegebenes geschlechtsspezifisches Merkmal. Es gibt keine im Fernsehen übertragenen Schönheitswettbewerbe, bei denen Männer in Bikinis paradieren und ihnen aufgrund ihrer wohlgeformten Beine und ihres reizenden Lächelns die Krone des Mr. America aufs Haupt gedrückt wird; und kein Märchenprinz ist so schön, daß die Sonne ins Staunen gerät, wenn sie sein Gesicht bescheint.«[10]

Da Schönheit mit Weiblichkeit verbunden ist, wird das Selbstbild der Frau oft durch ihre Wahrnehmung von ihrer körperlichen Erscheinung geprägt. Untersuchungen zeigen, daß Männer sich eher an ihren Leistungen bemessen, wohingegen Frauen dazu neigen, Selbstwert mit gutem Aussehen gleichzusetzen. Zwar ändern sich die gesellschaftlichen Normen allmählich, aber die meisten Frauen von heute haben doch gelernt, ihr Aussehen als ihren größten Aktivposten zu betrachten. Damit gefährdet sich die Frau natürlich, da in diesem Fall ihr Wert vom Auge des Betrachters abhängt, der, wie Freedman es so präzise formuliert, »sie durch Anerkennung zum Leben erwecken oder durch ein Ignorieren vernichten kann«[11].

Eine Unmenge an propagierten Botschaften der Schönheitsindustrie teilen der Frau mit, daß sie, ganz gleich, wie sehr sie sich um ein akzeptables Aussehen bemüht, doch immer unvollkommen bleiben wird. Zu den Auswirkungen dieser Botschaften schreibt Una Stannard in einem Artikel: »Jeden Tag hämmert die Milliarden-Dollar-Schönheits-Industrie den Frauen auf alle erdenkliche Weise ein, daß sie hinter ihrer Maske Monster sind. Jede Büstenhalterwerbung vermittelt der Frau, daß ihre Brüste geliftet werden müssen... jede Werbung für hochhackige Schuhe, daß die Form ihrer Beine der Unterstützung bedarf, jede Kosmetikwerbung, daß ihre Haut zu trocken ist, zu blaß, zu rauh oder ihre Lippen nicht voll genug sind... In unserer Kultur sagt man den Frauen, daß sie das schöne Geschlecht sind, aber gleichzeitig auch, daß ihre Schönheit des Liftens, des Formens, des Färbens, des Pinselns, des Wickelns, des Ausstopfens bedarf. Den Frauen wird wirklich beigebracht, daß ›die Schöne‹ eine Bestie ist.«[12]

»Ich war klein, fett und häßlich. Jetzt bin ich von eher kleiner Statur und füllig, und es ist mir schnurzegal, was andere über mein Aussehen denken!«

Die Botschaften, die sich darum ranken, wie eine Frau aussehen »sollte«, wechseln je nach gerade vorherrschender Attraktivitätsnorm – und die wiederum richtet sich nach den wechselnden Vorgaben der Modeindustrie und was *en vogue* ist. »Erinnern Sie sich an Marilyn Monroe?« fragt ein Autor. »Sie war absolute Klasse. Sie war atemberaubend. Aber wenn sie heute lebte, würde sie sofort zum Abnehmen auf eine Schönheitsfarm geschickt werden.«[13]

Eine Frau verfügt nie über ein ganz klares Bild der Perfektion, an dem sie sich orientieren kann. »Gewöhnlich sind gleichzeitig viele gleichermaßen lächerliche und oft diametral entgegengesetzte Schönheitsideale am Werk«, schreiben Sanford und Donovan. »So haben wir heute zum Beispiel die eher ausladenden Sexgöttinnen Loni Anderson und Bo Derek, und im Gegensatz dazu die Topmodels Kristine Oulman und Brooke Shields, deren Körper eher dem eines vorpubertären Knabens ähneln als dem einer erwachsenen Frau. Keine Frau kann gleichzeitig beiden dieser stark propagierten Ideale entsprechen – oder sie auch nur anstreben wollen.«[14]

Frauen haben sich noch mit anderen widersprüchlichen Botschaften auseinanderzusetzen. Die Autorin Carol Travis berichtet von Untersuchungen, die ergeben, daß Männer und Frauen runde große Brüste mit Weiblichkeit assoziieren, was wiederum mit »Fürsorglichkeit, Abhängigkeit, Passivität, Häuslichkeit und – o weh! – *beruflicher Inkompetenz* in Verbindung gebracht wird. Frauen müssen also, so die Schlußfolgerung, eher ›männlich‹ aussehen, wenn sie für intelligent, professionell und kompetent gehalten werden wollen.«[15]

Und noch eine Botschaft zur Steigerung der allgemeinen Verwirrung. Frauen wird gesagt, sie sollten schmal wie ein Schilfrohr sein – aber doch bitte mit sehr ausladendem Brustumfang! Eine Autorin, die sich mit dem gegenwärtigen Schönheitsideal befaßt hat, konstatiert: »Der ideale weibliche Körper wird immer unnatürlicher: ein großer Busen mit knabenhaften Hüften und Oberschenkeln.« Und wie versuchen viele Frauen, diesem absurden

Vorbild zu entsprechen? »Was dabei rauskommt, ist ein Gerippe von Frau, die sich ihren Busen vergrößern läßt... Das ist doch nicht natürlich.«[16]

Das Problem ist, daß es den meisten Frauen von der physischen Struktur her gar nicht möglich ist, sich diesem Modediktat von einem ausgemergelten Körper in der unteren Hälfte und einem Playboy-Magazin-Aussehen im oberen Bereich zu unterwerfen. »Die heutigen Modedesigner haben eine künstliche Skulptur von der Gestalt einer Frau entworfen, die nichts damit zu tun hat, wie eine Frau aussehen muß oder dem, was weich oder bequem oder natürlich ist.«[17] Und Susan Brownmiller schreibt: »Es ist ein Fakt der genetischen Struktur, daß die meisten Frauen unterhalb der Gürtellinie breiter gebaut sind als darüber. Die voll entbrannte Schlacht mit Diäten und Fitneßtraining gegen Hüften und Oberschenkel hat mehr Frustration und Tränen des Selbsthasses gebracht, als dabei irgendwelche Zentimeter abgespeckt wurden. Die Tatsache, daß ein breiterer Unterbau seit 40 Jahren außer Mode ist, wirft ein grelles Licht auf den Widerstreit zwischen femininer Ästhetik und Weiblichkeit in ihrem natürlichen Zustand.«[18]

Tragischerweise neigen viele Frauen dazu, ihre Unfähigkeit, all diesen verwirrenden Botschaften Folge zu leisten, als Beweis für ihre persönlichen Mängel anzusehen, statt als Beweis für eine schizophrene Gesellschaft, die den Frauen widersprüchliche und unmögliche Normen vorsetzt. Die einzige Kontrolle, die die meisten über diese Botschaften haben, ist der Versuch des Abnehmens, und damit wird die Körpergewichtsfrage häufig zur Besessenheit. Diäten funktionieren oft nur für kurze Zeit, und nach vielen erfolglosen Versuchen greifen manche Frauen zu verzweifelteren Methoden wie Entwässerungspillen, Abführpillen und anderem Zeug. Das wiederum kann zu einem gestörten Eßverhalten führen – die direkte Folge davon ist, so sagen die meisten Experten, daß in unserer Gesellschaft soviel Ehrgeiz auf einen schlanken Körper gelegt wird.

Arrangieren Sie sich mit Ihrem Körpergewicht

Was also soll eine Frau in unserer Gesellschaft tun, vor allem wenn ihr Körperbau fürs Dünnsein nun mal nicht angelegt ist? Sollten Sie sich von der Waage tyrannisieren lassen, dann ziehen Sie folgende Schritte in Betracht:

1. Entscheiden Sie, was Sie ganz realistisch gesehen für Ihr richtiges Körpergewicht halten, und bedenken Sie dabei folgende von Carol Travis angesprochenen Faktoren:

- Gesundheitlich gesehen ist es richtig, wenn das Körpergewicht mit dem Alter zunimmt. Gemäß der Aussage eines Experten wiegt eine Frau von durchschnittlicher Größe idealerweise 120 Pfund, wenn sie 20 ist, und mit 60 etwa 150 Pfund.
- Beträchtliches Übergewicht ist ungesund, aber dürr zu sein ist ebenfalls ungesund. Untersuchungen ergeben, daß die dünnsten Leute die höchste Sterberate haben.
- Wo Ihre Pfunde angesiedelt sind, kann wichtiger sein als die Zahl Ihrer Pfunde. Frauen sind biologisch darauf programmiert, Fettreserven in den Schenkeln, dem Gesäß und den Hüften zu haben, und angemessene Pfunde in diesen Regionen stellen kein Gesundheitsrisiko dar![19]

2. Hören Sie auf, sich so intensiv auf Ihr Körpergewicht zu konzentrieren. Es überrascht, wie viele Frauen sich drei-, vier-, ja sogar fünfmal am Tag wiegen, weil sie auch nicht vorübergehend ein Gramm zunehmen wollen, berichtet Janice Kaplin.

Sie fordert dazu auf, mit der minütlichen Überwachung des Gewichts aufzuhören und die Waage nur selten zu benutzen. Hören Sie auf, sich ständig auf die Waage zu stellen, rät sie, und erlauben Sie sich eine Gewichtsspanne (so zwischen drei und fünf Pfund), zwischen der Sie hin- und herpendeln dürfen und mit der Sie sich wohl fühlen. Stellen Sie sich dann nur noch einmal in der Woche auf die Waage! Letztlich, sagt sie, sollten Sie überhaupt keine Waage brauchen. Entscheiden Sie selbst, ob Sie sich in der von Ihnen gewünschten Form befinden, und bemessen Sie Ihren Fortschritt nicht am Gewicht, sondern daran, ob Sie sich fit fühlen.[20]

3. Schränken Sie sich in Ihrem Leben nicht ein, nur weil Sie meinen (oder wissen), daß Sie Übergewicht haben. Manche Frauen machen andere wichtige Dinge von ihrer Schlankheit abhängig und sagen sich: »Wenn ich erst mal abgenommen habe, *dann* (kaufe ich neue Kleider) (beginne ich mit Körperübungen) (plane ich einen Urlaub) (lasse ich Fotos von der Familie machen) usw.« Andererseits sollten Sie das Abnehmen auch nicht aufschieben, weil Sie Ihr Leben leben! So gesteht eine Frau: »Ich hab mir immer gesagt, ich nehme ab, sobald:

- Der Keller ausgebaut ist.
- Im Garten alles erledigt ist und die Schränke und Regale in Ordnung sind.
- Mein Kind eingeschult ist.
- Ich wieder arbeiten gehe. (Dann bin ich eine Karrierefrau – und Karrierefrauen sehen immer gut aus!)
- Mein Mann endlich nett zu mir ist. (Ich wäre immer noch schlank, wenn ich Dean geheiratet hätte!)
- Ich Geld für ein Abspeckprogramm gespart habe.«

Wenn Ihnen das Abnehmen von zehn oder mehr Pfund soviel bedeutet, dann starten Sie eine größere Offensive, nehmen Sie ab, und halten Sie das Gewicht. Wollen Sie dieses Ziel aber nicht zu Ihrer Priorität machen, dann entspannen sie sich und seien Sie zufrieden.

Warum sollten Sie sich all das Leid und die Tränen über Pfunde antun, die Sie doch nicht ernsthaft abspecken werden? Oder warum sollten Sie sich noch länger vom Gedanken tyrannisieren lassen, daß Sie zehn Pfund abnehmen sollten!

4. Wollen Sie einen Versuch zum Abnehmen machen, dann übernehmen Sie die Initiative, indem Sie sich an folgende vier Richtlinien halten:

- Treffen Sie die Entscheidung, daß Ihre Gewichtsabnahme eine massive Investition Ihrer Zeit und Ressourcen wert ist.
- Widmen Sie sich selbst soviel Zeit, wie Sie sie einer anderen, für Sie wichtigen Person, um die Sie sich kümmern, schenken würden.

- Betrachten Sie das reduzierte Körpergewicht nicht als vorübergehende Anpassung, sondern als ein beständiges Thema Ihrer Lebensführung.
- Konzentrieren Sie sich primär auf Ihre Gesundheit und dann erst auf die Gewichtsabnahme.

Hier mag als Beispiel die Geschichte einer Frau dienen, die die Verantwortung für ihr Leben, ihren Körper und ihre Selbstachtung übernahm. Ihre Geschichte beginnt nicht mit der Gewichtsabnahme, sondern vielmehr damit, daß sie viele Monate, bevor sie irgendeinen Versuch zum Abnehmen unternahm, beschloß, sich ihrer selbst anzunehmen. »Letztlich muß sich jede Person damit auseinandersetzen, daß sie die Verantwortung für ihr Verhalten und Handeln zu übernehmen hat«, berichtet sie. »Es war an der Zeit, daß ich aufhörte, mich wie ein Kind zu benehmen, daß ich die Verantwortung und Kontrolle über mein Leben übernahm, daß ich Rechenschaft ablegte – nicht gegenüber einer anderen Person, sondern mir selbst gegenüber.

Mir war klar geworden, daß ich als Erwachsene an andere Leute alles abgegeben hatte, was ich war. In meiner Ehe hatte ich 100 Prozent meiner Zeit meinen Kindern und meinem Mann gewidmet. Ich hatte dafür gesorgt, daß mein Mann studieren konnte, hatte seine Kinder geboren, hielt sein Heim in Ordnung – ich hatte es ihm ermöglicht, buchstäblich all das zu sein oder zu tun, was er wollte. Ich konzentrierte mich auf seine Entwicklung, wie er auch. Mein Gynäkologe sagte schließlich: ›Sie brauchen eine Pause. Seit ich Sie kenne, sind Sie entweder schwanger oder am Stillen.‹

In diesen Jahren legte ich nach und nach Pfunde zu, bis ich schließlich 50 Pfund Übergewicht hatte. Teilweise nahm ich so zu, weil ich mich nie um mich selbst kümmerte – meine Person kam in der Gleichung gar nicht vor. Aber ich merkte auch, daß mein ›Selbst‹ keine Mitte mehr hatte. Ich hatte keine Persönlichkeit mehr. Ich wußte, daß ich ein Gefühl der Orientierung brauchte. Wie sollte ich irgendwohin gelangen, wenn ich nicht wußte, was ich wollte? So setzte ich mir als Priorität das persönliche Ziel, mich nun um mich selbst zu kümmern. Ich wollte mit einem lebenslangen Selbst-Investitionsprogramm beginnen. Ich wollte mich nicht mehr nur um andere Leute kümmern. Ich wollte in die Gleichung jetzt den Faktor *meiner Person* einführen. Und das bedeutete, daß andere sich etwas umorientieren mußten, damit ich mir meinen fairen Anteil an Aufmerksamkeit zukommen lassen konnte.

Der erste Schritt war, daß ich mich mehr um mein äußeres Erscheinungsbild kümmerte. Ich beschloß, nicht abzuwarten, bis ich 20 Pfund abgenommen hatte, sondern gleich *jetzt* gut auszusehen. Ich würde mir neue Kleider kaufen. Ich hatte zehn Jahre darauf gewartet, daß ich wieder ›die richtige Größe‹ hatte, und trug noch immer meine alten Pullis, meine dunklen Hosen und meine anderen ›Uniformen für Dicke‹. Ich warf all meine zerrissenen Nachthemden weg – die du trägst, weil dich ja niemand sieht – und kaufte Unterwäsche, in der ich mich attraktiv und weiblich fühlte. Ich merkte, daß sich die Entscheidungen, die ich zu meinen Gunsten traf, anhäuften wie Geld auf der Bank. Ich fing jetzt an, mich um mich zu kümmern, so, wie ich mich immer um alle anderen gekümmert hatte.

Dann wandte ich mich dem nächsten Schritt zu. Ich beschloß, daß ich als Herrin meiner selbst nun meine Gesundheit zurückerlangen würde. Ich wollte meinen Körper in eine Verfassung bringen, in der ich mich wieder mit mir wohl fühlen und das Leben wieder lieben und lebenswert finden konnte. Ich las alles, was ich über Diäten, Ernährung und Körperübung in die Finger kriegte, um eine informierte Wahl über meine Investitionen in mich selbst treffen zu können. Und da ich vom Prinzip her eher die Gestalt einer Birne als die einer Banane habe, wollte ich mir ein Programm aussuchen, das ich für den Rest meines Lebens einhalten konnte. Ich beschloß, daß zur Wiederherstellung meiner Gesundheit auch Abnehmen gehören sollte. Die Pfunde, die ich mir in allzu vielen Jahren zugelegt hatte, hatten meine Lebensqualität beeinträchtigt. Ich war brutal ehrlich mit mir, weil ich wußte, daß ich ein Programm zum Abnehmen finden mußte, dem ich auch folgen würde. Ich wollte mich nicht in ein Sanatorium begeben, weil ich mich wegen meines Übergewichts genierte. Ich fand ein paar Aerobicübungen, die ich jeden Tag zu Hause machen konnte. Ich stellte auch, nachdem ich mich umfassend informiert hatte, die Ernährung so um, daß ich das Gefühl hatte, mit meiner Familie für den Rest des Lebens dabei bleiben zu können. Ich gab Koffein, raffinierten Zucker und gebleichtes Mehl auf. Dann wurden alle Fette gestrichen. Zu meiner Diät gehörten sehr viel Vollkorn, Früchte, Gemüse und sehr viel Wasser.

Ich tat einen Schritt nach dem anderen. Ich hatte mir Zeit genommen, mir all die Pfunde zuzulegen, jetzt würde ich mir auch die Zeit nehmen, sie wieder abzulegen. Mein Ziel ließ sich nicht auf der Stelle verwirklichen. Ich würde ›Pfennige‹ und ›Markstücke‹ auf mein persönliches Sparkonto bringen. Ich würde regelmäßig meine Körperübungen machen und *jeden Tag* richtig essen, und dann würde sich meine Investition langsam auszahlen. Und sie zahlte sich aus. Inzwischen habe ich über 34 Pfund abgenommen. Lange Zeit konnte ich es gar nicht glauben, was mit mir da geschah. Ich realisierte schließlich, welche wichtigen Schritte ich

»Ich hab's mit der Protein-Diät, mit der Ballaststoff-Diät, mit der Stärke-Diät probiert, und nichts hat geholfen. Dann habe ich die Selbstachtungs-Diät kreiert…«

da unternommen hatte, als ich auf einen Freund traf, den ich schon seit ein paar Monaten nicht mehr gesehen hatte, und ein ›Wow! Du siehst ja großartig aus!‹ hörte. Ich fühle mich auch gesünder. Neulich habe ich mal geheult und, als ich dann in den Spiegel sah, um den Schaden in meinem Gesicht zu begutachten, war ich geradezu geschockt, als ich statt einer Person mit bleichen aufgeschwemmten Backen und Säcken unter den Augen eine gut aussehende Frau erblickte. Ich hatte eine Transformation durchgemacht. Ich war anders. Ich wischte meine Tränen ab. Ich war in Ordnung.«

Lernen Sie, Ihren physischen Körper zu lieben

Abgesehen davon, daß Sie sich mit Ihrer Gesundheit und Ihrem Körpergewicht befassen und zurechtkommen, sind da noch ein paar allgemeinere Themen, die mit der Entwicklung eines positiveren Körperbildes in Zusammenhang stehen. Wie können Sie mit Ihrem Körper mitfühlend umgehen? Ihren Körper sogar lieben? Denken Sie über folgende Möglichkeiten nach:

1. Wenn Sie Ihr äußeres Erscheinungsbild verbessern möchten, dann eifern Sie nicht einem Ideal nach, das jemand anders vorgibt – oder all die anonymen »sies« dieser Welt vorgeben. Sie haben ein Recht, sich so zu präsentieren, wie Sie gerne gesehen werden möchten. Sie können dazu beitragen, daß dieser Schönheitsmythos ein Ende findet, der dazu benutzt wird, »die Reichen von den Habenichtsen zu unterscheiden und damit auch Frauen untereinander zu spalten«, schreibt Rita Freedman. »Die engen Grenzen der Definition von Schönheit können durchaus erweitert werden, um Platz zu schaffen für die gedrungeneren, älteren, unscheinbaren, farbloseren, sommersprossigen und drolligen Gesichter unter uns.« Zur Erweiterung der allgemeinen Schönheitsvorstellung rät sie uns, andere (und sich selbst) zu unkonventionellen Schönheitsoptionen zu ermutigen. Auf diese Weise tragen Sie dazu bei, daß die Norm sich ändert, und es für Sie und andere leichter wird, sich selbst anzunehmen.[21]

2. Denken Sie daran, daß Sie mit Ihrem Körper anderen ein ganzes Bild, eine Gesamtgestalt präsentieren. Vor dem Spiegel konzentrieren Sie sich vielleicht auf das, was Sie als Ihre »fetten Oberschenkel« erachten, aber andere Menschen sehen Sie sehr wahrscheinlich als *Ganzes*. Sie werden vermutlich nicht die Stellen an Ihnen bemerken, die für Sie mit Makeln behaftet sind. Üben Sie sich darin, im Spiegel Ihre Gesamtpersönlichkeit zu sehen – so wie andere Menschen auch. Sollten Sie sich dabei ertappen, daß Sie etwas an Ihrem Körper verabscheuen, dann geben Sie sich einen Befehl: »Hör auf damit! Es ist an der Zeit, daß du mehr Mitgefühl für dein Gesicht, deine Hüften und all die anderen Stellen entwickelst, die du so unakzeptabel findest. Sie haben lange genug gelitten!«

Hören Sie auf, bei den kleinen körperlichen Einzelheiten zu verweilen, damit Sie für Ihr Selbst-Bewußtsein frei sind.

3. Erlauben Sie sich, körperliche Makel aufzuweisen. »Wenn ich die Models in *Vogue* ohne ihr Make-up etc. im Supermarkt treffen würde, dann sähen sie so aus wie wir«, sagt eine Frau. Und wenn wir genau hinsehen, würden wir auch ein paar Mängel entdecken. Mit dem Einsatz von Make-up-Künstlern, kreativer Beleuchtungstechnik und empfindlichen Kameralinsen suggerieren die Models der Medien eine aufgeblasene Norm, mit der die normale Frau nicht konkurrieren kann.

4. Schreiten Sie ein, wenn Sie einen negativen inneren Dialog führen. Denken Sie daran, daß Sie, wenn Sie Ihre »Ekelanwallungen« haben, wie Marney es nennt, Botschaften in Ihrem Kopf abspulen, die vielleicht vor 15, 20 oder 30 Jahren aufgenommen und gespeichert wurden.

Eine Frau fühlt noch immer den Schmerz, den ihr die Bemerkung eines Nachbarjungen zufügte. Sie war 13, als er zu ihr sagte: »Deine Eltern tun mir leid, weil sie dich ewig am Hals haben werden. Du bist so häßlich, daß dich niemand heiraten will.« Und es spielt keine Rolle, daß derselbe Junge, als er sie 20 Jahre später sah, fand, sie sähe aus »wie eine Million Dollar«. Sie quält sich noch immer mit seiner einstigen Bemerkung und all den anderen negativen Botschaften herum, die sie damals in sich aufnahm.

5. Schätzen und achten Sie Ihren Körper eher für seine Funktionsweise als für sein Aussehen. »Erkennen Sie Ihren Körper als das, was er ist«, betont Barbara Harris, Chefredakteurin der Zeitschrift *Shape*, »– ein kostbares physisches Wunder, durch das Sie das Leben erfahren... Ihr Körper ist nicht Ihr Feind, den man dafür kritisiert und tadelt, weil er nicht die ›richtige Form‹ aufweist, sondern er ist dazu da, Ihnen zu dienen.«

Investieren Sie deshalb in Ihren Körper, und machen Sie die Körperübung zum wesentlichen Bestandteil Ihres Lebens, rät sie. »Durch die Körperübung werden Sie anfangen, sich auf einer höheren Ebene mit Ihrem Körper zu verständigen. Sie werden lernen, ihn zu respektieren. Sie werden seine Bedürfnisse wahrnehmen, seine Grenzen spüren und wissen, wie wichtig Ruhepausen und fürsorgliche Pflege für ihn sind. Sie werden allmählich erkennen, daß Ihr Körper auf *Sie* zugeschnitten ist und niemand sonst. Sie werden auch erleben, daß er auf die Übungen auf seine ganz eigene, einzigartige Weise reagiert – gemäß *Ihrer* genetischen Struktur... Und Sie werden erkennen, daß Ihr idealer Körper nicht durch den Blick in den Spiegel zu finden ist, sondern durch Gefühl und die Wertschätzung dessen, was er, wenn er in Bewegung ist, für Sie leistet.«[22]

Bestätigen Sie sich selbst

Wenn Sie das Selbst nähren wollen, müssen Sie sich auch unbedingt als die akzeptieren, die *Sie* sind. Walt Whitman brachte es auf den wesentlichen Punkt, als er schrieb: »Widerspreche ich mir? Na gut, dann widerspreche ich mir.« Damit meint er: Ich bin, die ich bin, die ich bin, die ich bin... Und ich nehme *alles*, was ich bin, liebend an.

Selbstbestätigung in diesem Sinne beinhaltet auch, daß Sie alle Ihre Schwächen und Grenzen, ohne sich dafür zu entschuldigen, als gegebenen und akzeptablen Bestandteil Ihrer selbst annehmen.

Dieses Prinzip spiegelt sich im Bericht einer Frau wider: »Schon von Kindheit an konnte ich nie gut buchstabieren, und ich habe akzeptiert, daß ich dieses Problem immer haben werde. Ich mag nun auch den Spruch von Mark Twain, der sagt; daß ein Mensch, der ein Wort nicht mindestens auf zwei verschiedene Weisen zu buchstabieren weiß, nicht sehr kreativ ist. Ich habe mich immer davor gedrückt, Briefe zu schreiben, weil ich nie imstande war, alle meine orthographischen Fehler zu berichtigen. Heute schreibe ich Briefe und setze einfach hinzu: ›Bitte setze Deine Vorstellungskraft ein, um herauszufinden, was ich meine.‹«

Selbstbestätigung in diesem Sinne heißt auch, daß Sie sich als einen Menschen mit Vorlieben akzeptieren, für die Sie sich nicht zu rechtfertigen brauchen. Zu diesem Punkt erzählt eine Frau: »Wenn wir auf Reisen gehen, schmeißt mein Mann einfach alles in einen Koffer und ist reisefertig. Aber ich bin da anders. Ich muß eine Reise in allen Einzelheiten planen, was mich im Normalfall drei Tage kostet. Als ich meine Vorbereitungen für unsere letzte Reise traf, kritisierte mein Mann an mir herum. Schließlich sagte ich: ›Ich mag *gerne* die Reisen planen und mich um die Details kümmern. Für mich ist es okay, so sorgfältig zu sein – mir machen die Reisen so mehr Spaß.‹«

Weiterhin bedeutet größere Selbstbestätigung, daß Sie sich Ihre Stärken zubilligen und nicht für Ihre Grenzen oder Ihr noch nicht erreichtes Entwicklungsstadium klein machen. Eine Frau erzählt: »Ich habe mir eine Liste von Dingen gemacht, die ich kann, von Talenten, die ich habe, Ressourcen, über die ich verfüge, und die liegt auf meinem Kühlschrank. Wenn ich mich entmutigt fühle, schaue ich mir die Liste an und erinnere mich an all die Vorzüge, die mir helfen können, solche Momente durchzustehen.«

Wichtig ist auch, daß Sie sich immer wieder bejahen. Untersuchungen der Verhaltenspsychologie ergeben, daß 77 Prozent aller unserer Gedanken negativ und unproduktiv sind und gegen das Selbst arbeiten, berichtet Shad Helmstetter in seinem Buch. Uns gehen ständig zahllose unbemerkte, aber sehr stark prägende Gedanken und Sätze durch den Kopf. Wie können wir also, so fragt er, das Beste von unserm *Selbst* erwarten, wenn wir ihm unentwegt solche Dinge vorbeten wie:

- Die Arbeit bringt mich nicht weiter.
- Ich habe Gewichtsprobleme.
- Ich scheine das nie aufholen zu können.
- Ich bin nicht gut im...
- Ich scheine nie mal zu einer Atempause zu kommen!

Es wäre doch sehr viel besser, wenn das, was Sie zu sich selbst sagen, für, statt gegen Sie arbeitet, meint Helmstetter und führt den Kontrast gleich vor:

- Ich mache Fortschritte bei der Arbeit.
- Ich kriege mein Gewicht in Griff.
- Ich hole das alles wieder ein.
- Ich habe ein ausgezeichnetes Gedächtnis.
- Ich bin gut im...
- Ich habe Glück, daß alles so gut für mich läuft.[23]

Die Informationen und Instruktionen, die Sie sich selbst geben, beeinflussen natürlich Ihre Entscheidungen und Ihre Selbstachtung. Im Normalfall sind Ihnen viele Ihrer Gedanken nicht direkt bewußt oder sind unkontrolliert. Aber wenn Sie Ihre Gedanken mal beobachten, können Sie sie auch untersuchen und überprüfen. Stoßen Sie auf negative Gedanken, dann streichen Sie sie ganz bewußt und setzen Sie an ihre Stelle positive Gedanken. Das wird Ihnen eine ganz neue Vision von Ihrer Person eröffnen, und Sie werden Ihre inneren Stärken besser zu schätzen wissen.

Schließlich beinhaltet Selbst-Bestätigung auch die Herausforderung, dieses Selbst voll und ganz zu lieben. Die meisten Menschen erreichen dieses Ziel nicht, »weil sie ihr ganzes Leben lang gelernt haben, daß Selbstliebe mit Arroganz und Egoismus eng verwandt ist, Eigenschaften, die unter allen Umständen unterdrückt werden müssen, schreibt Harold Bloomfield in seinem Buch. Dieser irrige Glaube ist verantwortlich für unendlich viel an selbstzerstörerischem Verhalten und selbst bewirktem Unglück.

Wollen Sie lernen, sich selbst zu lieben, dann müssen Sie eine Anzahl unterstützender und aufbauender Verhaltensweisen annehmen, schreibt Bloomfield. Dazu gehört unter anderem, daß Sie:

- Sich selbst Anerkennung zukommen lassen.
- Mit sich selbst sanft und voller Zuneigung sprechen.
- Ihrer inneren Stimme und Intuition vertrauen.
- Ihr volles Potential und Ihre Kreativität verwirklichen.
- Sich selbst vergeben.
- Spaß haben – eine Menge Spaß!
- Frei und locker sind.
- Die Verantwortung für sich übernehmen.
- Ihre eigenen Vorstellungen und Regeln entwickeln.
- Sich belohnen, wenn Sie es verdienen.
- Risiken zu Ihrer Weiterentwicklung eingehen.
- Freude und Vergnügen voll und ganz empfinden im Wissen, daß Sie sie verdienen.
- Ihren Körper mögen.
- Darauf achten, daß Sie so gut wie möglich aussehen.
- Sich erlauben, Ihre Träume zu verfolgen.
- Sich mit unterstützenden und bereichernden Menschen umgeben.
- Sich mit Schönheit umgeben.
- Ungezwungen die Zuneigung und Komplimente anderer akzeptieren.[24]

Wenn Sie sich diese selbstbestätigenden Verhaltensweisen aneignen, wird Ihnen das bei der Verwirklichung Ihres vollen Potentials helfen. Von dem hassidischen Rabbi Zusya erzählt man sich die Geschichte, daß er, als man ihn auf dem Totenbett fragte, wie man sich seiner Meinung nach das Reich Gottes vorzustellen hätte, zur Antwort gab: »Ich weiß es nicht. Aber *eines* weiß ich. Wenn ich dort bin, wird man mich nicht fragen: ›Warum warst du nicht Moses? Warum warst du nicht David?‹ Man wird mir nur die Frage stellen: ›Warum warst du nicht Zusya? Warum warst du nicht voll und ganz du selbst?‹ «[25]

KAPITEL 10

Investition in Ihr »Selbst«

Für die innere Fülle einer Frau ist es ganz wesentlich, daß sie in ihr Selbst investiert. Manche Frauen mögen sagen: »Also, ich habe ja versucht, für all diese etwas verwirrenden Dinge des ›Neuen Zeitalters‹ aufgeschlossen zu sein und Geduld aufzubringen, aber das hier ist einfach zuviel. Ich kann nicht in mich investieren, weil ich (und hier folgen vier Gründe):

- zu beschäftigt bin,
- zu müde bin,
- zu ausgelastet damit bin, mich um andere Menschen zu kümmern. (»*Sie* brauchen mich mehr, als *ich mich*!« erklärt eine Frau),
- es nicht verdiene.

Also, falls Sie eine zu müde/zu beschäftigte Frau sein sollten, dann wird es Sie freuen zu hören, daß jetzt eine neue, verbesserte Methode zur Investierung in sich selbst gefunden wurde. Manche Frauen nehmen sich einen freien Tag für ihre geistige Gesundheit, wie sie erzählen, aber nun besteht die Möglichkeit, sich dafür nur ein paar Minuten zu nehmen! Der Autor Spencer Johnson nennt es die »Eine Minute«-Methode zur Investierung in sich selbst. In einem Artikel schreibt er: »Können Sie sich vorstellen, was passieren würde, wenn Sie mit Ihrem Wagen in hohem Tempo und ohne Rücksicht auf irgendein Stopzeichen durch die Stadt rasten – die Verletzungen, die Sie sich und allen anderen zufügten, die unseligerweise Ihren Weg kreuzen?« Genauso führen manche Frauen ihr Leben, meint er. Er spielt im wesentlichen darauf an, daß so manche Frau ihren Fuß vom Gaspedal nehmen und auf die Bremse treten müßte – mal in ihren Aktivitäten innehalten und darüber nachdenken sollte, wo sie steht und was sie braucht.

Der Tag hat 1440 Minuten, rechnet Johnson vor und betont, wie wichtig es ist, daß Sie sich jeden Tag ein paar dieser Minuten nehmen, um Ihr Leben allmählich ins Gleichgewicht zu bringen. Mit dieser nur wenige Minuten benötigenden Methode des »Stop, Schau und Lausche« können Sie damit beginnen, sich um jene Person zu kümmern, die Ihrer Fürsorge am meisten bedarf – um Sie selbst.

Der erste Schritt dabei ist der, daß Sie Ihr eigenes geistiges Stopzeichen wahrnehmen und beachten, erklärt Johnson. Was immer Sie tun: *Stop*!

Der zweite Schritt: *Schau*! Schauen Sie sich an, was Sie denken und tun. »Üben Sie keine Kritik. Treffen Sie keine Werturteile. Beobachten Sie nur, was sich tut. Beobachten Sie sich selbst so, wie Sie jemand anders beobachten würden. Seien Sie Zeugin Ihrer eigenen Gedanken«, rät er.

Verbringen Sie dann, wenn Sie sich ein geistiges Bild vom Geschehen gemacht haben, einen Moment in absoluter Stille. Werden Sie innerlich ganz ruhig und fragen Sie sich: »Wie kann ich heute am besten für mich sorgen?« Oder: »Wie kann ich jetzt gleich am besten für mich sorgen?« Und dann: *Lausche*! »Am Anfang werden Sie vielleicht nichts hören, aber haben Sie Geduld«, rät Johnson weiter. »Analysieren Sie nicht. Versuchen Sie nicht, durch Nachdenken zu einer Antwort zu kommen. Sie verlieren sich nur in einem Labyrinth komplizierter Gedanken. Albert Einstein wußte, daß wir letztlich nicht auf diese Weise zu Antworten kommen. ›Die Antwort kommt‹, so soll er gesagt haben, ›während du einen Apfel ißt.‹ «[1]

Wenn wir uns nun dem dritten Grund zuwenden, aus dem Frauen sich von einer Investition in sich selbst abhalten lassen – die ewige Fürsorge für andere –, dann denken Sie über folgende Fragen nach: »Warum kommen *alle anderen* zuerst, bevor die Reihe an dir ist?«

Ein sehr intuitiver Ehemann stellte diese Frage seiner Frau, als ihm ihre Neigung auffiel, sich auf Kosten ihrer eigenen Person um andere zu kümmern. Die Antwort darauf lautet, daß seine Frau, wie die meisten Fürsorgerinnen, aufs Geben und nicht aufs Empfangen programmiert ist. Gerät sie auf unvertrautes Gelände – kümmert sie sich um sich selbst (was sie in die Situation einer Empfängerin bringt) –, dann heulen ihre Alarmsirenen auf. Das Wort *egoistisch* blinkt in ihrem Kopf auf, und sie tritt in der Regel einen hastigen Rückzug an.

Eine so disponierte Frau berichtet: »Ich versuche mir Zeit zu nehmen und überlasse meinem Mann ab und zu die Kinder, aber ich habe immer Schuldgefühle, so als würde ich ihm Ungelegenheiten bereiten. Ich vergewissere mich, daß alles perfekt ist, bevor ich gehe, damit auch alles glatt läuft. Ich sollte imstande sein, genau wie er einfach zu sagen: ›Ich gehe heute zum Fischen‹, und verschwinden, aber ich kann das nicht. Ich fühle mich törichterweise so dankbar, daß mich mein Mann überhaupt irgendwo hingehen läßt!«

Erinnern Sie sich an ein Prinzip, das wir schon früher besprochen haben? »Wenn Sie sich um *sich selbst* kümmern, können Sie auch sehr viel besser für *andere* sorgen!« Die Haltung, die Frauen hier einnehmen müssen, gleicht den Anweisungen an die Flugzeugpassagiere vor dem Flug, meint eine Frau. »Im Notfall sollen Sie erst selbst die Sauerstoffmaske anlegen, bevor Sie Ihren Kindern helfen. Die meisten Mütter würden sich zuerst um ihre Kinder kümmern – sich also selbstlos verhalten –, aber was nützt es den Kindern, wenn ihre Mutter tot ist? Sie müssen sich zuerst um sich selbst kümmern!«

Der letzte Grund, den Frauen für ihre Schwierigkeiten bei der Investierung in sich selbst angeben – »ich verdiene es nicht« –, ist zugegebenermaßen schwer auszutreiben, weil dieses Gefühl in Frauen so tief sitzt. Hier handelt es sich um eine weitere Manifestation des in Kapitel Neun besprochenen »Ich verdiene es nicht Syndroms«. Eine Frau erklärt: »Ich habe immer das Gefühl, daß mir nur die Sonderangebote im Ausverkauf zukommen.« Und eine andere: »Jahrelang hatte ich das Gefühl, daß für mich kein

Geld mehr übrigbleibt. Ich kann zwar Dinge für die Kinder, das Haus, meinen Mann, den Hund (auch der Hund kriegt ab und zu was besonders Leckeres!) kaufen, aber nicht für mich.«

Selbst wenn eine Frau über Geld verfügt, heißt das nicht unbedingt, daß sie in dieser Hinsicht ihre Schwierigkeiten los ist. »Solange meine Kinder im Haus waren, hatte ich ein schlechtes Gewissen, wenn ich Geld für mich ausgab«, berichtet eine Frau. »Jetzt, da meine Kinder aus dem Haus sind und ich einen guten Job und ein bißchen Geld habe, habe ich Schuldgefühle, weil ich alles haben kann, was ich will. Meine Schuldgefühle nehmen kein Ende!« Diese Frau denkt wahrscheinlich nicht zweimal über 70 Dollar nach, die sie für das Abschlußballkleid ihrer Tochter ausgibt – oder darüber, daß sie den Stoff kauft und zwei Wochen damit verbringt, es selbst zu nähen. Aber für sie ist nichts drin. *Wenn dann Geld übrigbleibt, nehme ich es für mich,* denkt sie. *Und wenn ich dann Zeit übrig habe, nehme ich sie mir.* Aber dieser Fall tritt nie ein. Und die Frau wartet. Und sie wird wütend, weil sich niemand um ihre Bedürfnisse kümmert. Und sie erkennt nicht, daß die Verantwortung dafür vor allem bei ihr liegt.

Sollten diese Ausführungen Sie irgendwie überzeugt haben, und wollen Sie über Möglichkeiten einer Investition in Ihre eigene Person nachdenken, dann führen Sie sich die folgenden, speziell für Sie entworfenen Investitionsstrategien zu Gemüte. Zunächst müssen Sie sich diese außerordentlich kühne Einstellung zu eigen machen.

»Ich werde in mich selbst investieren. Ich bin es wert!«

Eine Frau, die diese Absicht hegt, berichtet: »Ich sag mir immer: ›Heute muß ich mit meinen Körperübungen anfangen. Heute muß ich mich in meiner Malerei üben.‹ Aber dann gehe ich statt dessen in die Küche und laß mir irgend etwas fürs Essen einfallen, das meinem Mann besonders gut schmeckt.«

Diese Frau fällt immer wieder in die Einstellung zurück: Andere Menschen sind es wert – ich bin es nicht! Eine sehr viel zuträglichere Haltung wäre: Andere Menschen sind es wert – und ich auch.

Die meisten Frauen müssen lange kämpfen, bis sie sich zu dieser Haltung durchringen können. Eine Frau erzählt: »Als ich meine Ausbildung in Betriebswirtschaftslehre beendet hatte, brauchte ich für die Vorstellungsgespräche etwas zum Anziehen. Ich sah mich um und entdeckte ein sehr schönes Kleid. Es paßte perfekt, und ich sah fabelhaft darin aus. Aber ich quälte mich mit der Entscheidung, ob ich es kaufen sollte. Ich hatte Schuldgefühle, weil ich dieses Geld nicht für Kleider oder Schuhe für meine Kinder ausgab; weil ich das Geld für mich ausgeben wollte. Aber schließlich kaufte ich das Kleid doch. Ich kann mich noch erinnern, wie ich dann im Schlafzimmer saß und es anschaute. Ich hängte es in den Schrank, nahm es wieder heraus, um es noch mal anzuschaun. Da wurde mir endlich klar, wie wenig ich mich um mich selbst kümmerte! Das war vor ein paar Jahren. Seither sage ich mir: ›Ich verdiene eine gute Behandlung. Ich bin es wert.‹ Aber bis zum heutigen Tag schau ich mich immer erst bei den Sonderangeboten und beim Ausverkauf um.«

Diese plötzliche Anwandlung: »Ich bin es tatsächlich wert«, kann für jede Frau sehr verwirrend sein, die chronisch eine entgegengesetzte Haltung einnimmt. So berichtet eine sich weiterentwickelnde Fürsorgerin: »Ich ging einkaufen und wollte eigentlich nur ein paar Zusatzblätter für mein Filofax kaufen. Aber dann war ich fasziniert von all den Dingen, die ich sah. Zu Hause angekommen, breitete ich meine Schätze auf dem Bett aus, um mich daran zu erfreuen. Dann trat mein Mann ins Zimmer. Ich sah ihn an und da kam's mir: *Er* hat ja auch ein Filofax – und ich hatte all diese Dinge nicht für ihn gekauft! Ich war geschockt, denn normalerweise hätte ich zwar all das gekauft, aber für *ihn* und *sein* Filofax. Für meine Person hätte ich damit normalerweise bis zu einem unbekannten ›Später‹ gewartet. Ich war geschockt, denn das war eine neue Rolle für mich. Ich hatte nicht an ihn gedacht! Ich hatte das Gefühl, bei etwas ganz Schrecklichem ertappt worden zu sein, und löste den Konflikt, indem ich meinen Mann fragte, ob ich irgend etwas von diesen Dingen auch für ihn besorgen sollte. Dann dachte ich: *Das ist ganz gewiß eine ausgewogenere Reaktion, die ich da neuerdings habe. Aber werde ich nicht ein bißchen ZU frei?«*

Wenn Sie in sich selbst investieren, heißt das nicht, daß Sie sich selbst mehr zukommen lassen als jemand anders. Es bedeutet nur ganz einfach, daß Sie sich genausoviel geben. Eine Vorstellung, mit der viele Frauen Schwierigkeiten haben, wie die Geschichte, die Marcy von ihrer Mutter erzählt, illustriert:

»Meine Mutter und ich gingen in ein Kaufhaus, und sie besah sich ein paar im Preis herabgesetzte Männerhemden. ›Oh, das hier würde deinem Vater sehr gut stehen, und diese hier sähen an deinen Brüdern gut aus‹, sagte sie und sammelte einige Hemden ein. Auf dem Weg zur Kasse kam sie durch die Damenabteilung, zeigte auf ein Kleid und sagte: ›Oh, Marcy, das ist das wunderbarste Kleid, das ich je gesehen habe. Aber ich kann's nicht kaufen, es kostet 50 Dollar. Sie bezahlte die Hemden, die 115 Dollar kosteten. Als wir das Kaufhaus verließen, blieb sie plötzlich stehen und sah mich nachdenklich an. ›Weißt du was?‹, sagte sie, ›ich hätte für weniger als die Hälfte des Geldes, das ich für die Hemden ausgegeben habe, dieses schöne Kleid kaufen können.‹ ›Ich weiß, Mama‹, sagte ich. ›Und abgesehen davon hat jeder in der Familie mehr als genug Hemden.‹ Sie ging weiter: ›Da hast du recht‹, erwiderte sie – und trug die Hemden nach Hause!«

Wenn Marcys Mutter vor der Entscheidung steht, ob sie zählt oder nicht, bezieht sie unweigerlich die Position: *Andere Leute zählen. Ich nicht.* Will sie in sich investieren, dann muß sie sich zu der kühnen Einstellung durchringen: *Sie zählen – und ich auch!*

Sie müssen sich vielleicht stählen, um diese Position einnehmen zu können. Keine geringe Herausforderung! Eine Frau schildert ihren Kampf, als sie es sich zur Regel zu machen versuchte, jeden Abend eine halbe Stunde spazierenzugehen. »Wochenlang versuchte ich, mir die Zeit zu diesem Spaziergang zu nehmen, aber meist wurde ich irgendwie abgehalten. Meine Kinder durchkreuzten meine Pläne durch Bemerkungen wie: ›Aber Mammmmmmi, geh nicht *jetzt*! Du mußt mir bei den Hausaufgaben helfen‹ oder ›ich muß jetzt sofort in diesen Laden!‹ Also blieb ich zu Hause und half, bis es für den Spaziergang zu spät war. Schließlich wurde mir klar, daß ich mir ganz entschieden Raum schaffen mußte, wenn ich regelmäßig zu meinem Spaziergang kommen wollte. Ich erklärte also meinen Kindern: »Ihr habt mich fast den ganzen Abend, aber von halb sieben bis sieben habe ich Zeit für *mich*. Das ist die Zeit, die ich mir für meine geistige Gesundheit nehme. Wenn ihr mich braucht, dann richtet euch bitte entsprechend ein.‹ Danach gab's keine Probleme mehr. Und häufig hörte ich meine Kinder zueinander sagen: ›Frag Mama jetzt nicht, sie muß ihren Spaziergang machen. Sie braucht ihn für ihre geistige Gesundheit.‹«

Die Frau, die trotz der Opposition von seiten der »sies« dieser Welt eisern durchhält und bei ihrer Position des »ich zähle« bleibt, darf auf Lohn hoffen. Eine Hausfrau berichtet: »Monatelang plagte ich mich mit der Entscheidung herum, ob ich zu einer Malklasse gehen sollte, weil sie Geld kostete. Schließlich ging ich, und es war so erhellend für mich, daß ich fast das Gefühl hatte, es sei ein Licht im Raum. Ich meinte, gestorben und nun im Himmel gelandet zu sein. Ich schaute die andern an, um festzustellen, ob sie sich auch so freuten wie ich. Als ich dann meinen Kindern mein erstes Bild zeigte, waren sie so begeistert, daß sie es an die Kühlschranktür klebten. Für sie war Mami nun nicht mehr einfach Mami. Aus ihr war *Mami – die Künstlerin* geworden!«

Wenn Sie in sich investieren, dann ist der vielleicht größte Luxus, den Sie sich leisten, der, daß Sie sich jede Woche ein paar Stunden für sich allein gönnen. Deidre Laiken schreibt in einem Artikel dazu: »Noch gestern erst, so scheint mir, war mein ganzes Leben praktisch damit ausgefüllt, die Waschmaschine, die Spülmaschine und das Auto zu beladen und zu entladen. Ich war ständig hektisch beschäftigt, kümmerte mich um die Bedürfnisse aller und achtete selten auf mich. Dann beschloß ich an einem Frühlingstag, mir ein paar Minuten zu stehlen und nach den Tulpen zu sehen, deren Zwiebeln ich im Herbst hastig eingepflanzt hatte.«

Diese wenigen Minuten veränderten ihr Leben. Sie erlebte einen seltenen Augenblick der heiteren Gelassenheit und begann sich zu fragen, wie ihr Leben wohl aussähe, wenn sie sich regelmäßig etwas Zeit für sich nähme. Sie sorgte dann dafür, daß sie sich jeden Tag kleine, aber intensive neue Vergnügungen gönnte – das Durchblättern von ansprechenden Zeitschriften, Spaziergänge im Regen, Museumsbesuche.

Eine neue Welt tat sich ihr auf, und sie schreibt: »Wir alle haben unendlich weite, geheimnisvolle Welten in uns, aber nur wenige von uns nehmen sich die Zeit, dieses Terrain zu erkunden. Wir sind so in unser temporeiches Leben und in das Umsorgen und die Unterstützung anderer verwickelt, daß wir den Kontakt mit einem wichtigen Teil von uns selbst verlieren. Wohl wahr, es braucht zu Beginn ein bißchen Mut, aber wenn Sie so sind wie ich, dann werden Sie diese Zeit zu schätzen wissen. Vielleicht entdecken Sie sogar eine aufregende alte Freundin wieder, deren Gegenwart Sie lange entbehren mußten – Sie selbst!«[2]

Übernehmen Sie die Verantwortung für Ihre Weiterentwicklung und Betreuung

Die Investition in sich selbst erfordert auch, daß Sie die volle Verantwortung für Ihre Weiterentwicklung und Betreuung übernehmen. Und das bedeutet auch zuweilen, daß Sie Ihre entsprechenden Bedürfnisse anderen Leuten vermitteln müssen.

Sind Sie verheiratet, dann sind Sie vielleicht in der glücklichen Lage, daß Ihr Mann Ihre Wachstumsbestrebungen unterstützt. Eine Frau erinnert sich: »Ich war schon 30, da ermunterte mich ein Musiklehrer, Gesangsunterricht zu nehmen. Ich dachte, ich sei schon zu alt dazu, aber mein Mann fragte: ›Und wie alt schaust du aus, wenn du ihn nicht nimmst?‹ Ich nahm Gesangsunterricht.«

Eventuell haben Sie, ob nun alleinstehend oder verheiratet, das Glück, daß Sie andere – Eltern, Verwandte, Freunde – unterstützen und ermuntern, wenn Sie etwas für sich tun.

Aber was, wenn Sie nicht so ohne weiteres Unterstützung finden? Was tun Sie dann? Werden Sie nachgeben und den Widerstand einer anderen Person als Ausrede benutzen, um sich nicht um Ihre Weiterentwicklung kümmern zu müssen? Oder werden Sie für sich kämpfen?

Eine Frau gesteht: »Ich gebe nach. Ich lege hastig den Rückwärtsgang ein, wenn das, was ich will, jemand anderem unangenehm ist oder sie oder ihn unglücklich macht. Ich muß schon ein sehr deutliches Signal der Zustimmung von jemand kriegen, um nicht Schuldgefühle zu haben, wenn ich etwas für mich tu.« Wenn Sie hier auf Erlaubnis warten oder nachgeben, dann schmälern Sie Ihr Selbst und lehnen die Verantwortung für Ihre eigene Vormundschaft und Ihr Wachstum ab.

Wollen Sie aber die Verantwortung übernehmen und für sich einstehen, müssen Sie sich als erstes als ein Wesen mit legitimen Bedürfnissen betrachten. Und das fällt den meisten Frauen äußerst schwer. Eine Frau berichtet: »Auch wenn ich sehr erschöpft bin, erlaube ich mir nur dann mal eine Pause, wenn ich krank bin. Manchmal wünsche ich mir geradezu, so krank zu sein, daß ich für eine Weile ins Krankenhaus muß und somit eine echte Entschuldigung dafür habe, daß ich mich mal ausruhe.« Und eine andere: »Ich kann nur dann einem Bedürfnis von mir nachgehen, wenn ich einen sehr guten Grund dafür habe.«

Viele Frauen haben das Gefühl, daß sie keine Bedürfnisse haben sollten, und wenn dann unvermeidlicherweise doch eins auftaucht, fühlen sie sich oft schuldig, schieben es folglich beiseite und nehmen ihre Zuflucht zur Selbstverleugnung. Aber ein solches Verhalten fordert seinen Preis. In einem Artikel schreibt Andrea Thompson, daß Frauen »immer ihre rein privaten Vergnügen zurückstellten, wenn keine Zeit dazu war, und dieser Amputation teils mit Wut, teils mit Wehmut, teils mit einem Gefühl von Selbstgerechtigkeit zusahen«. Aber es kommt etwas in Bewegung, schreibt sie, und die Frauen merken, daß auch ihre Bedürfnisse wichtig sind. Diese nicht mehr zu leugnende, wunderbare, lebenspendende Information – eine, die Frauen sich schon längst hätten zukommen lassen müssen –, besagt, daß es »angemessen und richtig und gut ist, wenn Sie, abgesehen davon, daß Sie rechtzeitig zur Arbeit kommen, darauf achten, daß Ihre Kinder frühstücken, die

Geburtstagsparties planen und dafür sorgen, daß Ihr Mann sein frisches Hemd vorfindet, auch noch ein ausgedehntes Bad nehmen oder einen langen Spaziergang machen oder Jane Austen lesen oder lernen, die Gitarre zu spielen«[3].

Nehmen Sie sich einen Moment Zeit und fragen Sie sich: Was für Bedürfnisse habe ich als eigener Mensch? Es mag eine ganze Anzahl von Bereichen geben, in denen Sie nach mehr Nahrung oder Erfüllung dürsten. Brauchen Sie zum Beispiel:

- mehr Zeit für sich?
- mehr Zuneigung?
- mehr Spaß und Erholung?
- mehr Zeit zum Ausruhen und Entspannen?
- mehr Zeit, um sich einem Talent oder einem Interesse zu widmen?
- mehr Entscheidungsfreiheit in Dingen, die Ihr Leben betreffen?
- mehr Ideen- und Gedankenaustausch mit anderen?
- mehr intimen Austausch in emotionaler oder spiritueller Hinsicht?
- mehr Unterstützung für persönliche Bedürfnisse und Ziele?
- mehr Einfluß auf die finanziellen Angelegenheiten?
- mehr Hilfe im Haushalt oder bei den Kindern?
- mehr Gelegenheit für lockere und bereichernde Kommunikation?
- mehr Zeit für Ihre persönliche Pflege – um Ihre Dinge in Ordnung zu halten, einen persönlichen Stil zu entwickeln, informiert zu sein, sich physisch und emotional fit zu fühlen?

Sie sind ein sich ständig weiterentwickelndes und wachsendes Wesen und brauchen daher ein Selbstbetreuungs-, Reparatur- und Förderungsprogramm. Und Sie sind diejenige, die dieses Programm entwickeln muß. Niemand sonst kann durchwegs mit Ihren Bedürfnissen in Kontakt bleiben oder sie ständig anderen vermitteln. Sie sind diejenige, die dazu ausersehen ist, Ihre Bedürfnisse zu erkennen und zu klären. Das sind gute Neuigkeiten, denn das bedeutet, daß Sie nicht mehr darauf warten müssen, daß jemand anders das für Sie übernimmt.

Übernehmen Sie selbst die Verantwortung für Ihr Glück

Eine Investition in sich selbst bedingt auch, daß Sie die Verantwortung für Ihr Glück übernehmen. Überlegen Sie einen Moment. Wer macht Sie glücklich oder unglücklich? Ihr Mann? Ihre Eltern? Ihre Kinder? Vielleicht Freunde oder Freundinnen oder Ihr Chef?

Innerlich gestehen Sie sich wahrscheinlich ein, daß Sie diejenige sind, die sich glücklich oder unglücklich macht. Ihr Verstand mag Ihnen sagen, daß Sie für Ihr Glück selbst verantwortlich sind, aber in Ihrem Herzen schieben Sie vielleicht noch immer anderen Leuten die Verantwortung zu.

Wenn Sie sind wie die meisten anderen Menschen (auch Männer sind hier einbezogen!), dann wurden Sie zur Annahme gebracht, daß es die Aufgabe anderer Menschen ist, Sie zu erfüllen oder glücklich zu machen – und schreiben nun Ihr Unglück der Tatsache zu, daß die anderen ihrer Pflicht nicht nachkommen.

Nehmen wir das Beispiel von Lynn. Nach einem erschöpfenden Tag mit den Kindern erwartet sie nun, daß ihr Mann (der ebenfalls einen stressigen Tag hatte) sie an den Abenden glücklich macht. Sie ist ständig enttäuscht, weil es nicht zu mehr Gesprächen, mehr Gemeinschaftlichkeit, mehr Kuscheln kommt. Und so beklagt sie sich. Sie ist wütend und verletzt. *Randy macht mich unglücklich*, denkt sie. Aber was ihr Mann, Randy, möchte, ist weniger Druck, weniger Gerede, weniger Ärger, also reagiert er typischerweise nicht auf ihre Beschwerden.

Tracy hat ein ähnliches Problem. Obwohl sie es nun schon 25 Jahre lang ertragen hat, daß ihre Mutter ihren Bruder ihr vorzieht, erwartet sie noch immer von ihr, daß sie auf ihre Avancen reagiert und ihr das gleiche Maß an Aufmerksamkeit zukommen läßt – und wird regelmäßig enttäuscht. »Meine Mutter kränkt mich«, jammert sie.

Lynn und Tracy machen den gleichen Fehler: Sie setzen sich dem Schmerz aus, weil sie von anderen ein Verhalten erwarten, daß diese nun mal nicht an den Tag legen. Beide Frauen machen sich im Grunde selbst unglücklich und schieben anderen dafür die Schuld zu.

Glücklicherweise liegt es aber an Ihnen – und nicht an anderen –, ob Sie glücklich sind oder nicht. Sie haben die Macht der Kontrolle über Ihre geistige Welt. Der Autor Wayne Dyer schreibt, daß Sie, wenn jemand zu Ihnen sagt: »Stellen Sie sich eine rosa Antilope vor, eine grüne Antilope oder ein Erdferkel oder was immer Sie wollen. Sie allein haben die Kontrolle über das, was Ihnen in den Kopf kommt, und wenn Sie das nicht glauben, dann beantworten Sie nur die eine Frage: Wenn nicht Sie die Kontrolle über Ihre Gedanken haben, wer dann?«[4] Sie können es auch anders sehen und von der Annahme ausgehen, daß sich der Ausgangsort für Ihr Glück oder Unglück in Ihrem Kopf befindet und nicht bei anderen Menschen oder Dingen.

Lynn könnte sich zum Beispiel in Anerkennung der Tatsache, daß sie selbst die Urheberin ihrer Gefühle ist, sagen: »Ich rege mich ständig auf, weil Randy nicht so reagiert, wie ich es möchte. Und ich schiebe Randy die Schuld für den Ärger und die Verletztheit zu, die ich in mir hochkommen lasse. Ich muß meine Gedanken und Gefühle ändern, damit ich mich nicht immer über sein Verhalten so aufrege. Und ich muß die Initiative ergreifen und ihm meine Bedürfnisse auf positive Weise nahebringen, damit er vielleicht besser darauf eingehen kann.«

Und ganz ähnlich könnte sich Tracy sagen: »Ich mache mich dauernd unglücklich und verletzlich, weil ich von meiner Mutter eine positive Reaktion erwarte, die sie mir nicht entgegenbringen kann oder will. Ich muß aufhören, irgend etwas von ihr zu erwarten, um mir nicht dauernd selbst Schmerz zuzufügen. Ich muß mich ändern – meine Mutter wird es nicht tun. Und wenn ich etwas von ihr will, dann muß ich sie direkt darum bitten.«

Wenn Sie daran arbeiten, die Verantwortung für sich zu übernehmen, dann achten Sie auf die Erwartungen, die Sie in andere setzen. Erwarten Sie stets von den Ihnen nahestehenden Menschen, daß sie das tun, was Sie wollen? Daß sie Sie verstehen oder wissen, was Sie brauchen? Daß sie dafür sorgen, daß Sie sich nicht einsam fühlen? Daß Sie sich mit sich selbst wohl fühlen? Versuchen Sie, andere von derart unrealistischen Erwartungen zu entbinden. Denken Sie daran, daß es Ihre Aufgabe ist, sich glücklich zu machen.

Stellen Sie auch fest, ob Sie chronisch andere Leute oder Dinge für das verantwortlich machen, was in Ihrem Leben schiefgeht, also ihren Fokus nach außen verlagern. Wollen Sie weiterkommen, dann konzentrieren Sie sich nach innen auf Ihre eigenen Gedanken, Gefühle, Entscheidungen und Möglichkeiten, und gehen Sie davon aus, daß Sie die Verantwortung tragen. Ihr Leben wird sich ändern, wenn *Sie* den Entschluß fassen, sich zu ändern, und Sie sich weigern, eine andere Person oder eine bestimmte Situation als Ausrede zu benutzen, um untätig zu bleiben oder zu glauben, daß Ihr Leben nicht Ihrer Kontrolle unterliegt.

Raten Sie mal, wen Frauen aufgrund ihrer gesellschaftlichen Konditionierung vor allem für ihr Unglück verantwortlich machen. Fällt Ihnen das Wort *Männer* ein, dann haben Sie richtig getippt. Frauen, die eine Beziehung mit einem Mann haben, sind geradezu berüchtigt für die mangelnde Einsicht, daß Sie die Verantwortung für ihre Entscheidungen, ihre Entwicklung und ihre eigene Zukunft tragen.

Allzuoft, schreibt Julia Cameron, geht die Frau als eigenständige Person eine Beziehung ein, um dann festzustellen, daß der Mann, den sie liebt, sie als Erweiterung seiner selbst betrachtet. Und was noch schlimmer ist, sie sieht das auch so. »Die Falle, in die so viele von uns geraten, tut sich schon in der herkömmlichen Sprache der Liebe auf: Du bist meine wahre Liebe, mein Weib, meine Frau, die Mutter meiner Kinder... Mag ja sein, daß die Frau all das ist für den Mann, den sie liebt – und glücklich dabei ist. In die Falle tappt sie, wenn sie vergißt, daß sie noch etwas anderes ist – sie selbst.« Intakt zu bleiben, wenn sie erst einmal verheiratet sind, stellt für viele Frauen eine beträchtliche und ständige Herausforderung dar. »Sehr oft wird das Jawort, das die Frau gibt, zu einer Verneinung«, schreibt Cameron. »Die Dinge, die ich früher getan habe, tu ich nicht mehr; ich sehe meine alten Freunde nicht mehr; ich sehe mich selbst nicht mehr. Ich erkenne die Frau nicht, die ich geworden bin... und kann mich kaum noch an die Frau erinnern, die ich war.«[5]

Leider kann die Frau Selbstsabotage betreiben und sich ein Leben der Desillusionierung einhandeln, wenn Sie in der Persönlichkeit Ihres Mannes untergeht und dem Mythos aufsitzt, daß er als magischer Beschützer sie stets umsorgen und unfehlbar glücklich machen wird. Tatsächlich belastet sie die Beziehung in unerträglicher Weise, wenn sie ihrem Mann die gesamte Verantwortung für ihr Glück aufbürdet.

Eine Frau erzählt: »Jahrelang war ich von meiner Ehe schwer enttäuscht und sehr wütend auf meinen Mann. Ich war leer und erwartete von ihm, daß er mich erfüllt. Aber er investierte in seine Arbeit und war selten für mich da. Wir richteten uns nach seinem Lebensstil, trafen seine Freunde und taten immer, was er wollte. Und ich lebte am Rande seines Spielfeldes, unterstützte ihn, ermunterte ihn, ebnete ihm den Weg und machte ihm das Leben leichter. Mein ganzes Selbstwertgefühl beruhte darauf, daß ich seine Frau war, und nicht auf mir als eigenständige Person. Allmählich aber konfrontierte ich mich mit diesem nagenden, tiefen Leeregefühl in mir und dem Mangel an einer eigenen Mitte. Ich merkte, daß von mir nur noch sehr wenig übriggeblieben war, daß ich tatsächlich nicht mehr wußte, wer ich eigentlich war. Schließlich entschied ich, daß nicht mein Mann das Problem war. *Ich* war diejenige, die sich von einer Weiterentwicklung abgehalten hatte, nicht er. In diesem Moment beschloß ich, ihm von nun an nicht mehr die Schuld zu geben, und mir innerhalb unserer Ehe ein eigenes Leben zu schaffen und eine eigenständige Persönlichkeit aus mir zu machen.«

Die Bestimmung des eigenen »Selbst« bedeutet für viele Frauen, daß sie sich die Macht über ihr eigenes Leben, die sie anderen übergeben haben, wieder aneignen und aktiv eigene Interessen und Aktivitäten entfalten. Roger Gould schreibt in seinem Buch: »Für Frauen, die bis zur Mitte ihrer Jahre in einer traditionellen Ehe gelebt haben, bietet die Rückkehr in einen Beruf oder

der Start einer Karriere nur eine Möglichkeit, sich in ihrem neuen Identitätsgefühl zu unterstützen oder zu bestärken. Eine Frau muß nicht unbedingt wieder berufstätig werden, um sich ihre Macht zurückzuholen. Sie kann über ihre Freiheit verfügen und sie nutzen, wie sie will. Manche Frauen engagieren sich politisch oder sozial oder in kulturellen oder künstlerischen Bestrebungen. Wichtig ist nur, daß die Frau ohne Vorbehalt ihre Macht nutzt, um *irgend etwas* anzustreben.«[6]

Sehen Sie sich, wenn Sie die Verantwortung für Ihr Leben übernehmen, in einem Prozeß des Werdens begriffen. Eine festgelegte Vorstellung von sich selbst bedeutet für das Wachstum den Todeskuß, schreibt Daniel J. Levinson in seinem Buch. »Meiner Ansicht nach beinhaltet jeder Abschnitt des Lebenszyklus' auch einen ganz bestimmten und notwendigen Wachstumsprozeß. Und ganz gleich, wie stark wir wachsen, nach einer Weile ist weiteres Wachstum angesagt.«[7]

Übernehmen Sie die Verantwortung dafür, daß Sie erwachsen werden und aus alten Schuhen herauswachsen

Wir alle wachsen irgendwie und werden ganz einfach durch die Umstände des Lebens – durch die Bewältigung verschiedener Lebenskrisen und das Altern – etwas reifer. Die Frage ist natürlich, ob wir dieses Wachstum dem Zufall überlassen oder, als Hüterin unserer selbst, unsere Weiterentwicklung systematisch planen wollen. Sie kommen gleichsam als leeres Gefäß in dieses Leben und verbringen Ihr ganzes Leben mit dem Anfüllen dieses Gefäßes – manchmal durch selbst gewählte Erfahrungen, manchmal durch Erfahrungen, die nicht Ihrer Kontrolle unterliegen. Und natürlich können Sie durch Gelegenheiten und Möglichkeiten, die Sie sich selbst schaffen, Ihre Wachstumswahrscheinlichkeit erhöhen. Laut neueren und ausgedehnten Untersuchungen ist Abwechslungsreichtum gut für Ihre Gesundheit.

In früheren Zeiten waren die Entwicklungsmöglichkeiten für die Frau begrenzt und ihre Optionen auf das Heim beschränkt, schreibt Nela S. Schwartzberg in einem Artikel. Nach damaliger herkömmlicher Auffassung war jede Rolle, die die Fürsorge für Mann und Kinder überstieg, zu anstrengend für die Frau. Ihr Vorrat an emotionaler Kraft und Energie wurde als begrenzt betrachtet, und ein starkes Engagement für irgend etwas anderes würde ihre Ressourcen überbeanspruchen. Sie würde ausgebrannt, überreizt und psychisch und physisch leidend enden. Doch die Zeiten haben sich geändert. Auf der Grundlage neuerer Untersuchungen berichtet Schwartzberg: »Frauen mit mehreren Rollen scheinen eine bessere Gesundheit, weniger psychische Probleme, ein höheres Selbstwertgefühl und mehr Zufriedenheit mit ihrem Leben aufzuweisen.« Dies gilt nicht nur für berufstätige Frauen, sondern auch für Frauen, die unbezahlt arbeiten und eine Vielfalt an sozialen und gesellschaftlichen Verpflichtungen übernommen haben. »Beschäftigter zu sein, ist besser«, meint sie ganz entschieden.[8]

Warum ist die Übernahme mehrerer Rollen besser für Frauen? Einer der Gründe dafür ist der, daß sie für ein besseres Selbstwertgefühl sorgt. Paula Piertomonaco, die an einer der oben erwähnten Untersuchungen mitwirkte, bemerkt: »Je mehr Rollen Sie übernehmen, desto größer ist die Wahrscheinlichkeit, daß Sie mit unterschiedlichen Leuten in Kontakt treten und Freedback über Ihre eigene Person erhalten. Das ermöglicht Ihnen eine vielfältige Selbstdefinition – kompetent und kreativ bei der Arbeit, unterstützend und liebevoll zu Hause, intelligent beim Studium.« Die Rollen, die eine Frau übernimmt, geben ihr ein Ziel und einen Sinn, sagen ihr, wer sie ist, und vermitteln ihr eine positivere, komplexere und differenziertere Anschauung von sich selbst. »Die Übernahme von neuen Rollen bereichert unser Identitätsgefühl, der Verlust einer Rolle schmälert es.«[9]

Mehrfache Rollen bieten uns auch Schutz im Falle unglücklicher Ergebnisse und Probleme, hebt Schwartzberg hervor: »Eine Frau, die nicht in außerhäuslichen Aktivitäten engagiert ist, hat sozusagen alles auf eine Karte gesetzt. Tod, Scheidung oder Trennung geben ihr dann unter Umständen das Gefühl, daß ihre Existenz weder Sinn noch Ziel hat.«[10]

Übernehmen Sie die Verantwortung für Ihr Wohlergehen

Wenn Sie über Möglichkeiten einer Investition in sich selbst nachdenken, dann müssen Sie unbedingt den Einfluß im Auge behalten, den der tiefe kulturelle Wandel auf die Frau von heute ausübt. Sind Sie noch jünger, dann implizieren diese gesellschaftlichen Veränderungen unter anderem folgendes: *Ob Sie nun einen Beruf ausüben wollen oder nicht, die Investition in eine Ausbildung und/oder finanziell verwertbare Fähigkeiten sind in der heutigen Gesellschaft ein Aktivposten und eine Versicherungspolice.*

Bedenken Sie, was in den letzten paar Jahrzehnten mit den Frauen passiert ist. Früher war die Frage nach dem Platz der Frau klar zu beantworten. Sie gehörte ins Haus. Und in Übereinstimmung mit dieser gesellschaftlichen Botschaft war dies auch der Ort, wo vor 20 oder 30 Jahren die meisten Frauen anzutreffen waren. Heute ist das anders. Heute sind in den USA 60 Prozent der Frauen berufstätig. Und man nimmt an, daß es im Jahre 2000 an die 75 Prozent sein werden. Auch die Voraussagen über Frauen im Zusammenhang mit ihrer Berufstätigkeit sind überraschend. So ist einer Quelle zu entnehmen, daß »die heutigen jungen Frauen vermutlich 30 und mehr Jahre eine bezahlte berufliche Tätigkeit ausüben werden. Eine verheiratete Frau ohne Kinder wird voraussichtlich 35 Jahre arbeiten. Eine Mutter mit zwei Kindern wird 22 Jahre arbeiten. Und auch eine Frau mit vier oder mehr Kindern wird 17 Jahre bezahlte Jobs innehaben. Nur eine von zehn Frauen wird nicht außer Haus arbeiten.«[11]

Was hat diese dramatische Verlagerung vom Heim an den außerhäuslichen Arbeitsplatz verursacht? Zum einen haben tiefgreifende gesellschaftliche Veränderungen die Familien großem Druck ausgesetzt. Zweistellige Inflationsraten, rasant steigende

Scheidungsraten und explodierende Kosten im Bereich der Mieten, der medizinischen Betreuung und der Ausbildung haben sie immer stärker finanziell belastet. Niemand war darauf gefaßt, daß es auch dem Mittelstand an den Kragen geht, steht in einem Artikel der *Times* zu lesen. Als Folge dieser Veränderungen braucht es heute oft zwei Gehaltsschecks, um das zu finanzieren, was viele unter einem mittelständischem Lebensstil verstehen.[12]

Daß nun so viele Frauen berufstätig sind, hat auch noch einen anderen wichtigen Grund. Obwohl sich viele Veränderungen der letzten Jahrzehnte positiv für die Frauen ausgewirkt haben, gibt es auch andere Entwicklungen, die als weniger gut anzusehen sind. Dramatische kulturelle Umwälzungen, von denen einige auch mit der Frauenbewegung zusammenhängen, haben vielen Frauen »den Boden unter den Füßen« weggezogen und sie in gewissem Sinne verraten.

Vor noch etwa drei Jahrzehnten konnte sich eine Frau sicher fühlen, wenn sie ihr Leben ausschließlich auf die Ehe abstellte und sich, war sie erst mal verheiratet, der innigen Verbindung mit ih-

»Ich laß mich jetzt noch zur Schreinerin und Mechanikerin ausbilden. Ich will nämlich mein Leben umbauen.«
© 1983, Sandy Dean in *New Woman Magazine*

rem Mann und der Erziehung ihrer Kinder widmete. Sie investierte in andere, nicht in sich selbst. Und ihr Mann würde für sie sorgen und sie glücklich machen.

Heute aber lautet die kulturelle Botschaft, daß sich eine Frau nicht nur um andere zu kümmern hat, sondern auch um sich selbst. Sie muß darauf vorbereitet sein, im Falle einer Scheidung sich selbst und ihre Kinder ernähren zu können. Sie kann sich nicht mehr, wie früher üblich, darauf verlassen, von einem Mann »errettet« zu werden. Die Gesetze, die hier früher die Frau unterstützten und schützten, gibt es nicht mehr.

Ziel einer veränderten Familiengesetzgebung war es, gerecht zu sein und Mann und Frau als gleichberechtigt zu behandeln, aber das Resultat war, daß die Frauen nun im Nachteil sind. Eine geschiedene Frau kann sich heute darauf gefaßt machen, daß ihr Lebensstandard im ersten Jahr nach der Scheidung durchschnittlich um 73 Prozent absinkt, während ihr geschiedener Mann auf eine Steigerung seines Lebensstandards um durchschnittlich 42 Prozent hoffen darf, schreibt Leonore J. Weitzman. »Die traditionelle Familiengesetzgebung gab einen klaren moralischen Rahmen für eine lebenslange Verpflichtung vor. Die erforderlichen Voraussetzungen und die Notwendigkeit eines Schuldnachweises machten eine Scheidung schwierig – und teuer. War die Frau eines vermögenden Mannes ›unschuldig‹, dann konnte sie eine lebenslange Alimentation und die Überschreibung des Hauses erwarten. Das Gesetz verschaffte einer scheidungsunwilligen Gattin eine beträchtliche Verhandlungsmacht.« Die jetzigen geschlechtsneutralen Gesetze haben »die Ehe als ein zeitlich beschränktes, bedingtes Arrangement definiert und nicht mehr als lebenslange Verpflichtung. Sie schützen nun nicht mehr so sehr die Ehe, sondern erleichtern vielmehr die Scheidung. Familiäre Verpflichtungen können nun bald nach der Scheidung gelöscht werden.«[13]

Der Anspruch auf eine Alimentation ist folglich für alle außer sehr altgedienten Hausfrauen gestrichen, und der Zeitraum für den Anspruch auf eine vorübergehende Unterstützung der Frau wird kürzer und kürzer. Die Unterstützung für den Unterhalt der Kinder ist minimal, und in über der Hälfte der Fälle wird auch sie nicht voll gezahlt.«[14]

Das hat dazu geführt, daß inzwischen eine alarmierende Anzahl von Frauen und Kinder in Armut lebt. (»Viele Frauen sind nur einen Mann von der Armut entfernt«, sagt eine Frau.) Und es hat dazu geführt, daß sich nun Millionen von entwurzelten Hausfrauen – Frauen, die der Botschaft der Gesellschaft vertraut hatten, daß sie versorgt seien – auf dem Arbeitsmarkt drängen, ohne über Fähigkeiten zu verfügen, die ihnen einen Anspruch auf angemessenen Lohn erlauben.

Wie Colette Dowling in ihrem Buch bemerkt: »Heute stehen Frauen im Kreuzfeuer alter und radikal neuer sozialer Ideen. Aber eines steht fest, wir können nicht mehr in die alte Rolle zurückfallen. Sie ist nicht mehr zweckmäßig; sie ist keine wahre Alternative. Wir *glauben* es vielleicht, wünschen es vielleicht. Der Prinz ist verschwunden.«[15]

Wir müssen den Zusammenhang zwischen der falschen Sicherheit, die wir mit unserer Existenz als Ehefrau assoziieren, und der Einsamkeit und Armut älterer und oft verwitweter Frauen erkennen, betont sie. »Man beginnt das zu verstehen – die Verbindung herzustellen – wenn man die wirtschaftliche Misere der älteren Frauen in den USA betrachtet. Alle reden von der Entscheidungsfreiheit, aber wir sollten uns sinnvollerweise fragen : ›Wer sorgt für die Frauen, wenn sie alt werden?‹ Die Antwort lautet: natürlich niemand. Wenn die Haare der Frau grau geworden sind, gilt der alte Grundsatz ›Frauen und Kinder zuerst‹ schon lange nicht mehr. Die Realität schlägt hart zu, wenn der Mann stirbt... Mehr als die Hälfte der Frauen können damit rechnen, mit fünfundsechzig Jahren Witwe zu sein. Und selbst die Frauen, die ihr ganzes Leben lang berufstätig waren, sind im Alter nicht versorgt; eine von vier Frauen wird arm sein – wesentlich ärmer als gleichaltrige Männer.«[16]

Diese ernüchternden Statistiken implizieren unterschiedliche Auswirkungen für die einzelne Frau, abhängig von Faktoren wie Alter, finanziellen Rücklagen, Anzahl der Kinder, Status und Stabilität der Ehe. Was Ihre persönliche Situation angeht, so können nur Sie beurteilen, auf welche Weise Sie in sich investieren wollen. *Sie* kennen Ihre Situation. *Sie* wissen, was für Sie am besten ist.

Unabhängig davon, wie Sie in sich investieren und Ihr Wachstum fördern, wird es Zeit und Engagement brauchen, damit *Sie* sich entwickeln. Bei der Erweiterung Ihrer Persönlichkeit – wenn Sie erwachsen werden und aus alten Schuhen herauswachsen – mag Ihnen die Philosophie von Jo Coudert eine Hilfe sein, die sie in ihrem Artikel propagiert. Als sie dem Lehrer ihres Workshops erzählte, daß sie daran dächte, ab Herbst eine Kunstakademie zu besuchen, bemerkte er nur: »Die nächsten fünf Jahre werden ohnehin vergehen.« Was soll denn das bedeuten, fragte sich Coudert und verstand schließlich nach einigem Nachsinnen. Die nächsten fünf Jahre würden ohnehin vergehen, ob sie nun was tat oder nicht. Und wenn sie sich nun vor eine wichtige Entscheidung gestellt sieht, sagt sie sich stets: »Die nächsten fünf Jahre werden ohnehin vergehen.« Das, so berichtet sie, »klärt den Entscheidungsprozeß auf wunderbare Weise. Unser Leben«, so folgert sie, »ist kein Übungsvorlauf, kein sich Aufwärmen für das wirkliche Ding. Dies *ist* es. Lassen Sie das Leben nicht aus eigenem Verschulden verinnen. Denken Sie daran, daß all die Jahre, die Sie haben, ohnehin vergehen, und Sie nur dann, wenn Sie gute Entscheidungen treffen, wirklich von sich behaupten können, all diese Jahre gelebt zu haben.«[17]

KAPITEL 11

Frau und Arbeit

Bevor wir uns dem Thema Frau und Arbeit zuwenden, sei hier der Spruch von Hester Mundis[1] angeführt: »*So etwas wie eine Mutter, die nicht arbeitet, gibt es nicht.*«

Es stellt sich nicht die Frage, *ob* eine Frau arbeitet, sondern *wo* sie arbeitet, denn alle Frauen haben Jobs, die sie 24 Stunden am Tag, sieben Tage die Woche beschäftigt halten. Und ganz gleich, ob nun eine Frau das Heim zu ihrem Beruf macht oder sich die Zeit zwischen der Arbeit am außerhäuslichen Arbeitsplatz und zu Hause aufteilt, stets hat sie sich mit Problemen herumzuschlagen. Nehmen wir zuerst die Frau, die zu Hause bleibt. Sie muß mit Arbeitsbedingungen fertig werden, wie sie kein normales Büro aufweisen würde:

»In einem Büro sagt Ihnen jemand, daß die Angelegenheit Nummer eins bis Mittag vom Tisch sein muß, aber die Angelegenheit Nummer zwei hat bis Dienstag Zeit, und damit wissen Sie, woran Sie sind. Die Arbeit ist vertikal strukturiert«, schreibt Barbara Holland. An der Hausarbeit hingegen ist rein gar nichts vertikal strukturiert. Die verschiedenen Aufgaben weisen keine vernünftige Rangordnung nach Wichtigkeit auf. Hausarbeit ist horizontal gelagert: »Es muß immer alles zu jeder Zeit gemacht werden, nichts hat absoluten Vorrang, und meistens müssen Sie sich schon wieder an das erste Ding machen, bevor Sie überhaupt zum dritten gekommen sind. Und andere Dinge wollen ebenfalls erledigt werden, und so können Sie sich nicht konzentrieren und lassen die Kartoffeln anbrennen oder vergessen so Wesentliches wie das Abholen von Billie, der mit seiner Musikgruppe geübt hat.«[2]

Wer möchte schon so einen Job?

»Ich«, sagen viele Hausfrauen. Aber es herrscht rauher Seegang in einer Zeit, die Frauen so viele konkurrierende Optionen anbietet. Lesen Sie, was so einige Hausfrauen über ihre typischen Schwierigkeiten und Probleme zu sagen haben:

»Ich bleibe gern zu Hause und tu meine Arbeit, aber jedesmal, wenn ich wieder so einen Artikel über eine erfolgreiche Heldin lese, die Familie und Karriere schaukelt, fühle ich mich doch sehr unzulänglich.«[3]

»Ich auch! Wenn man's genau nimmt, bringt es dich doch ziemlich in Verlegenheit, wenn du auf die Frage, was du machst, antwortest: ›Ich bin Hausfrau.‹ Irgendwie klingt es nicht nach genug.«[4]

»Die Arbeit der Hausfrau wird einfach übergangen. Neulich beim Essen im Restaurant ereignete sich ein typisches Beispiel. ›Darf ich dir Linda vorstellen, sie ich Buchhalterin.‹ Dann: ›Und hier ist… (ich werde vorgestellt). Ihr Mann unterrichtet im College.‹ Kein Wunder, daß mein Identitätsgefühl immer mal wieder in eine Krise gerät.«[5]

»Kindererziehung hat heutzutage auch eine schlechte Presse. Statt ›Was machen die Kinder?‹ höre ich: ›Was macht eine intelligente Frau wie du zu Hause?‹«

»Ich krieg den ›Kein-Gehaltsscheck-Blues‹. Für mich ist ein Gehaltsscheck ein absoluter Maßstab, ein Indikator für Leistung und Erfolg, eine Medaille. Ohne Gehaltsscheck habe ich keinen objektiven Anhaltspunkt, der mir sagt, daß ich genug getan habe und daß ich nicht nur abschalten, sondern auch mit mir zufrieden sein kann. Aber so muß ich mich ständig fragen: ›Ist meine Leistung heute zufriedenstellend?‹ ›Wo hört meine Arbeit auf?‹ Ich habe nie das Gefühl, daß irgend etwas je vollendet ist.«

»Ich habe das Vertrauen in meine Fähigkeiten verloren. Selbst wenn man mich mit offenen Armen empfangen würde, hätte ich doch zuerst Angst. Du bist aus der Arbeitsroutine raus, und es ist schwer, da wieder reinzukommen. So als ob du mit völlig untrainierten Muskeln plötzlich 100 Pfund stemmen müßtest.«[6]

»Die Aussicht, wieder in den Beruf zurückzugehen, macht mir Sorgen. Meine Fähigkeiten rosten ein, und ich weiß, daß ich wieder von ganz unten anfangen muß. Das ist hart.«[7]

»Seit ich nicht mehr zur Arbeit gehe, muß ich mir jeden Morgen klarmachen, daß ich mich jetzt selbst darum kümmern muß, wie ich meine Zeit nutze. Da sind keine Mitarbeiter, da ist keine klare Routine, da gibt es kein Lob für gute Leistungen, keinen Grund, sich gut anzuziehen, um Erfolg zu haben, keine Vorgesetzten, denen man Rechenschaft ablegen muß, niemand, der merkt, ob du den ganzen Tag im Bademantel rumläufst. Das ist wie ein Schock!«

»Jetzt, wo ich zu Hause bin, vermisse ich die Gespräche mit Erwachsenen, vermisse ich es, mich gut anzuziehen, und am meisten vermisse ich die Komplimente. Zu Hause krieg ich nicht zu hören: ›Du hast aber gut gestaubsaugt‹ oder ›Meine Hemden sehen wirklich gut aus!‹«

Hausfrauen sind in einer schwierigen Situation und bekommen keine Unterstützung, sagt eine Frau. »Keine Frauenzeitschrift spricht unsere Bedürfnisse an. Die Artikel über Streß und die Tips für gutes Aussehen wenden sich an Frauen, die im Büro arbeiten. Die Lady mit Sexappeal und Klasse ist die Lady im Beruf. Die Hausfrau sieht gequält und runtergekommen aus. Die Mutter zu Hause tritt nicht mehr in Erscheinung – nach ihr kräht kein Hahn mehr.«[8]

Können Sie die Unzufriedenheit und Desillusionierung – ja auch Verwirrung – all dieser Hausfrauen nachvollziehen, die erleben müssen, daß man der Tatsache, daß sie zu Hause bleiben, mit Vorurteilen begegnet?

Und wem oder was verdanken die Frauen diesen unerfreulichen Stand der Dinge?

Susan Jacoby geht in einem Artikel dieser Frage nach: »So wie sich die Optionen der Frauen erweitert haben, hat sich auch die Vielfalt ihrer Verteidigungsmechanismen und Schuldgefühle erweitert. Die Frauen der Generation meiner Mutter, die ihre Kinder in den 50er Jahren aufgezogen haben, gingen davon aus, daß sie die Rolle einer ganztags beschäftigten Hausfrau spielen würden, und konnten sich in dieser Hinsicht der gesellschaftlichen Zustimmung sicher sein... Heutzutage erweckt so gut wie jede Wahl in der Frau das Gefühl, daß sie sich dafür entschuldigen sollte.« Die Zeiten haben sich für Hausfrauen geändert. Sie können nicht mehr uneingeschränkte Zustimmung dafür erwarten, daß sie zu Hause bei ihren Kindern bleiben, schreibt sie weiter. »Die blendende Erscheinung der auf Erfolg abzielenden, exzellent gekleideten Frau scheint vielen Hausfrauen nicht eine Einladung zu übermitteln, sondern einen Befehl, ganz ähnlich wie die alten Armeeposter zur Rekrutierung besagten: ›Onkel Sam will DICH:‹ Sie haben das Gefühl, irgendwie unsozial zu sein, wenn sie sich nicht dem Arbeitsheer anschließen, und sich zudem selbst die persönliche Befriedigung eines bezahlten Jobs und ihrer Familie die ökonomischen Vorteile eines zweiten Einkommens verweigern.«[9]

»Ich weiß, was sie meint«, erklärt eine Frau. »Ich habe das Gefühl, daß ich weder so noch so gewinnen kann, und es ist schwer zu entscheiden, was ich tun soll. Bleibe ich für eine Zeit zu Hause, dann heißt es: ›Ach, du arbeitest nicht? Das ist aber schade. Was tust du denn den ganzen Tag? Sofa und Bonbons?‹ Dann beschließe ich, zur Arbeit zu gehen, und es heißt: ›Ach, du läßt deine Familie im Stich und gehst arbeiten. Das ist aber schade. Bringst du deine Kinder nicht um etwas?‹ «

Und wie fühlen sich viele Frauen, die den Sprung wagten und sich dem Arbeitsheer anschlossen? Hier sind ein paar repräsentative Aussagen von Frauen in der Doppelrolle:

»Ich bin eine Frau, die arbeiten möchte, aber das schafft Probleme. Ich hab schon vor langer Zeit begriffen, daß ich unmöglich eine super Hausfrau sein kann, wenn ich meinem gewählten Beruf nachgehe. Aber wenn ich dann das schöne Heim einer anderen Frau betrete, gibt es mir einen Stich, und ich denke daran, wie das meine aussehen *könnte*, und gestehe mir ein, daß ich ja auch gerne Hausfrau bin. Es macht mir ehrlich Spaß, in aller Ruhe eine Mahlzeit zuzubereiten, einen Raum auf Hochglanz zu bringen, die Schränke und Schubladen auszumisten.«[10]

»Ich arbeite nicht gern außer Haus, aber ich habe keine andere Wahl. Ich bin oft wütend und dann habe ich deswegen Gewissensbisse, denn an für sich habe ich ein gutes Leben.«

»Es ist hart, berufstätig zu sein. Ich denke immer an all die Stunden, die meine Tochter ohne mich ist. Reichen die Abende und Wochenenden, die ich mit ihr verbringe, aus? Würde sie jetzt schon ihren Namen schreiben können, wenn ich zu Hause bliebe? Wäre sie auf dem Spielplatz weniger aggressiv? Würde sie ›bitte‹ sagen, wenn sie Apfelsaft möchte, und ›danke‹, wenn sie ihn bekommt?«[11]

»Ich frage mich, ob meine Kinder im Kindergarten das bekommen, was ich ihnen geben könnte. Werden sie nicht, auch wenn sie gut betreut werden, völlig angepaßt da rauskommen? Ich will, daß meine Kinder meinen Stempel tragen, nicht den von jemand anders.«[12]

»Die schlimmsten Tage sind für mich die, wenn mein Sohn zu Hause krank im Bett liegt und ich ins Büro gehen muß. Natürlich sorge ich immer dafür, daß jemand bei ihm ist, aber sollte nicht ich diejenige sein, die sich um ihn kümmert?«[13]

»Ganz egal, wie dringend wir das Geld brauchen, und ganz gleich, wie wichtig unsere Arbeit für unser Identitätsgefühl als Erwachsene ist, es flüstert doch immer eine pedantische kleine Stimme im Innern: ›Egoistisch, egoistisch. Es ist die einzige Kindheit, die sie haben, und du ruinierst sie.‹ «[14]

»Auch wenn es mich manchmal erleichtert, mal von meinen Kindern wegzukommen, verursacht es doch tiefere Schuldgefühle. Was für eine Frau ist das, die ihr Kind den ganzen Tag lang nicht sieht, und es ihr nichts ausmacht, wenn sie sich auch am Abend nicht mit ihm beschäftigt? Ist das etwa eine gute Mutter? Sogar die böse Hexe würde sich wahrscheinlich, wenn sie Kinder hätte, nach einem langen harten Tag des Besenreitens und des Menschlein Erschreckens auf die Zeit mit ihnen freuen.«[15]

»Andererseits bin ich, weil ich arbeite, eine bessere Mutter. Mir reißt nicht so oft der Geduldsfaden, und weil ich nicht jede Minute damit verbringen muß, die Windeln zu wechseln und dem Kind mehr Saft zu besorgen, betrachte ich diese Dinge eher als ein Privileg.«

»Bei der Arbeit bin ich immer nur damit beschäftigt, Schritt zu halten, und zu Hause auch. Ich wage es nicht, mal eine Pause einzulegen, weil sonst alles über mir zusammenbricht.«

»Ich habe Schuldgefühle, wenn ich nach Hause gehe, während andere Leute noch Überstunden machen, aber noch schlechter fühle ich mich, wenn ich nicht rechtzeitig nach Hause komme, um das Abendessen zu machen.«[16]

»Aber du kochst wenigstens selbst für deine Familie. Ich habe Schuldgefühle, weil meine Familie soviel Pizza essen muß.«

Was die Schuldgefühle der durch die Doppelrolle belasteten Frauen angeht, so stellt Jacoby fest, daß sie »beim Wettbewerb in Verteidigungshaltung ganz ohne Zweifel den Siegespreis davontragen. Die Möglichkeit für Schuldgefühle sind zahllos. Die Attacke kann durch praktisch alles ausgelöst werden, von der Tatsache, daß die Kinder mehr als einmal in der Woche Fertiggerichte vorgesetzt bekommen bis dahin, daß das Kind mit Schnupfen in die Schule geschickt wird. Für die geschiedene Mutter ist es besonders hart. Sie trägt noch die zusätzliche Bürde, sich und dem Rest der Welt erklären zu müssen, warum sie geschieden ist.«[17]

»Das ist nur die Spitze des Eisbergs«, berichtet eine geschiedene Frau, die das alles kennt. »Ich hab dauernd Schuldgefühle wegen meiner Kinder, und hier ist ein perfektes Beispiel dafür: Ich versuchte, Jennifer Tanzstunden nehmen zu lassen. Aber weil ich mittwochs arbeite, klappt es nicht. Und es bricht mir das Herz, daß ich meine Kinder in die Tagesstätte bringen muß. Also versuche ich immer zu überkompensieren. Ich kaufe ihnen Zeug und gehe mit ihnen irgendwohin, statt mich mal hinzusetzen, Geschichten vorzulesen oder einen Film anzuschaun. Dazu kommt die Scheidung. Kein Tag vergeht, ohne daß es mir um ihretwillen leid tut. Ich schau sie an und denke: ›Das haben sie wirklich nicht verdient.‹ Ich bin neidisch auf Paare, die noch verheiratet sind. Meine beste Freundin hat gerade ihr zweites Kind bekommen, und sie und ihr Mann sind ein wunderbares Paar – und ich, ich bin wütend!«

Karen Levine verweist in einem Artikel auf das Dilemma, in dem Frauen heutzutage stecken. Die von ihr zitierten Ergebnisse einer Untersuchung lassen darauf schließen, daß 40 Prozent der befragten berufstätigen Mütter lieber zu Hause bei ihren Kindern bleiben würden, und 40 Prozent der Mütter, die zu Hause bei ihren Kindern bleiben, lieber berufstätig wären. »Als ich zum erstenmal auf diese Ergebnisse stieß«, schreibt Levine, »mußte ich an das Sprichwort denken, wonach anderswo die Weiden immer fetter sind... ›Was stimmt mit den Frauen nicht?‹ fragte ich mich. ›Warum können wir nicht mit dem, was wir haben, zufrieden sein?‹ Dann kam mir, daß diese weitverbreitete Unzufriedenheit der Ehefrauen nur wenig mit der Frau persönlich zu tun hat. Vielmehr ist die Unzufriedenheit das Resultat des Lebens und Arbeitens in einer Gesellschaft, die auf die Bedürfnisse von Familien mit Kindern keine Rücksicht nimmt.«

Und weiter schreibt sie: »Frauen, die außer Haus arbeiten, entgehen vielleicht dem ökonomischen Druck, dem Familien mit nur einem Einkommen ausgesetzt sind, aber sie bezahlen dafür mit dem Problem, wer auf ihre Kinder aufpaßt. Und Frauen, die zu Hause bleiben und somit den mit der Kinderbetreuung verbundenen Problemen entfliehen, zahlen für ihre Entscheidung mit ökonomischem Streß. So oder so, es ist eine Zwickmühle.«[18]

Die traurige Tatsache ist, daß diese oder jene Schuldgefühle einer Mutter unvermeidlich sind, schreibt Elizabeth Crow, Chefredakteurin von *Parents Magazine*. Als »die bestausgebildetste Elterngeneration in der Geschichte unseres Landes... wurden wir dazu erzogen, sowohl im Beruf als auch im Familienleben Befriedigung zu finden. Wir sind zudem eine Übergangsgeneration, die darum kämpft, neue Wege in der Lebensführung und Berufstätigkeit zu finden.«[19]

Viele Autorinnen wiederholen immer wieder diesen Punkt: Eine Frau kann keinesfalls alles tun – oder alles haben! Jacoby schreibt zum Beispiel: »Manche Entscheidungen, die in einem Lebensbereich der Frau zu größerer Befriedigung führen, verursachen notwendigerweise in anderen Bereichen ein gewisses Maß an

Verwirrung und Erschütterung. Eine Frau mit Kindern im Vorschulalter muß möglicherweise eine Beförderung ausschlagen, wenn diese ihr zuviel Zeit abverlangen würde. Eine ganztags berufstätige Mutter wird ganz sicherlich auf manche dieser so besonderen Momente mit Kindern verzichten müssen, die eine Mutter, die zu Hause bleibt, genießen kann. Und die Mutter, die zu Hause bleibt, wird wahrscheinlich das Gefühl haben, daß ihr etwas in der Welt da draußen entgeht, auch wenn sie fest davon überzeugt ist, daß die Mutterrolle als Ganztagsbeschäftigung das Beste für sie und ihre Familie ist. Ohne Konflikte, Kompromisse oder Verluste geht es nicht ab.«[20]

Die selben Autorinnen heben auch hervor, daß wir nicht umhin können, bestimmte Entscheidungen zu treffen. So schreibt eine: »Die Entscheidung, wie die Frau ihr Leben zwischen Berufstätigkeit und Heim, zwischen ihren eigenen Bedürfnissen und den Bedürfnissen ihrer Lieben aufteilen will, sollte so individuell ausfallen, wie ihre Fingerabdrücke es sind.«[21]

Und eine andere fügt hinzu: »Die drängende Frage ist vielleicht gar nicht die, ob wir arbeiten sollen oder nicht. Vielmehr geht es wohl darum, wie wir ein Gleichgewicht zwischen Arbeit und elterlicher Verantwortung herstellen können. Sitzt ein Baby auf der einen Seite der metaphorischen Schaukel, dann können zehn Pfund wie eine Tonne wiegen. Berufstätigkeit und Mutterschaft mögen sich im Leben der Frau im Widerstreit befinden. Wollen wir aber inneren Frieden erreichen, dann müssen wir es irgendwie schaffen, unsere Arbeitswelt in Einklang mit der Welt unserer Kinder zu bringen.«[22]

Etwas anders formuliert, lautet die drängende Frage vielleicht: Wie können wir zu einer gesunden Ausgewogenheit im Gemisch dieser drei Aspekte unseres Lebens gelangen: Elternschaft, die Fürsorge für und Entwicklung unserer eigenen Person (ob dies nun eine bezahlte Tätigkeit beinhaltet oder nicht) und unsere Beziehungen, einschließlich der mit einem möglichen Ehepartner?

Die Frau und Ihre Optionen

Wird die Frage nach der Berufstätigkeit der Frau im Kontext der Bedürfnisse gestellt – die Bedürfnisse ihrer Kinder, ihre eigenen, die ihres Mannes –, dann stehen ihr eine ganze Reihe kreativer Möglichkeiten und Lösungen zur Verfügung, die sich auf ihre ganz persönlichen Umstände, Interessen, Talente, Überzeugungen und Familienbedürfnisse zuschneiden lassen. Ihre Schuldgefühle werden sich mindern, wenn sie eine Wahl trifft, die für sie und ihre Familie die beste ist. Übernimmt die Frau eine aktive Rolle und bemüht sie sich, Bedingungen zu schaffen, die sowohl ihren Bedürfnissen wie denen ihrer Familie Rechnung tragen, dann übernimmt sie das Steuer ihres Lebensschiffs und wird mit den Entscheidungen, die sie trifft, sehr viel zufriedener sein.

Ihre Selbstachtung steigt, wenn sie glauben, daß alles, was sie tun, ihre Wahl ist, schreibt die Ärztin Mary Howell. Nach ausgedehnten Untersuchungen über Hausfrauen und ihre Entscheidungen hinsichtlich einer Berufstätigkeit, kommt sie zum Schluß: »Es ist klar, daß Mütter, die berufstätig sein wollen und es auch sind – und Mütter, die zu Hause bei ihren Kindern bleiben wollen und es auch tun – vergleichsweise glücklicher sind und als Mütter besser funktionieren, als jene Mütter, die gerne zu Hause bleiben würden, aber meinen, sie müßten arbeiten gehen, oder jene, die gerne arbeiten gehen würden, aber das aus welchen Gründen auch immer nicht können.«[23]

Leider haben Frauen oft gar nicht die Wahl. Viele müssen, ob sie wollen oder nicht, arbeiten, um zum Familienunterhalt beizutragen, und viele Mütter sind die alleinigen Ernährerinnen ihrer Familie. Schon eine von vier Familien hat heute ein weibliches Familienoberhaupt, und die Zahl steigt ständig. Folglich geht es für viele Frauen nicht darum, ob sie arbeiten gehen oder nicht, sondern darum, wie gut sie damit zurechtkommen und ob sie sich deshalb schuldig fühlen. Howell stellt fest: »Als vor zehn Jahren die große Debatte über berufstätige Mütter anfing, wurde sie rasch sehr hitzig, weil man glaubte, es ginge hier um eine Wahl, die die

Frau treffen könnte. Sie könnte sich auch dazu entscheiden, zu Hause zu bleiben.«

Damals, so fährt sie fort, »diskutierten wir über die Freuden eines zweiten Gehaltsschecks, aber die Zeiten sind vorbei. Heute sprechen wir fast ausschließlich darüber, daß wir gar keine andere Wahl haben. In vielen Fällen steht nicht ein zweiter Gehaltsscheck zur Debatte, sondern der *einzige*. In weit größerem Ausmaß, als zugegeben wird, ist die Frau heute in diesem Land die einzige oder maßgebliche Ernährerin der Familie.[24]

Was das Thema Berufstätigkeit angeht, bleibt der Frau also möglicherweise gar keine Wahl. Vielleicht hat sie aber eine Wahl hinsichtlich einer kreativeren Zeitplanung, die ihren Bedürfnissen besser entgegenkommt, als der gegenwärtige traditionelle, festgelegte Achtstundentag. Alternative Arrangements in bezug auf die Arbeitszeiten werden in der heutigen Geschäftswelt eine mehr und mehr akzeptierte Möglichkeit. Wie Wendy Lowe in einem Artikel feststellt, »finden immer mehr Frauen (und eine kleine, aber wachsende Anzahl von Männern) in aller Stille Möglichkeiten, den Konflikt zwischen ihrer Rolle als Mutter (Vater) und als Arbeitnehmer/in gering zu halten. Sie überdenken ihre Ziele neu und entscheiden, wie sie ihren anscheinend ständig schrumpfenden Zeitvorrat verwenden wollen. Sie halten an ihren Prioritäten fest, verhandeln mit ihren Arbeitgebern, Hilfsgeistern und Ehepartnern über die Unterstützung, die sie brauchen. Und, ganz wichtig, sie arbeiten hart am empfindlichen Gleichgewicht zwischen dem Eingehen auf die Bedürfnisse ihrer Kinder und den Anforderungen, die eine Karriere an sie stellt.« Sich ein »vernünftiges Leben« zu schaffen, mag so »kompliziert sein wie die Arbeit an einem mit Erdnußbutter verschmierten Puzzle«, sagt sie, aber es ist möglich.[25]

Eine Option, für die sich die Frau entscheiden kann, ist ein Leben in Abschnitten. Wenn sie schon nicht alles und auf einmal tun kann, dann in kleineren, besser zu bewältigenderen Portionen. Lois Wyse, die über ihre eigenen Erfahrungen mit dieser Methode berichtet, schreibt: »Es ist durchaus möglich, das Leben in Abschnitte aufzuteilen: In eine Zeit der Ehefrau, eine Zeit der Karriere und eine Zeit der Mutterrolle.« Wyse schlägt vor, daß sich Frauen ihren eigenen Zehn- oder Zwölfjahresplan erstellen. »Ich glaube, Frauen müssen nicht nur darüber entscheiden, was sie geben und was sie behalten wollen, sondern auch *wann*. Wir müssen entscheiden, welchen Teil unseres Lebens wir jetzt opfern wollen, damit es in anderen Bereichen klappt. Aber ich glaube nicht, daß diese Entscheidungen unser ganzes Leben lang gelten müssen, und das ist etwas, das noch vor einer Generation anders war. Damals ging man davon aus, daß jede Entscheidung für die Ewigkeit getroffen wurde.«[26]

Eine andere, immer populärer werdende Option ist die der Teilzeitarbeit. Diese Möglichkeit ist für Millionen Frauen »die größte Erfindung seit dem in Scheiben abgepackten Brot«, konstatiert eine Expertin und fährt fort: »Wirklich neu am wachsenden Teilzeitarbeitsmarkt ist die Tatsache, daß die Firmen allmählich merken, daß sie Zeit und Geld sparen und flexibler sind, wenn sie die Angestellten nur zahlen, wenn sie sie brauchen.«

Und Teilzeitarbeit ist der geistigen Gesundheit der Frau zuträglich. Neuere Untersuchungen ergaben, daß teilzeitarbeitende Mütter im allgemeinen besser zu Rande kommen als Mütter, die zu Hause bleiben oder ganztags arbeiten.«[27]

Die Telekommunikation ist eine weitere Alternative, die sich immer mehr entwickelt und in nicht allzu ferner Zukunft vielen Frauen eine Möglichkeit bieten wird. Schon jetzt arbeiten über zwei Millionen Amerikanerinnen und Amerikaner über Telekommunikation, und Experten sagen voraus, daß sich ihre Zahl Mitte der 90er Jahre mehr als verdoppelt haben könnte. Die Telekommunikation über Computer, Fax oder andere elektronische Kommunikationsmittel wird mehr Zufriedenheit bei der Arbeit bringen. Und ein weiterer Vorteil: Fähigkeiten können sehr viel flexibler eingesetzt werden... »Wenn Sie Ihren Job in Butte, Montana verlieren, dann kriegen Sie vielleicht einen anderen in New York City, ohne auch nur umziehen zu müssen.«[28]

Gleitende Arbeitszeit, Job-Sharing und kurzfristige reduzierte

Arbeitszeiten (zum Beispiel nach der Geburt eines Kindes) sind weitere Optionen, die Frauen offenstehen.

Wenn Sie vor der Frage, Ganztagsarbeit oder Teilzeitarbeit und herkömmliche oder flexible Arbeitszeiten stehen, dann wollen Sie vielleicht auch über eine weitere Alternative nachdenken: Die »Schnellschiene« (die intensive Konzentration auf das Weiterkommen und Beförderungen und dem Nachteil von wenig Flexibilität im Familienleben) oder die »Mutterschiene«, wie man das jetzt nennt (die, ohne die althergebrachte Rolle zu implizieren, doch besondere Zugeständnisse ans Familienleben erlaubt, aber den Nachteil reduzierter beruflicher Möglichkeiten mit sich bringt).

Es zeichnet sich auch eine dritte Option für Frauen ab, die sich allerdings noch im embryonalen Stadium befindet. Wie Betty Holcomb feststellt, schaffen mehr und mehr Firmen neue Möglichkeiten für Frauen, die ihnen Flexibilität ohne ernsthafte Nachteile für ihre Karriere erlaubt.

Aber diese Möglichkeiten, so warnt sie, sind noch rar, und eine Frau, die sich sehr intensiv sowohl auf die Karriere als auch auf die Familie konzentrieren möchte, »geht ein gewisses Risiko ein, wenn sie bei der Arbeit Abstriche macht«. Eine sorgfältige Analyse der Ziele sowohl in bezug auf die Arbeit als auch die Familie unter Berücksichtigung der Chancen in einer Firma ist also eine sehr wichtige Voraussetzung, wenn Sie eine informierte Entscheidung für Ihre Zukunft treffen wollen.

Zur Erhöhung der Chancen, daß sich ein flexibles Arrangement sowohl auf Ihren Beruf als auch Ihre Familie positiv auswirkt, empfiehlt Holcomb folgendes:[29]

- Machen Sie Ihre Ziele bekannt. »Sagen Sie Ihrem Chef: ›Ich will weiterkommen. Was ist dazu erforderlich?‹ «
- Stehen Sie für wichtige Treffen zur Verfügung, um zu zeigen, daß Sie im Team mitspielen.
- Seien Sie, auch an Ihrem freien Tag, telefonisch erreichbar.
- Halten Sie an Jobs und Aufgaben fest, die Sie in Erscheinung treten lassen. Lassen Sie sich keine Rosinen entgehen.

- Halten Sie sich über die Firmenpolitik auf dem laufenden. Lassen Sie sich von Freunden über mögliche Veränderungen unterrichten, die Ihren Status oder Ihre Aufgaben beeinflussen könnten.
- Dokumentieren Sie Ihren Wert durch Memos und informelle Gespräche mit dem Management.

»Wenn Sie diese Vorsichtsmaßnahmen treffen«, meint Holcomb, »dann stellen Sie sicher, daß ein vorübergehender Abfall in Ihrer Motivation sich nicht zu einer permanenten Entgleisung auswirkt.«[30] Den Frauen, die auf dem Arbeitsmarkt zu bleiben gedenken, auch wenn Sie sich Mutterschaftsurlaub nehmen oder sich zeitweilig der Kindererziehung widmen wollen, rät Lori B. Andrews in einem Artikel zu vorausplanenden Strategien: »Daß Sie an der Spitze Ihres Feldes bleiben, ist ganz besonders wichtig. Wenn Sie in Kontakt mit Ihren Mitarbeitern bleiben, sich in Ihrem Beruf wenigstens noch minimal betätigen oder Ihre speziellen Fähigkeiten im Rahmen freiwilliger Aktivitäten zur Verfügung stellen, dann können Sie mit Ihren Talenten auf dem laufenden bleiben.«[31]

»Willkommen im Bund der Mütter!«
© 1989, *Family Circle Magazine* und Joseph Farris

Frauen, arbeitsspezifische Entscheidungen, Kinder und Schuldgefühle

Die meisten Frauen, ob sie nun einen Job haben oder nicht, machen sich Gedanken über die Wahl ihres Arbeitsplatzes. So mag sich eine Frau fragen: »Habe ich das Beste für meine Kinder getan? Hat meine Wahl irgendwelche Auswirkungen auf sie?« Glücklicherweise können wissenschaftliche Untersuchungen eine Antwort auf diese Fragen geben. Die große Neuigkeit dieser Tage besagt, daß solche die Arbeit betreffenden Entscheidungen nicht der springende Punkt sind.

In den letzten Jahrzehnten waren sich die Forscher und Experten auf dem Gebiet der Kindesentwicklung in der Übermittlung einer Botschaft einig: Der Faktor der beruflichen Tätigkeit ist nicht maßgebend dafür, wie es einem Kind ergeht. Tatsächlich läßt sich sagen, so eine Expertin, die sich gründlich mit dieser Materie beschäftigt hat: »Je genauer wir die Kinder berufstätiger Mütter unter die Lupe nehmen, desto deutlicher zeigt sich, daß sie nicht anders sind als die Kinder von nicht berufstätigen Müttern.«[32] Und eine andere Expertin kommentiert: »Nach Jahren der Forschung, die bis in die 30er Jahre dieses Jahrhunderts zurückreicht, sind sich die Sozialwissenschaftler einig, daß die außerhäusliche Berufstätigkeit einer Mutter keine vorhersagbaren Auswirkungen auf die Kinder hat.«[33]

»Am wichtigsten ist eine stimulierende, fürsorgliche, heimische Atmosphäre, und die stellen berufstätige Mütter potentiell ebenso her wie Frauen, die nicht außer Haus arbeiten«, erklärt eine weitere Expertin und fügt hinzu: »Mütter lassen sich nicht grundsätzlich in zwei Kategorien aufteilen: in gute und schlechte, nicht berufstätige und berufstätige. Es gibt keinen richtigen Weg, eine gute Mutter zu sein. Die Frauen von heute sollten sich klarmachen, daß sie Optionen haben und auch noch ein Leben außerhalb des familiären Heims führen und dabei intelligente, gut akklimatisierte Kinder haben können.«[34]

Während die Berufstätigkeit an sich also kein maßgeblicher

Faktor bei der Kindesentwicklung ist, spielt ein anderer Faktor allerdings eine wesentliche Rolle: Die Zufriedenheit der Frau mit ihrer Tätigkeit, unabhängig von ihrer beruflichen Position. »Die meisten Experten sind der Ansicht, daß es nicht der Fakt, ob eine Mutter zu Hause bleibt oder arbeiten geht, ist, der sich auf die Entwicklung eines Kindes auswirkt, sondern ob ihr ihre Wahl ein gutes Gefühl gibt«, schreibt Kim Brown in einem Artikel. Die Auswirkung, die eine solche Wahl auf das physische und emotionale Wohlbefinden der Frau (und somit auch auf das ihrer Kinder) hat, kann nicht hoch genug eingeschätzt werden. Eine Untersuchung von über 600 Frauen zum Beispiel ergab, daß das Element, das die Frauen am wesentlichsten in ihrer Befindlichkeit beeinflußte, die Tatsache war, ob sie das taten, was sie tun wollten. Am deprimiertesten schienen die Frauen zu sein, die außer Haus arbeiten wollten, aber es nicht taten. Und die Frauen, die mit ihrer Rolle – welche es auch sein mochte – nicht glücklich waren, waren auch weniger gesund als ihre zufriedeneren Genossinnen.[35]

Frauen, Arbeit und die Überprüfung Ihres Lebens

Margaret Brownley, eine Hausfrau, schrieb über sich und ihre Freundin Carol, die außer Haus arbeitet, und stellte dabei folgende Frage: »Würden wir, wenn wir gewußt hätten, was wir jetzt wissen, wieder die gleiche Wahl treffen?«

»Ja«, antwortet Carol, »aber ich würde mir mehr Freizeit nehmen. In der Rückschau möchte ich doch bezweifeln, daß ein Nachmittag, den ich mir ab und zu genommen hätte, um einer sportlichen Veranstaltung oder Theateraufführung in der Schule beizuwohnen, meiner Karriere wesentlich geschadet hätte.«

»Ja«, sagt auch Brownley, hätte aber ebenfalls ein paar Dinge anders gemacht. »Ich würde wieder zu Hause bleiben, aber ich würde mich etwas weiterbilden, um mich auf eine Rückkehr in die Arbeitswelt vorzubereiten, und ich würde mehr freiberuflich arbeiten.«[36]

In der Rückschau gibt es also ein paar Dinge, die diese beiden Frauen bedauern. Brownley die Tatsache, daß sie nicht mehr in sich investiert hat; Carol, daß sie ihrer Familie nicht mehr Zeit widmete.

Die meisten Frauen sitzen fest, strampeln sich hektisch und blind in ihrer Tretmühle ab und versuchen nur, über den Tag zu kommen. Die meisten Frauen überprüfen ihr Leben nicht oder nehmen sich nicht die Zeit, um festzustellen, ob sie sich nicht nur der Bedürfnisse ihrer Familie, sondern auch der ihres Selbst annehmen. Jede Frau – ob sie nun »zu Hause« bleibt oder nicht – braucht ihr Selbst. Viele begehen jedoch den Fehler, auf Kosten der Entwicklung ihrer eigenen Persönlichkeit Mutter zu sein.

So schreibt Judy Abbott, Hausfrau und Verfasserin eines Artikels: »Ich freue mich, daß mich meine Kinder für eine ideale Mutter halten, aber ich hoffe, daß sie begreifen, daß ich mehr als eine Mutter von neun Kindern bin. Auch ich bin eine Person. Und da sie mich nun mal als Mutter haben, wurden sie mit ein paar einmaligen Erfahrungen und Ansichten konfrontiert, weil ich, wie jede Mutter in der Welt, in erster Linie eine individuelle Person bin.«[37]

»Ich bin mehr als nur eine Mutter« ist eine Haltung, die vom Kinderarzt und Autor Sanford Matthews stark unterstützt wird. Er, der in seiner Praxis im Lauf von 15 Jahren über 2500 Mütter betreut hat, erklärt, daß die aufschlußreichste Frage, die er ihnen stellt, die ist: »Wer ist die wichtigste Person in Ihrem Leben?« Im Normalfall bekommt er die zurückhaltende und selbstverleugnende Antwort: »Die wichtigste Person in meinem Leben ist mein Kind.« Matthews aber betont, daß die einzige sinnvolle und gesunde Antwort lautet: »Im Kontext meiner Verantwortung gegenüber meinem Mann und meinen Kindern bin ich die wichtigste Person in meinem Leben und muß es auch sein ... Ihr Leben muß hell leuchten, bevor Sie irgend etwas erhellen oder für irgend jemanden eine Leuchte sein können: Ihr zwei Wochen altes Kind, Ihre fünfköpfige Familie, Ihre Gemeinde oder die Welt im allgemeinen. Und diese Liebe impliziert das Vertrauen in Ihre Fähigkeit, eine unabhängige Person zu sein und als solche zu behandeln.«

Wenn Sie mit all Ihren mütterlichen Ressourcen auf eine einzige Karte setzen – Ihr Kind –, dann werden all seine Widersprüchlichkeiten, seine Wutanfälle und charakterlichen Mängel zu den Ihren, schreibt er. »Sie verlieren unter Umständen Ihre ganze Perspektive einer Erwachsenen, wenn Sie nur für und durch Ihre Kinder leben. Wenn Sie Ihr gesamtes Leben in sie stecken, können Sie weder rational noch objektiv sein. Und schließlich werden Sie wie nichts Ihre Identität verlieren, ohne daß irgend jemand etwas von Ihrem Opfer hat – weder Sie noch Ihre Kinder.« Bereiten Sie sich auf den Tag vor, an dem Ihre Kinder erwachsen sein werden, drängt er. »Dann können Sie, wenn Sie allein dastehen und gezwungen sind, sich zu fragen: ›Wer bin ich?‹ mit Leichtigkeit antworten: ›Ich bin eine Person mit einem erfüllten Leben. Abgesehen davon, daß ich ich selbst bin, habe ich wunderbare Kinder großgezogen, die unabhängige und eigenständige Menschen sind.‹ «[38]

Im Gegensatz zur Frau, die völlig in ihrer »Mutterrolle« aufgeht, gibt es aber auch die Frau, die völlig in ihrer »Berufsrolle« aufgeht und hier das gesamte Programm weiblicher Konditionierung einbringt, das sie auch anderswo dazu treibt, in jeder Sekunde ihres Lebens und in allen Lebensbereichen absolut erfolgreich zu sein.

Donna Carty, die selbst in dieser Falle unbewußter gesellschaftlicher Konditionierung saß, schildert in einem Artikel ihren Weg auf der Suche nach einer angemessenen Ausgewogenheit zwischen Familie und Beruf. Carty, die eine ihr Herausforderungen bietende Karriere machte, einen liebenden und unterstützenden Ehemann, sich gut entwickelnde Kinder und ein Bilderbuchheim hatte, fragte sich, warum sie sich so leer fühlte. Nach einigem Nachdenken kam ich zu einer einfachen Antwort, schreibt sie: »Ich war zu müde, um noch an irgend etwas Freude zu haben. Ich hatte so hart gearbeitet, weil es das war, was all diese Dinge beinhalteten – Arbeit.«

Cartys Waterloo ereignete sich an einem frühen Morgen, als sie nach heftigen Schneefällen Schnee schippte und sich dabei einen ihrer unteren Rückenwirbel schwer verletzte. In der Folge verbrachte sie drei schmerzensreiche Monate im Krankenhaus und zu Hause und hatte genügend Zeit, über ihre Prioritäten, ihre Lebenseinstellung und die Tatsache, daß sie sich immer an letzte Stelle setzte, nachzudenken.

Im Bewußtsein, daß sie Zeit für Entspannung und das Genießen all der Dinge brauchte, die sie sich erarbeitet und verdient hatte, sah sie der Tatsache ins Auge, daß der von ihr gewählte Lebensstil – Karrierefrau, Ehefrau und Mutter – von ihr verlangte, hinsichtlich ihrer Zeit Prioritäten zu setzen. Sie mußte in allen Bereichen Kompromisse machen, berichtet sie, aber schließlich hatte sie, als sie noch regulär 80 Stunden in der Woche arbeitete, alles aufs Spiel gesetzt – am meisten sich selbst. Sie wechselte und nahm einen Job an, dessen Arbeitsstunden ihre wirklichen Prioritäten widerspiegelten.

Carty schließt, ihre Erfahrungen zusammenfassend, mit einer

»Ich fürchte, deine Mutter muß heute wieder bis spät arbeiten. Wir haben aber dieses Videoband, wo sie letzte Woche mit uns zu Abend gegessen hat.«

Binsenwahrheit ab. Denken Sie daran, schreibt sie, daß es nicht Ihr Beruf ist, der Sie nachts warm hält – es sind Ihre Freunde und Ihre Familie.[39]

Cartys Bemühungen um eine Neuordnung ihrer Prioritäten ähneln, wenn auch auf weniger dramatische Weise, denen eines sehr ernüchterten Mannes, der angesichts seines möglichen baldigen Todes seine Arbeitsbesessenheit in Frage stellte: »Noch nie hat jemand auf dem Totenbett gesagt: ›Ich wollte, ich hätte mehr Zeit im Büro verbracht.‹«

Diese sehr einprägsamen Worte stammen von Senator Paul Tsonga aus Massachussetts, der, vor wenigen Jahren ein aufsteigender Stern am politischen Himmel, im Alter von 43 Jahren damit konfrontiert wurde, daß er eine Art von Lymphknotenkrebs hatte. Wenn sich auch schließlich herausstellte, daß sein Krebs noch behandelt werden konnte, zwang ihn diese erste Konfrontation mit der Sterblichkeit doch dazu, seine Prioritäten zu überprüfen und einzusehen, daß er nicht lange genug auf Erden sein würde, um all das zu tun, was er gerne getan hätte.

An der Spitze seiner Prioritätenliste stand nicht die Kandidatur für ein hohes Amt und auch nicht der maßgebliche Einfluß auf die nationale Gesetzgebung, sondern das Aufwachsen seiner jungen Kinder. So entschloß er sich, 1984 nicht wieder zu kandidieren. Er ging heim nach Massachussetts, um bei seiner Familie zu sein.

Harold S. Kushner, Rabbi und Autor bekannter Bücher, erzählt Tsongas Geschichte in einem Artikel, in dem er über seine eigene Neueinschätzung von Lebensprioritäten berichtet. Und er kommt dabei zu einer tiefen Einsicht, die wir als Frauen bei der Überprüfung unserer eigenen Prioritäten klugerweise beherzigen sollten.

»Wir alle entdecken früher oder später«, schreibt Kushner, »daß unsere Unsterblichkeit nicht in unserem beruflichen Engagement und unserer beruflichen Leistung wurzelt, sondern in unserer Familie. Mit der Zeit werden all unsere Gewinne und Verluste am Arbeitsplatz vergessen sein. Sollten unsere Erinnerungen überdauern, dann wegen der Menschen, die wir gekannt und berührt haben.«[40]

Ich selbst und das überprüfte Leben

Das Konzipieren und Schreiben dieses Buches war eine lange und mühselige Arbeit – so etwa wie das Zusammenfügen eines Puzzles mit 100 000 Teilchen. Als sich aber die Teilchen allmählich zusammenfügten und die Probleme und Schwierigkeiten der Frau der 90er Jahre (und somit auch meine eigenen) immer klarer hervortraten, kam ich zum Schluß, daß sich die Mühe gelohnt hat.

Während ich an diesem Buch schrieb, konnte auch ich immer besser auf mein eigenes fürsorgliches Verhalten und meine Jonglierereei achten und bewußtere Entscheidungen über die Verteilung meiner Zeit, Energie und Ressourcen treffen. Das wiederum verschaffte mir eine bessere Kontrolle über mein Wohlbefinden. Ich habe eine Frau zitiert, die sagte, daß wir, wenn wir uns nicht auf elegante Weise um uns selbst kümmern, dies dann auf sehr unelegante Weise tun werden. Ich habe mich für erstere Option entschieden, dafür, mich physisch und emotional in gutem Stand zu halten, und zwar für den Rest meines Lebens. Und das bedeutet, daß ich mich von jetzt ab sowohl um *mich selbst* kümmere als auch um die *anderen*.

Ich habe mit dem Einbringen meiner persönlichen Geschichte bis zum Ende des Buches gewartet, weil ich wollte, daß Sie meine Weltanschauung verstehen, bevor ich von mir spreche. Und wenn ich nun etwas über meine Person zur Sprache bringe, dann, weil es vielleicht für einige von Ihnen von Nutzen sein wird – und weil endlich über die endogene Depression in aller Offenheit gesprochen werden muß.

Es gab eine Zeit, in der auch ich mich auf sehr unelegante Weise um mich kümmerte. Unter dem ungeheuren Druck, mehr Dinge und Menschen unterstützen zu müssen, als menschenmöglich ist, wurde aus mir eine völlig erschöpfte Frau, und ich fiel in eine Depression. Der Umklammerungsgriff der Depression schließt sich oft ganz allmählich und untergräbt still und heimtückisch das Wohlbefinden. So war es auch bei mir.

Ich spreche so offen darüber, weil das Risiko so hoch und die

Strafe so hart ist, wenn Sie sich nicht um sich kümmern und ein Selbstinstandhaltungs- und Selbstbetreuungsprogramm aufrechterhalten. Unter Volldampf funktioniert Ihr Körper einfach nicht sehr lange, und mit jedem Mal, das Sie ihn physisch oder emotional überbeanspruchen, gehen Sie das Risiko einer Depression oder anderer physischer Störungen ein. Denken Sie daran, daß die Depression jeden Menschen heimsuchen kann – auch Sie. *Niemand* ist dagegen gefeit, auch keine Therapeutin mit 25 Jahren Berufserfahrung!

Viele Ursachen der Depression entziehen sich unserer bewußten Handhabung. Das liegt an den typischen, gesellschaftlich bedingten Aspekten einer Frau – die der Fürsorgerin, der Jongleurin, der Schuldabsorbiererin, der Gefälligen und der Perfektionistin –, wenn sie unbewußt ausagiert werden. Sie haben nun die Gelegenheit, die Verantwortung für all diese Aspekte zu übernehmen, sie unter bewußte Kontrolle zu bringen und die darin natürlich angelegten Fähigkeiten für Sie, statt gegen Sie arbeiten zu lassen. Und Sie haben die Gelegenheit, auf elegante Weise für sich selbst zu sorgen.

Mit diesen Aussichten verlasse ich Sie nun und wünsche Ihnen alles Gute, während ich mich – eine Frau der 90er Jahre – jetzt an die ernsthafte Umsetzung all meiner guten Ratschläge mache. Sollten Sie mich irgendwo entdecken, dann bin ich dabei, das mir Bestmögliche zu tun. Aber sollte mir unabsichtlich ein Fehler oder ein falscher Schritt unterlaufen, oder sollte ich mich einfach nicht genug strecken können, um noch ein Ding zu schaukeln, dann hören Sie mich vielleicht murmeln: »Alle wollen was von mir – na und?«

Jo Ann Larsen
Angehende Bewußte Fürsorgerin

Anmerkungen

EINLEITUNG

1. Karen Levine: »Survival Tips for Working Mothers«, in: *Parents Magazine*, November 1988, S. 69.
2. Nicholas von Hoffman: »American Woman of the 90s«, in: *Self*, Januar 1990, S. 94.
3. »Self Survey: 1,100 Women's Answers to Work, Love, Money, Fitness and Health«, in: *Self*, September 1989, S. 165.
4. Barbara J. Berg: »Working Mother Overload«, in: *Redbook*, März 1989, S. 93.
5. Janet Murphy, zitiert in Nancy Fasciano: »Guilt Trip: Guess Who's Taking a Ride?«, in: *Working Mother*, April 1985, S. 56.
6. Susan Jacoby: »In Praise of Imperfect Women«, in: *Woman's Day*, 24. November 1981, S. 66.
7. Maggie Strong: »More Power to You«, in: *Redbook*, September 1983, S. 174.
8. Ebd.
9. Barbara J. Berg, a. a. O.
10. Arlie Hochschild: Der 48-Stunden-Tag. Wege aus dem Dilemma berufstätiger Eltern. Zsolnay, 1990.
11. Judith Viorst: »Domestic Tranquility«, in: *Redbook*, 19. April 1980, S. 75.

KAPITEL 1: DIE FÜRSORGERIN

1. Herbert J. Freudenberg und Gail North: Burn-out bei Frauen. Über das Gefühl des Ausgebranntseins. Wolfgang Krüger Verlag, 1992.
2. Linda Tschirhart Sanford und Mary Ellen Donovan: Women & Self-Esteem. New York 1984, S. 5–6.

KAPITEL 2: DIE JONGLEURIN

1. Karen Levine: »Survival Tips for Working Mothers«, in: *Parents Magazine*, November 1988, S. 69.
2. Nancy Gibbs: »How America Has Run Out of Time«, in: *Time*, 24. April 1989, S. 58.
3. A. Hamer Reiser: »Did You Sleep Through the Lecture on ›Tryna‹?«, in: *Postgraduate Medicine*, Juli 1989, S. 57.
4. Sally Wendkos Olds und Diana E. Papalia: »Are Kids Growing Up Too Fast?«, in: *Redbook*, März 1990, S. 91–100.
5. Carolyn Jabs: »Relax: Seven Ways to Be a Happy Stress-free Parent«, in: *Working Mother*, Januar 1990, S. 57.
6. Kent Griffiths: »A Potpourri of Stress Management«. (unveröffentlichtes Manuskript), S. 8.
7. Sherod Miller, Daniel Wackman, Elam Nunnally und Carol Saline: Gespräche selbstsicher und ebenbürtig führen. Der Weg zu vertrauensvollen Beziehungen in Partnerschaft, Familie und Beruf. mvg, 2. Auflage 1988.
8. Carol Osborn: Enough Is Enough. New York 1988, S. 76–79.
9. Clyde Reid: Celebrate The Temporary. New York 1972.
10. Judith Viorst: »Why Don't You Stand Up for Yourself?«, in: *Redbook*, April 1988, S. 188.

KAPITEL 3: DIE SCHULDABSORBIERERIN

1. Barbara Holland: »The Phone Is Ringing, A Child Has Just Skinned Its Knee, The Soup Is Boiling Over, The Cat Is Throwing Up and Someone's at The Door. Which Do You Take Care of First?«, in: *McCall's*, Juli 1983, S. 20.
2. Mary Z. Gray: »Who Are They To Say?«, in: *New Woman*, Juni 1984, S. 98.
3. Lynn Caine: »Mother Guilt«, in: *New Woman*, Mai 1985, S. 83.
4. Jean Marzollo: »Why Mothers Get a Hard Time«, in: *Parents Magazine*, November 1987, S. 103.
5. Lynn Caine: Was habe ich bloß falsch gemacht? Mütter und ihre Schuldgefühle. Econ TB, 1992.
6. Jean Marzollo, a.a.O., S. 108.
7. Cathleen Collins Lee: »Mothering My Way«, in: *Parents Magazine*, September 1989, S. 85.
8. Karen Levine: »Mother vs. Mother«, in: *Parents Magazine*, Juni 1985, S. 65.

9. Ellen Switzer: »Are You Their Mother or Their Servant?«, in: *Family Circle*, 19. Mai 1978, S. 150.
10. Cathleen Collins Lee, a.a.O., S. 88.
11. Karen Levine, a.a.O., S. 66.
12. Antonia Van der Meer: »Free Yourself«, in: *Redbook*, März 1989, S. 169.
13. Carolee Lewin-Scheidman, zitiert in Karen Levine: »Defending Your Career«, in: *Parents Magazine*, Mai 1988, S. 62.
14. Brent Barlow in einer Kolumne mit dem Titel: »When Have Parents Failed in Raising a Child?«, in: *Desert News* (Datum unbekannt).
15. Jean Marzollo: »Making It Through the Holidays«, in: *Parents Magazine*, September 1987, S. 109.
16. Pamela Redmond Satran: »I Always Flunk Christmas«, in: *Working Mother*, Dezember 1989, S. 133.
17. Kristin M. Tucker und Rebecca Lowe Warren: Celebrate the Wonder: A Family Christmas Treasury. New York 1988, S. 5–21.
18. Jo Robinson und Jean Staheli: »Bring Home the Joy«, in: *Redbook*, Dezember 1986, S. 100.

KAPITEL 4: DIE GEFÄLLIGE

1. George Bach und Ronald M. Dentsch: Stop! You're Driving Me Crazy. New York 1979, S. 152.
2. Celia Halas und Roberta Matteson: I've Done So Well – Why Do I Feel So Bad? New York 1978, S. 25.
3. Sam Keen: »Coping with Anxiety and Guilt«, in: *Family Circle*, Januar 1977, S. 30.
4. Übernommen aus Robert Conklin: How To Get People to Do Things. New York 1979, S. 76–77.
5. Sidney J. Harris: The Best of Sidney J. Harris. Boston 1975, S. 94–95.
6. Will Durant (Autor von The Story of Civilization/ dt. Die Kulturgeschichte der Menschheit), zitiert in Jennifer James: You Know I Wouldn't Say This If I Didn't Love You. New York 1990, Frontispiz.
7. Natalie Shainess: »Are You Too Good For Your Own Good?«, in: *Redbook*, Juni 1984, S. 99.
8. Betsy Hilbert: »How to Stop Being So Tough on Yourself«, in: *Ladies' Home Journal*, Mai 1987, S. 195.
9. Andrea Williams: Making Decisions. New York 1985, S. 13–14.
10. Mary Ellen Donovan: »This Is *Definitely* What I Want – *I Think*«, in: *New Woman*, März 1987, S. 39.

11. Harriet Lerner: Wohin mit meiner Wut? Neue Beziehungsmuster für Frauen. Kreuz Verlag, 1987.
12. Hendrie Weisinger: Kreative Kritik. Heyne Kompaktwissen, 1991.
13. Harriet Lerner, a.a.O., S. 102–7.
14. Neil Clark Warren: Make Anger Your Ally. New York 1983, S. 170–71.

KAPITEL 5: DIE PERFEKTIONISTIN

1. Ellen Sue Stern: »The Indispensable Woman«, in: *New Woman*, April 1989, S. 75.
2. David Burns: Feeling Good: The New Mood Therapy. New York 1980, S. 300–301.
3. Dorothy Briggs: Selbstvertrauen wirkt Wunder. Wege zu neuem Lebensmut. Ehrenwirth, 4. Auflage 1990.
4. David Burns, a.a.O., S. 67.
5. Wayne Dyer: Der wunde Punkt. Die Kunst nicht unglücklich zu sein. Zwölf Schritte zur Überwindung der seelischen Problemzonen. rororo Sachbuch 7384, 1980.
6. Dorothy Briggs, a.a.O., S. 191.
7. Ebd., S. 65.
8. Carl Rogers, zitiert in Alan McGinnis: »How to Weather Marital Storms«, in: *Reader's Digest*, April 1983, S. 53.
9. John Bradshaw, Autor von: Bradshaw: On The Family. Das Zitat ist einem Seminar entnommen, das im Herbst 1988 in Salt Lake City, Utah, abgehalten wurde.
10. William Gaylin, Autor von: Feelings, zitiert in Susan Jacoby: »I Feel Used«, in: *McCalls*, Mai 1985, S. 26.
11. Ellen Sue Stern: Der Superfrau-Komplex. Econ, 1990.
12. Sue Patton Toele: The Courage to Be Yourself. Nevada City, Ca. 1988, S. 106.
13. Elizabeth Berg: »Giving Up The God Role«, in: *Parents Magazine*, März 1989, S. 138–40.
14. Marcia Mihakik: »A Perfect Way to Be Miserable«, in: *Prevention*, August 1986, S. 52.
15. Joan Libman: »How Close Are You to Motherhood Burnout?«, in: *Family Circle*, 2. Juli 1985, S. 66.
16. Margorie Hansen Shaevitz: The Superwoman Syndrome. New York 1984, S. 160.
17. Barbara Law: »How to Add an Hour to Your Day«, in: *Family Circle* 10. Februar 1987, S. 26.

18. David Burns. a.a.O., S. 303.
19. Lisa Strick: »What's So Bad about Being So-So?«, in: *Wonan's Day*, 3. April 1984, S. 136.

KAPITEL 6: DIE ERSCHÖPFTE FRAU

1. Carol Tannenhauser: »Motherhood Stress«, in: *Woman's Day*, 26. Dezember 1985, S. 27.
2. Herbert J. Freudenberger und Gail North: Burn-out bei Frauen. Über das Gefühl des Ausgebranntseins. Wolfgang Krüger Verlag, 1992.
3. Ebd., S. 10.
4. Ebd., S. xvii
5. Maggie Strong: »More Power to You«, in: *Redbook*, September 1983, S. 103.
6. Kathryn E. Livingston: »When It's Time to Let Go«, in: *Parenting*, Septemher 1989, S. 76.
7. Hester Mundis: »So You Think You'd Like to Stay Home…«, in: *Working Woman*, Oktober 1983, S. 84–86.
8. Joseph Procaccini, Autor von: Parent Burnout, zitiert in Tannenhauser, »Motherhood Stress«, S. 54.
9. Cynthia Lynch und Maurine Ward: »Doing the Fizzle«, in: *This People*, Weihnachten 1987, S. 25.
10. Tannenhauser, a.a.O., S. 61.
11. Herbert J. Freudenberger und Gail North, a.a.O., S. 76–116.
12. »Majority of Women Feel Stressed, Many Say, They're Chronically Tired«, in: *Desert News*, 23. August 1987.
13. Procaccini in Tannenhauser, a.a.O., S. 54.
14. Holly Atkinson, Autorin von: Woman and Fatique. Zitiert in Dianne Hales und Jennifer Cook: »The Newest ›Disease‹ of American Women: Exhaustion«, in: *Self*, Juni 1988, S. 123.
15. Dianne Hales und Jennifer Cook, ebd.
16. Charles Tkacz, zitiert in Emrika Padus: The Complete Guide to Your Emotions and Your Health. Emmaus, Pa. 1985, S. 14.
17. Laraine C. Abbey, zitiert in Padus, ebd.
18. Ebd., S. 15.
19. Ebd., S. 1.
20. Erica E. Goode: »Beating Depression«, in: *U.S. News & World Report*, 5. März 1990, S. 48.
21. David Gelman: »Depression«, in: *Newsweek*, 4. Mai 1987, S. 48.

22. Winifred Gallagher: »The DD's Blues Without End«, in: *American Health*, April 1988, S. 80.
23. Erica E. Goode, a.a.O., S. 50.
24. Patrick Young: »Chemical Link to Depression May Someday Help Prevent Suicide«, in: *Salt Lake Tribune*, 20. April 1986, A-5.
25. David Gelman, a.a.O., S. 49.
26. Susan Mirow, M.D., zitiert in »Chemical Depression«, in: *Desert News*, 2. September 1988.
27. Earl Ubell: »They're Closing In on Mental Illness«, in: *Parade*, 3. Dezember 1989, S. 13.
28. Abigail Trafford: »New Hope for the Depressed«, in: *U..S. News & World Report*, 24. Januar 1982, S. 40.
29. Thomas L. Schwenk und James C. Coyne: »Recognition and Treatment of the Depressed Patient: An Effective Office Approach«, in: *Modern Medicine*, Februar 1990, S. 82.

KAPITEL 7: DIE FRAU UND IHR HAUS

1. Jean Fitzpatrick: »The Dirty Truth About Housework«, in: *Parents Magazine*, Januar 1984, S. 52.
2. Aaron T. Beck: Liebe ist nie genug. Mißverständnisse überwinden, Konflikte lösen, Beziehungsprobleme entschärfen. Kiepenheuer & Witsch, 1992.
3. »Life in These United States«, in: *Reader's Digest*, Mai 1989, S. 83.
4. Linda Essig: »I'm a Lousy Housekeeper So Sue Me«, in: *Woman's Day*, Oktober 1987, S. 48.
5. Telefonisches Interview mit Dorothy Leeds, Autorin von: Smart Questions: A New Strategy for Successful Managers. New York 1987.

KAPITEL 8: FRAU, MANN, KINDER UND HAUS

1. Arlie Hochschild: Der 48-Stunden-Tag. Wege aus dem Dilemma berufstätiger Eltern. Zolnay, 1990.
2. Ellen Goodman: At Large. New York 1981, S. 107–8.
3. Morton H. Shaevitz: Liebe und Rivalität. Probleme moderner Partnerschaft. Müller Rüschlikon, 1988.
4. Ebd., S. 8.
5. Erica Abeel: »The Hurting Husband«, in: *Ladies' Home Journal*, Januar 1981, S. 32–40.
6. Niki Scott: »If Your Husband Is The Sitter – It's Hard to Complain«, in: *Working Mother*, März 1983, S. 96.

7. Patricia Volk: »The Flip Side: The Helpless-Husband Syndrome«, in: *Family Circle*, 7. November 1989, S. 56.
8. Arlie Hochschild: Families Without Villains. Lexington. Ma. 1984, S. 41–51.
9. Charlotte Whitney: Win-Win Negotiations für Couples: A Personal Guide to Joint Decision-Making. Gloucester, Ma. 1986, S. 106.
10. Caryl Waller Krueger: 1001 Things to Do with Your Kids. Nashville 1988, S. 299.
11. Gary Emery: Own Your Own Life. New York 1982, S. 66–70.
12. Thomas Lickona: Wie man gute Kinder erzieht. Die moralische Entwicklung des Kindes von der Geburt bis zum Jugendalter und was Sie dazu beitragen können. Kindt, 1989.
13. Kathy Schubert, zitiert in »Check Out«, in: *Redbook*, Mai 1988, S. 186.
14. Sherry Ferguson und Lawrence E. Mazin: Parent Power: A Program to Help Your Child Succeed in School. New York 1989. S. 75–78.
15. Christie Hyde: »Confessions of a Nonspanker«, in: *Parents Magazine*, Oktober 1980, S. 87.

KAPITEL 9: FÜR DIE INNERE FÜLLE SORGEN

1. Linda Tschirhart Sanford und Mary Ellen Donovan: Woman's Self-Esteem. New York 1984, S. 304.
2. Jean Marzollo: »Don't Call Me Supermom«, in: *Parents Magazine*, April 1984, S. 63.
3. Linda Tschirhart Sanford und Mary Ellen Donovan, a.a.O., S. 16.
4. Caryl Rivers: »The Luck Illusion«, in: *Woman's Day*, 22. Mai 1984, S. 190.
5. Jeannie Ralston: »I'm a Fake«, in: *McCalls*, April 1985, S. 89.
6. Annie Gottlieb: »Body Hatred«, in: *McCalls*, April 1985, S. 83.
7. Marcia Germaine Hutchinson: »Transforming Body Image: Your Body, Friend or Foe«, in: *Women and Therapy*, zitiert in Rita Freedman: Beauty Bound. Lexington, Ma. 1986, S. 24.
8. Hutchinson, zitiert in Gottlieb: »Body Hatred«, S. 83.
9. Linda Tschirhart Sanford und Mary Ellen Donovan, a.a.O., S. 370.
10. Rita Freedman, a.a.O., S. 1.
11. Ebd., S. 37.
12. Una Stannard: »The Mask of Beauty«, Essay in L. Rubin: Woman of a Certain Age. Zitiert in Freedman, ebd., S. 44.

13. Steven Levenkron, Autor von: Treating and Overcoming Anorexia Nervosa. Zitiert in Dalma Heyne: »Why We Are Never Satisfied with Our Own Bodies«, in: *McCalls*, Mai 1982, S. 116.
14. Linda Tschirhard Sanford und Mary Ellen Donovan, a.a.O., S. 371.
15. Carol Travis: »Is Thin Still In?«, in: *Woman's Day*, 3. März 1987, S. 32.
16. Levenkron, zitiert in Dalma Heyne, a.a.O., S. 116.
17. Ebd.
18. Susan Brownmiller: »36-26-36: The Outrageous Idea of the Ideal Female Figure«, in: *New Woman*, April 1984, S. 80.
19. Carol Travis, a.a.O., S. 35.
20. Janice Kaplan: »Slaves to the Scale«, in: *Self*, September 1989, S. 194–95.
21. Rita Freedman, a.a.O., S. 238.
22. Barbara Harris: »One Size Doesn't Fit All«, in: *Shape*, Juli 1990, S. 12.
23. Shad Helmstetter: Anleitung zum positiven Denken. Ein praktischer Ratgeber zur Aktivierung Ihres Unterbewußtseins mit mehr als 2500 positiven Suggestionsformeln. Pal, 1988.
24. Harold Bloomfield: Das Glückspotential. Psychotherapie und transzendentale Medication. Kleine rlg, 1983.
25. Alan Loy McGinnis: »How to Get the Most Out of Yourself«, in: *Reader's Digest*, März 1988, S. 196.

KAPITEL 10: INVESTITION IN IHR »SELBST«

1. Spencer Johnson: Why Don't Women Take Care of Themselves?«, in: *Redbook*, Oktober 1986, S. 144–45.
2. Deidre Leiken: »How to Make Friends with Yourself«, in: *McCalls*, Oktober 1988, S. 95.
3. Andrea Thompson: »Confessions of an Unfit Mother«, in: *Working Mother*, April 1984, S. 82.
4. Wayne Dyer: Your Erroneous Zones. New York 1976, S. 11.
5. Julia Cameron, zitiert in Jo Ann Larsen: »A Message For Women: Invest in Yourselves«, in: *Desert News*, 26. April 1987, C-3.
6. Roger Gould: Transformations. New York 1987.
7. Daniel J. Levinson: The Seasons of a Man's Life. New York 1978.
8. Nela S. Schwartzberg: »Call Me Supermom«, in: *Parents Magazine*, März 1986, S. 80.
9. Paula Piertomonaco, zitiert in Schwartzberg, a.a.O., S. 82.
10. Ebd., S. 82.

11. Margorie Shaevitz: The Superwoman Syndrome, S. 182.
12. Nancy Gibbs: »How America Has Run Out of Time«, in: *Time*, 24. April 1984, S. 60.
13. Leonore J. Weitzman: The Divorce Revolution. New York 1985.
14. Claire Safran: »Women and Children Adrift: The Divorce Revolution«, in: *Reader's Digest*, September 1986, S. 92.
15. Colette Dowling: Der Cinderella-Komplex. Die heimliche Angst der Frauen vor der Unabhängigkeit. Fischer Taschenbuch, 1991.
16. Ebd., S. 41.
17. Jo Coudert: »Help for Your Hardest Decisions«, in: *Reader's Digest*, März 1984, S. 149–54.

KAPITEL 11: FRAU UND ARBEIT

1. Hester Mundis: Powermom. New York 1984, S. 13.
2. Barbara Holland: »The Phone Is Ringing...«, in: *McCalls*, Juli 1983, S. 20.
3. Ellen Garey: »How I Rediscovered My Kids«, in: *Parents Magazine*, April 1986, S. 93.
4. Elizabeth Berg: »Why I'm at Home«, in: *Parents Magazine*, April 1987, S. 123.
5. Pamela Hobbs Hoffecker: »Will the Real Working Mother Please Stand Up?«, in: *Parents Magazine*, April 1985, S. 78.
6. Arlene Fischer: »I Want To Stay Home – Where I Belong«, in: *Redbook*, April 1986, S. 157.
7. Ebd., S. 97.
8. Marguerite Michaels: »Why More Mothers Stay Home«, in: *Parade Magazine*, 13. Oktober 1985, S. 25.
9. Susan Jacoby: »In Praise of Imperfect Women«, in: *Women's Day*, 24. November 1981, S. 66.
10. Artis Whitman: »What Women Won't Trade for Independence«, in: *Women's Day*, 19. Mai 1978, S. 108.
11. Angie Thompson: »Why Am I So Happy in the Absence of My Child?«, in: *Working Mother*, August 1983, S. 55.
12. Artis Whitman, a.a.O.
13. Barbara J. Berg: »Working Mother Overload«, in: *Redbook*, März 1989, S. 91.
14. Crow: »Feeling Guilty«, in: *Parents Magazine*, August 1987, S. 8.
15. Angie Thompson, a.a.O.
16. Kathryn E. Livingston: »When It's Time to Let Go«, in: *Parenting*, September 1989, S. 67.

17. Susan Jacoby, a. a. O.
18. Karen Levine: »The Satisfaction Factor«, in: *Parents Magazine*, September 1988, S. 83.
19. Crow, a. a. O.
20. Susan Jacoby, a. a. O., S. 71.
21. Artis Whitman, a. a. O., S. 204.
22. Kathryn E. Livingston, a. a. O.
23. Mary Howell: »The Best Kind of Mother«, in: *Working Mother*, November 1983, S. 124.
24. Ebd., S. 127.
25. Wendy Lowe: »Working My Way Back to You, Babe«, in: *Parenting*, Oktober 1989, S. 83.
26. Lois Wyse: »So Long, Supermom«, in: *Good Housekeeping*, November 1981, S. 106.
27. Linda Stern: »Work«, in: *Self*, Januar 1990, S. 70.
28. Mary Ellen Schoonmaker: »The New Decade: What's In Your Future?«, in: *Family Circle*, 9. Januar 1990, S. 42.
29. Betty Holcomb: »Is the Mommy Track a Trap?«, in: *Working Mother*, Juli 1989, S. 86–90.
30. Ebd., S. 90.
31. Lori B. Andrews: »The Workings Mommy's Game«, in: *Parents Magazine*, April 1985, S. 75–76.
32. Mary Howell, a. a. O.
33. Kim Brown: »Do Working Mothers Cheat Their Kids«, in: *Redbook*, April 1985, S. 76.
34. Adele Gottfried, zitiert in Dianne Hales: »Are Working Moms Good Mothers?«, in: *Redbook*, März 1987, S. 73.
35. Kim Brown, a. a. O.
36. Margaret Brownley: »A Tale of Two Mothers«, in: *Working Mothers*, September 1987, S. 111.
37. Judy Abbott: »Mom Is a Person, Too«, in: *Parents Magazine*, Dezember 1988, S. 230.
38. Sanford Matthews und Maryann Bucknum Brenley in: »The Biggest Mistake a Mother Can Make«, in: *Redbook*, Oktober 1982, S. 40–42.
39. Donna Carty: »Yes, I Was Doing More and Enjoying It Less…«, in: *Working Woman*, Februar 1986, S. 18–87.
40. Harold S. Kushner: »Family Time«, in: *Redbook*, Januar 1990, S. 92–93.